Forum Marketing

Reihe herausgegeben von

Katja Gelbrich, Universität Eichstätt-Ingolst

Reinhard Hünerberg, FB 07, Universität Kassel,

Andreas Mann, Lehrstuhl für Marketing, Universitä … el, Deutschland

Armin Töpfer, LS Marktorientierte Unternehmensführu … Dresden, Dresden, Sachsen, Deutschland

Die zunehmende Globalisierung führt zu einem verschärften Wettbewerb, vor allem in den Bereichen Qualität, Zeit und Kosten. Vor diesem Hintergrund werden in der Schrift enreihe aktuelle Forschungsergebnisse sowohl zu strategischen Fragen der marktorientierten Unternehmensführung als auch zur operativen Unsetzung durch konsequente Kundenorientierung präsentiert. Dazu werden innovative Konzeptionen entwickelt, theoretische Ursache-Wirkungs-Beziehungen analysiert und pragmatische Gestaltungsempfehlungen gegeben.

Weitere Bände in der Reihe http://www.springer.com/series/12585

Stefanie Arz

Persönlichkeitsbasierte Personalisierung im Mobile Commerce

Eine verhaltenswissenschaftliche Analyse am Beispiel von Supermarkt-Apps

Springer Gabler

Stefanie Arz
Hofheim am Taunus, Deutschland

Dissertation Universität Kassel, Fachbereich Wirtschaftswissenschaften, 2020

Dissertation ist unter dem folgenden Originaltitel erschienen: Persönlichkeitsbasierte Personalisierung zur Steigerung der Nutzungsabsicht von Shopping-Apps

Disputation am 26.06.2020

Forum Marketing
ISBN 978-3-658-31818-5 ISBN 978-3-658-31819-2 (eBook)
https://doi.org/10.1007/978-3-658-31819-2

Die Deutsche Nationalbibliothek verzeichnet diese Publikation in der Deutschen Nationalbibliografie; detaillierte bibliografische Daten sind im Internet über http://dnb.d-nb.de abrufbar.

Planung/Lektorat: Carina Reibold
Springer Gabler ist ein Imprint der eingetragenen Gesellschaft Springer Fachmedien Wiesbaden GmbH und ist ein Teil von Springer Nature.
Die Anschrift der Gesellschaft ist: Abraham-Lincoln-Str. 46, 65189 Wiesbaden, Germany

Inhaltsverzeichnis

Abkürzungsverzeichnis

ACA	Adaptive Conjoint Analyse
ACBC	Adaptive Choice-based Conjoint Analyse
ANCOVA	Analysis of Covariance (Kovarianzanalyse)
ANOVA	Analysis of Variance (Varianzanalyse)
BFI	Big Five Inventory
BFI-K	Big Five Inventory – Kurzversion
BFI-S	Big Five Inventory – SOEP
BPS	Brand Personality Scale
CBC	Choice-based Conjoint Analyse
CFIP	Concern for Information Privacy
CIP	Consumer Involvement Profile
DB	Datenschutz-Bedenken
DEV	Durchschnittliche extrahierte Varianz
DK	Datenkontrolle
DS	Datensammlung
EFA	Explorative Faktorenanalyse
EIN	Einstellung
EV-Hypothese	Einstellungs-Verhaltens-Hypothese
EXT	Extraversion
EXT↑-/EXT↓-Personen	Personen mit einem hohen/niedrigen Grad an Extraversion
GEW	Gewissenhaftigkeit
GEW↑-/GEW↓-Personen	Personen mit einem hohen/niedrigen Grad an Gewissenhaftigkeit
GIPC	Global Information Privacy Concern
HB	Hierarchical Bayes

INT	Nutzungsabsicht bzw. -intention
INV	(Lebensmittel-)Involvement
IUIPC	Internet Users' Information Privacy Concerns
KFA	Konfirmatorische Faktorenanalyse
MANCOVA	Mutivariate Analysis of Covariance (Multivariate Kovarianzanalyse)
MANOVA	Mutivariate Analysis of Variance (Multivariate Varianzanalyse)
MC	Manipulationscheck
ML	Maximum Likelihood
MNL	Multinomiale Logit-Analyse
NEO-FFI	NEO Five-Factor Inventory (NEO: Neurotizismus, Extraversion, Offenheit)
NEO-PI-R	Revised NEO-Personality Inventory (NEO: Neurotizismus, Extraversion, Offenheit)
NEU	Neurotizismus
NEU↑-/NEU↓-Personen	Personen mit einem hohen/niedrigen Grad an Neurotizismus
nz	nullzentriert
OD_OK	Offene Datensammlung ohne Datenkontrolle
OFF	Offenheit
OFF↑-/OFF↓-Personen	Personen mit einem hohen/niedrigen Grad an Offenheit
OK_MK	Offene Datensammlung mit Datenkontrolle
OLS	Ordinary Least Squares (gewöhnliche Methode der kleinsten Quadrate)
PK	Persönlichkeitskongruenz
SEM	Structural Equation Modeling (Strukturgleichungs-analyse)
SOEP	Sozio-oekonomisches Panel
SRMR	Standardized Root Mean Square Residual
TCA	Traditionelle Conjoint Analyse
TNW	Teilnutzenwert
TPB	Theory of Planned Behavior (Theorie des geplanten Verhaltens)
TRA	Theory of Reasoned Action (Theorie des vernünftigen Handelns)
VD	Verdeckte Datensammlung

VER	Verträglichkeit
VER↑-/VER↓-Personen	Personen mit einem hohen/niedrigen Grad an Verträglichkeit

Abbildungsverzeichnis

Tabellenverzeichnis

1 Einleitung

1.1 Problemstellung

Informieren, spielen, kaufen – zahlreiche Aufgaben werden heute über das Smartphone erledigt. Für fast jede Aktivität gibt es eine App. Das Smartphone ersetzt so Navigationsgeräte, Fitnesstracker, Videotheken und sogar Einkaufszentren. Über 6 Millionen Apps waren 2018 in den App Stores von Google und Apple verfügbar (Bitkom, 2018a). Mehr als 80 Prozent der Deutschen verwenden zumindest hin und wieder ein Smartphone (Bitkom, 2018b), dabei verbringen sie durchschnittlich über zwei Stunden täglich mit der Nutzung von Apps (App Annie, 2019, S. 12). Apps etablieren sich zunehmend auch als Einkaufskanal – zwischen 2016 und 2018 ist die Anzahl der Aufrufe von Shopping-Apps in Deutschland um 75 Prozent gestiegen (ebd., S. 26). Über ein Viertel aller E-Commerce Transaktionen in Europa findet mittlerweile über Apps statt (Criteo, 2018, S. 6). Im Durchschnitt sind auf einem Smartphone in Deutschland über 90 Apps installiert – nur etwa ein Drittel davon werden jedoch mindestens einmal im Monat verwendet (App Annie, 2019, S. 13). Die meisten Apps werden dagegen nur wenige Male genutzt – durchschnittlich nur 10 Prozent der Nutzer öffnen eine App einen Monat nach der Installation noch (Adjust, 2018, S. 10).

Die Zahlen verdeutlichen einerseits die immense Bedeutung von Apps und des *App Commerce* – also dem Verkauf von Waren und Dienstleistungen über Apps. Sie zeigen andererseits aber auch welchem Wettbewerbsdruck App-Betreiber

Elektronisches Zusatzmaterial Die elektronische Version dieses Kapitels enthält Zusatzmaterial, das berechtigten Benutzern zur Verfügung steht
https://doi.org/10.1007/978-3-658-31819-2_1

S. Arz, *Persönlichkeitsbasierte Personalisierung im Mobile Commerce*, Forum Marketing, https://doi.org/10.1007/978-3-658-31819-2_1

unterliegen. Sie stehen vor der Herausforderung sich im Überangebot der App Stores durchzusetzen und ihre App als eine der wenigen regelmäßig genutzten Apps auf dem Smartphone eines Nutzers zu etablieren. Insbesondere die Bindung der Nutzer nach der Installation gilt als zentrales Erfolgskriterium für (Shopping-)Apps (Heinemann, 2018, S. 58). Eine Kernfrage für App-Betreiber ist entsprechend, wie sie sicherstellen, dass Nutzer ihre App gerne und regelmäßig verwenden und verhindern, dass diese das Interesse an der App schon nach kurzer Zeit verlieren. Die Nutzung von Shopping-Apps bezieht sich dabei sowohl auf den eigentlichen Kauf über die App also auch auf eine dem Kauf vorgelagerte Nutzung, beispielsweise zum Informieren über Produkte (und den anschließenden Kauf im stationären Geschäft).

In der Literatur werden verschiedene Möglichkeiten zur Steigerung der *Nutzungsabsicht* von Apps diskutiert. Neben qualitativ hochwertigen Inhalten, einem visuell ansprechenden und nutzerfreundlichen Design und Incentives wie Rabattaktionen wird dabei insbesondere die *Personalisierung* von Apps genannt (z. B. Stocchi et al., 2019; Wang & Lin, 2017). Personalisierung meint eine vom App-Betreiber initiierte Anpassung der *Inhalte* einer App, deren *Darstellung* und/ oder deren *Funktionalität* an die auf Basis von Nutzerdaten ermittelten Bedürfnisse und Präferenzen eines Nutzers bzw. einer Nutzergruppe (z. B. Fan & Poole, 2006, S. 185; Ullrich, 2012, S. 36; siehe Stüber, 2013, S. 11 ff. für eine Übersicht verschiedener Definitionsansätze). Beispielsweise können Betreiber von Shopping-Apps basierend auf dem vergangenen Kaufverhalten eines Nutzers Rückschlüsse auf seine Präferenzen in Bezug auf Marken, Produktkategorien oder Preisniveau ziehen und Produktempfehlungen entsprechend anpassen. Auch die Begrüßung oder Bilder auf der Einstiegsseite einer App können an Nutzereigenschaften wie Geschlecht, Alter oder Wohnort ausgerichtet werden. Der Nutzer erhält auf diese Weise eine auf seine Bedürfnisse zugeschnittene App, ohne hierfür selbst Aufwand betreiben und seine – häufig nur schwer formulierbaren – Präferenzen explizit äußern zu müssen. Die Untersuchung entsprechender Personalisierungsmaßnahmen nimmt in der Marketing-forschung in den letzten Jahren stetig zu (siehe z. B. Literaturüberblicke von Salonen & Karjaluoto, 2016 sowie Zanker et al., 2019). Die Ergebnisse der Studien zeigen, dass Personalisierung die Bewertung von Apps verbessern und ihre Nutzungswahrscheinlichkeit steigern kann (siehe Abschnitt 1.2.2 für einen Studienüberblick). Zudem hilft Personalisierung den begrenzten Platz auf dem kleinen Bildschirm von Smartphones optimal auszunutzen und mit den relevantesten Inhalten zu befüllen (Chung et al., 2016, S. 66).

Eine zentrale Voraussetzung für eine erfolgreiche Personalisierung ist die Identifikation des Nutzers – beispielsweise über einen Login, Cookies oder die IP-Adresse – und das Abrufen von mit dem Nutzer verknüpften Daten (Ullrich, 2012, S. 41). Dabei stehen App-Betreibern in Zeiten von Big Data große Datenmengen aus vielfältigen Quellen zur Verfügung. Playlists auf Spotify, Amazon-Transaktionen, Facebook-Profile, Suchanfragen bei Google oder GPS-Koordinaten sind nur einige Beispiele für entsprechende Datenquellen. Mit jeder Bewegung im Internet hinterlassen Nutzer Spuren und offenbaren dabei ihre Angewohnheiten, Bedürfnisse und Präferenzen. Entsprechende Spuren werden daher auch als *digitaler Fußabdruck* bezeichnet (Matz & Netzer, 2017, S. 7; Muhle, 2018, S. 143 f.).

Noch vor einigen Jahren wurde der digitale Fußabdruck hauptsächlich genutzt, um soziodemografische und kaufverhaltensbezogene Informationen über Nutzer zu ermitteln. Beispielsweise kann anhand von Transaktionsdaten (d. h. gekaufte Produkte, Preise, Zahlungsweise etc.) prognostiziert werden, ob ein Nutzer eher männlich oder weiblich ist, welcher Altersgruppe er wahrscheinlich angehört oder, ob er ein Markenkäufer oder Schnäppchenjäger ist (Matz & Netzer, 2017, S. 7). Schon Anfang der 2000er merken Davenport et al. (2001) jedoch an, dass das Ansammeln entsprechender deskriptiver Informationen nicht automatisch zu einem besseren Verständnis der Nutzer führt.: "Companies […] may know more *about* their customers, but they don't know the customers themselves" (S. 63). So können zwei Nutzer mit gleichem Geschlecht, Alter und Preisbewusstsein sehr unterschiedliche Interessen, Einstellungen und Werte haben, die sich letztlich auch in ihrem Kauf- und Konsumverhalten manifestieren (Daniel, 2014, S. 2). Es werden daher aktuell zunehmend Ansätze entwickelt, die psychografische Merkmale wie Werte und Einstellungen (z. B. Kosinski et al., 2013), den Lebensstil (z. B. Daniel, 2014) oder die Persönlichkeit (z. B. Kosinski et al., 2014) von Nutzern mit Hilfe von Algorithmen und maschinellem Lernen auf Basis von digitalen Fußabrücken vorhersagen und damit einen Einblick in das Innenleben der Nutzer ermöglichen.

Von besonderer Bedeutung ist dabei die *Persönlichkeit*, die als „mehr oder weniger feste und überdauernde Organisation des Charakters, des Temperaments, des Intellekts und der Physis einen Menschen“ (Eysenck, 1953, S. 2) andere Merkmale wie Werte oder den Lebensstil maßgeblich prägt. Die Persönlichkeit umfasst die Gesamtheit aller Eigenschaften, die eine Person unverwechselbar, d. h. von anderen unterscheidbar machen. Entsprechende Persönlichkeitseigenschaften (auch Traits oder Dispositionen) sind *zeitlich stabil* und *transsituativ konsistent*, sie bleiben also über die Zeit und verschiedene Situationen hinweg erhalten (z. B. Extraversion, Gewissenhaftigkeit). Sie sind abzugrenzen von Zuständen, anhand derer Menschen sich nur kurzfristig voneinander unterscheiden (z. B. Müdigkeit, Freude) (Herzberg & Roth, 2014, S. 20). Die Bedeutung der Persönlichkeit für das Kauf- und Konsumverhalten wird schon seit vielen Jahrzehnten untersucht (z. B. Aaker, 1999; Levy, 1959; Sirgy, 1985). Lange Zeit war die Ermittlung von Persönlichkeitseigenschaften jedoch nur mit Hilfe von aufwendigen Befragungstechniken möglich, sodass persönlichkeitsbezogene Marketingansätze in der Praxis kaum umzusetzen waren (Matz & Netzer, 2017, S. 7 f.). Da Persönlichkeitseigenschaften nun jedoch auch auf Basis von z. B. Social Media Profilen, Smartphone-Daten oder Blog-Einträgen eines Nutzers prognostiziert werden können, sind entsprechende Eigenschaften zunehmend leicht zugänglich (Kosinski et al., 2014). Matz & Netzer (2017) bezeichnen algorithmenbasierte Ansätze zur Persönlichkeitsermittlung daher als „Game Changer" (S. 8) für das psychografische Marketing.

Auch App-Betreiber haben häufig Zugriff auf Daten, die zur Persönlichkeitsermittlung verwendet werden können (siehe Abschnitt 1.3). Die ermittelten Persönlichkeitseigenschaften können dann wiederum zur Personalisierung der Apps genutzt werden. So können Nutzern je nachdem, ob sie beispielsweise extravertiert oder introvertiert sind, andere Produkte und Kaufargumente präsentiert oder unterschiedliche Bilder und Interaktionselemente angeboten werden. Eine entsprechende Personalisierung auf Grundlage von prognostizierten Persönlichkeits-eigenschaften wird im Folgenden als *persönlichkeitsbasierte Personalisierung* bezeichnet. Da die Persönlichkeit das Einzigartige und Unverwechselbare einer Person widerspiegelt (Stemmler et al., 2011, S. 44), kann angenommen werden, dass App-Personalisierungsmaßnahmen, die auf Persönlichkeitseigenschaften beruhen, Nutzern stärker das Gefühl geben eine App sei „wie für sie gemacht" als Personalisierungsmaßnahmen, die auf etablierteren, eher deskriptiven Eigenschaften (z. B. Soziodemografie) basieren. Damit hat die persönlichkeitsbasierte Personalisierung das Potential die Nutzungsabsicht von Apps in besonderem Maße zu steigern.

Grundsätzlich ist persönlichkeitsbasierte Personalisierung für Apps aus verschiedenen Bereichen und Branchen relevant. Sie eignet sich jedoch insbesondere für Apps mit heterogenen Zielgruppen, also Nutzern mit sehr unterschiedlichen Persönlichkeiten. Daher erscheint gerade die Lebensmittel-Branche als interessanter Anwendungsbereich und Untersuchungskontext, da sich die potenzielle Zielgruppe hier aus der gesamten (erwachsenen) Bevölkerung zusammensetzt. Zudem ist der Lebensmittel-Onlinehandel einer der wachstumsstärksten Bereiche des E-Commerce, wobei Lebensmittel-Onlinehändler zunehmend auch Apps für den Verkauf der Lebensmittel anbieten (Lambrecht, 2018). Entsprechende Apps werden im Folgenden als *Supermarkt-Apps* bezeichnet. Das Verständnis des Begriffs Lebensmittel beschränkt sich in der Marketingforschung und -praxis nicht nur auf Nahrungsmittel, sondern orientiert sich am tatsächlichen Sortiment des Lebensmitteleinzelhandels. Daher umfasst der Begriff auch verbrauchsnahe Non-Food-Artikel wie Hygieneartikel, Körperpflegemittel, Drogerie- und Haushaltswaren (Hofer, 2009, S. 114).

Zusammenfassend lässt sich festhalten, dass neue technische Möglichkeiten der algorithmenbasierten Persönlichkeitsermittlung neuartige Personalisierungsmaßnahmen auf Basis der Persönlichkeit zulassen. Diese persönlichkeitsbasierte Personalisierung hat das Potential wesentlich zur Steigerung der Nutzungsabsicht von Shopping-Apps beizutragen und damit einer der zentralen Herausforderungen im App Commerce zu begegnen. Aufgrund der heterogenen Zielgruppe sowie der aktuellen Relevanz des (mobilen) Lebensmittel-Onlinehandels, steht die persönlichkeitsbasierte Personalisierung zur Steigerung der Nutzungsabsicht von Supermarkt-Apps im Fokus der vorliegenden Arbeit.

1.2 Forschungsstand

In den folgenden Kapiteln werden bestehende Forschungsarbeiten zu persönlichkeitsbasierter Personalisierung und aus verwandten Forschungsfeldern diskutiert, um die Zielsetzung der vorliegenden Arbeit zu schärfen und detailliertere Forschungsfragen abzuleiten. Zunächst werden hierzu Untersuchungen zu persönlichkeitsbasierter Personalisierung vorgestellt. Da es zu diesem Themenfeld bisher jedoch nur wenig Forschung gibt und diese zudem einen eher technischen Fokus hat, werden im Anschluss Untersuchungen dargelegt, die sich mit der Wirkung anderer Arten der Personalisierung beschäftigen. Abschließend werden kurz verschiedene Arbeiten zur algorithmenbasierten Persönlichkeitsermittlung präsentiert, da diese die (technische) Basis für die persönlichkeitsbasierte Personalisierung bilden.

1.2.1 Untersuchungen zu persönlichkeitsbasierter Personalisierung

Bestehende Untersuchungen zu persönlichkeitsbasierter Personalisierung (für einen Überblick siehe Tabelle 1.1) stammen größtenteils aus der Informatikforschung und beschäftigen sich vor allem mit der Entwicklung von Algorithmen für die Empfehlung von Produkten oder anderen Objekten (z. B. Artikeln auf einer Nachrichtenseite). Entsprechende Systeme, die möglichst geeignete Objekte für einen Nutzer prognostizieren und empfehlen, werden auch als *Recommender Systeme* (Empfehlungssysteme) bezeichnet. Eine Reihe von Studien versucht Recommender Systeme durch Informationen über die Persönlichkeit der Nutzer anzureichern und die prognostizierten Empfehlungen auf diese Weise zu verbessern[1]. Dabei können Studien, die Collaborative Filterung nutzen und solche, die Knowledge-based Filtering verwenden, unterschieden werden.

Bei dem *Collaborative Filterung (CF)* werden einem Nutzer Objekte empfohlen, an denen „ähnliche" Nutzer ein Interesse haben (z. B. Produkte, die von ähnlichen Nutzern bereits gekauft wurden). Die Ähnlichkeit der Nutzer wird typischerweise auf Basis von Verhaltensmustern (z. B. Klick- oder Kaufhistorie) oder soziodemografischen Informationen bestimmt. Die Studien von Braunhofer et al. (2015), Fernández-Tobías et al. (2016), Hafshejani et al. (2018), Hu & Pu (2011) und Tkalčič et al. (2011) zeigen jedoch, dass die Identifikation von ähnlichen Nutzern auf Basis der Persönlichkeit[2] zu besseren Empfehlungsleistungen (gemessen z. B. durch die Auswahl oder Bewertung der empfohlenen Objekte) führen kann. Bei Wu & Chen (2015) ergibt sich die beste Empfehlungsleistung, wenn sowohl die Persönlichkeit als auch Verhaltensmuster zur Identifikation ähnlicher Nutzer herangezogen werden. Ein Experiment von Braunhofer et al. (2014) deutet zudem darauf hin, dass Empfehlungen, die durch CF-Recommender Systeme auf Basis der Persönlichkeit generiert werden, von Nutzern positiver bewertet werden als CF-Empfehlungen basierend auf soziodemografischen Daten.

[1]Die Studien greifen dabei in der Regel auf bestehende Datensätze zurück, die in Trainingsdaten und Testdaten unterteilt werden. Auf Basis der Trainingsdaten wird ein Algorithmus „trainiert", anhand der Testdaten wird die Leistung des Algorithmus (hier die Empfehlungsleistung) dann überprüft. Dabei werden die Empfehlungen des Algorithmus mit den Testdaten abgeglichen, es wird also geprüft, ob die für einen Nutzer empfohlenen Objekte, für diesen tatsächlich von besonderem Interesse sind. Das „besondere Interesse" wird dabei je nach Studie z. B. durch die Bewertung von empfohlenen Videos (Wu & Chen, 2015) oder die Streaming-Häufigkeit von empfohlenen Musikstücken (Hu & Pu, 2011) ermittelt.

[2]Die Persönlichkeit wird dabei entweder direkt abgefragt (z. B. im Registrierungsprozess) oder algorithmenbasiert ermittelt (siehe Abschnitt 1.3).

Das *Knowledge-Based Filtering (KBF)* basiert auf explizit definierten Zusammenhängen zwischen Nutzer- und Objekteigenschaften. Die Basis hierfür bilden Studien, die Zusammenhänge zwischen der Persönlichkeit und der Präferenz für bestimmte Produkte oder Inhalte feststellen: Laut den Ergebnissen einer Befragung von Rentfrow & Gosling (2003) hängt beispielsweise die Vorliebe für Musik-Genres von der Persönlichkeit ab (z. B. hören extravertierte Personen tendenziell gerne Rap, Hip-Hop, Funk und elektronische Musik). Ähnliche Studien wurden auch für Präferenzen für Filme, Fernsehshows, Bücher und Zeitschriften durchgeführt (Cantador et al., 2013; Rentfrow et al., 2011). Entsprechende Erkenntnisse können zur Entwicklung von KBF-Algorithmen genutzt werden. Der Algorithmus von Hu & Pu (2010) schlägt beispielsweise jedem Nutzer solche Musikstücke vor, die laut den Ergebnissen von Rentfrow & Gosling (2003) zu seiner Persönlichkeit passen (beispielsweise wird extravertierten Personen vermehrt Rap, Hip-Hop, Funk und elektronische Musik empfohlen). Auch Büttner (2017) entwickelt einen KBF-Algorithmus, der Nutzern Produkte vorschlägt, die auf ihre Persönlichkeit abgestimmt sind (der „Produkt-Persönlichkeitsfit" wurde in einer Vorstudie ermittelt). Die Ergebnisse seines Experiments zeigen, dass die Empfehlungen des persönlichkeitsbasierten KBF-Algorithmus die Präferenzen der Nutzer signifikant besser abbilden als zufällig generierte Empfehlungen. Der KBF-Algorithmus von Khwaja et al. (2019) schlägt Nutzern einer Tracking-App Aktivitäten vor, die kongruent zu ihrer Persönlichkeit sind. Die Kongruenz zwischen den Aktivitäten und der Persönlichkeit wurde vorab durch theoretische Überlegungen und eine Vorstudie beurteilt. Mit Hilfe eines Laborexperiments weisen die Autoren nach, dass das Ausführen der empfohlenen Aktivitäten das subjektive Wohlbefinden der Probanden erhöht.

Recommender Systeme sind nur eine der vielfältigen Möglichkeiten zur Personalisierung. Dennoch existieren kaum Arbeiten, die eine persönlichkeitsbasierte Personalisierung außerhalb von Recommender Systemen erforschen. Eine Ausnahme stellt die Studie von Matz et al. (2017) dar. Die Autoren untersuchen Varianten einer Werbeanzeige auf Facebook, deren Text und Bild auf verschiedene Persönlichkeiten zugeschnitten ist (z. B. je eine Variante für extravertierte und introvertierte Personen). Die Ergebnisse von drei Feldexperimenten zeigen, dass Nutzer, die eine Anzeige präsentiert bekommen, deren Text und Bild zu ihrer Persönlichkeit passt, signifikant häufiger auf die Anzeige klicken und häufiger auf der beworbenen Seite kaufen als Nutzer, die eine Anzeige sehen, deren Text und Bild ihrer Persönlichkeit widerspricht.

Auch die Studie von Sarsam & Al-Samarraie (2018) deutet auf ein großes Wirkungspotential persönlichkeitsbasierter Personalisierung hin. Die Autoren identifizieren in einer Vorstudie zunächst Zusammenhänge zwischen der Persönlichkeit und Design-Präferenzen (z. B. in Bezug auf Farben, Navigationsstruktur, Informationsmenge und -ausrichtung, Layout) und erstellen auf dieser Basis verschiedene Design-Varianten einer Lern-App. Die Ergebnisse eines Eye-Tracking-Experiments zeigen, dass Nutzer die App mit einem geringeren kognitiven Aufwand (gemessen anhand des Pupillendurchmessers) und einer größeren visuellen Aufmerksamkeit (gemessen anhand der Dauer der Augenfixierung) nutzen, wenn das Design an ihre Persönlichkeit angepasst ist.

Zusammenfassend kann festgehalten werden, dass Informationen über die Persönlichkeit von Nutzern in aktuellen Studien hauptsächlich für die Entwicklung von (CF) Recommender Systemen verwendet werden. Die entwickelten Algorithmen werden meist anhand von Sekundärdatensätzen getestet und weisen größtenteils eine bessere Empfehlungsleistung auf als Recommender Systeme ohne Berücksichtigung der Persönlichkeit. Die meisten Studien überprüfen jedoch nicht, wie entsprechende Empfehlungen von Nutzern wahrgenommen werden und ob sie entsprechend eine gesteigerte Nutzungsabsicht bewirken können. Die wenigen Studien, die Nutzerreaktionen untersuchen, lassen jedoch eine positive Wirkung vermuten. Die Studien von Matz et al. (2017) und Sarsam & Al-Samarraie (2018) zeigen zudem, dass die Persönlichkeit auch außerhalb von Recommender Systemen sinnvoll für eine Personalisierung verwendet werden kann und hier weitere Forschungsbemühungen wertvoll sind.

Tabelle 1.1 Übersicht Untersuchungen zu persönlichkeitsbasierter Personalisierung

Quelle	Kontext	Methode*	Ergebnis
1. Recommender Systeme			
1.1 Collaborative Filtering (CF)			
Braunhofer et al. (2014)	Tourismus-App	LE (n = 51)	CF-Empfehlungen auf Basis der Persönlichkeit werden besser bewertet als CF-Empfehlungen auf Basis der Sozidemografie
Braunhofer et al. (2015)	Tourismus-App	SD (n = 239)	Bessere Empfehlungsleistung bei CF auf Basis der Persönlichkeit als bei CF auf Basis der Sozidemografie
Fernández-Tobías et al. (2016)	Facebook (Likes)	SD (n > 220.000)	Bessere Empfehlungsleistung bei CF auf Basis der Persönlichkeit als bei Empfehlung der "beliebtesten Objekte"
Hafshejani et al. (2018)	Tourismus-App	SD (n = 380)	Bessere Empfehlungsleistung bei CF auf Basis der Persönlichkeit als bei CF auf Basis von Nutzerverhalten
Hu & Pu (2011)	Musikstreaming-Dienst	SD (n = 230)	Bessere Empfehlungsleistung bei CF auf Basis der Persönlichkeit als bei CF auf Basis der Streaming-Historie
Tkalčič et al. (2011)	Bilderdatenbank	SD (n = 52)	Bessere Empfehlungsleistung bei CF auf Basis der Persönlichkeit als bei CF auf Basis von Bilderbewertungen
Wu & Chen (2015)	Videostreaming-Dienst	SD (n = 2.672)	Beste Empfehlungsleistung bei CF auf Basis der Persönlichkeit und Streaming-Historie
1.2 Korrelationsstudien, Basis für Knowledge-Based Filtering (KBF)			
Cantador et al. (2013)	Facebook (Likes)	SD (n = 53.226)	Persönlichkeit beeinflusst, welche Unterhaltungsseiten auf Facebook gelikt werden (z. B. welche Buch- oder Filmgenres)
Rentfrow & Gosling (2003)	Präferenzen Musik-Genres	OB (n > 3.500)	Persönlichkeit beeinflusst Vorliebe für Musik-Genres
Rentfrow et al. (2011)	Präferenzen Unterhaltungs-Genres	OB (n > 3.000)	Persönlichkeit beeinflusst Vorliebe für Unterhaltungs-Genres (z. B. Musik, Fernsehen, Bücher und Zeitschriften)
1.3 Knowledge-Based Filtering (KBF)			
Büttner (2017)	Online-Shop (Elektronik)	LE (n = 62)	Empfehlungen auf Basis der Persönlichkeit bilden Präferenzen signifikant besser als der Zufall ab
Hu & Pu (2010)	Musikstreaming-Dienst	OB (n = 80)	Empfehlungen auf Basis der Persönlichkeit werden als passend und hilfreich bewertet
Khwaja et al. (2019)	Tracking-App	LE (n = 256)	Empfehlungen auf Basis der Persönlichkeit erhöhen das subjektive Wohlbefinden der Nutzer
2. Personalisierung von Text & Bild			
Matz et al. (2017)	Facebook (Werbeanzeigen)	3 FE (n > 3,5 Mio.)	Höhere Klick- und Conversionrate, wenn Texte und Bilder von Anzeigen auf Persönlichkeit eines Nutzers angepasst sind
3. Design-Personalisierung			
Sarsam & Al-Samarraie (2018)	Lern-App	LE (n = 87)	Geringerer kognitiver Aufwand und höhere Aufmerksamkeit, wenn Design einer App an Persönlichkeit eines Nutzers angepasst ist

* Legende:
LE = Laborexperiment I FE = Feldexperiment I SD = Auswertung Sekundärdaten I OB = Online-Befragung

1.2.2 Untersuchungen zur Wirkung von Personalisierung

Bisher wurde vor allem an der Optimierung persönlichkeitsbasierter Recommender Systeme geforscht. Optimierte Recommender Systeme nutzen jedoch wenig, wenn nicht sichergestellt ist, dass die auf dieser Basis generierten Empfehlungen von den Nutzern positiv aufgenommen werden. Wissenschaftliche Erkenntnisse dazu, wie persönlichkeitsbasierte Personalisierung sich auf die Nutzungsabsicht auswirkt, liegen derzeit jedoch kaum vor. Daher werden nun die Ergebnisse von Studien dargestellt, die sich mit der Wirkung anderer Formen der Personalisierung beschäftigen (für einen Überblick siehe Tabelle 1.2). Dabei können *vier Gruppen* von Studien unterschieden werden: Von besonderer Relevanz sind zunächst Studien, die anstelle der Persönlichkeit andere *psychografische Merkmale* wie den Lebensstil eines Nutzers ermitteln und digitale Inhalte und deren Design daran anpassen. Daneben gibt es wissenschaftliche Arbeiten, die anstelle psychografischer Merkmale unmittelbarere Informationen wie das Kauf- oder Klickverhalten oder Angaben aus dem Registrierungsprozess als Basis der Personalisierung nutzen. Hierzu gehören einerseits Studien, die die Wirkung von durch *Recommender Systeme generierten Empfehlungen* untersuchen. Andererseits überprüfen einige Untersuchungen, wie Nutzer auf die *Integration von persönlichen Daten* wie ihren Namen oder Wohnort in Apps oder andere digitale Services reagieren. Die letzte Gruppe bilden schließlich Studien, die verschiedene *Personalisierungsmaßnahmen kombinieren*[3].

---

[3]Im Folgenden nicht weiter beschrieben werden Studien, die Personalisierung nur oberflächlich untersuchen. Beispielsweise messen einige Studien die Einstellung von Nutzern gegenüber Personalisierung mittels generischer Items wie „I value Web sites that are personalized for my usage experience preferences." (Chellappa & Sin, 2005, S. 199). Die Ergebnisse entsprechender Studien sind vollkommen abhängig von der subjektiven Interpretation des Begriffs ‚personalisiert' durch den Befragten und damit wenig aussagekräftig für die Gestaltung von Personalisierungsmaßnahmen. Außerdem nicht beachtet werden Studien, die sich mit Umsetzungsdetails wie der optimalen Anzahl und Platzierung personalisierter Empfehlungen (z. B. Bodoff & Ho, 2016) beschäftigen, da die vorliegende Arbeit sich darauf fokussieren soll, zunächst das grundsätzliche Wirkungspotential von persönlichkeitsbasierter Personalisierung zu bestimmen. Schließlich werden Studien aus der Informatikforschung ausgeklammert, die sich allein mit der Entwicklung von Recommender Systemen befassen, diese jedoch nicht an realen Nutzern überprüfen (z. B. Li et al., 2014).

Die erste Gruppe von Studien weist die größte Ähnlichkeit zur persönlichkeitsbasierten Personalisierung auf: Zunächst werden hier anhand von Daten wie der Klick- oder Kaufhistorie *psychografische Merkmale* ermittelt, die dann wiederum die Basis für eine Personalisierung darstellen. Hauser et al. (2009) entwickeln einen Algorithmus, der aus dem Klickverhalten eines Nutzers auf seinen Denkstil[4] schließt und das „Look and Feel" eines Online-Shops entsprechend anpasst. Je nachdem welchen Denkstil ein Nutzer hat, weist der Shop beispielsweise ein verändertes Text-Bild-Verhältnis, einen anderen Informationsumfang und Komplexitätsgrad auf. Die Ergebnisse eines Feldexperiments zeigen, dass die Wiederbesuchs- und Kaufabsicht durch diese denkstilbasierte Personalisierung signifikant gesteigert werden kann. In einer Folgestudie mit optimiertem Algorithmus (Hauser et al. 2014) können die Ergebnisse repliziert werden, wobei die Wiederbesuchs- und Kaufabsicht noch stärker verbessert wird. Urban et al. (2014) wenden die denkstilbasierte Personalisierung im Zusammenhang mit Online-Anzeigen an und weisen eine signifikante Steigerung der Klickrate und Kaufabsicht im Vergleich zu generischen Anzeigen nach. In der Untersuchung von Böttger et al. (2015) wird dagegen der Lebensstil eines Nutzers anhand seiner Kundenkarteninformationen prognostiziert. Auf dieser Basis werden dann Bilder und Texte eines Newsletters angepasst. Laut den Ergebnissen eines Feldexperiments führt diese lebensstilbasierte Personalisierung zu einer gesteigerten Klickrate und wirkt sich positiv auf das Kaufverhalten (z. B. gesteigerte Anzahl gekaufter Produkte und Ausgaben pro Nutzer) aus. Kaptain & Parvinen (2015) ordnen Nutzer basierend auf ihrem Klickverhalten schließlich verschiedenen Persuasionstypen zu und prognostizieren für jeden Typ die geeignetsten Call-to-Actions. Es zeigt sich ein signifikant positiver Einfluss auf Klickrate und Umsatz, wenn die Call-to-Actions an den Persuasionstypen eines Nutzers angepasst werden.

Die meisten Studien zur Wirkung von Personalisierung verzichten jedoch auf die Ermittlung von psychografischen Merkmalen und nutzen eher deskriptive Daten wie die *Klick- oder Kaufhistorie* direkt zur Personalisierung. Hierbei finden sich insbesondere Untersuchungen, die entsprechende Daten zur Generierung von *personalisierten Empfehlungen* verwenden, d. h. einem Nutzer

---

[4]Unter *Denkstil* verstehen die Autoren dabei a „person's preferred way of gathering, processing, and evaluating information" (Hauser et al., 2009, S. 203).

werden z. B. Produkte vorgeschlagen, die gut zu anderen angeschauten Produkten oder bisher getätigten Käufen passen (z. B. gleiche Marke oder Farbe). Die Studie von Frey et al. (2017) zeigt, dass entsprechende Empfehlungen in Apps häufiger angeklickt werden als generische Empfehlungen. Zudem lässt sich laut den Ergebnissen von Chung et al. (2016) auf diese Weise die Nutzungsfrequenz einer App erhöhen. Eine positive Wirkung auf die Klickrate konnte auch im Zusammenhang mit Online-Werbung nachgewiesen werden (Bleier & Eisenbeiss, 2015a). Darüber hinaus wurde in der Untersuchung von Liang et al. (2006) eine Verbesserung der Kundenzufriedenheit durch personalisierte Empfehlungen festgestellt. Allerdings zeigen die Autoren auch, dass eine hohe Anzahl an personalisierten Empfehlungen zu einem Information Overload führt und die Kundenzufriedenheit wieder senkt. Mögliche negative Effekte von Personalisierung ergeben sich zudem in der Untersuchung von Bleier & Eisenbeiss (2015b). Personalisierte Empfehlungen in Online-Bannern erhöhen hier nur bei vertrauenswürdigen Werbetreibenden die wahrgenommene Nützlichkeit und Klickrate der Banner. Bei wenig vertrauenswürdigen Werbetreibenden dagegen löst Personalisierung Datenschutz-Bedenken aus und senkt die Klickrate. In einem Laborexperiment von Bol et al. (2018) senkt Personalisierung direkt das Vertrauen in den Werbetreibenden. Negative Effekte ergeben sich auch bei Aguirre et al. (2015), sofern eine personalisierte Werbe-Anzeige keine Hinweise zur Datensammlung enthält. Wird die Datensammlung dagegen offen kommuniziert, erhöht Personalisierung die Klickrate. Zu einem ähnlichen Ergebnis kommt die Untersuchung von Song et al. (2016) im Zusammenhang mit Newslettern. Personalisierung führt hier ebenfalls zu Datenschutz-Bedenken, die jedoch gesenkt werden, wenn Nutzer kontrollieren können, welche Daten über sie gesammelt werden.

Neben der Klick- oder Kaufhistorie können auch *Registrierungsinformationen*, also Angaben, die Nutzer bei der Registrierung selbst tätigen (z. B. Geschlecht, Interessen, Wohnort), für die Generierung von Empfehlungen verwendet werden. Entsprechende direkte Selbstauskünfte gelten als valide Datenbasis für Recommender Systeme, sie sind jedoch nur bei registrierten Nutzern verfügbar[5]. Eine aktuelle Untersuchung im Kontext Supermarkt-Apps

[5]Die Abfrage von (vielen) Informationen kann zudem eine Hürde für die Registrierung darstellen.

von Ho & Lim (2018) zeigt, dass Produktempfehlungen auf Basis von Registrierungsinformationen einen Kaufreiz auslösen und zu (ungeplanten) Käufen der empfohlenen Produkte führen können. Laut den Ergebnissen der Untersuchung von Sutanto et al. (2013) können entsprechende Produktempfehlungen zudem die Nutzungsfrequenz einer Supermarkt-App erhöhen. Dies ist jedoch nur der Fall, wenn die Registrierungsdaten sicher auf dem eigenen Smartphone und nicht auf dem Server des App-Anbieters gespeichert werden. Im Kontext Online-Werbung führen personalisierte Empfehlungen auf Basis von durch den Nutzer getätigten Angaben laut der Studie von Li et al. (2019) zu einer verbesserten Einstellung gegenüber der Anzeige und der beworbenen Marke. Dies ist insbesondere dann der Fall, wenn Nutzer über stabile und extreme Präferenzen verfügen. Mögliche negative Konsequenzen von personalisierten Produktempfehlungen auf Basis von Registrierungsinformationen werden von Chau et al. (2013) offengelegt – in der Untersuchung führt Personalisierung zu Misstrauen, wenn die Empfehlungen einseitig oder irrelevant sind. Das Misstrauen wiederum resultiert in einer gesenkten Klickrate der Empfehlungen.

Gerade in Apps werden Empfehlungen häufig auch an den Standort eines Nutzers – in der Regel bestimmt über GPS oder WLAN – angepasst (*location-basierte Empfehlungen*). In einem Experiment von Ho & Chau (2013) erhalten Nutzer beispielsweise Empfehlungen für Restaurants, die sich in ihrer Nähe befinden und ihren Esspräferenzen entsprechen. Laut den Ergebnissen kann sich eine entsprechende Personalisierung sowohl positiv als auch negativ auf die Nutzungsabsicht einer App auswirken, wobei die Wirkungsrichtung von den grundsätzlichen Datenschutz-Bedenken eines Nutzers abhängt. Auch die Untersuchungen von Kang & Namkung (2019), Lee & Rha (2016) und Xu et al. (2011) stellen fest, dass Nutzer im Zusammenhang mit location-basierten Empfehlungen sowohl Mehrwerte als auch Risken – insbesondere in Bezug auf ihre Privatsphäre – wahrnehmen. Die wahrgenommenen Mehrwerte überwiegen dabei jedoch tendenziell. Wahrgenommene Datenschutz-Risiken können zudem durch Möglichkeiten der Datenkontrolle gesenkt werden.

Tabelle 1.2 Übersicht Untersuchungen zur Wirkung von Personalisierung

Quelle	Kontext	Methode*	Ergebnis
1. Personalisierung auf Basis psychografischer Merkmale			
Böttger et al. (2015)	Newsletter (Möbel)	FE (n = 3.266)	Anpassung von Texten und Bildern an Lebensstil steigert Klickrate, Anzahl gekaufter Produkte und Ausgaben pro Nutzer
Hauser et al. (2009)	Online-Shop (Telekomm.)	FE (n = 835)	Anpassung des Designs an Denkstil eines Nutzers steigert Wiederbesuchs- und Kaufabsicht
Hauser et al. (2014)	Online-Shop (Finanzdienst-leistungen)	FE (n = 502)	Anpassung des Designs an Denkstil eines Nutzers steigert Wiederbesuchs- und Kaufabsicht
Kaptein & Parvinen (2015)	Online-Shop (Mode)	FE (n = 1.449)	Anpassung von Call-to-Actions an Persuasionstyp erhöht Klickrate und Umsatz
Urban et al. (2014)	Online-Anzeigen (Elektronik)	FE (n = 116.168)	Anpassung des Designs an Denkstil steigert Klickrate und Kaufabsicht für beworbene Produkte
2. Personalisierte Empfehlungen			
2.1 Empfehlungen basierend auf Klick- & Kaufhistorie			
Aguirre et al. (2015)	Online-Werbung (Finanzdienst-leistungen)	3 LE (n = 120 / 194 / 123)	Personalisierung erhöht Klickrate, wenn Datensammlung offen kommuniziert wird; offensichtliche Personalisierung ohne Kommunikation der Datensammlung führt zu Gefühl der Verletzlichkeit und senkt Klickrate
Bleier & Eisenbeiss (2015a)	Online-Werbung (Mode)	2 FE (n = 44.995 / 38.501)	Personalisierung erhöht Klickrate auf Produktempfehlungen (v.a. zu Beginn des Kaufprozesses)
Bleier & Eisenbeiss (2015b)	Online-Werbung (Elektronik)	LE (n = 252)	Bei vertrauenswürdigen Werbetreibenden: Personalisierung erhöht wahrgenommene Nützlichkeit und Klickrate; Bei nicht vertrauenswürdigen Werbetreibenden: Personalisierung führt zu Datenschutz-Bedenken und senkt Klickrate
Bol et al. (2018)	Online-Werbung (diverse Branchen)	LE (n = 1.131)	Personalisierung senkt Vertrauen in Werbetreibenden, insbesondere bei Werbung für Nachrichten-Websites und Online-Shops
Chung et al. (2016)	Nachrichten-App	FE (n = 109)	Personalisierung erhöht Nutzungsfrequenz der App
Frey et al. (2017)	Shopping-App (Elektronik)	FE (n = 73.244)	Personalisierung steigert Klickrate
Liang et al. (2006)	Nachrichten-Website	2 LE (n = 91 / 88)	Personalisierung erhöht Zufriedenheit; hohe Anzahl an Empfehlungen führt jedoch zu Information Overload und senkt Zufriedenheit
Song et al. (2016)	Newsletter (Finanzdienst-leistungen)	3 LE (n = 102 / 110 / 168)	Personalisierung führt zu Datenschutz-Bedenken; diese können durch eine Kontrolle über die Datensammlung durch den Nutzer wieder gesenkt werden
2.2. Empfehlungen basierend auf Registrierungsprofil			
Chau et al. (2013)	Musik-Streamingdienst	LE (n = 245)	Personalisierung kann zu Misstrauen führen, wenn Produktempfehlungen irrelevant oder einseitig sind; Misstrauen senkt Klickrate auf Empfehlungen
Ho & Lim (2018)	Supermarkt-App	3 FE (n = 516 / 247 / 256)	Personalisierung löst Kaufreiz ('urge to buy') aus und führt zu ungeplanten Käufen
Ho & Tam (2005)	Online-Shop (Handy-Klingeltöne)	3 LE (n = 408 / 412 / 307)	Personalisierung erhöht Klickrate auf Produktempfehlungen und Kaufwahrscheinlichkeit der empfohlenen Produkte (v.a. zu Beginn des Kaufprozesses)
Li et al. (2019)	Online-Werbung (Reisen)	LE (n =227)	Personalisierung verbessert Einstellung ggü. Einer Anzeige und ggü. der beworbenen Marke, insbesondere bei stabilen und extremen Präferenzen der Nutzer
Sutanto et al. (2013)	Supermarkt-App	FE (n = 629)	Personalisierung erhöht Nutzungsfrequenz der App, bei hoher Datensicherheit (d. h. Daten auf Smartphone und nicht beim Unternehmen gespeichert)

(Fortsetzung)

Tabelle 1.2 (Fortsetzung)

2.3 Location-basierte Empfehlungen			
Ho & Chau (2013)	Restaurant-App	FE (n = 236)	Einfluss der Personalisierung (positiv oder negativ) auf Nutzungsabsicht abhängig von Datenschutz-Bedenken
Kang & Namkung (2019)	Restaurant-App	OB (n = 348)	Personalisierung erhöht wahrgenommenen Mehrwert und wahrgenommene Risiken der App-Nutzung (aber: Einfluss auf Mehrwert überwiegt)
Lee & Rha (2016)	Shopping-Apps (Diverse Branchen)	OB (n = 517)	Nutzer nehmen im Zusammenhang mit Personalisierung sowohl Mehrwerte als auch Datenschutz-Risiken wahr; Nutzereigenschaften (z. B. Involvement, Technologie-Reife) beeinflussen, ob Mehrwerte oder Risiken überwiegen
Xu et al. (2011)	Gutschein-App (Einzelhandel)	LE (n = 545)	Personalisierung erhöht wahrgenommenen Mehrwert und wahrgenommene Risiken der App-Nutzung; Kontrolle über Daten senkt wahrgenommene Risiken
2.4 Empfehlungen basierend auf verschiedenen Nutzerdaten			
Lee & Lee (2009)	Online-Shop (verschiedene Produkt-kategorien)	LE (n = 205)	Personalisierung basierend auf Registrierungsprofil erhöht wahrgenommene Nützlichkeit & Nutzungsabsicht eines Online-Shops; Verwendung von Transaktionsdaten führt zu wahrgenommener Bedrohung und senkt Nutzungsabsicht
Doorn & Hoekstra (2013)	Online-Werbung (Finanzdienst-leistungen / Telekomm.)	2 LE (n = 233 / 467)	Personalisierung basierend auf Klickdaten erhöht Kaufabsicht; Verwendung von Namen und Transaktionsdaten wird als aufdringlich empfunden und senkt Kaufabsicht (v.a. bei Nutzern mit Datenschutz-Bedenken)
3. Integration von persönlichen Daten			
Ahn & Bailenson (2011)	Online-Werbung (Lebensmittel)	3 LE (n = 80 / 80 / 71)	Integration eines Fotos des Nutzers verbessert Einstellung ggü. der werbenden Marke und erhöht Kaufabsicht
Ahn et al. (2017)	Online-Werbung (Stellenanzeigen)	2 LE (n = 63 / 75)	Integration von Name und Foto des Nutzers verbessert Einstellung ggü. werbender Marke und erhöht Kaufabsicht
Bang & Wojdynski (2016)	Online-Werbung (Restaurant)	LE (n = 93)	Integration von Name und Wohnort erhöht visuelle Aufmerksamkeit
Li (2016)	Online-Werbung (div. Branchen)	3 LE (n = 225 / 142 / 83)	Integration von Name und Interessen verbessert Einstellung ggü. Werbeanzeige & erhöht Kaufabsicht
Li & Liu (2017)	Online-Werbung (Lebensmittel; Bücher)	LE (n = 163)	Integration von Name verbessert Einstellung ggü. einer Werbeanzeige
Sahni et al. (2018)	Newsletter (div. Branchen)	5 FE (n > 1,1 Mio.)	Integration von Name und Arbeitgeber erhöht Open-Rate von Newslettern und Kaufabsicht für beworbene Produkte und senkt Abmelde-Rate eines Newsletters
Tam & Ho (2006)	Online-Werbung (div. Branchen)	2 LE (n = 207 / 182)	Integration von Name erhöht Aufmerksamkeit, Klickrate und wahrgenommene Nützlichkeit
Tucker (2014)	Facebook-Anzeigen (NGO)	FE (n > 1,2 Mio.)	Integration von Profilinformationen erhöht Klickrate, wenn Nutzer Gefühl der Kontrolle über ihre Daten haben
White et al. (2008)	Newsletter (Filmverleih)	2 LE (n = 86 / 345)	Integration von Name, Wohnort und Interessen erhöht Klickrate, wenn sie von Nutzern als nützlich und gerechtfertigt wahrgenommen wird; Fehlende Rechtfertigung für Nutzung der Daten führt zu Reaktanz und senkt Klickrate
4. Kombination verschiedener Personalisierungsarten			
Kwon & Kim (2012)	Nachrichten-Website	LE (n = 372)	Personalisierung steigert Kundenzufriedenheit & -loyalität; Personalisierung des Designs hat größeren Einfluss als personalisierte Empfehlungen; kein signifikanter Unterschied zwischen Personalisierung auf Individual- & Segmentebene
Ullrich (2012)	Online-Shop (Sport)	LE (n = 574)	Personalisierung verbessert Einstellung und erhöht Zufriedenheit, Vertrauen und Markenbindung; Datenschutz-Bedenken senken den positiven Effekt (vor allem bei schwachen Marken)
* Legende: LE = Laborexperiment I FE = Feldexperiment I OB = Online-Befragung			

In den Studien von Doorn & Hoeckstra (2014) sowie Lee & Lee (2009) werden *verschiedene Nutzerdaten* als Basis für personalisierte Empfehlungen verglichen. In beiden Studien wirkt sich Personalisierung positiv auf die Kaufabsicht aus, sofern diese auf Klick- oder Registrierungsinformationen basiert. Werden jedoch unverwechselbare und sensible Daten wie Transaktionsinformationen für eine Personalisierung genutzt, kann diese als bedrohlich oder aufdringlich wahrgenommen werden und die Kaufabsicht von Nutzern senken.

Neben der Wirkung von personalisierten Empfehlungen wird in einigen Studien auch untersucht wie eine Personalisierung durch die *Integration persönlicher Daten* von Nutzern wahrgenommen wird. Schon in den 1970er Jahren wurde erforscht, wie durch den Bezug auf den Namen des Adressaten die Antwortrate von Briefen gesteigert werden kann (z. B. Dillmann & Frey, 1974). Eine entsprechende namentliche Ansprache hat sich auch bei Newslettern mittlerweile als Standard etabliert. Neuere Studien untersuchen zudem welche Wirkung die Integration weiterer persönlicher Daten wie Wohnort, Arbeitgeber oder Interessen hat. In einer aktuellen Untersuchungsreihe aus fünf Feldexperimenten von Sahni et al. (2018) wird durch den Bezug auf den Namen und den Arbeitgeber des Newsletter-Empfängers die Open-Rate der Newsletter sowie die Kaufabsicht für die beworbenen Produkte gesteigert. Zudem kann die Abmelde-Rate des Newsletters gesenkt werden. Die Autoren erklären ihr Ergebnis mit einer intensiveren Verarbeitung von und einem gesteigerten Interesse an Inhalten, die in einem direkten Bezug zum Newsletter-Empfänger stehen. Auch in der Studie von White et al. (2008) wird die Klickrate eines Newsletters durch die Integration von persönlichen Daten (Name, Wohnort, Interessen) gesteigert. Die positive Wirkung ergibt sich jedoch nur dann, wenn die Verwendung der Daten als gerechtfertigt und nützlich wahrgenommen wird. Fehlt eine entsprechende Rechtfertigung, entsteht Reaktanz, die sich in einer gesenkten Klickrate äußert.

Die Integration persönlicher Daten beschränkt sich jedoch nicht nur auf Newsletter, sondern wird auch in anderen digitalen Kanälen (insbesondere Online-Werbung) umgesetzt. Tam & Ho (2006) integrieren den Namen der Nutzer in Online-Werbebanner. Die Banner mit namentlicher Ansprache werden in zwei Laborexperimenten mit einer höheren Wahrscheinlichkeit beachtet, erinnert und angeklickt sowie als nützlicher bewertet als Banner ohne Namen. Bei Li (2016) sowie Li & Liu (2017) wirkt sich die namentliche Ansprache in einer Online-Anzeige positiv auf die Einstellung gegenüber einer Anzeige aus. Bang & Wojdynski (2016) integrieren neben dem Namen auch den Wohnort der Nutzer in Online-Anzeigen. Die Ergebnisse eines Eye-Tracking-Experiments zeigen, dass die personalisierten Anzeigen signifikant häufiger und länger angeschaut werden als die generischen Pendants. In einem Feldexperiment von Tucker (2014) werden Informationen aus dem Facebook-Profil (z. B. der Name der Universität eines Nutzers) in Facebook-Anzeigen übernommen. Die personalisierten Anzeigen werden signifikant häufiger angeklickt als Anzeigen mit generischem Inhalt, sofern die Nutzer ein Gefühl der Kontrolle über ihre Daten haben (z. B. durch transparente Datenschutzbestimmungen und Opt-Out-Möglichkeiten). Sind keine entsprechenden Kontrollmechanismen etabliert, werden personalisierte Anzeigen dagegen weniger häufig angeklickt. In den Studien von Ahn & Bailenson (2011) sowie Ahn et al. (2017) wird neben dem Namen auch ein Foto der Nutzer in Online-Anzeigen dargestellt. Dies resultiert in einer positiveren Markeneinstellung sowie einer erhöhten Kaufabsicht der beworbenen Produkte.

Nur wenige Untersuchungen kombinieren *verschiedene Personalisierungsmaßnahmen*. Eine Ausnahme ist ein Laborexperiment von Ullrich (2012), bei dem zusätzlich zur namentlichen Ansprache auch Produktempfehlungen und die Navigation eines Online-Shops personalisiert werden. Laut den Ergebnissen des Experiments führt diese Kombination zu vorteilhaften mentalen Reaktionen wie einer Steigerung von Kundenzufriedenheit, Vertrauen und Markenbindung. Dieser positive Effekt kann jedoch durch Datenschutz-Bedenken der Nutzer gesenkt werden. In der Studie von Kwon & Kim (2012) wird die Wirkung von personalisierten Empfehlungen mit der Wirkung eines personalisierten Designs (d. h. Anpassung von Layout, Farben und Schriftgrößen an die prognostizierten Präferenzen eines Nutzers) verglichen. In beiden Fällen zeigt sich ein signifikant positiver Einfluss auf Kundenzufriedenheit und -loyalität, wobei dieser beim personalisierten Design stärker ausgeprägt ist als bei personalisierten Empfehlungen.

Insgesamt deuten die vorgestellten Untersuchungen auf ein großes Wirkungspotential verschiedener Personalisierungsarten hin. Bisher wurden nur wenige Studien im App-Kontext durchgeführt, diese zeigen jedoch, dass Personalisierung die Nutzungsabsicht als zentrale Zielgröße dieser Arbeit positiv beeinflussen kann. Positive Effekte der Personalisierung auf beispielsweise die Kaufabsicht, Einstellung oder Kundenzufriedenheit wurden darüber hinaus vielfach in anderen Kontexten – insbesondere Online-Shops und -Werbung – nachgewiesen. Die meisten Untersuchungen befassen sich dabei mit personalisierten Empfehlungen oder der Integration persönlicher Daten, insbesondere des Namens. Nur wenige Studien untersuchen andere Formen der Personalisierung wie eine Anpassung von Bildern, Design oder Texten. Die Anpassung erfolgt dabei z. B. auf Basis von psychografischen Kriterien wie dem Denk- oder Lebensstil. Da die Ergebnisse dieser Studien eine positive Wirkung entsprechender Personalisierungsmaßnahmen nachweisen, lassen sie auch eine potenziell positive

Wirkung der persönlichkeitsbasierten Personalisierung als weitere Möglichkeit einer psychografisch ausgerichteten Personalisierung vermuten. Diese Annahme gilt es jedoch im Rahmen weiterer Forschungsbemühungen zu untersuchen.

Die vorangegangenen Ausführungen haben zudem gezeigt, dass Personalisierung nicht nur positive Konsequenzen, sondern auch unerwünschte Reaktionen wie eine sinkende Klickrate oder Nutzungsabsicht hervorrufen kann. Dies ist insbesondere der Fall, wenn Nutzer das Gefühl haben, dass viele persönliche Daten gesammelt werden und der Datenschutz nicht gewährleistet ist. Da Daten über die Persönlichkeit als besonders sensibel gelten, sollten mögliche negative Reaktionen in der vorliegenden Arbeit in besonderem Maß berücksichtigt werden.

1.2.3 Untersuchungen zur algorithmenbasierten Persönlichkeitsermittlung

Eine zentrale Voraussetzung für die Anwendung persönlichkeitsbasierter Personalisierung im App Commerce ist, dass App-Betreiber die Persönlichkeit ihrer Nutzer bestimmen können. Während die Persönlichkeit noch vor einigen Jahren vor allem durch aufwändige Befragungstechniken erhoben wurde, werden derzeit Ansätze entwickelt, die eine automatisierte Persönlichkeitsermittlung auf Basis des digitalen Fußabdrucks eines Nutzers erlauben. Hierbei werden mit Hilfe von Algorithmen und maschinellem Lernen zunächst Muster, d. h. Zusammenhänge zwischen dem Online-Verhalten und der Persönlichkeit von Nutzern, in Datensätzen erkannt und dann genutzt, um die Persönlichkeit eines anderen Nutzers basierend auf seinem Online-Verhalten zu prognostizieren, ohne dass dieser aktiv Auskünfte erteilen muss. Zur Entwicklung entsprechender Algorithmen werden folglich Datensätze benötigt, die sowohl Informationen über das Online-Verhalten als auch über Persönlichkeitseigenschaften von Nutzern enthalten. Der erste umfassende Datensatz dieser Art wurde durch das *MyPersonality*-Projekt der Universität Cambridge generiert. MyPersonality war eine Facebook-Applikation, über die Nutzer zwischen 2007 und 2012 an verschiedenen psychometrischen Tests – unter anderem zur Erfassung ihrer Persönlichkeit – teilnehmen und den Forschern zudem Zugriff auf ihre Facebook-Profile gewähren konnten. Auf diese Weise wurde ein Datensatz generiert, der für über 2 Millionen Nutzer Informationen zu Persönlichkeitseigenschaften und Facebook-Aktivitäten (später auch Twitter-Aktivitäten) enthält und die Grundlage für Algorithmen zur Persönlichkeitsprognose bildet (Kosinski et al., 2015, S. 544). Mittlerweile existieren neben dem MyPersonality-Datensatz weitere wissenschaftliche und zunehmend auch kommerzielle Persönlichkeits-Datensätze (für eine Übersicht siehe z. B. Farnadi et al., 2016, S. 115 ff.). Kommerzielle Anbieter wie *datasine*[6], *Dotaki*[7] oder *IBM Watson*[8] bieten zudem Komplettlösungen für die Persönlichkeitsprognose sowie eine sich anschließende Personalisierung, die z. B. per Widget in Websites und Apps eingebunden werden können.

Die algorithmenbasierte Persönlichkeitsermittlung auf Basis entsprechender Datensätze wurde insbesondere durch die Verbreitung von sozialen Medien wie Facebook, Twitter und Instagram vorangetrieben, da Nutzer hier häufig umfangreiche Informationen zu ihren sozialen Kontakten, Interaktionen, Interessen und Einstellungen hinterlassen und damit Einblicke in ihr „Innenleben“ gewähren. In zahlreichen Studien können entsprechend verschiedene Persönlichkeits-eigenschaften auf Basis von Daten aus sozialen Medien wie quantitativen Profilmerkmalen (z. B. Kosinski et al., 2014; Ortigosa et al., 2014), der Wortwahl in Statusupdates und Tweets (z. B. Golbeck et al., 2011a, b; Schwartz et al., 2013) sowie Eigenschaften von „gelikten“ Seiten (z. B. Kosinski et al., 2013) und geposteten Bildern (z. B. Ferwerda et al., 2016; Segalin et al., 2017b) signifikant besser als der Zufall prognostiziert werden. Laut der Studie von Youyou et al. (2014) kann der entwickelte Algorithmus (basierend auf Facebook-Likes) die Persönlichkeit eines Nutzers sogar besser vorhersagen als Arbeitskollegen, Freunde und Familienmitglieder. Nur die Persönlichkeitsbeurteilung durch den (Ehe-)Partner deckt sich besser mit der Selbstbeurteilung der Zielperson als die Prognose des Algorithmus.

Neben Social Media Daten, legen einige Arbeiten auch Daten aus anderen Kanälen zugrunde. Da Supermarkt-Apps im Fokus der vorliegenden Arbeit stehen, sind dabei Untersuchungen, die eine Persönlichkeitsermittlung auf Basis von Smartphone-Daten erlauben, von besonderer Relevanz[9]. Die Arbeiten von

---

[6]www.datasine.com

[7]www.dotaki.com

[8]www.ibm.com/watson/services/personality-insights

[9]In anderen Arbeiten werden darüber hinaus beispielsweise die Wort- und Themenwahl in Blogartikeln (Iacobelli et al., 2011) oder nonverbale und prosodische Merkmale aus YouTube- (Biel & Gatica-Perez, 2013) und Skype-Videos (Batrinca et al., 2011) zur Persönlichkeitsprognose verwendet.

Staiano et al. (2012), Chittaranjan et al. (2013) und Adali & Golbeck (2014) werten Smartphone-Daten wie einkommende und ausgehende Anrufe und SMS sowie die Bluetooth- und App-Nutzung aus, um auf dieser Grundlage die Persönlichkeit der Smartphone-Nutzer zu bestimmen. Montjoye et al. (2013) erheben zusätzlich auch GPS-Daten über das Smartphone ihrer Probanden und können verschiedene Persönlichkeitseigenschaften signifikant besser als der Zufall prognostizieren. Der Algorithmus von Mønsted et al. (2018) schließlich kombiniert Smartphone-Nutzungsdaten und über das Smartphone erfasste Facebook-Informationen zur Persönlichkeitsermittlung (siehe *Anhang* A für einen Studienüberblick).

Die beschriebenen Studien zeigen, dass auf Basis verschiedener digitaler Aktivitäten Rückschlüsse auf die Persönlichkeit eines Nutzers gezogen werden können. Gerade Informationen zur Smartphone-Nutzung sowie Social Media Daten können – mit Zustimmung des Nutzers – von Apps ausgelesen werden[10] und sind für App-Betreiber entsprechend leicht zugänglich. Auf diese Weise kann sogar die Persönlichkeit von neuen Nutzern, die eine App erstmalig verwenden, bestimmt werden[11]. Viele der beschriebenen Untersuchungen nennen eine Personalisierung auf Basis der prognostizierten Persönlichkeit als mögliches Einsatzgebiet für die entwickelten Algorithmen. Beispielsweise schlussfolgern Kosinksi et al (2014): "If websites and other web services attract audiences with a distinct personality profile, online platforms could [...] improve their services and the user experience." Dabei wird jedoch nicht weiter ausgeführt, wie eine unterschiedliche Ansprache von Nutzern mit verschieden Persönlichkeitsprofilen umgesetzt werden kann und welche Folgen zu erwarten sind. Diese Fragestellungen werden daher in der vorliegenden Arbeit aufgegriffen.

[10]Bietet eine App beispielsweise die Möglichkeit eines Facebook Logins (d. h. Anmeldung zur App über den Facebook-Account des Nutzers), kann der App-Betreiber auf eine Teilmenge der Daten zugreifen (z. B. Fotos, Likes, E-Mailadresse), die für den jeweiligen Nutzer auf Facebook gespeichert sind (sofern der Nutzer die Berechtigung hierfür erteilt) (Facebook, 2019).

[11]Die Herausforderung auch für neue Nutzer personalisierte Inhalte anzubieten, wird in der Personalisierungsforschung unter dem Begriff *Kaltstartproblem* diskutiert. Die Persönlichkeitsbestimmung auf Basis von z. B. Social Media Daten gilt dabei als eine Möglichkeit zur Lösung des Problems (Fernándes-Tobías et al., 2016, S. 222).

1.3 Zielsetzung und Aufbau der Arbeit

Die vorangegangenen Ausführungen haben gezeigt, dass Algorithmen zunehmend in der Lage sind neben soziodemografischen und kaufverhaltensbezogenen Eigenschaften auch psychografische Merkmale von Nutzern – vor allem die Persönlichkeit – vorherzusagen. Diese Informationen liefern neue Ansatzpunkte für das Marketing, insbesondere für die Personalisierung von Apps. Bisher werden Persönlichkeitsinformationen jedoch vor allem in der Informatikforschung zur Optimierung von Recommender Systemen genutzt. Es liegen dagegen kaum Erkenntnisse aus der *Konsumentenverhaltensforschung* dazu vor, wie persönlichkeits-basierte Personalisierung von Nutzern wahrgenommen wird und welche Anwendungs-möglichkeiten es außerhalb von Recommender Systemen gibt. Aufgrund der bisher sehr technisch orientierten Forschung fehlen neben empirischen Erkenntnissen insbesondere theoretische Erklärungsansätze für die Wirkung persönlichkeitsbasierter Personalisierung. Hier setzt die vorliegende Arbeit an. Das Ziel ist zu untersuchen, ob und wie persönlichkeitsbasierte Personalisierung die Nutzungsabsicht von Supermarkt-Apps erhöhen kann. Dabei wird eine *verhaltenswissenschaftliche Perspektive* eingenommen, um das „Warum" und „Wie" des Nutzerverhaltens im Zusammenhang mit persönlichkeitsbasierter Personalisierung zu erklären (Kroeber-Riel et al., 2011, S. 3). Es sollen etablierte, bereits bewährte verhaltenswissenschaftliche Theorien auf das neue Phänomen der persönlichkeitsbasierten Personalisierung angewendet werden, um diesem ein theoretisches Fundament zu geben. Zudem gilt es die theoretischen Erkenntnisse empirisch zu überprüfen, um ihre Übertragbarkeit auf die Realität zu testen.

Da Personalisierung darauf abzielt, Inhalte, deren Darstellung sowie Funktionalitäten einer App an die Bedürfnisse und Präferenzen eines Nutzers anzupassen, muss zunächst geklärt werden, ob und wie entsprechende Bedürfnisse und Präferenzen von der Persönlichkeit eines Nutzers abhängen. Nur wenn die Persönlichkeit beeinflusst, welche Inhalte, Darstellungsvarianten und Funktionalitäten ein Nutzer bevorzugt, können Informationen über die Persönlichkeit eines Nutzers sinnvoll als Grundlage für eine Personalisierung von Apps verwendet werden. *Forschungsfrage 1* lautet daher:

Welchen Einfluss hat die Persönlichkeit darauf, welche Inhalte, Darstellungsvarianten und Funktionalitäten einer Supermarkt-App präferiert werden?

Sobald überprüft wurde, ob die Persönlichkeit Präferenzen in Bezug auf Inhalte, Darstellungsvarianten und Funktionalitäten einer App beeinflusst und zudem bekannt ist, welche dieser Präferenzen am stärksten von der Persönlichkeit abhängen, lassen sich hieraus geeignete Personalisierungsmaßnahmen ableiten (beispielsweise eine persönlichkeitsbasierte Anpassung von Bildern, sofern die Persönlichkeit Bildpräfenzen beeinflusst). Es gilt dann zu untersuchen, welche Wirkung diese Personalisierungsmaßnahmen bei den Nutzern entfalten und ob sie tatsächlich in der Lage sind die Nutzungsabsicht zu steigern. Die Ausführungen zum Forschungs-stand haben jedoch gezeigt, dass Personalisierung nicht nur positive, sondern auch negative Effekte haben kann, die insbesondere auf einen wahrgenommenen Kontrollverlust und Datenschutz-Bedenken zurückzuführen sind. Aufgrund der hohen Sensitivität von Persönlich-keitsinformationen kann angenommen werden, dass das Risiko für entsprechende negative Effekte bei persönlichkeitsbasierter Personalisierung mindestens so hoch ist wie bei etablierteren Formen der Personalisierung. Bei der Untersuchung der Wirkung von persönlichkeitsbasierter Personalisierung müssen daher sowohl positive als auch mögliche negative Konsequenzen berücksichtigen werden. Entsprechend wird *Forschungsfrage 2* formuliert:

Welche positiven und welche negativen Effekte auf die Nutzungsabsicht von Supermarkt-Apps werden durch persönlichkeitsbasierte Personalisierung ausgelöst?

Wenn persönlichkeitsbasierte Personalisierung als „zweischneidiges Schwert" sowohl positive als auch negative Effekte haben kann, müssen App-Betreiber wissen, wie sie die negativen Effekte minimieren und die positiven Effekte maximieren, um einen möglichst großen Nettoeffekt auf die Nutzungsabsicht zu erzielen. Die im vorangegangenen Kapitel dargestellten Studien liefern erste Hinweise, dass hierbei sowohl nutzerseitige Eigenschaften (z. B. Datenschutz-Bedenken, Involvement) als auch Eigenschaften der App (z. B. Datenschutzbestimmungen) entscheidend sind. Entsprechende Einflussfaktoren sollen in der vorliegenden Arbeit näher untersucht werden. *Forschungsfrage 3* lautet daher:

Unter welchen Umständen entfaltet persönlichkeitsbasierte Personalisierung eine besonders positive Wirkung und wie lassen sich mögliche negative Effekte reduzieren?

Zur Beantwortung der Forschungsfragen ist die vorliegende Arbeit in fünf Kapitel gegliedert (Abbildung 1.1 stellt den Aufbau der Arbeit grafisch da). Im Anschluss an das einleitende Kapitel 1, werden in Kapitel 2 zunächst konzeptionelle Grundlagen der persönlichkeitsbasierten Personalisierung skizziert. Hierfür werden Grundlagen der Personalisierungs- und der Persönlichkeitsforschung dargelegt und auf den Kontext der vorliegenden Arbeit übertragen. Aus der Personalisierungsforschung ist dabei neben der Begriffsschärfung insbesondere die Abgrenzung verschiedener Formen der Personalisierung relevant, da auf dieser Basis Maßnahmen für eine persönlichkeitsbasierte Personalisierung abgeleitet werden können. Die Persönlichkeitsforschung dagegen liefert verschiedene Modelle der menschlichen Persönlichkeit, aus denen es das für den Kontext der vorliegenden Arbeiten geeignetste Modell auszuwählen gilt.

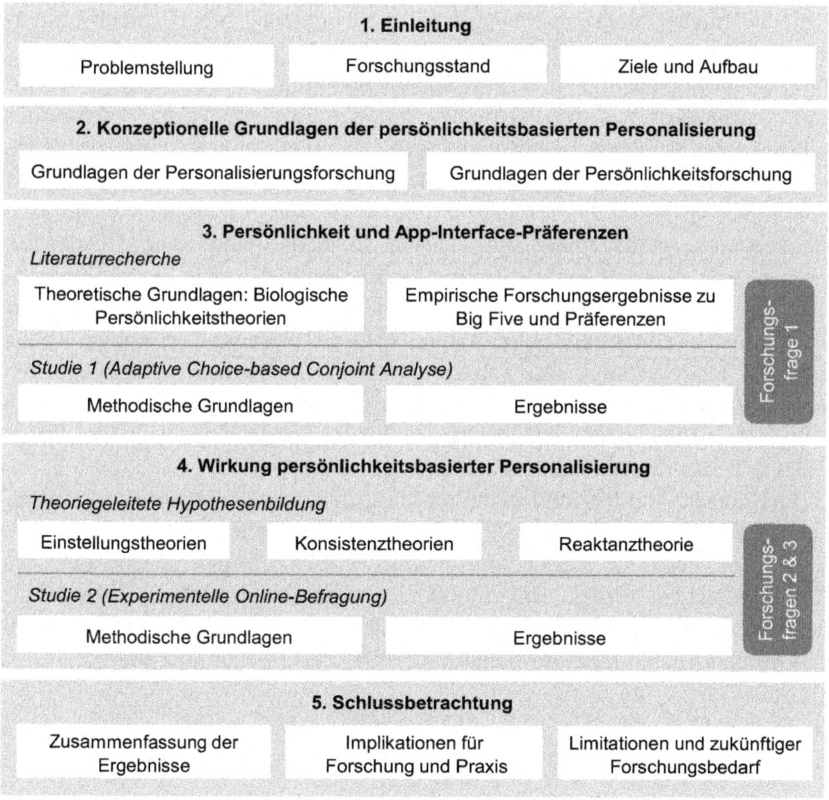

Abbildung 1.1 Aufbau der Arbeit. (Quelle: eigene Darstellung)

Kapitel 3 und 4 fokussieren sich explizit auf die Beantwortung der Forschungsfragen, wobei in beiden Kapiteln die dargelegten theoretischen Grundlagen mit einer empirischen Untersuchung untermauert werden. Kapitel 3 untersucht den Zusammenhang zwischen der Persönlichkeit und Präferenzen in Bezug auf die Gestaltung von Apps. Der Schwerpunkt des Kapitels liegt entsprechend auf der Beantwortung von Forschungsfrage 1. Hierzu werden zunächst theoretische Grundlagen erläutert, die persönlichkeitsabhängige Präferenzen erklären können sowie bisherige Forschungsergebnisse diskutiert. Auf dieser Basis wird dann eine erste empirische Studie konzeptualisiert. Dabei kommt die Conjoint Analyse als weit verbreitete Methode zur Präferenzmessung zum Einsatz. Das Kapitel schließt mit der Präsentation der Untersuchungsergebnisse und daraus abgeleiteten Handlungsempfehlungen für die Umsetzung persönlichkeitsbasierter Personalisierung bei Supermarkt-Apps.

Kapitel 4 beschäftigt sich mit der Beantwortung der Forschungsfragen 2 und 3. Zunächst wird ein Hypothesensystem über die Wirkung persönlichkeitsbasierter Personalisierung entwickelt. Die Basis bilden dabei verhaltenswissenschaftliche Theorien, die mögliche positive und negative Effekte von persönlichkeitsbasierter Personalisierung sowie die Umstände, unter denen sie auftreten, erklären können. Danach folgt die empirische Überprüfung des hergeleiteten Hypothesensystems im Rahmen einer experimentellen Online-Befragung (Studie 2). Bei der Konzeptualisierung des Experiments werden neben den theoretischen Grundlagen insbesondere die Ergebnisse von Studie 1 berücksichtigt. Zur Auswertung der experimentell erhobenen Daten kommt die Strukturgleichungsanalyse zum Einsatz, mit deren Hilfe sowohl die postulierten Haupt- als auch Moderatoreffekte untersucht werden. Das Kapitel endet mit einer zusammenfassenden Hypothesenprüfung.

In Kapitel 5 werden schließlich zunächst die zentralen Ergebnisse der Arbeit zusammengefasst und in den aktuellen wissenschaftlichen Diskurs eingeordnet. Es werden zudem die eingangs formulierten Forschungsfragen beantwortet. Aus den Ergebnissen werden dann Implikationen für die Forschung sowie Handlungsempfehlungen für die Marketingpraxis abgeleitet. Schließlich werden die Limitationen dieser Arbeit sowie künftiger Forschungsbedarf diskutiert.

2 Konzeptionelle Grundlagen der persönlichkeitsbasierten Personalisierung

2.1 Grundlagen der Personalisierungsforschung

In der Literatur finden sich bereits in den 1960er Jahren erste Forderungen nach einer stärkeren Ausrichtung des Marketings an den Bedürfnissen einzelner Kunden. Beispielsweise charakterisiert Evans (1963) einen „guten Verkäufer“ als ein Chamäleon, das sich seinen Kunden anpasst: „A good salesman is a chameleon and likes being one. He must be what the client wants, to make the client feel that he (the salesman) understands him, and, the salesman must find a man's wave length and tune in.“ (S. 76). In den folgenden Jahren wurde Personalisierung vor allem im Dienstleistungsmarketing untersucht und definiert als „specific recognition of the customer's uniqueness as an individual over and above his/her status as an anonymous service recipient“ (Surprenant & Solomon, 1987, S. 87). Verschiedene Studien unterstreichen dabei die Notwendigkeit, bei Beratungsgesprächen auf die persönlichen Interessen und Wünsche der Kunden einzugehen und betonen die hohe Relevanz der sozialen Interaktion zwischen Verkäufer und Kunde (z. B. Mittal & Lassar, 1996; Surprenant & Solomon 1987; Parasuraman et al., 1985).

Mit der zunehmenden Digitalisierung von Vermarktungs- und Verkaufsprozessen, wurde das Prinzip der Ausrichtung am Kunden auch auf digitale Kanäle wie Apps übertragen. Der Begriff Personalisierung wird heute häufig sogar in erster Linie mit der Anpassung von digitalen Interfaces in Verbindung gebracht (Salonen & Karjaluoto, 2016, S. 1090). Dabei werden andere Begriffe

S. Arz, *Persönlichkeitsbasierte Personalisierung im Mobile Commerce,* Forum Marketing, https://doi.org/10.1007/978-3-658-31819-2_2

wie Individualisierung und Customization teilweise synonym verwendet. Im Folgenden findet daher zunächst eine Abgrenzung von verwandten Begriffen und eine Schärfung des Begriffsverständnisses der vorliegenden Arbeit statt. Im Anschluss wird dargelegt, welche Formen der Personalisierung bei Apps möglich sind und welche dieser Formen sich besonders für die persönlichkeitsbasierte Personalisierung eignen.

2.1.1 Abgrenzung von verwandten Begriffen

Personalisierung und Individualisierung – beide Begriffe stehen für eine Ausrichtung des Marketing-Mix am Kunden[1]. Der Unterschied beider Konzepte wird durch einen Blick auf den etymologischen Ursprung der Begriffe deutlich: Personalisierung basiert auf dem Begriff *Person*, dieser wiederum geht auf das lateinische Wort *persona* zurück. Dieses Wort bezeichnet die Maske, die in der Antike von Schauspielern getragen wurde, sowie die durch die Maske dargestellte Rolle (DWDS, 2019a; Herzberg & Roth, 2014, S. 19). Diese Rolle kann sich dabei sowohl auf spezifische Einzelpersonen als auch auf einen mit Hilfe der Maske dargestellten Typus Mensch beziehen. Letztere Bedeutung verbreitete sich im Mittelalter im Sinne einer Funktion oder Amtsstellung – beispielsweise wurden kirchliche Würdenträger *personae* genannt (Brasser, 2002,

[1]Die kundenspezifische Ausrichtung des Marketing-Mix bezieht sich dabei auf das Begriffsverständnis von Personalisierung im Marketing (und der Informatikforschung). Personalisierung wird darüber hinaus auch in anderen Bereichen eingesetzt: Z. B. meint Personalisierung in der Medizin das Berücksichtigen von Merkmalen wie Lebensführung, genetischer Disposition oder sozioökonomischem Status bei der Prognose und Behandlung von Krankheiten (Hamburg & Collins, 2010, S. 301 f.). Bei Personalisierung in der Pädagogik werden Lerninhalte, -methoden und -tempo an den Lernenden ausgerichtet (Leadbeater, 2005, S. 8 f.). In der Politik- und Kommunikationswissenschaft beschreibt Personalisierung die Fokussierung auf Personen im Rahmen der Informationsvermittlung, indem Begriffe oder Ereignisse durch konkrete Personen symbolisiert werden. Beispielsweise wird Personalisierung im Zusammenhang mit Wahlforschung diskutiert und meint eine zunehmende Fokussierung der Wahlberichterstattung auf Politiker und ihre Persönlichkeit zulasten von Parteien und Themen (Brettschneider & Vollbracht, 2010, S. 133 f.).

S. 53). Auch heute wird der Begriff Person einerseits für einen spezifischen Menschen, andererseits aber auch zur Beschreibung einer bestimmten Funktion oder Rolle – z. B. Amtsperson oder juristische Person – verwendet (DWDS, 2019a). Brasser (2002) bescheinigt dem Begriff entsprechend ein „Changieren zwischen Individuum und Kollektiv“ (S. 53). Personalisierung kann diesem Begriffsursprung entsprechend sowohl auf einen einzelnen Nutzer als auch auf eine größere Nutzergruppe (z. B. Nutzer, die eine Persönlichkeitseigenschaft wie einen hohen Grad an Extraversion teilen) ausgerichtet sein (z. B. Arora et al., 2008, S. 310; Fan & Poole, 2006, S. 185).

Der Begriff *Individuum* als Basis von Individualisierung geht auf das lateinische Verb *dīvidere* (teilen, trennen) zurück, das durch den Prefix *in-* mit *das Unteilbare* übersetzt werden kann. Er verbreitete sich in der Renaissance und im Humanismus als Bezeichnung eines menschlichen Einzelwesens, also jenes Bestandteils der Gesellschaft, der nicht weiter zerteilt werden kann (Kluge, 2012, S. 442). Im 18. und 19. Jahrhundert entwickelten sich darauf basierend weitere Begriffe wie *individuell* (das Einzelwesen betreffend), *Individualität* (Gesamtheit der Besonderheiten eines Einzelwesens) und *Individualismus* (Betonung der Interessen des Einzelwesens gegenüber denen der Gesellschaft) (DWDS, 2019b). Individualisierung adressiert diesem Begriffsursprung entsprechend also immer *einen einzelnen* Nutzer. Daher wird häufig auch die Bezeichnung One-to-One Marketing verwendet (z. B. Arora et al., 2008; Meffert et al., 2015, S. 273). Eine Individualisierung kann dabei entweder durch Unternehmen initiiert oder durch den Nutzer selbst durchgeführt werden (Arora et al., 2008, S. 307).

Neben Individualisierung wird im Zusammenhang mit Personalisierung häufig auch das Konzept *Customization* genannt. Den Begriffsursprung bildet dabei das englische Adjektiv *custom*, das mit *maßgeschneidert* übersetzt werden kann (Piller, 2006, S. 159). Das zentrale Unterscheidungs-merkmal zwischen Personalisierung und Customization ist das durchführende Subjekt bzw. der Initiator: Während Personalisierung vom Anbieter (z. B. App-Betreiber) ausgeht, also push-orientiert ist, beschreibt Customization eine pull-orientierte Vorgehensweise, bei der Nutzer selbst Form und Grad der Anpassung einzelner Elemente von z. B. Apps festlegen. Hierzu werden in der Regel Konfiguratoren eingesetzt, bei denen die Nutzer ihre favorisierten Ausprägungen verschiedener Gestaltungselemente (z. B. Farbe, Layout, Themen) aus einem vom Anbieter vorgegebenen Leistungskatalog auswählen können. Die Voraussetzung für Customization ist entsprechend, dass Nutzer ihre Präferenzen einerseits artikulieren können und andererseits bereit sind den für die Anpassung notwendigen Aufwand in Kauf zu nehmen (Arora et al., 2008, S. 308 f.; Kwon & Kim, 2012, S. 103).

Abbildung 2.1 visualisiert die Abgrenzung der Konzepte Personalisierung, Individualisierung und Customization anhand der beiden zentralen Unterscheidungsmerkmale *Zielgruppe* und *Initiator*.

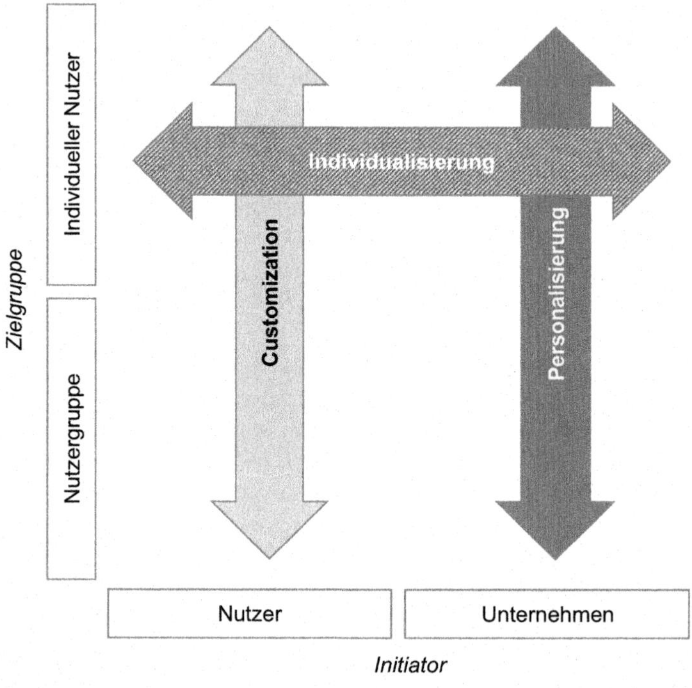

Abbildung 2.1 Abgrenzung Personalisierung, Individualisierung und Customization. (Quelle: eigene Darstellung in Anlehnung an Arora et al., 2008, S. 307)

Neben *Zielgruppe* (Für wen wird personalisiert?) und *Initiator* (Wer führt die Personalisierung durch?) führen Fan & Poole (2006) mit *Objekt* (Was wird personalisiert?) ein drittes Definitionskriterium zur Schärfung des

Personalisierungskonzeptes an. Die Autoren nennen dabei vier mögliche Objekte der Personalisierung: 1) Informationen bzw. *Inhalte* an sich, 2) die Art und Weise wie Inhalte *dargestellt* sind, 3) der *Kanal*, über den Inhalte bereitgestellt werden und 4) die Art und Weise wie Nutzer mit den Inhalten interagieren können (*Funktionalitäten*). Da die vorliegende Arbeit sich auf die Untersuchung von Supermarkt-Apps beschränkt, ist Punkt 3) nicht weiter relevant. Innerhalb des Kanals App ist dann jedoch eine Personalisierung der anderen drei Objekte – Inhalte, Darstellung und Funktionalität – möglich.

Zusammenfassend basiert das Verständnis von Personalisierung im Kontext Supermarkt-App in der vorliegenden Arbeit auf drei zentralen Definitionskriterien:

1) Personalisierung umfasst die Anpassung einer App an die Bedürfnisse und Präferenzen eines Nutzers bzw. einer Nutzergruppe (Zielgruppe).
2) Die Personalisierung ist vom App-Betreiber initiiert (Initiator).
3) Die Personalisierung kann die Inhalte einer App, deren Darstellung und/oder deren Funktionalität betreffen (Objekt).

2.1.2 Personalisiertes Interface als geeignete Form der Personalisierung

App-Betreibern stehen verschiedene Formen der Personalisierung zur Verfügung, die sich hinsichtlich ihrer (technischen) Umsetzung unterscheiden und jeweils spezifische Vor- und Nachteile mich sich bringen (siehe Tabelle 2.1). In Wissenschaft und Praxis am weitesten verbreitet sind dabei durch Recommender Systeme generierte *personalisierte Empfehlungen*. Da es bisher jedoch schon eine Reihe von Untersuchungen gibt, die sich damit beschäftigen wie personalisierte Empfehlungen durch Persönlichkeitsinformationen optimiert werden können (siehe Abschnitt 1.2.1), soll diese Form der Personalisierung in der vorliegenden Arbeit nicht weiter betrachtet werden.

Tabelle 2.1 Übersicht Formen der Personalisierung

	Personalisierte Empfehlung	Personalisierte Ansprache	Personalisiertes Interface
Umsetzung	Aus einer Menge von Objekten werden mit Hilfe von Recommender Systemen die für einen Nutzer relevantesten Objekte identifiziert und empfohlen	Persönliche Daten des Nutzers (z. B. Name, Wohnort) werden in der App angezeigt; App „erinnert“ sich an den Nutzer	Verschiedene Varianten einzelner App-Elemente werden erstellt; jedem Nutzer wird die Variante angezeigt, die am ehesten seinen Präferenzen entspricht
Vorteile	Höhere Relevanz der Inhalte für den Nutzer Komplexitätsreduktion (v.a. bei vielen Inhalten)	Höhere Aufmerksamkeit des Nutzers App eine „menschliche Note“ verleihen	Bessere User Experience und verkürzter Entscheidungs-prozess Individuellen Geschmack der Nutzer abbilden
Nachteile	Nur bei vielen Inhalten sinnvoll	Erhöhtes Risiko Datenschutz-Bedenken bei Nutzern auszulösen	Hoher Aufwand für Erstellung verschiedener Varianten
Beispiele	Produktempfehlungen auf Amazon Filmempfehlungen auf Netflix „Dein Mix der Woche“ von Spotify	Namentliche Ansprache auf Zalando und AboutYou “Picture yourself“-Anzeigen auf LinkedIn[a]	“House of Cards”-Trailer von Netflix Personalisierte Vorschaubilder bei Netflix

[a] Bei den “Picture yourself“-Anzeigen handelt es sich um gesponsorte Stellenanzeigen, in denen ein Bild des Nutzers, dem die Anzeige ausgespielt wird, integriert wird mit der Aufforderung, der Nutzer solle sich vorstellen diese neue Stelle zu besetzen („Picture yourself with this new job“) (LinkedIn, 2016).

Bei der Personalisierungsform *personalisierte Ansprache* wird das Prinzip der sozialen Interaktion im stationären Bereich auf digitale Kanäle übertragen. Durch Bezüge auf persönliche Daten wie Name, Wohnort oder Arbeitgeber der Nutzer, wird suggeriert, dass die App einen Nutzer kennt und sich an ihn erinnert (Shen & Ball, 2009, S. 82; Stüber, 2013, S. 23). Beispielsweise werden Nutzer beim Öffnen der App des Mode-Versandhändlers Zalando mit ihrem Namen begrüßt, beim Wettbewerber AboutYou wird das „You“ des Markennamens durch den Namen der Nutzer ersetzt. Für die Umsetzung dieser Personalisierungsform werden also vor allem persönliche Daten wie der Name oder Wohnort benötigt. Diese lassen sich jedoch nicht aus Informationen über die Persönlichkeit eines Nutzers ableiten. Persönlichkeitsinformationen liefern entsprechend wenig Mehrwerte für die personalisierte Ansprache, sodass diese Form der Personalisierung in der vorliegenden Arbeit ebenfalls ausgeklammert wird.

Bei der Personalisierungsform *personalisiertes Interface* schließlich werden verschiedene Varianten eines App-Elements bzw. -Inhalts erstellt, die jeweils die Bedürfnisse und Präferenzen unterschiedlicher Nutzer bzw. Nutzergruppen abdecken. Beispielsweise können von einer Produktseite verschiedene Varianten produziert werden, die unterschiedliche Produktbilder, Textlängen und -tonalitäten, Schriftgrößen oder Interaktionselemente aufweisen. Jeder Nutzer erhält dann jene Variante, für die die höchste Übereinstimmung mit seinen Präferenzen prognostiziert wird (Eslami et al., 2017; Findlater & McGrenere, 2010). Der Videostreaming-Dienst Netflix produzierte beispielsweise zur Vermarktung der Serie *House of Cards* insgesamt zehn verschiedene Trailer mit unterschiedlichen Inhalten. Für Fans von Kevin Spacey gab es einen Trailer, in dem der Hauptdarsteller häufig zu sehen war. Für Nutzer, die oft Filme mit starken weiblichen Charakteren schauen, enthielt der Trailer dagegen vor allem Szenen mit weiblichen Darstellern (Finn, 2017). Auch für die Vorschaubilder der Filme erstellt Netflix mehrere Varianten und zeigt jedem Nutzer jenes Bild an, dass am ehesten dessen Interesse an dem jeweiligen Film weckt. Bei personalisierten Interfaces können verschiedenen Nutzern also die gleichen Inhalte (z. B. Filme, Produkte) präsentiert werden, die Art und Weise *wie* die Inhalte dargestellt sind unterscheidet sich jedoch (Chandrashekar et al. 2017).

Eine zentrale Herausforderung des *personalisierten Interfaces* ist es, zu entscheiden für welche Nutzergruppen Varianten erstellt werden, wie viele Varianten benötigt werden und wie diese sich unterscheiden (ebd.). Hierbei können Persönlichkeitsinformationen einen echten Mehrwert liefern: Nutzer können auf Basis ihrer Persönlichkeit in Gruppen eingeteilt werden. Für jede Gruppe kann dann eine App-Variante erstellt werden, die an den Präferenzen des entsprechenden Persönlichkeitsprofils ausgerichtet ist. Auf diese Weise kann schließlich für jeden

Nutzer, dessen Persönlichkeit (z. B. algorithmenbasiert) ermittelt wurde, eine passende App-Variante ausgewählt und angezeigt werden. Das personalisierte Interface ist damit eine für die persönlichkeitsbasierte Personalisierung geeignete Personalisierungsform und steht daher im Fokus der vorliegenden Arbeit.

Die für die Umsetzung personalisierter Interfaces notwendigen App-Varianten können sich hinsichtlich der im vorangegangenen Kapitel definierten Personalisierungsobjekte *Inhalt, Darstellung* und *Funktionalität* unterscheiden. Für die Personalisierung von *Inhalten* eignen sich bei Apps insbesondere Texte und Bilder. Zwar können grundsätzlich auch weitere (multimediale) Inhalte wie Videos oder Audio-Inhalte personalisiert werden, entsprechende Inhalte werden in Apps jedoch seltener eingesetzt und ihre Personalisierung ist aufwändiger als jene von Texten und Bildern (Leung et al., 2013, S. 707). Eine Personalisierung der *Darstellung* umfasst die Anpassung von visuellen Gestaltungselementen. Hierzu gehören bei Apps insbesondere die eingesetzten Farben. Darüber hinaus können für die verschiedenen App-Elemente (z. B. Kacheln, Buttons) auch unterschiedliche Formen (z. B. rund versus eckig) verwendet werden (ebd.; Sarsam & Al-Samarraie, 2018, S. 83 f.). Die Personalisierung der *Funktionalität* bezieht sich schließlich auf die Art und Weise wie Nutzer mit einer App interagieren können. Hierfür bieten Apps verschiedene interaktive Features (z. B. Chat, Games, Communities), deren Angebot und Ausgestaltung ebenfalls variiert werden kann (Fan & Poole, 2006, S. 192 f.; Islam et al., 2017, S. 520). In Summe ergeben sich so die in Abbildung 2.2 dargestellten Ausgestaltungsmöglichkeiten der Personalisierungsform personalisiertes Interface, die sich hinsichtlich des Personalisierungs-objektes (d. h. Was wird personalisiert?) unterscheiden.

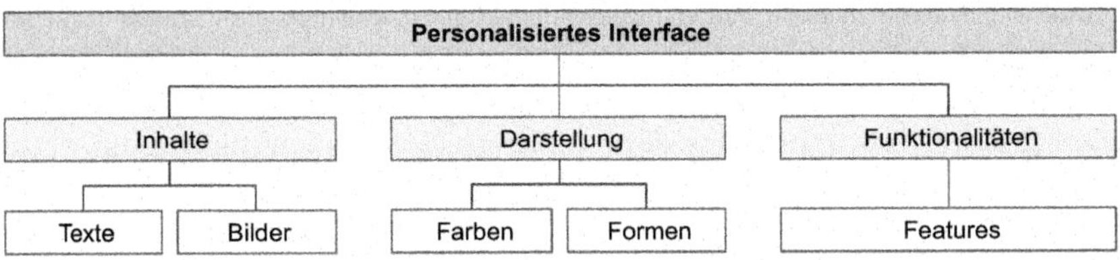

Abbildung 2.2 Varianten der Personalisierungsform personalisiertes Interface. (Quelle: eigene Darstellung)

Persönlichkeitstheorien und empirische Erkenntnisse über Präferenzunterschiede verschiedener Persönlichkeitstypen liefern konkrete Hinweise wie App-Varianten gestaltet werden müssen, um Nutzer mit unterschiedlichen Persönlichkeiten anzusprechen. Im Folgenden werden daher zunächst einige Grundlagen der Persönlichkeitsforschung dargelegt, bevor im Anschluss detailliert persönlichkeitsabhängige App-Interface-Präferenzen untersucht wurden.

2.2 Grundlagen der Persönlichkeitsforschung

Das Ziel der Persönlichkeitsforschung ist es, individuelle Besonderheiten im Erleben und Verhalten von Menschen zu untersuchen. Dabei gibt es keine universelle Theorie der Persönlichkeit. Stattdessen haben sich verschiedene Paradigmen entwickelt, die Persönlichkeit jeweils unter einem anderen Blickwinkel betrachten und unterschiedliche Möglichkeiten zur Erklärung menschlichen Verhaltens bieten (Herzberg & Roth, 2014, S. 1 f.). Das auf Sigmund Freud zurückgehende *psychoanalytische Paradigma* beispielsweise stellt unbewusste Triebe und Bedürfnisse in den Mittelpunkt und betont die Bedeutung frühkindlicher Erfahrungen (Freud, 1923). Das *behavioristische Paradigma* führt individuelle Besonderheiten von Menschen dagegen auf Konditionierung und Lernprozesse zurück (z. B. Miller & Dollard, 1941; Skinner, 1971). Das *biologische Paradigma* versucht Persönlichkeit mit neurowissenschaftlichen, genetischen und evolutionstheoretischen Erkenntnissen zu erklären und untersucht Unterschiede in den biologischen Systemen (z. B. Nerven-, Hormon- oder Immunsystem) der Menschen (z. B. Gray, 1970; Zuckerman, 1991). Das *Eigenschaftsparadigma* geht davon aus, dass menschliche Emotionen, Kognitionen und das Verhalten durch eine Reihe von stabilen Persönlichkeits-eigenschaften (auch Traits oder Dispositionen) bestimmt werden (z. B. Cattell, 1947; Eysenck, 1947) (für einen Überblick über die verschiedenen Paradigmen der Persönlichkeitsforschung siehe Herzberg & Roth, 2014, S. 2 ff. oder Rauthmann, 2017, S. 38 ff.).

Das Eigenschaftsparadigma ist dabei das in der Wissenschaft am weitesten verbreitete und am stärksten erforschte Paradigma[2] und hat andere Strömungen

[2]Die Geschichte der Eigenschaftstheorien lässt sich bis in die Antike zurückführen. Schon Hippokrates und Galenos von Pergamon unterschieden in der Humoraltheorie (auch Viersäftelehre) vier Grundwesensarten von Menschen, die sie auf das Mischverhältnis der Körperflüssigkeiten Blut, schwarze und gelbe Galle und Schleim zurückführten – Sanguiniker (positiv gestimmt, optimistisch, gesellig emotional), Melancholiker (negativ gestimmt, pessimistisch, ungesellig), Choleriker (aktiv, leicht erregbar, unbeherrscht) und Phlegmatiker (untätig, schwer erregbar, langsam). Entsprechende Eigenschaften wie Geselligkeit, Impulsivität oder das Aktivitätsniveau finden sich auch in modernen eigenschaftstheoretischen Ansätzen (Herzberg & Roth, 2014, S. 11 f.).

wie das biologische Paradigma maßgeblich geprägt. Auch im Marketing und in der Informatik sind Persönlichkeits*eigenschaften* der vorherrschende Blickwinkel auf die Persönlichkeit, da sie die Komplexität der menschlichen Persönlichkeit auf ein überschaubares Maß an Dispositionen reduzieren und dennoch in der Lage sind, Nutzerverhalten und -präferenzen valide vorherzusagen (Matz et al., 2016, S. 36; Raab et al., 2010, S. 151). Persönlichkeit wird in der vorliegenden Arbeit daher ebenfalls im Sinne von Persönlichkeitseigenschaften verstanden. Diese zeichnen sich dadurch aus, dass sie 1) interindividuell zwischen Personen variieren, 2) eine zeitliche Stabilität aufweisen und 3) über verschiedene Situationen hinweg konsistent sind (Herzberg & Roth, 2014, S. 18). Die folgenden Ausführungen geben zunächst einen Überblick über die zentralen eigenschaftstheoretischen Ansätze, danach wird mit den *Big Five* das vorherrschende Modell des Eigenschaftsparadigmas erläutert. Abschließend wird die Eignung der Big Five für die persönlichkeitsbasierte Personalisierung diskutiert.

2.2.1 Eigenschaftstheoretische Ansätze

Das Eigenschaftsparadigma entspricht zu großen Teilen den alltagspsychologischen Vorstellungen von Persönlichkeit. Menschen bilden sich regelmäßig Eindrücke über die Persönlichkeit und individuelle Besonderheiten anderer und beschreiben diese häufig mit Hilfe von charakterlichen Eigenschaften. Beispielsweise gilt eine Person als sehr gesellig, während eine andere als eher in sich gekehrt charakterisiert wird (Rauthmann, 2017, S. 129). Dieser Logik folgend beruhen viele eigenschaftstheoretischen Arbeiten auf dem *lexikalischen Ansatz*. Den Kern dieses Ansatzes bildet die *Sedimentationshypothese*, die davon ausgeht, dass sich alle bedeutsamen persönlichen Eigenschaften im Wortschatz einer Sprache niederschlagen. Entsprechend werden beim lexikalischen Ansatz alle Wörter zur Beschreibung von Menschen aus dem Lexikon einer Sprache extrahiert und durch Faktorenanalyse auf wenige Dimensionen reduziert (Neyer & Asendorpf, 2018, S. 107 f.).

Die erste systematische Zusammenstellung lexikalischer Begriffe stammt von Allport & Odbert (1936), die alle Wörter zur Persönlichkeitsbeschreibung aus einem englischen Lexikon extrahierten. Nach Ausschluss von Begriffen, die identische Eigenschaften kennzeichnen (z. B. Ängstlichkeit und ängstlich), ergab sich eine Liste mit immer noch fast 18.000 Wörtern. 4500 dieser Wörter charakterisierten die Autoren als stabile Persönlichkeitseigenschaften, der Rest umfasste temporäre Zustände, moralische Bewertungen und sonstige Eigenschaften wie Fähigkeiten oder körperliche Attribute. Die Autoren beließen es bei einer reinen Kategorisierung und nahmen keine weitere Verdichtung oder Analyse der Begriffe vor. Von ihrer umfassenden Liste an persönlichkeitsbeschreibenden Wörtern machten jedoch in den folgenden Jahren viele weitere Forscher Gebrauch (siehe Neyer & Asendorpf, 2018, S. 251 ff. für einen Überblick).

Als einer der bedeutendsten Vertreter des Eigenschaftsparadigmas gilt Raymon B. Cattell. Er übernahm die Wörterliste von Allport & Odbert (1936) für seine Arbeit, reduzierte deren Umfang durch Ausklammern von redundanten und seltenen Persönlichkeitseigenschaften jedoch auf 171 Variablen, die mehrheitlich als Gegensatzpaare angeordnet waren (z. B. aufmerksam vs. zerstreut). Mit Hilfe dieser komprimierten Liste ließ Cattell (1943 und 1945) die Persönlichkeit von Probanden durch Selbsteinschätzung und Fremdbeurteilung (durch Bekannte der Probanden) beschreiben. Die Antworten wertete er mittels Faktorenanalyse aus und konnte die Eigenschaften dabei auf 12 Faktoren reduzieren. Anhand der Ergebnisse zahlreicher Folgestudien passte Cattell die der Persönlichkeit zugrundeliegende Faktorenstruktur mehrfach an und stellte letztlich ein *16-Faktoren-Modell* der Persönlichkeit auf (siehe Fisseni, 1998, S. 358 ff. für eine detaillierte Beschreibung der Vorgehensweise und einen Studienüberblick).

Neben Cattell gilt Hans-Jürgen Eysenck als einer der produktivsten und einflussreichsten Persönlichkeitsforscher des 20. Jahrhunderts. Seine Forschung findet ihren Ursprung jedoch nicht im lexikalischen Ansatz, sondern basiert auf klinischen Verhaltensbeobachtungen und Laboruntersuchungen. Die im Feld und Labor erfassten Verhaltensgewohnheiten untersuchte Eysenck jedoch ebenfalls faktorenanalytisch. Die extrahierten Primärfaktoren (z. B. Geselligkeit, Aktivität, Begeisterungsfähigkeit) bezeichnete er als *Eigenschaften*, die Sekundärfaktoren als *Typen*. Typen verstand er dabei als Grunddimensionen der Persönlichkeit, die größtenteils genetisch bestimmt sind. In seinem initialen Modell identifizierte Eysenck (1947) zwei kontinuierliche und voneinander unabhängige Typen: Extraversion und Neurotizismus. In späteren Forschungsarbeiten mit seiner Frau Sybil ergänzte Eysenck (Eysenck & Eysenck, 1976) mit Psychotizismus eine dritte Persönlichkeitsdimension, die ein Kontinuum von normalem und angepasstem Verhalten bis unsozialisiertem und psychopatischem Verhalten darstellt[3]. Die drei

[3]Anders als Extraversion und Neurotizismus konnte sich Psychotizismus als Persönlichkeitsdimension im wissenschaftlichen Diskurs nicht durchsetzen und wurde von vielen Autoren kritisiert. Die Kritik bezieht sich dabei einerseits auf eine wenig trennscharfe Konzeption (es wurden Korrelationen zu den beiden anderen Grunddimensionen festgestellt). Andererseits werden Bedenken geäußert, die sich auf Probleme der sozialen Erwünschtheit und Ethik bei der Ermittlung von abnormalem Verhalten im Rahmen einer allgemein anwendbaren Persönlichkeitsdimension beziehen (siehe Stemmler et al., 2011, S. 260 f. für eine ausführliche Kritik).

Grunddimensionen werden wegen ihrer Anfangsbuchstaben auch als *PEN-System* oder als *Giant Three* bezeichnet.

Basierend auf den Arbeiten von Cattell und Eysenck wurden seit den 1960er Jahren zahlreiche faktoranalytische Untersuchungen von Persönlichkeitseigenschaften durchgeführt. Über verschiedene Sprachen[4] und Kulturen, Probandenstichproben, Altersgruppen, Erhebungs-methoden (Selbst- und Fremdbeurteilung), Messinstrumente sowie Methoden der Faktorenextraktion und -rotation hinweg ließen sich die Eigenschaften dabei immer wieder auf fünf relativ robuste Faktoren reduzieren (z. B. Goldberg, 1990; McCrae & Costa, 1987; Norman, 1967; Tupes & Christal, 1961; für einen Studienüberblick siehe John et al., 1988). Goldberg (1981, S. 159) bezeichnete diese fünf Faktoren erstmals als *Big Five*. Heute gelten die Big Five als „Referenzmodell der Persönlichkeitsstruktur" (Stemmler et al., 2011, S. 275), in das viele Forschungsergebnisse und -traditionen integriert werden können.

2.2.2 Die Big Five

In der Persönlichkeitsforschung herrscht heute weitgehend Konsens darüber, dass die wesentlichen Persönlichkeitseigenschaften von Menschen mit Hilfe von fünf Faktoren, den Big Five, abgebildet werden können. In der Literatur finden sich teilweise unterschiedliche Benennungen und Beschreibungen der fünf Faktoren (siehe Rauthmann, 2017, S. 255 f. für einen Überblick). Am weitesten verbreitet sind jedoch die Bezeichnung und Charakterisierung von Costa & McCrae (1985), die auch für die vorliegende Arbeit verwendet werden. Die fünf Faktoren umfassen danach: *Extraversion* (**E**xtraversion), *Verträglichkeit* (**A**greeableness), *Gewissenhaftigkeit* (**C**onscientiousness), *Neurotizismus* (**N**euroticism) und *Offenheit für Erfahrungen* (**O**penness to experience)[5]. Neben der Charakterisierung der Faktoren liefern Costa & McCrae verschiedene Persönlichkeitsinventare zur

[4]Auch im deutschsprachigen Raum konnte auf Basis von persönlichkeitsbeschreibenden Begriffen aus dem deutschen Wörterbuch von Wahrig eine Fünf-Faktoren-Struktur repliziert werden (Angleitner et al., 1990; Ostendorf, 1990).

[5]Den englischen Anfangsbuchstaben entsprechend werden die Big Five auch als OCEAN-Modell bezeichnet.

Messung der Big Five. Insbesondere das *NEO-PI-R*[6] (Costa & McCrae, 1992) hat sich dabei als gut validiertes „Standard-Messinstrument" (Stemmler et al., 2011, S. 269) der Persönlichkeit etabliert. Im NEO-PI-R ist jeder Faktor in sechs Subdimensionen – sogenannte Facetten – unterteilt, die eine differenzierte Beschreibung der Persönlichkeit ermöglichen. Tabelle 2.2 gibt einen Überblick über die Big Five, ihre Facetten sowie beispielhafte Items aus der deutschen Fassung des NEO-PI-R von Ostendorf & Angleitner (2004).

Extraversion (im Folgenden EXT) bezieht sich auf die Interaktion einer Person mit ihrer Umwelt und ist durch die Suche nach intensiven sozialen Beziehungen und externen Stimulationen gekennzeichnet. Dabei äußert sich EXT beispielsweise in einem hohen Maß an Geselligkeit, Herzlichkeit und Aktivität (Goldberg, 1992, S. 33). Extravertierte Personen (im Folgenden EXT↑-Personen) fühlen sich in der Gesellschaft anderer wohl, sind meist heiter gestimmt, freundlich und optimistisch. Sie stehen gerne im Mittelpunkt, sind selbstbewusst und weisen eine hohe Belohnungssensitivität auf (Lucas et al., 2000, S. 454 f.). Im Gegensatz dazu sind introvertierte Personen (im Folgenden EXT↓-Personen) eher zurückhaltend, bedächtig und wenig lebhaft. Sie bevorzugen ruhigere Umgebungen und neigen in Gruppen eher zu passivem Beobachten als zu aktivem Handeln (Goldberg, 1992, S. 33). EXT ist einer der klassischen Persönlichkeitsfaktoren, der schon Anfang des 20. Jahrhunderts von Carl Gustav Jung zur Beschreibung von *Psychologischen Typen* herangezogen wurde (Jung, [1921] 1971) und sich auch in den Persönlichkeitsmodellen von Cattell (1947) und Eysenck (1947) findet. In einigen frühen Studien wird der Faktor *Begeisterungsfähigkeit* (*surgency*) genannt (z. B. Cattell, 1947; Norman, 1967; Tupes & Christal, 1961).

Verträglichkeit (im Folgenden VER) umfasst vor allem zwischenmenschliche Aspekte wie Altruismus, Bescheidenheit und Gutherzigkeit. VER↑-Personen zeigen freundliche, hilfsbereite und harmonieherstellende Verhaltensweisen im Umgang mit anderen Menschen, sie streben nach positiven sozialen Beziehungen. Weiterhin zeichnen sie sich durch ihr Vertrauen in andere aus, sie erwarten das Beste von anderen Menschen, verhalten sich kooperativ und gehen Konflikten aus dem Weg. Dagegen sind VER↓-Personen eher argwöhnisch, berechnend, wettbewerbsorientiert und streitsüchtig (Digman, 1990, S. 422 ff.; Goldberg, 1993, S. 27). Entsprechende Eigenschaften lassen sich in Teilen auch in der

[6]*NEO-PI-R* steht für *Revised NEO-Personality Inventory* und ist eine Weiterentwicklung des *NEO-Personality Inventory (NEO-PI)* (Costa & McCrae, 1985). Die Abkürzung NEO steht dabei für Neurotizismus, Extraversion und Offenheit für Erfahrungen – das erste NEO-Messinstrument (*NEO-Inventory bzw. NEO-I,* McCrae & Costa, 1983), umfasste nur diese drei Faktoren. Verträglichkeit und Gewissenhaftigkeit wurden erst beim NEO-PI ergänzt.

Psychotizismus-Dimension von Eysenck & Eysenck (1976) wiederfinden. Daneben wurde VER schon in den frühen Arbeiten von Tupes & Christal (1961) und Norman (1963) als zentrale Persönlichkeitsdimension identifiziert.

Tabelle 2.2 Big Five inkl. Facetten und Beispielitems. (Quelle: Ostendorf & Angleitner (2004))

Faktor	Facetten	**Beispielitems** (Mit (-) gekennzeichnete Items sind gegenteilig gepolt)
Extraversion	Herzlichkeit	Ich bin als eine herzliche und freundliche Person bekannt.
	Geselligkeit	Ich habe gerne viele Leute um mich herum.
	Durchsetzungs-fähigkeit	Ich bin dominant, selbstsicher und durchsetzungsfähig.
	Aktivität	Ich habe oft das Gefühl, vor Energie überzuschäumen.
	Erlebnishunger	Ich liebe die Aufregung von Achterbahnfahrten.
	Frohsinn	Manchmal sprudele ich vor Glück über.
Verträglichkeit	Vertrauen	Ich glaube, dass man von den meisten Leuten ausgenutzt wird, wenn man es zulässt. (-)
	Freimütigkeit	Ich könnte niemanden betrügen, selbst wenn ich es wollte.
	Altruismus	Ich versuche, zu jedem, dem ich begegne, freundlich zu sein.
	Entgegenkommen	Ich würde lieber mit anderen zusammenarbeiten, als mit ihnen zu wetteifern.
	Bescheidenheit	Ich bin besser als die meisten Menschen, und das weiß ich auch. (-)
	Gutherzigkeit	Menschliche Bedürfnisse sollten immer Vorrang vor wirtschaftlichen Überlegungen haben.
Gewissenhaftigkeit	Kompetenz	Ich bin eine in vielem kompetente Person.
	Ordnungsliebe	Ich werde wohl niemals fähig sein, Ordnung in mein Leben zu bringen. (-)
	Pflichtbewusstsein	Wenn ich eine Verpflichtung eingehe, so kann man sich auf mich bestimmt verlassen.
	Leistungsstreben	Ich arbeite hart, um meine Ziele zu erreichen.
	Selbstdisziplin	Ich habe Schwierigkeiten, mich dazu zu bringen, das zu tun, was ich tun sollte. (-)
	Besonnenheit	Gelegentlich handele ich zuerst und denke dann erst darüber nach. (-)
Neurotizismus	Ängstlichkeit	Ich empfinde selten Furcht oder Angst. (-)
	Reizbarkeit	Ich ärgere mich oft darüber, wie andere Leute mich behandeln.
	Depression	Manchmal erscheint mir alles ziemlich düster und hoffnungslos.
	Soziale Befangenheit	In Gegenwart meiner Chefs oder anderer Autoritäten fühle ich mich wohl. (-)
	Impulsivität	Ich bin stets in der Lage, meine Gefühle unter Kontrolle zu halten. (-)
	Verletzlichkeit	Wenn ich unter starkem Stress stehe, fühle ich mich manchmal, als ob ich zusammenbreche.
Offenheit für Erfahrungen	Offenheit für Fantasie	Ich versuche, mit meinen Gedanken bei der Realität zu bleiben und vermeide Ausflüge ins Reich der Fantasie. (-)
	Offenheit für Ästhetik	Es langweilt mich, einem Ballett oder modernem Tanz zuzuschauen. (-)
	Offenheit für Gefühle	Ungewöhnliche Dinge, wie bestimmte Gerüche oder die Namen ferner Lander, können starke Stimmungen in mir erzeugen.
	Offenheit für Handlungen	Ich probiere oft neue und fremde Speisen aus.
	Offenheit für Ideen	Ich finde philosophische Diskussionen langweilig. (-)
	Offenheit des Werte- & Normensystems	Ich glaube, dass wir bei ethischen Entscheidungen auf die Ansichten unserer religiösen Autoritäten achten sollten. (-)

Gewissenhaftigkeit (im Folgenden GEW) äußert sich in einem hohen Maß an Selbstdisziplin, Leistungsstreben und Pflichtbewusstsein. GEW↑-Personen führen Aufgaben sorgfältig und zuverlässig durch und befolgen Anweisungen und Regeln genau. Sie planen vorausschauend und haben langfristige Ziele. Dabei schätzen sie Leistung, Ordnung und Effizienz (Roberts et al., 2005). Der Grad an GEW einer Person hat einen großen Einfluss auf den schulischen und beruflichen Erfolg (Roberts et al., 2007). GEW↓-Personen verfolgen ihre Ziele mit geringerem Nachdruck, sind unzuverlässiger, unordentlich und häufig inkonsequent. Gleichzeitig sind sie jedoch spontan, kreativ und tolerant (Kosinski et al., 2014, S. 359). Entsprechende Eigenschaften wurden schon von Cattell (1965) unter dem Faktor *Regelbewusstsein (superego strength)* subsumiert und seither von verschiedenen Autoren mit unterschiedlichen Begriffen bezeichnet, beispielsweise *Zuverlässigkeit (dependability)* bei Tupes & Christal (1961), *Wille zum Erfolg (will to achieve)* bei Digman & Takemoto-Chock (1981) und *Selbstkontrolle (self-control)* bei Lorr (1986).

Neurotizismus (im Folgenden NEU) ist neben EXT der älteste und am besten fundierte Persönlichkeitsfaktor und geht insbesondere auf die Arbeiten von Eysenck zurück. Er bildet den Gegenpol zu emotionaler Stabilität und beschreibt damit die Neigung negative Emotionen wie Angst, Schuldgefühle, Schwermut oder Sorgen zu empfinden (Eysenck & Eysenck, 1985, S. 15). NEU↑-Personen kommen (vor allem bei Stress) leicht aus dem Gleichgewicht, überreagieren schnell und neigen zu emotionalen Ausbrüchen. Sie zeigen häufig Stimmungsschwankungen und depressives Verhalten. NEU↓-Personen sind dagegen entspannt, ruhig und selbstsicher, sie können im Extremfall aber auch emotional reserviert, kühl und unsensibel auftreten (Eysenck et al., 1998, S. 21; Kosinski et al., 2014, S. 359).

Offenheit (für Erfahrungen) (im Folgenden OFF) bezeichnet das Interesse an und das Ausmaß der Beschäftigung mit neuen Erfahrungen, Erlebnissen und Eindrücken. Insbesondere Arbeiten der lexikalischen Tradition begrenzen den Faktor dabei auf eher kognitive und intellektuelle Eigenschaften wie Intelligenz, Reflektiertheit, analytisches Verständnis und Neugier (Goldberg, 1992, S. 31). Entsprechend wird der Faktor teilweise auch als Intellekt (z. B. ebd., Digman & Takemoto-Chock, 1981) oder Kultiviertheit (z. B. Norman, 1967; Tupes & Christal, 1961) bezeichnet. Die Definition nach Costa & McCrae (1985) ist jedoch breiter gefasst und bezieht neben dem Intellekt auch OFF in anderen Bereichen wie Ästhetik, Fantasie und Gefühle ein. Diesem Verständnis folgend sind OFF↑-Personen vielfältig interessiert, unkonventionell, experimentierfreudig und einfallsreich. Sie schätzen Kunst, Kreativität und Innovationen und hinterfragen bestehende Normen und Strukturen kritisch (McCrae & Sutin, 2009,

S. 257 f.). Zudem korreliert OFF positiv mit Intelligenz und Bildung (Moutafi et al., 2006). OFF↓-Personen sind stattdessen eher konservativ und traditionell und versuchen, Veränderungen zu vermeiden.

Die Faktoren bilden zusammen einen fünfdimensionalen Raum, innerhalb dessen sich die Persönlichkeit jedes Menschen verordnen lässt. Jeder Faktor wird dabei als lineares, bipolares Kontinuum angesehen, auf dem von ‚sehr niedrig' bis ‚sehr hoch' unterschiedliche Ausprägungen des Faktors mit numerischen Werten abgebildet werden können. Dabei gibt es keine grundsätzlich guten oder schlechten Persönlichkeitsausprägungen. Zwar gelten hohe Werte bei EXT, VER, GEW und OFF sowie niedrige Werte bei NEU als sozial erwünscht, dennoch haben beide Pole jedes Faktors persönliche und gesellschaftliche Vor- und Nachteile. Extremausprägungen (niedrig und hoch) können jedoch Anzeichen für Persönlichkeitsstörungen sein (Matz et al., 2016, S. 44; Rauthmann, 2017, S. 307 f.).

Die Big Five zeichnen sich insbesondere durch ihren integrativen Charakter aus. Die fünf Faktoren bilden ein einheitliches Persönlichkeitsmodell, in das sich viele Forschungsergebnisse und andere theoretische Ansätze integrieren lassen. Verschiedene Untersuchungen demonstrieren eine große Übereistimmung der Big Five mit anderen Persönlichkeitsinventaren, darunter das 16-Faktoren-Modell von Cattell und das PEN-Modell von Eysenck (für einen Überblick siehe Digman, 1990, S. 425 f. und McCrae & Costa, 1996, S. 63). Die Big Five weisen zudem eine hohe prädiktive Validität auf. Anhand der fünf Faktoren kann eine immense Bandbreite an Vorhersagen über Verhalten und Erleben getroffen werden, z. B. in Bezug auf Berufswahl und -erfolg, Partnerschaft, Gesundheit, Kriminalität oder Konsumverhalten (für einen Überblick siehe die Metaanalyse von Ozer & Benet-Martínez, 2006).

Trotz der großen Akzeptanz und Verbreitung sind die Big Five nicht ohne Kritik (für eine ausführliche Kritik siehe Block, 2010; Eysenck, 1992; McAdams, 1992). Ein häufiger Kritikpunkt betrifft die Anzahl und Interpretation der Faktoren. Einige Autoren bezweifeln, dass die Persönlichkeit eines Menschen mit genau den fünf Faktoren erfasst werden kann und schlagen zusätzliche oder modifizierte Faktoren vor. Andresen (2002) ergänzt in seinem *NEOCAR-Modell* beispielsweise den Faktor *Risikofreude*, Ashton & Lee (2007) erweitern die Big Five um den Faktor *Ehrlichkeit/Bescheidenheit* zum *HEXACO-Modell*. Jackson et al. (1996) schlagen eine Aufspaltung von GEW in *Leistungsstreben* und *Ordnungsliebe* vor. Keines dieser Alternativmodelle konnte sich bisher jedoch gegen die Big Five durchsetzen. Die Frage nach der „richtigen" Anzahl der Faktoren beinhaltet auch einen weiteren Kritikpunkt – den der fehlenden theoretischen Untermauerung. Die fünf Faktoren wurden rein empirisch mittels

Faktorenanalyse ermittelt. Es fehlte dabei eine theoretische Basis, die Annahmen über die Anzahl und Art der zu identifizierenden Faktoren ermöglichte. Block (2010) charakterisiert die Big Five daher als rein beschreibend und „atheoretisch" (S. 5)[7].

Ein weiterer Kritikpunkt der Big Five bzw. des Eigenschaftsparadigmas im Allgemeinen, ist die vereinfachende Sichtweise auf die menschliche Persönlichkeit. Die Linearität der fünf Faktoren wird der Komplexität und Dynamik der Persönlichkeit in der Realität nicht gerecht. Gerade eine ausschließliche Betrachtung von Faktoren ohne ihre Facetten lässt lediglich eine oberflächliche, abstrakte Persönlichkeitsbeschreibung zu (Neyer & Asendorpf, 2018, S. 112). Weiterhin beschränken sich die Big Five auf Eigenschaften, die von anderen Personen wahrgenommen werden können bzw. für deren Beschreibung sich sprachliche Begriffe etabliert haben. Persönlichkeitsvariablen, die außerhalb des Bewusstseins liegen wie etwa Denkschemata, kognitive Werte oder dynamische Motive, werden nicht abgebildet. Laut McAdams (1992) können die Big Five die Persönlichkeit daher nicht als Ganzes erfassen (S. 346 ff.).

2.2.3 Eignung der Big Five für persönlichkeitsbasierte Personalisierung

Die Big Five sind das am weitesten verbreitete und am stärksten erforschte Modell der Persönlichkeit. Es bietet die Möglichkeit zentrale Persönlichkeitseigenschaften von Menschen schnell und ökonomisch zu erfassen und findet daher auch außerhalb der Persönlichkeitspsychologie – insbesondere im Marketing und in der Informatik – breite Anwendung (Rauthmann, 2017, S. 268 f.). Dabei ist das Modell gut geeignet, um Persönlichkeitsunterschiede zwischen Personen – mit einem gewissen Abstraktionsniveau – festzustellen. Sein Anspruch ist es aber nicht, alle Aspekte der Persönlichkeit eines Individuums in

[7]Als Reaktion auf diese Kritik entwickelten McCrae & Costa (1996; 2008) die Five Factor Theory of Personality (FFT), in der sie verschiedene Komponenten eines Persönlichkeitssystems definieren und die Funktionsweise des Systems anhand von 16 Postulaten beschreiben. Die Postulate haben dabei jedoch ebenfalls einen eher beschreibenden als erklärenden Charakter. Die FFT ist damit weniger eine erklärende Theorie der Persönlichkeit, sondern vielmehr ein Strukturierungsansatz (Lang, 2008, S. 35) bzw. konzeptionelles Rahmenmodell (Rauthmann, 2017, S. 268) zur Organisation von Forschungsergebnissen.

der Tiefe zu durchdringen und umfassend abzubilden (Faullant, 2008, S. 128 f.). Damit bieten die Big Five genau den Grad an Komplexitätsreduktion, der für eine persönlichkeitsbasierte Personalisierung benötigt wird. App-Betreiber sind kaum daran interessiert ein tiefenpsychologisches Persönlichkeitsprofil jedes einzelnen Nutzers zu erstellen und die App daran anzupassen – dies wäre sowohl aufgrund des immensen Aufwands als auch aus Gründen der Privatsphäre kaum umsetzbar. Stattdessen gilt es präferenzrelevante Persönlichkeitsunterschiede zwischen Nutzern festzustellen (z. B. ein Teil der Nutzer ist introvertierter als andere Nutzer) und auf dieser Basis App-Varianten zu erstellen, die jeweils Nutzergruppen mit bestimmten Persönlichkeitsausprägungen ansprechen. Der häufig angebrachte Kritikpunkt einer vereinfachten Sichtweise der Big Five auf die komplexe menschliche Persönlichkeit, kann im Kontext von persönlichkeitsbasierter Personalisierung also als Stärke gewertet werden.

Die Big Five sind darüber hinaus ein zentraler Prädiktor für Verhalten und Wahrnehmung. Aufgrund der Popularität des Modells gibt es zahlreiche Forschungsergebnisse, die App-Betreibern Hinweise liefern wie Apps gestaltet werden müssen, um Nutzer mit unterschiedlichen Ausprägungen der Big Five optimal anzusprechen (entsprechende Untersuchungen werden im nächsten Kapitel ausführlich diskutiert). Forschungsergebnisse existieren dabei jedoch nicht nur hinsichtlich Verhaltens- und Wahrnehmungsprognosen, sondern zunehmend auch zu alternativen Methoden der Persönlichkeitsermittlung – insbesondere auf Basis von digitalen Fußabrücken. Fast alle der in Abschnitt 1.2 dargestellten Untersuchungen zu persönlichkeits-basierter Personalisierung und der algorithmenbasierten Persönlichkeitsbestimmung basieren auf den Big Five. Auch in einem Literaturreview zur datengetriebenen Persönlichkeitsforschung von Vinciarelli & Mohammadi (2014) beziehen sich 76 der 81 untersuchten Arbeiten auf die Big Five. Neben der grundsätzlichen Popularität des Modells und seiner Fähigkeit zur Komplexitätsreduktion, wird die Verbreitung der Big Five dabei vor allem angeregt, da die fünf Faktoren über nummerische Werte abgebildet und damit leicht elektronisch verarbeitet werden können (ebd., S. 17). Die starke Verbreitung der Big Five in der datengetriebenen Persönlichkeitsforschung unterstreicht folglich die hohe Anwendbarkeit des Modells für die Fragestellungen der vorliegenden Arbeit.

Die Stärke der Big Five liegt dabei vor allem in der Ermittlung und Beschreibung, nicht jedoch in der *Erklärung* der Persönlichkeit (Herzberg & Roth, 2014, S. 52). Aufgrund der vielfach kritisierten fehlenden theoretischen Untermauerung sollten die Big Five in der vorliegenden Arbeit nur als Grundlage für die Bildung von Nutzergruppen verwendet und nicht als Theoriebasis für die Erklärung der Wirkung persönlichkeitsbasierter Personalisierung herangezogen werden. Der Anspruch der vorliegenden Arbeit ist es dabei nicht, das Zustandekommen und die Natur der fünf Faktoren zu erklären. Stattdessen wird von der Existenz der Big Five ausgegangen und mit Hilfe anderer Theorien begründet, warum Personen mit einer unterschiedlichen Ausprägung der Big Five verschiedene Präferenzen in Bezug auf App-Interfaces haben (Abschnitt 3.1) und wie eine Anpassung von Apps an diese persönlichkeitsabhängigen Präferenzen von ihnen wahrgenommen und verarbeitet wird (Abschnitt 4.1).

Studie 1: Persönlichkeit und App-Interface-Präferenzen

3

Um Informationen über die Persönlichkeit von Nutzern für die Personalisierung von Apps (i. S. v. personalisierten Interfaces) verwenden zu können, muss zunächst überprüft werden, ob und wie sich Präferenzen verschiedener Persönlichkeitstypen bezüglich App-Interfaces unterscheiden. Eine Präferenz ist dabei das Ergebnis eines Beurteilungsprozesses von Objekten und wird in der vorliegenden Arbeit definiert als „subjektive Vorziehenswürdigkeit oder Vorteilhaftigkeit eines oder mehrerer Objekte gegenüber anderen Objekten" (Fischer, 2001, S. 9). Ist beispielsweise bekannt, dass Nutzer mit bestimmten Persönlichkeitseigenschaften gewisse Inhalte oder Darstellungsvarianten präferieren, können diese Informationen genutzt werden, um eine App den Vorlieben dieser Nutzer entsprechend zu gestalten, d. h. zu personalisieren.

Die grundlegende Voraussetzung für persönlichkeitsbasierte Personalisierung ist entsprechend, dass die Big Five überhaupt beeinflussen, welche App-Interfaces (d. h. welche Inhalte, Darstellungsvarianten und Funktionalitäten) Nutzer präferieren. Für die vorliegende Arbeit wird daher folgende *Basishypothese* formuliert, die es in diesem Kapitel zu überprüfen gilt:

Basishypothese: Je nach Ausprägung der Big Five präferieren Nutzer unterschiedliche App-Interfaces.

Sofern die Basishypothese bestätigt werden kann, sind Erkenntnisse für die Umsetzung persönlichkeitsbasierter Personalisierung notwendig. Entsprechende

---

Elektronisches Zusatzmaterial Die elektronische Version dieses Kapitels enthält Zusatzmaterial, das berechtigten Benutzern zur Verfügung steht https://doi.org/10.1007/978-3-658-31819-2_3

S. Arz, *Persönlichkeitsbasierte Personalisierung im Mobile Commerce,* Forum Marketing, https://doi.org/10.1007/978-3-658-31819-2_3

Erkenntnisse sollen in diesem Kapitel anhand von *zwei Leitfragen* generiert werden: Einmal müssen App-Betreiber wissen, bei welchen potentiellen Personalisierungsobjekten einer App (z. B. Texten, Bildern, Farben, Formen oder Features) die Präferenz von Nutzern besonders stark durch die Big Five beeinflusst wird, da entsprechende Objekte sich am besten für eine persönlichkeitsbasiere Personalisierung eignen. Daher soll in diesem Kapitel folgenden Frage beantwortet werden:

Leitfrage 1: Für welche Personalisierungsobjekte einer App wird die Präferenz von Nutzern am stärksten durch die Big Five beeinflusst?

App-Betreiber werden in der Regel – gerade bei der Einführung persönlichkeitsbasierter Personalisierung – nicht sofort alle Big Five gleichermaßen ansprechen, sondern sich zur Begrenzung des Umsetzungsaufwands (zunächst) auf die Ansprache einer Dimension (bzw. weniger Dimensionen) konzentrieren. In diesem Kapitel soll daher jene Dimension der Big Five mit dem größten Einfluss auf Interface-Präferenzen für Supermarkt-Apps identifiziert werden. Die zweite Leitfrage lautet folglich:

Leitfrage 2: Welche der Big Five beeinflusst App-Interface-Präferenzen am stärksten?

Im Folgenden werden zunächst einige theoretische Ansatzpunkte dargestellt, welche die Basishypothese dieses Kapitels theoretisch untermauern, indem sie erklären, warum Personen je nach Ausprägung der Big Five die Umwelt unterschiedlich wahrnehmen und bewerten und daher auch verschiedene Präferenzen – unter anderem in Bezug auf Apps – ausbilden. Danach werden bestehende Forschungsergebnisse zu entsprechenden persönlichkeitsabhängigen Präferenzen vorgestellt. Es folgt mit Studie 1 eine empirische Überprüfung der persönlichkeitsabhängigen Präferenzen für den Kontext Supermarkt-App. Hierbei wird eine Conjoint Analyse durchgeführt, die als „Standardmethode bei der Ermittlung von Präferenzen" (Baier & Brusch, 2009, S. 3) gilt. Abschließend werden anhand der Leitfragen Erkenntnisse für die Umsetzung persönlichkeitsbasierter Personalisierung abgeleitet.

3.1 Theoretische Grundlagen: Biologische Persönlichkeitstheorien

Während die Big Five lediglich eine *Beschreibung* der Persönlichkeit zulassen, versuchen biologische Persönlichkeitstheorien individuelle Unterschiede des Erlebens und Verhaltens, die letztlich auch in unterschiedlichen Präferenzen resultieren, zu *erklären*. Dabei wird davon ausgegangen, dass Persönlichkeitsunterschiede von biologischen Merkmalen (z. B. Gene, Biochemie, Anatomie) einer Person bestimmt werden. Gestützt wird diese Annahme durch Erblichkeitsstudien, die darauf hinweisen, dass etwa die Hälfte der Varianz der Big Five auf genetische Faktoren zurückgeführt werden kann (z. B. Bouchard & Loehlin, 2001, S. 252 f.). Im Folgenden werden die Grundzüge ausgewählter biologischer Persönlichkeitstheorien vorgestellt, auf deren Basis sich Erkenntnisse über persönlichkeitsabhängige Gestaltungspräferenzen von Apps gewinnen lassen.

3.1.1 Neurowissenschaftliche Persönlichkeitstheorien

Neurowissenschaftliche Persönlichkeitstheorien ziehen anatomische und biochemische Prozesse im Nervensystem zur Erklärung von Persönlichkeitsunterschieden heran. Als Pionier der neurowissenschaftlichen Persönlichkeitsforschung gilt Hans Jürgen Eysenck, der sich insbesondere mit den biologischen Ursachen von EXT und NEU beschäftigte. In seiner *Aktivierungstheorie der Persönlichkeit* (Eysenck, 1967) geht er davon aus, dass EXT von der Erregungssensitivität des aufsteigenden retikulären Aktivierungssystems (ARAS)[1] im Hirnstamm abhängt. Eysenck argumentiert, dass EXT↓-Personen eine niedrigere Erregungsschwelle besitzen und entsprechend empfindlicher auf äußere Reize reagieren als EXT↑-Personen. Während EXT↓-Personen daher starke Umweltreize (z. B. große Menschenmengen) meiden, suchen EXT↑-Personen entsprechende Stimulationen aktiv (S. 99 ff.). Als ausschlaggebend für die Ausprägung von NEU ist gemäß der Theorie dagegen die Erregbarkeit des limbischen Systems[2], das für die Verarbeitung von Emotionen zuständig ist.

[1]Das ARAS ist ein Teil des im Hirnstamm lokalisierten Neuronennetzwerks Formatio reticularis. Es reguliert Erregungsprozesse, Aufmerksamkeit und Schlaf-Wach-Aktivitäten (für eine ausführliche Beschreibung des ARAS und seiner Funktionen siehe Brudzynski, 2014, S. 436 ff.).

[2]Das limbische System ist eine Gruppe von miteinander in Verbindung stehenden Hirnstrukturen wie Hippocampus, Thalamus und Amygdala. Es ist unter anderem für die Verarbeitung von Emotionen und die Entstehung von Triebverhalten zuständig (für eine ausführliche Beschreibung des limbischen Systems und seiner Funktionen siehe Armstrong, 1991, S. 118 ff.).

Nach Eysenck ist das limbische System bei NEU↑-Personen leichter erregbar, sodass diese in emotionsauslösenden Situationen stärkere und länger andauernde emotionale Reaktionen zeigen (S. 234 ff.).

Eysenck selbst und verschiedene andere Forscher versuchten seine Annahmen in psychophysiologischen Studien und Verhaltensexperimenten zu überprüfen. Dabei zeigten sich jedoch inkonsistente, teils widersprüchliche Ergebnisse, insbesondere hinsichtlich der Annahmen zur biologischen Basis von NEU (für eine Übersicht und Bewertung entsprechender Studien siehe Matthews & Gilliland, 1999). Belege für Eysencks Annahmen finden sich dagegen hinsichtlich einer geringeren Reizempfindlichkeit von EXT↑-Personen, die auf deren postulierte höhere Erregungsschwelle gegenüber externen Reizen zurückgeführt werden kann (z. B. Campbell, 1992; Dornic & Ekehammar, 1990). Auf Supermarkt-Apps übertragen lässt sich aus den Annahmen der Aktivierungstheorie also folgern, dass EXT↑-Personen reizintensive Gestaltungselemente präferieren sollten, wohingegen EXT↓-Personen Apps mit wenig stimulierenden Reizen bevorzugen müssten.

Aufbauend auf Eysencks Annahmen formulierte Gray (1970, 1981) die *Verstärkungs-Sensitivitäts-Theorie.* Analog zu Eysenck postuliert Gray, dass Persönlichkeitsunterschiede auf individuellen Unterschieden in Hirnsystemen basieren. Er geht jedoch auf Grundlage von Ergebnissen aus Tierstudien davon aus, dass diese Systeme sich insbesondere durch eine unterschiedliche Sensitivität für Umweltreize auf Belohnung und Bestrafung auszeichnen. Dabei nimmt die Theorie zwei abgrenzbare Hirnsysteme für die Verarbeitung von Belohnungs- und Bestrafungsreizen an: das *Behavioral Approach System* (Verhaltensannäherungssystem, BAS) und das *Behavioral Inhibition System* (Verhaltenshemmungssystem, BIS). Das *BAS* reagiert auf Reize für Belohnung und Nichtbestrafung, also auf Reize, die positive Konsequenzen ankündigen. Die Aktivierung des BAS (z. B. durch Umgebungsreize, die eine Belohnung signalisieren) führt zu einer Verhaltensaktivierung, damit eine Person die signalisierte Belohnung erhalten kann. Zudem werden positive Emotionen wie Freude, Hoffnung oder Erleichterung ausgelöst. Als neurobiologische Basis des BAS wird vor allem der Neurotransmitter Dopamin angenommen. Das *BIS* dagegen reagiert auf Reize für Bestrafung und Nichtbelohnung, also auf Reize, die negative Konsequenzen ankündigen. Die Aktivierung des BIS (z. B. durch Umgebungsreize, die eine Bestrafung signalisieren) führt zu einer Verhaltenshemmung des aktuell ausgeführten Verhaltens. Außerdem ruft die Aktivierung des BIS eine verstärkte Aufmerksamkeitszuwendung auf bedrohende Reize in der Umwelt hervor und führt zu einem Gefühl der Angst. Hierfür sind insbesondere die Neurotransmitter Noradrenalin und Serotonin verantwortlich.

Gray (1981) postuliert weiter, dass die Sensitivität des BAS und BIS die Grundlage für interindividuelle Persönlichkeitsunterschiede bildet. Personen, bei denen das BAS grundsätzlich aktiver ist als das BIS, bezeichnet er als *impulsiv*. Eine stärkere Ansprechbarkeit des BIS korrespondiert dagegen mit der Eigenschaft *Ängstlichkeit*. Dabei sind Impulsivität und Ängstlichkeit laut Gray eng mit den Dimensionen EXT und NEU verknüpft: Impulsivität weist eine hohe positive Korrelation mit EXT und eine moderate positive Korrelation mit NEU auf. Ängstlichkeit dagegen korreliert stark mit NEU und moderat negativ mit EXT. In vielen Studien werden jedoch jeweils nur die starken Korrelationen berücksichtigt, sodass vereinfacht angenommen wird, dass EXT mit einer stärkeren Belohnungssensitivität sowie positiven Emotionen (BAS) und NEU mit einer stärkeren Bestrafungssensitivität sowie negativen Emotionen (BIS) einhergeht. Diese Annahme konnte in verschiedenen Studien empirisch bestätigt werden (z. B. Gupta & Shukla, 1989; Larsen & Ketelaar, 1991; Watson & Clark, 1992). Für die persönlichkeitsbasierte Personalisierung von Supermarkt-Apps lässt sich entsprechend folgern, dass EXT↑-Personen insbesondere solche App-Elemente präsentiert werden sollten, die Belohnungsreize und positive Emotionen auslösen (z. B. Vorteile des Online-Einkaufs von Lebensmitteln hervorheben). Bei NEU↑-Personen sollte die App dagegen so gestaltet werden, dass Bedrohung und negative Emotionen möglichst vermieden werden (z. B. vermeintliche Nachteile des Online-Einkaufs von Lebensmitteln widerlegen).

Die Aktivierungstheorie der Persönlichkeit sowie die Verstärkungs-Sensitivitäts-Theorie zielen beide auf die Erklärung der Dimensionen EXT und NEU ab. Nur wenige neurowissenschaftliche Arbeiten beschäftigen sich dagegen mit VER, GEW und OFF. Einzelne Studien zeigen zwar, dass auch für diese Dimensionen neuroanatomische Grundlagen angenommen werden können: In der Studie von DeYoung et al. (2010) beispielsweise korreliert VER mit dem Volumen von Hirn-regionen, die für Empathie zuständig sind und GEW mit dem Volumen jener Regionen, die Planen und zielgerichtete Handlung anstoßen[3]. Umfassende Theorien zur neurowissenschaftlichen Erklärung von VER, GEW und OFF fehlen bisher jedoch (Rauthmann, 2017, S. 372 f.).

[3]Für OFF wurden dagegen keine signifikanten Korrelationen festgestellt.

3.1.2 Evolutionstheoretische Persönlichkeitstheorien

Eine ganzheitlichere biologische Betrachtung der Big Five bietet die *evolutionstheoretische Persönlichkeitsforschung*. Diese versucht grundlegend zu erklären, warum es überhaupt Persönlichkeitsunterschiede zwischen Menschen gibt. Hierfür werden evolutionäre Prozesse (z. B. Mutation, Selektion) herangezogen. Frühe evolutionstheoretische Arbeiten zur Persönlich-keit argumentieren zwar, dass Persönlichkeitsunterschiede eher ein Nebenprodukt der Evolution seien (*evolutionary noise*) und keine wichtige evolutionäre Sinnhaftigkeit besäßen (z. B. Tooby & Cosmides, 1990). Der Großteil der Vertreter der modernen Evolutionspsychologie geht jedoch davon aus, dass Persönlichkeitsunterschiede evolutionär bedeutsam sind (siehe Literaturreview von Figueredo et al., 2005).

Ein zentrales Konzept der Evolutionspsychologie ist die (biologische) *Fitness*. Diese ist ein Maß für den Reproduktionserfolg eines Organismus (Individuums) und umfasst die Wahrscheinlichkeit, Gene an künftige Generationen weiterzugeben, wobei auch der Fortpflanzungserfolg nahe Verwandter berücksichtigt wird. Fitness ist dabei das Resultat der Anpassung (englisch: fit) eines Organismus an seine Umwelt (Penke et al., 2008, S. 29). Gemäß der *Life History Theorie* (Theorie der Lebensgeschichte) müssen Individuen eine Vielzahl an Herausforderungen meistern, um einen hohen Reproduktionserfolg zu erreichen. Hierzu gehören beispielsweise die Partnersuche und Fortpflanzung aber auch der Erhalt der eigenen Gesundheit und die Unterstützung von Verwandten. Individuen müssen ihre knappen Ressourcen wie Zeit, Energie und Nahrung auf diese Herausforderungen aufteilen. Sie müssen also Trade-Off Entscheidungen treffen. Dabei gibt es aufgrund der Heterogenität der ökologischen und sozialen Umwelt und der Vielfältigkeit der Herausforderungen nicht die eine optimale Ressourcen-Allokation, die über verschiedene Zeitpunkte und Orte hinweg zu einer maximalen Fitness führt. Stattdessen unterscheiden sich Individuen darin in welche Herausforderungen sie eher investieren und wie sie diese angehen. Dadurch kommt es zu unterschiedlichen *Life History Strategien* (Buss, 2009, S. 360; Kaplan & Gangestad, 2005, S. 68 f.).

Laut Buss (1991) können Persönlichkeitseigenschaften als psychologische Mechanismen interpretiert werden, die den Einsatz der Life History Strategien steuern (S. 478). Der Mechanismus VER beispielsweise führt dazu, dass Individuen ihre Ressourcen in Herausforderungen wie den Aufbau von harmonischen Gruppenbeziehungen und der Suche nach Verbündeten investieren. Dabei verfolgen sie eine Strategie des konstanten Kooperationsverhaltens. Entsprechend zeigen viele Studien, dass VER↑-Personen harmonische interpersonale Beziehungen aufweisen und Anfeindungen vermeiden. Sie werden als Freunde und Koalitionspartner geschätzt (z. B. Caprara et al., 1996; Suls et al., 1998). Eine App, die den Bedürfnissen von VER↑-Personen besonders entspricht, sollte im Einklang mit deren Life History Strategie stehen, beispielsweise indem sie Inhalte und Funktionen liefert, die eine gewisse Kooperationsbereitschaft voraussetzen (z. B. Communities) oder indem sie harmonische Darstellungselemente verwendet. Durch die restlichen Big Five werden dagegen andere Life History Strategien aktiviert, aus denen sich wiederum Ableitungen für mögliche Präferenzen bezüglich der Gestaltung von Supermarkt-Apps treffen lassen. Diese sind in Tabelle 3.1 dargestellt.

Tabelle 3.1 Big Five und Life History Strategien. (Quellen: Buss, 2009, S. 364; Nettle, 2006, 625 ff.; Rauthmann, 2017, S. 401)

Big Five	Herausforderung (exemplarisch)	Strategie	Gestaltung Supermarkt-App
EXT	Partnersuche; Statusaufbau	Geselligkeits- und Dominanzverhalten	Inhalte und Funktionen, die Geselligkeit betonen; auffällige / dominante Darstellungen
VER	Aufbau harmonischer Gruppenbeziehungen; Suche nach Verbündeten	Kooperations-verhalten	Inhalte und Funktionen, die Kooperationsbereitschaft voraussetzen; harmonische Darstellungen
GEW	Sauberkeit (z. B. Schutz vor Parasiten); Aufbau verbindlicher interpersonaler Beziehungen	Ordnungs- und Regelbewusstsein	Etablierte Inhalte und Funktionen; Geordnete Darstellungen
NEU	Bedrohungen erkennen	Schnelles und sensibles Reaktionsverhalten	Wenig stimulierende Inhalte, Darstellungen und Funktionen
OFF	Neues erschließen	Explorationsverhalten	Neuartige, außergewöhnliche Inhalte, Darstellungen und Funktionen

3.2 Empirische Forschungsergebnisse zu App-Interface-Präferenzen

Seit vielen Jahrzehnten beschäftigt sich die wissenschaftliche Forschung mit dem Einfluss der Persönlichkeit eines Menschen auf verschiedene Aspekte seines Lebens und versucht, Verhaltensweisen und Präferenzen mit Persönlichkeitseigenschaften zu erklären. Zahlreiche Studien belegen Zusammenhänge zwischen den Big Five und Präferenzen in unterschiedlichsten Lebensbereichen. Hierzu gehören z. B. Präferenzen für politische Parteien (Jost et al., 2009) und bestimmte Berufe (Barrick & Mount, 1991), die Vorliebe für Marken (Whelan & Davies, 2006) und Musikrichtungen (Rentfrow & Gosling, 2003) und sogar die Präferenz für Hunde oder Katzen (Gosling et al., 2010) (siehe Ozer & Benet-Martínez, 2006 für einen ausführlichen Überblick). Daneben gibt es auch Studien, auf deren Basis auf App-Interface-Präferenzen geschlossen werden kann. Die Ergebnisse dieser Studien werden in den folgenden Kapiteln beschrieben. Die Studien werden dabei nach den in Abschnitt 2.1.2 hergeleiteten Personalisierungsobjekten Texte, Bilder, Farben, Formen und Features (siehe Abbildung 2.2) und damit nach den Ausgestaltungsmöglichkeiten der Personalisierungsform personalisiertes Interface strukturiert. Da nur wenige Studien existieren, die Präferenzen im Zusammenhang mit Apps untersuchen, werden auch solche Studien dargestellt, die andere online und offline Kanäle betreffen und sich auf den App-Kontext übertragen lassen.

Bei der Ermittlung der Präferenzen werden zwei Arten von Studien berücksichtigt. Einerseits werden Studien analysiert, die *direkt Präferenzen* untersuchen (z. B. Welche Texte finden Personen mit unterschiedlichen Persönlichkeitseigenschaften besonders ansprechend? Welche Farben präferieren sie?). Andererseits werden solche Studien beschrieben, die *persönlichkeitsabhängiges Verhalten* untersuchen (z. B. Welchen Sprachstil nutzen Personen mit unterschiedlichen Persönlichkeitseigenschaften? Wie unterscheiden sich Bilder, die von unterschiedlichen Persönlichkeitstypen fotografiert wurden?). Es kann angenommen werden, dass entsprechende Verhaltensweisen indirekt die Präferenzen von Personen widerspiegeln. Beispielsweise zeigen Studien sowohl für die Mensch-zu-Mensch- also auch für die Mensch-zu-Maschine-Kommunikation, dass Äußerungen, die an den Sprachstil des Gegenübers angepasst sind, von diesem positiver bewertet werden und ihn eher überzeugen können als Äußerungen, die seinen Sprachstil nicht berücksichtigen[4] (siehe Mairesse & Walker, 2010, S. 228 f. für einen

[4]Eine entsprechende positive Bewertung lässt sich z. B. mit der Selbstkongruenz-Theorie oder dem Similarity-Attraction-Effekt begründen – beide Theorieansätze werden bei der Herleitung eines Modells zur Wirkung persönlichkeitsbasierter Personalisierung ausführlich erläutert (siehe Abschnitt 4.1.3).

Überblick). Auch für Fotografien gilt, dass Personen solche Bilder besonders gut finden, die ähnlich zu selbst aufgenommenen Bildern sind (Guntuku et al., 2017).

3.2.1 Extraversion und App-Interface-Präferenzen

Hinweise auf *Textpräferenzen* von Personen mit einem unterschiedlichen EXT-Level liefern vor allem Studien zum Zusammenhang zwischen Persönlichkeit und Sprache. Diese zeigen, dass sich das Geselligkeitsverhalten als Life History Strategie von EXT↑-Personen auch in ihren Sprachstil widerspiegelt. Zahlreiche Studien weisen einen positiven Zusammenhang zwischen EXT und der Anzahl an Wörtern nach, sowohl in der gesprochenen (Mehl et al., 2006) als auch in der geschriebenen Sprache – z. B. in Texten aus Twitter und SMS (Adalı & Golbeck, 2014), E-Mails (Oberlander & Gill, 2004; 2006), Tagebüchern und Aufsätzen (Mairesse et al., 2007; Pennebaker & King 1999) sowie Blogs (Yarkoni, 2010). Dabei verwenden EXT↑-Personen viele Konjunktionen wie *und* oder *aber*, um die zahlreichen Wörter und Aussagen zu verbinden (Oberlander & Gill, 2004; 2006). Geselligkeit wird daneben auch in einer direkten, persönlichen Sprache (beispielsweise durch den Einsatz von Personalpronomen und Namen, ebd.) sowie einer lockeren, ungehemmten und eher umgangssprachlichen Ausdrucksweise deutlich (Oberlander & Gill, 2004; Tausczik & Pennebaker, 2010), die letztlich auch in der Nutzung von einfachen und kurzen Wörtern resultiert (Mehl et al., 2006). Darüber hinaus finden sich zahlreiche Belege für eine intensive sprachliche Auseinandersetzung mit Themen rund um soziale Beziehungen (z. B. Freundschaften, Feiern und Partys) (z. B. Golbeck et al., 2011b; Hirsh & Peterson, 2009; Pennebaker & King, 1999). Schwartz et al., 2013 bezeichnen den Austausch über *Feiern und Partys* sogar als „key distinguishing feature for extraverts" (S. 9). EXT↓-Personen dagegen kommunizieren vor allem über Themen und Aktivitäten, die allein ausgeführt werden können. Hierzu gehören Filme, Bücher und Computer (z. B. Kosinski et al., 2014; Park et al., 2015; Schwartz et al., 2013).

Das Dominanzverhalten von EXT↑-Personen wird durch eine Präferenz für starke, selbstsichere Aussagen und der Nutzung von Ausrufezeichen unterstrichen (Isbister & Nass, 2000; Nass & Lee, 2001). EXT äußert sich darüber hinaus in einem durch eine verstärkte BAS-Aktivität ausgelösten intensiven Erleben positiver Emotionen, das sich auch in einer grundsätzlich positiven Sprache niederschlägt (Mairesse & Walker, 2010, S. 239). Diese zeigt sich in der Verwendung einer Vielzahl an positiven Emotionswörtern wie *glücklich* oder *Liebe* sowie einer Vermeidung von Verneinungen und Füllwörtern (z. B. Mairesse et al., 2007; Pennebaker & King, 1999; Yarkoni, 2010).

Aufgrund der Annahme, dass der beschriebene Sprachgebrauch auch die Textpräferenzen von EXT↑- (bzw. EXT↓-) Personen widerspiegelt, bilden die dargestellten Zusammenhänge eine Grundlage für die Gestaltung von auf die Persönlichkeit abgestimmten App-Texten. Texte, die EXT↑-Personen adressieren, sollte eher locker, persönlich und umgangssprachlich formuliert werden. Sie sollten zudem positive Emotionswörter und Symbole wie Ausrufezeichen sowie soziale Bezüge enthalten. Dabei können insbesondere Anspielungen auf Freunde und Partys integriert werden. Texte für EXT↓-Personen sollten dagegen eher knapp und nüchtern gehalten werden, auf Emotionswörter und persönliche Ansprachen sollte verzichtet werden.

In Bezug auf *Bilder*, finden sich sowohl Studien, die direkte Präferenzen ermitteln als auch solche, die Verhalten untersuchen. Dabei zeigt sich beispielsweise sowohl für Bilder, die EXT↑-Personen in sozialen Medien selbst posten als auch für solche, die sie „liken", dass auf den Bildern überdurchschnittlich viele Menschen zu sehen sind. Der Tenor der Bilder ist in der Regel positiv, beispielsweise lachen die abgebildeten Menschen häufig (z. B. Celli et al., 2014; Guntuku et al., 2017; Segalin et al., 2017a, b). Sie werden zudem oft bei Aktivitäten, z. B. beim Feiern, gezeigt (Guntuku et al., 2017). EXT↓-Personen dagegen präferieren Bilder ohne Menschen, insbesondere Naturdarstellungen mit Blumen oder Tieren sowie abstrakte Darstellungen und Gemälde (Cunningham et al., 2007; Guntuku et al., 2017; Segalin et al., 2017b). Für die Gestaltung von Supermarkt-Apps lässt sich entsprechend folgern, dass Bilder (z. B. in Teaser, auf Produktseiten), die EXT↑-Personen angezeigt werden, Menschen abbilden und eine fröhliche, positive Bildsprache aufweisen sollten. Für EXT↓-Personen sollten dagegen Bilder ohne Menschen verwenden werden, die stattdessen eher abstrakte Darstellungen oder Landschaften zeigen.

Der Zusammenhang zwischen EXT und *Farbpräferenzen* wurde schon zu Beginn der 40er Jahre von Eysenck (1941) in einer Studie zur Bewertung von Gemälden untersucht. Die Ergebnisse zeigen, dass EXT↑-Personen eher farbenfrohe, moderne Kunst und EXT↓-Personen ältere Gemälde mit wenig stimulierenden gedeckten und dunkleren Farben präferieren. Dieses Ergebnis steht im Einklang mit der von der Aktivierungstheorie der Persönlichkeit postulierten unterschiedlichen Erregungssensitivität von EXT↑- und EXT↓-Personen und wurde seitdem in zahlreichen Studien repliziert. Diese zeigen einen signifikanten Zusammenhang zwischen EXT und der Präferenz für starke Kontraste (Karsvall, 2002; Sarsam & Al-Samarraie, 2018), hohe Sättigungen (Guntuku et al., 2017; Karsvall, 2002), kräftige Farbtöne wie Rot und Lila (Guntuku et al., 2017; Karsvall, 2002; Sarsam & Al-Samarraie, 2018) sowie eine grundsätzlich farbenfrohe Darstellung (z. B. Barrett & Eaton, 1947; Guntuku et al., 2017; Karsvall, 2002; Pazda & Thorstenson, 2018). EXT↓-Personen dagegen bevorzugen dezente Blau- und Grautöne (Guntuku et al., 2017; Karsvall, 2002; Saati et al., 2005). Auch die in Supermarkt-Apps eingesetzten Farben können diesen Präferenzen entsprechend gewählt werden: Während Apps für EXT↑-Personen farbenfroh mit vielen kräftigen und stark gesättigten Farben gestaltet werden sollten, sollten für EXT↓-Personen eher wenige, dezente Blau- und Grautöne verwendet werden.

Der Einfluss der von der Aktivierungstheorie der Persönlichkeit postulierten unterschiedlichen Erregungssensitivität konnte auch im Zusammenhang mit *Formen* nachgewiesen werden. EXT↑-Personen präferieren auffallende und entsprechend aktivierende Elemente wie fette Umrandungen und scharfe Kanten (Karsvall, 2002). Sie bevorzugen zudem grundsätzlich komplexere Formen (z. B. mehrkantige Vielecke), da diese eine höhere visuelle Stimulation auslösen (Fine, 2008, S. 40). Aus diesem Grund werden EXT↑-Personen auch von eher außergewöhnlichen, seltenen Darstellungen angesprochen. EXT↓-Personen dagegen mögen vor allem klassische, konventionelle Designs (Brinkman & Fine, 2005). Entsprechend sollten auch Apps für EXT↑-Personen unkonventionelle, auffällige und außergewöhnliche Darstellungen einzelner Elemente (z. B. Navigation, Buttons) bieten und für EXT↓-Personen eher klassische, konventionelle Darstellungsansätze wählen.

Bei der Präferenz für bestimmte *Features* ist insbesondere die Belohnungssensitivität von EXT↑-Personen entscheidend. Diese führt zu einer positiven Bewertung und intensiven Nutzung von Gamification-Features wie Punkten, Badges, Level oder Bestenlisten. Diese Features „belohnen" verschiedene Online-Aktivitäten wie den Produktkauf oder regelmäßige Bestellungen und sind daher ein Anreiz für EXT↑-Personen diese Aktivitäten auszuführen (Buckley & Doyle, 2017; Jia et al., 2016; Orji et al., 2017). Darüber hinaus spiegelt sich auch das Geselligkeitsverhalten in der Präferenz für Features wider: EXT↑-Personen nutzen gerne und intensiv Community-Features wie Foren, Wettbewerbe oder Produktbewertungen anderer Nutzer (Barkhi & Wallace, 2007; Islam et al., 2017; Tan & Yang, 2014). Auch direkte Kontaktoptionen zum Unternehmen (z. B. Telefonnummer des Kundenservices) werden von EXT↑-Personen als wichtig bewertet. EXT↓-Personen dagegen präferieren Funktionalitäten wie FAQs, mit deren Hilfe sie mögliche Fragen selbst beantworten können, ohne den Kundenservice persönlich kontaktieren zu müssen (Cunningham et al., 2007). Bei der Gestaltung von Apps kommen für EXT↑-Personen entsprechend sowohl verschiedene Gamification- also auch Community-Features in Frage. Für EXT↓-Personen sollten dagegen passive Features angeboten werden, die keinen Austausch mit anderen Nutzern oder dem App-Betreiber selbst erfordern.

Die ermittelten Zusammenhänge zwischen EXT und den verschiedenen Präferenzkategorien sowie die daraus abgeleiteten Empfehlungen für die Gestaltung von App-Interfaces sind in Tabelle 3.2 dargestellt.

Tabelle 3.2 EXT und App-Interface-Präferenzen

Kategorie		EXT-Korrelationen*	Quellen**	App-Interface-Gestaltung
Inhalte	Texte	+ Anzahl an Wörtern und Konjunktionen + Umgangssprache, informelle Ausdrücke + Einfache und kurze Wörter (< 6 Buchstaben) + Direkte, persönliche Ansprache + Positive Emotionswörter + Starke, selbstsichere Aussagen + Ausrufezeichen + Soziale Beziehungen (insb. Freunde & Familie) + Musik, Feiern & Partys - Verneinungen - Füllwörter und Wörter, die Vorläufigkeit ausdrücken	*Adalı & Golbeck, 2014; Golbeck et al., 2011b; Hirsh & Peterson, 2009;* Isbister & Nass, 2000; *Kosinski et al., 2014; Mairesse & Walker, 2010; Mairesse et al., 2007; Mehl et al., 2006;* Nass & Lee, 2001; *Oberlander & Gill, 2004; Oberlander & Gill, 2006; Park et al., 2015; Pennebaker & King 1999; Qiu et al., 2012; Schwartz et al., 2013; Sumner et al., 2012; Tausczik & Pennebaker, 2010; Yarkoni, 2010; Youyou et al., 2015*	Für EXT↑: Umgangssprache, persönliche Ansprache, positive Emotionswörter, Ausrufezeichen, soziale Bezüge (v.a. Freunde), Partys Für EXT↓: Knappe & nüchterne Sprache ohne Emotionswörter, keine persönliche Ansprache
	Bilder	+ Bilder mit (fröhlichen) Menschen + Bilder von Aktivitäten und Feiern - Malereien und abstrakte Symbole - Natur, Landschaften, Blumen, Tiere	*Celli et al., 2014;* Cunningham et al., 2007; *Guntuku et al., 2017;* Matz et al., 2017b; Segalin et al., 2017a; *Segalin et al., 2017b*	Für EXT↑: Fröhliche & aktive Menschen, positive Bildsprache Für EXT↓: Abstrakte Darstellungen, Landschaften, keine Menschen

(Fortsetzung)

Tabelle 3.2 (Fortsetzung)

Kategorie		EXT-Korrelationen*	Quellen**	App-Interface-Gestaltung
Darstellung	Farben	+ Starke Kontraste + Hohe Sättigung + Kräftige Farben (insb. Rot, Lila) + Farbenfrohe Darstellung - Blau und Grau	Barrett & Eaton, 1947; Brinkman & Fine, 2005; Eysenck, 1941; Fine, 2008; *Guntuku et al., 2017*; Karsvall, 2002; Pazda & Thorstenson, 2018; Saati et al., 2005; Sarsam & Al-Samarraie, 2018; Segalin et al., 2017a; *Segalin et al., 2017b*	Für EXT↑: Kräftige Farben (insb. Rottöne) mit hoher Sättigung, farbenrohe Darstellungen Für EXT↓: Dezente Blau- und Grautöne, wenige Farben
Darstellung	Formen	+ Fette Umrandungen + Scharfkantige Formen + Komplexe Formen - Konventionelle, klassische Designs	Brinkman & Fine, 2005; Fine, 2008	Für EXT↑: Unkonventionelle & komplexe Darstellungen (z. B. viel- & scharfkantige Polygone) Für EXT↓: Klassische & konventionelle Darstellungen
Funktionalität	Features	+ Gamification-Elemente + Community Features + Kontaktmöglichkeiten - Passive Funktionalitäten (z. B. FAQs)	Barkhi & Wallace, 2007; Buckley & Doyle, 2017; Cunningham et al., 2007; Islam et al., 2017; Jia et al., 2016; Marbach et al., 2016; Orji et al., 2017; Tan & Yang, 2014	Für EXT↑: Gamification-Elemente (z. B. Punkte, Bestenlisten, Badges); Community-Features (z. B. Bewertungen, Forum); Kontaktoptionen Für EXT↓: Passive Features (z. B. FAQs)

* + (-) = positiver (negativer) Zusammenhang zwischen EXT und Präferenz

** *kursiv*: Studie zu Verhaltensweisen (normal: Studie zu Präferenzen)

3.2.2 Verträglichkeit und App-Interface-Präferenzen

Bei VER↑-Personen schlägt sich die Life History Strategie (Aufbau von Gruppenbeziehungen) ebenfalls in der Sprache und damit auch in *Textpräferenzen* nieder. Sie nutzen grundsätzlich viele Personalpronomen der ersten und zweiten Person (z. B. ich, du, wir, ihr), die Äußerungen eine persönliche Note verleihen. Dabei wird insbesondere das Wort *du* häufig verwendet und ist Ausdruck von Fürsorge und Interesse am Gegenüber (Golbeck et al., 2011b). Entsprechende Zusammenhänge wurden sowohl in der gesprochenen (Mehl et al., 2006) als auch in der geschriebenen Sprache (Yarkoni, 2010) festgestellt und stehen im Einklang mit dem Kooperationsverhalten sowie dem Streben nach harmonischen sozialen Beziehungen von VER↑-Personen. Darüber hinaus verwenden sie eine positiv emotional aufgeladene Sprache. Diese zeigt sich in zahlreichen positiven Emotionswörtern (Kern et al., 2014; Pennebaker & King, 1999), aber auch in emotionalen Symbolen wie Ausrufezeichen (Cunningham et al., 2007; Mairesse et al., 2007; Sumner et al., 2012) sowie dem Verzicht auf Verneinungen (Mairesse et al., 2007; Qiu et al., 2012). Auch bei der Wahl von Themen, stellen VER↑-Personen soziale Beziehungen in den Mittelpunkt. Im Unterschied zu EXT↑-Personen sind Feiern und Partys dabei jedoch von eher geringerer Bedeutung. Stattdessen stehen harmonische Beziehungen mit anderen Personen – insbesondere der Familie – im Fokus (z. B. Hirsh & Peterson, 2009; Kern et al., 2014; Mairesse et al., 2007). Ein negativer Zusammenhang lässt sich dagegen zwischen VER und einem Austausch über arbeits- und erfolgsbezogene Themen feststellen. Dies lässt sich damit erklären, dass Antrieb und Ziele von VER↑-Personen eher zwischenmenschlicher Natur sind und selbstbezogene Erfolge eine untergeordnete Rolle spielen (Hirsh & Peterson, 2009; Golbeck et al., 2011b). Ähnlich wie bei EXT↑-Personen, sollten also auch App-Texte, die VER↑-Personen adressieren, persönlich, umgangssprachlich sowie positiv emotional aufgeladen formuliert werden. Sie sollten ebenfalls soziale Bezüge enthalten, jedoch eher im Hinblick auf Familie. Texte für VER↓-Personen sollten dagegen knapp und nüchtern gehalten werden, wobei erfolgsbezogene Themen betont werden können.

In sozialen Netzwerken posten und liken VER↑-Personen *Bilder* mit Menschen (Guntuku et al., 2017; Segalin et al., 2017b) sowie Bilder, die positive Assoziationen wecken – beispielsweise solche von Blumen oder Tieren (Guntuku et al., 2017). Die Bildsprache ist dabei positiv und fröhlich und drückt den Optimismus sowie die positive Lebenseinstellung von VER↑-Personen aus (ebd.). VER↓-Personen dagegen posten und liken Bilder von eher ernsten und formalen Situationen (z. B. in der Schule oder im Büro) sowie textbezogene Bilder wie Zeitungsausschnitte oder Schilder (ebd.). In Apps sollten VER↑-Personen daher positiv aufgeladene Bilder mit Menschen und VER↓-Personen eher formale Bilder präsentiert werden (Tabelle 3.3).

Tabelle 3.3 VER und App-Interface-Präferenzen

Kategorie		VER-Korrelationen*	Quellen**	App-Interface-Gestaltung
Inhalte	Texte	+ Direkte, persönliche Ansprache; viele Personalpronomen der 1. & 2. Person (insbesondere „du") + positive Emotionswörter + Ausrufezeichen + Soziale Beziehungen (insbesondere Familie) - Verneinungen - Arbeit & Erfolge	Cunningham et al., 2007; *Golbeck et al., 2011b; Hirsh & Peterson, 2009; Kern et al., 2014; Mairesse et al., 2007; Mehl et al., 2006*; *Pennebaker & King 1999; Qiu et al., 2012; Sumner et al., 2012; Tausczik & Pennebaker, 2010; Yarkoni, 2010*	<u>Für VER↑:</u> Umgangssprache, persönliche Ansprache, positive Emotionswörter, Ausrufezeichen, soziale Bezüge (Familie), Harmonie <u>Für VER↓:</u> Knappe & nüchterne Sprache ohne Emotionswörter, keine persönliche Ansprache, erfolgsbezogene Themen
	Bilder	+ Bilder mit Menschen + Fröhliche Bildsprache, positive Lebensbereiche - Formale Situationen - Textbezogene Bilder	*Guntuku et al., 2017*; Segalin et al., 2017a; *Segalin et al., 2017b*	<u>Für VER↑:</u> Fröhliche Menschen, positive Bildsprache <u>Für VER↓:</u> Menschen nicht im Fokus, formale Darstellungen
Darstellung	Farben	+ Hohe Sättigung + Starke Kontraste + Kräftige, warme Farben (insb. Rot, Orange) + Farbenfrohe Darstellung - Schwarz und Grau	*Celli et al., 2014*; Cunningham et al., 2007; Fine, 2008; *Guntuku et al., 2017*; Saati et al., 2005; Segalin et al., 2017a; *Segalin et al., 2017b*	<u>Für VER↑:</u> Kräftige Farben (insb. Rottöne) mit hoher Sättigung, farbenrohe Darstellungen <u>Für VER↓:</u> Dezente Grautöne, wenige Farben
	Formen	- Runde Formen	Segalin et al., 2017b	<u>Für VER↑:</u> Runde & harmonische Formen <u>Für VER↓:</u> Keine Ergebnisse

(Fortsetzung)

Tabelle 3.3 (Fortsetzung)

Kategorie		VER-Korrelationen*	Quellen**	App-Interface-Gestaltung
Funktionalität	Features	+ Community-Features + Gamification-Features	Islam et al., 2017; Jia et al., 2016; Marbach et al., 2016; Orji et al., 2017	Für VER↑: Community-Features (z. B. Bewertungen, Forum) Für VER↓: Keine Ergebnisse

* + (-) = positiver (negativer) Zusammenhang zwischen VER und Präferenz

** *kursiv*: Studie zu Verhaltensweisen (normal: Studie zu Präferenzen)

Die *Farbpräferenzen* von VER↑-Personen decken sich stark mit jenen von EXT↑-Personen, was auf ihre Gemeinsamkeiten bezüglich positiver Emotionen und Kontaktfreudigkeit zurückgeführt werden könnte (Guntuku et al., 2017, S. 226). Auch VER↑-Personen präferieren kontrastreiche, kräftige Farben mit einer hohen Sättigung (ebd.; Fine, 2008; Segalin et al., 2017b). Weiterhin mögen und verwenden sie farbenfrohe Darstellungen, die ihr positives und fröhliches Gemüt widerspiegeln (Celli et al., 2014; Guntuku et al., 2017; Segalin et al., 2017b). VER↓-Personen bevorzugen – ähnlich wie EXT↓-Personen – dezente, dunklere Farben, insbesondere Schwarz und Grau (Guntuku et al., 2017; Saati et al., 2005; Segalin et al., 2017b). Analog zu EXT, sollten Apps für VER↑-Personen also farbenfroh mit vielen kräftigen und stark gesättigten Farben und für VER↓-Personen mit wenigen, dezenten Grautöne gestaltet werden.

Zum Zusammenhang zwischen VER und der Präferenz für *Formen* finden sich in der Literatur dagegen nur wenige Belege. Die einzige Ausnahme stellt die Studie von Segalin et al. (2017b) dar, deren Ergebnisse zeigen, dass VER↑-Personen überdurchschnittlich häufig Bilder mit runden Formen in sozialen Medien liken. Das Ergebnis steht im Einklang mit ihrem Harmoniebedürfnis. Entsprechend können zur Ansprache von VER↑-Personen bei der App-Gestaltung vermehrt runde Formen wie Kreise und Ovale für verschiedene App-Elemente eingesetzt werden. Hinweise für Formen, die VER↓-Personen präferieren, finden sich in der Literatur bisher nicht.

Das ausgeprägte Kooperationsverhalten von VER↑-Personen schlägt sich in einer positiven Bewertung und intensiven Nutzung von Community-*Features* wie Foren oder Produkt-bewertungen nieder. VER↓-Personen dagegen konsumieren entsprechende Inhalte selten, da sie stärker auf die eigene als auf andere Meinungen vertrauen (Islam et al., 2017; Marbach et al., 2016). Ein weiterer positiver Zusammenhang wurde zwischen VER und der Bewertung von Gamification-Elementen festgestellt. Während VER↑-Personen diese als unterhaltsam und hilfreich beurteilen, empfinden VER↓-Personen sie als eher albern (Jia et al., 2016; Orji et al., 2017). Ähnlich wie EXT↑-Personen können also auch VER↑-Personen angesprochen werden, wenn bei der App-Gestaltung Community- und Gamification-Features integriert werden. Für die Gestaltung von Apps für VER↓-Personen existieren dagegen bisher keine Erkenntnisse.

3.2.3 Gewissenhaftigkeit und App-Interface-Präferenzen

Im Hinblick auf *Textpräferenzen*, zeigen Studien, dass sich das Ordnungs- und Regelbewusstsein als Life History Strategie von GEW↑-Personen in einer formal korrekten Sprache sowie einer formalen Anrede anderer Personen ausdrückt (Mairesse & Walker, 2010; Mairesse et al., 2007; Kern et al., 2014). Die Sprache ist zudem positiv aufgeladen. Wörter, die sich „nicht gehören", werden vermieden (Mairesse et al., 2007, S. 469). Entsprechend werden positive Emotionswörter gebraucht und auf Verneinungen verzichtet (Pennebaker & King, 1999; Sumner et al., 2012; Yarkoni, 2010). Weiterhin ist GEW mit einem Streben nach Effizienz und schneller Zielerreichung verbunden. Auch die Sprache ist daher eher kurz und prägnant. GEW↑-Personen nutzen tendenziell wenige Wörter und vermeiden Konjunktionen, Füllwörter sowie Wörter, die Vorläufigkeit ausdrücken (Golbeck et al., 2011b; Sumner et al., 2012; Yarkoni, 2010). Das Leistungsstreben von GEW↑-Personen äußert sich in einem intensiven Austausch über sowie einer ausgeprägten Beschäftigung mit arbeits- und erfolgsbezogenen Themen[5] (z. B. Hirsh & Peterson, 2009; Kern et al., 2014; Kosinski et al., 2014). Entsprechend werden auch Botschaften anderer als besonders überzeugend beurteilt, wenn sie Erfolge und Effizienz in den Vordergrund stellen (Hirsh et al., 2012). Dabei ist Pünktlichkeit ein zentraler Bestandteil von Effizienz (Alkış & Temizel, 2015; Back et al., 2006). Da GEW↑-Personen sich gerne selbst eine eigene Meinung bilden, lassen

[5]Der Beruf wird von GEW↑-Personen als zentraler Bestandteil des Lebens angesehen. Zahlreiche Studien konnten bereits einen positiven Zusammenhang zwischen GEW und beruflichem Erfolg nachweisen (siehe Metanalyse von Barrick & Mount, 1991).

sie sich vor allem durch viele Argumente überzeugen (De Vries et al., 2017). Auf Empfehlungen des sozialen Umfeldes verlassen sie sich dagegen weniger (ebd., Halko & Kientz, 2010; Oyibo et al., 2017). Bei der Gestaltung von Apps sollten für GEW↑-Personen also formal korrekte und prägnante Texte genutzt werden. Diese sollten positive Emotionswörter verwenden, jedoch auf eine persönliche Ansprache der Nutzer verzichten. Zusätzlich sollten sie viele Argumente, insbesondere hinsichtlich der Themen Pünktlichkeit und Effizienz, liefern. Für GEW↓-Personen sollten dagegen umgangssprachliche, persönliche Texte mit sozialen Bezügen geboten werden (Tabelle 3.4).

Tabelle 3.4 GEW und App-Interface-Präferenzen

Kategorie		GEW-Korrelationen*	Quellen**	App-Interface-Gestaltung
Inhalte	Texte	+ Korrekte, formale Sprachweise + Formale Ansprache anderer Personen + Positive Emotionswörter + Kurze, prägnante Sprache; wenige Wörter & Konjunktionen + Viele Argumente + Arbeit und Erfolge; Effizienz und Pünktlichkeit - Umgangssprache - Verneinungen, Füllwörter und Wörter, die Vorläufigkeit ausdrücken - Soziale Beziehungen	Cunningham et al., 2007; De Vries et al., 2017; *Golbeck et al., 2011b; Hirsh & Peterson, 2009; Kern et al., 2014; Mairesse et al., 2007; Mehl et al., 2006; Pennebaker & King 1999; Qiu et al., 2012; Sumner et al., 2012; Tausczik & Pennebaker, 2010; Yarkoni, 2010*	Für GEW↑: Formale & prägnante Sprache, keine persönliche Ansprache, positive Emotionswörter, Pünktlichkeit & Effizienz Für GEW↓: Umgangssprache, persönliche Ansprache, soziale Bezüge
	Bilder	+ Reale Bilder + Detailreiche Bilder + Berücksichtigung der Drittel-Regel - Gemälde und abstrakte Symbole	*Guntuku et al., 2017*; Segalin et al., 2017a; *Segalin et al., 2017b*	Für GEW↑: Reale & geordnete Bilder, viele Details Für GEW↓: Ungewöhnliche & abstrakte Bilder

(Fortsetzung)

Tabelle 3.4 (Fortsetzung)

Kategorie		GEW-Korrelationen*	Quellen**	App-Interface-Gestaltung
Darstellung	Farben	+ Warme Farben (insbesondere Gelb, Orange) - Grau	*Celli et al., 2014*; Cunningham et al., 2007; Fine, 2008; *Guntuku et al., 2017*; Saati et al., 2005; Segalin et al., 2017a; *Segalin et al., 2017b*	Für GEW↑: Warme Gelb- und Orangetöne Für GEW↓: Dezente Grautöne
	Formen	+ Geometrische Formen + Tabellen, Strichpunkte, Liste	Segalin et al., 2017b	Für GEW↑: Keine Ergebnisse Für GEW↓: Geometrische & konventionelle Formen, geordnete Darstellung (z. B. Listen & Tabellen)
Funktionalität	Features	+ Produktempfehlungen + Themenbasierte Navigation - Gamification-Elemente	Islam et al., 2017; Jia et al., 2016; Marbach et al., 2016; Orji et al., 2017	Für GEW↑: Produktempfehlungen, themenbasierte Navigation Für GEW↓: Gamification-Features (z. B. Punkte, Bestenlisten, Badges)

* + (-) = positiver (negativer) Zusammenhang zwischen GEW und Präferenz
** *kursiv*: Studie zu Verhaltensweisen (normal: Studie zu Präferenzen)

GEW↑-Personen bevorzugen – gerade in sozialen Medien – reale *Bilder* und keine abstrakten Darstellungen oder Gemälde (Guntuku et al., 2017; Segalin et al., 2017b). Weiterhin mögen sie detailreiche Bilder, die ihnen helfen, sich ein genaues Bild der dargestellten Situation zu machen (Segalin et al., 2017a), sowie aufgeräumte und geordnete Bilder – beispielsweise Fotografien, welche die Drittel-Regel[6] befolgen (Segalin et al., 2017a, b). Bilder in Apps sollten entsprechend realistisch, detailreich und aufgeräumt sein, um GEW↑-Personen zu gefallen. GEW↓-Personen können dagegen abstrakte und ungewöhnliche Bilder angeboten werden.

GEW↑-Personen präferieren warme *Farben*, insbesondere Gelb und Orange (Fine, 2008; Saati et al., 2005; Segalin et al., 2017 a, b). Entsprechende Farben gelten als positiv und freundlich und stehen daher im Einklang mit dem ebenfalls positiv aufgeladenen Sprachgebrauch. Negativ behaftete Farben wie Grau werden dagegen eher abgelehnt (Guntuku et al., 2017; Segalin et al., 2017b). Bei der App-Gestaltung sollten für GEW↑-Personen also warme Gelb- und Organgetöne, für GEW↓-Personen dagegen dezente Grautöne verwendet werden.

Die Ordnungsliebe von GEW↑-Personen zeigt sich in einer Präferenz für geometrische *Formen* (Segalin et al., 2017b) sowie für eine Anordnung von Inhalten in Tabellen, Stichpunkten und Listen (Cunningham et al., 2007). Auch diese Präferenzen können bei der Gestaltung von App-Interfaces berücksichtigt werden. Es liegen jedoch keine Erkenntnisse zu negativen Korrelationen zwischen GEW und der Präferenz für bestimmte Formen vor.

GEW↑-Personen planen ihre Konsumentscheidungen genau und vergleichen gerne verschiedene Angebote. Daher schätzen sie *Features* wie Produktempfehlungen, die diesen Planungsprozess unterstützen und ihnen helfen, die besten Angebote zu finden. Studien zeigen einen positiven Zusammenhang zwischen GEW und der Bewertung und Nutzung von Recommender Systemen (Golbeck & Norris, 2014; Orji et al., 2017). Weiterhin hilft auch eine Kategorisierung von Produkten nach Themen (z. B. Arbeit, Sport oder Party bei Musik), um schnell jene Produkte zu finden, die für eine bestimmte Situation relevant sind. Eine entsprechende themenbasierte Navigation wird daher ebenfalls von GEW↑-Personen bevorzugt (Ferwerda et al., 2015). Ein negativer

[6]Bei der Drittel-Regel handelt es sich um eine Gestaltungsregel in der Fotografie, die sich an den Goldenen Schnitt anlehnt (Bühler et al., 2017, S. 6).

Zusammenhang zeigt sich dagegen zwischen GEW und der Vorliebe für Gamification-Features. Diese werden als ablenkend und wenig zielführend empfunden und entsprechend negativ bewertet (Buckley & Doyle, 2017). Bei GEW↑-Personen sollten also Features wie Produktempfehlungen oder eine themenbasierte Navigation, bei GEW↓-Personen dagegen Gamification-Features besonders hervorgehoben werden.

3.2.4 Neurotizismus und App-Interface-Präferenzen

NEU steht im Zusammenhang mit einer erhöhten Bestrafungssensitivität und dem Erleben von negativen Emotionen (intensive BIS-Aktivität). Dies zeigt sich auch in einem negativ geprägten Sprachgebrauch, in dem wenige positive und stattdessen viele negative Emotionswörter wie *traurig* oder *einsam* und zahlreiche Verneinungen vorkommen (Mairesse et al., 2007; Pennebaker & King, 1999; Sumner et al., 2012). NEU↑-Personen sind eher reserviert und sozial befangen, entsprechend finden sich in ihren Äußerungen wenige Bezüge auf andere Personen und soziale Beziehungen sowie wenige persönliche Ansprachen (z. B. eine Verwendung von *du*) (Golbeck, 2011b; Kern et al., 2014; Yarkoni, 2010). Botschaften anderer Personen empfinden NEU↑-Personen vor allem dann als überzeugend, wenn sie Problemlinderung und Sicherheit versprechen (Hirsh et al., 2012; Iacobelli et al., 2011). Für die Gestaltung von *Texten* in Apps lässt sich entsprechend folgern, dass der Sprachstil eher nüchtern gehalten und auf Emotionen und soziale Bezüge verzichtet werden sollte. Eine konsequente Ausrichtung am Sprachstil von NEU↑-Personen, die das Verwenden negativ besetzter Wörter nach sich ziehen würde, scheint dagegen eher nicht empfehlenswert. NEU↓-Personen können ähnlich wie EXT↑- und VER↑-Personen durch persönliche, positiv emotional aufgeladene Texte mit sozialen Bezügen angesprochen werden.

Auch hinsichtlich *Bildpräferenzen* finden sich negative Zusammenhänge zwischen NEU und sozialen Bezügen. In sozialen Medien posten und liken NEU↑-Personen vor allem Bilder auf denen keine Menschen, sondern Tiere, technische Abbildungen oder Texte zu sehen sind (Guntuku et al., 2017; Segalin et al., 2017a). Auch bei der App-Gestaltung sollten also entsprechende Bilder zur Ansprache von NEU↑-Personen verwendet werden.

Ihrem negativen Gefühlsempfinden entsprechend präferieren NEU↑-Personen kühle und gedeckte Blau- und Grautöne (z. B. Brinkmann & Fine, 2005; Guntuku et al., 2017; Sarsam & Al-Samarraie, 2018). Diese *Farben* sind zudem wenig stimulierend. Kräftigere Farben könnten NEU↑-Personen aufgrund ihrer Life History Strategie eines sensiblen Reaktionsverhaltens dagegen leicht überreizen. NEU↓-Personen haben im Gegensatz dazu sehr ähnliche Darstellungspräferenzen wie EXT↑- und VER↑-Personen. Sie bevorzugen warme, kräftige Farben wie Rot oder Gelb mit einer hohen Sättigung, eine farbenfrohe Darstellung (Guntuku et al., 2017; Segalin et al., 2017a, b), runde *Formen* (Segalin et al., 2017b) und Bilder mit Menschen (Guntuku et al., 2017; Segalin et al., 2017a).

Wie bei EXT und VER, zeigt sich auch bei NEU ein positiver Zusammenhang mit der Bewertung und Nutzung von Community-*Features*. Es kann angenommen werden, dass entsprechende Features von NEU↑-Personen jedoch nicht aus sozialen Gründen präferiert werden. Stattdessen schätzen sie insbesondere Produktbewertungen anderer Nutzer, da diese die wahrgenommene Unsicherheit beim Online-Einkauf reduzieren (Islam et al., 2017; Marbach et al., 2016; Tan & Yang, 2014). Die vermehrte Anzeige von Produktbewertungen oder anderen Nutzerrückmeldungen (z. B. Likes, Anzahl Käufe) bei der Gestaltung von App-Interfaces, sollte von NEU↑-Personen als Sicherheitssignal positiv aufgenommen werden. Gamification-Elemente dagegen werden von NEU↑-Personen eher negativ bewertet und wenig genutzt. Der Wettbewerbsdruck, der durch Funktionalitäten wie Punkte oder Bestenlisten entsteht (insbesondere, wenn diese öffentlich sichtbar sind), löst bei ihnen leicht unerwünschte, negative Emotionen wie Stress, Frustration und Enttäuschung aus (Buckley & Doyle, 2017). Entsprechende Elemente können dagegen NEU↓-Personen aktiv angeboten werden (Tabelle 3.5).

Tabelle 3.5 NEU und App-Interface-Präferenzen

Kategorie		NEU-Korrelationen*	Quellen**	App-Interface-Gestaltung
Inhalte	Texte	+ Personalpronomen der 1. Person Singular + Verneinungen + Sicherheit - Positive Emotionswörter - Direkte, persönliche Ansprache - Soziale Beziehungen & Aktivitäten - Arbeit & Erfolge	*Golbeck et al., 2011b; Hirsh & Peterson, 2009;* Hirsh et al. 2012; *Kern et al., 2014;* Kosinski et al., 2014; *Mairesse et al., 2007; Mehl et al., 2006*; *Pennebaker & King 1999; Qiu et al., 2012;* Schwartz et al., 2013; *Sumner et al., 2012; Yarkoni, 2010*	Für NEU↑: Knappe & nüchterne Sprache ohne Emotionswörter Für NEU↓: Persönliche Ansprache, positive Emotionswörter, soziale Bezüge
Inhalte	Bilder	+ Gemälde und abstrakte Symbole + Tiere + Textbezogene Dokumente + Technische Abbildungen - Bilder mit Menschen	*Guntuku et al., 2017*; Segalin et al., 2017a	Für NEU↑: Ungewöhnliche & abstrakte Darstellungen, künstlerische Bilder, dunkle Farben Für NEU↓: Bilder mit Menschen
Darstellung	Farben	+ Blau + Grau - Warme Farben (Rot, Gelb) - Hohe Sättigung - Farbenfrohe Darstellung	Brinkman & Fine, 2005; *Guntuku et al., 2017*; Sarsam & Al-Samarraie, 2018; Segalin et al., 2017a; *Segalin et al., 2017b*	Für NEU↑: Dezente Blau- und Grautöne, wenige Farben Für NEU↓: Kräftige Farben (insb. Rottöne) mit hoher Sättigung, farbenrohe Darstellungen
Darstellung	Formen	- Runde Formen	Segalin et al., 2017b	Für NEU↑: Keine Ergebnisse Für NEU↓: Runde Formen

(Fortsetzung)

Tabelle 3.5 (Fortsetzung)

Kategorie		NEU-Korrelationen*	Quellen**	App-Interface-Gestaltung
Funktionalität	Features	+ Community-Features - Gamification-Elemente	Buckley & Doyle, 2017; Islam et al., 2017; Marbach et al., 2016; Tan & Yang, 2014	Für NEU↑: Community-Features (insb. Bewertungen) Für NEU↓: Gamification-Features (z. B. Punkte, Bestenlisten, Badges)

* + (-) = positiver (negativer) Zusammenhang zwischen NEU und Präferenz
** *kursiv*: Studie zu Verhaltensweisen (normal: Studie zu Präferenzen)

3.2.5 Offenheit und App-Interface-Präferenzen

OFF weist starke Überschneidungen mit den Eigenschaften Kultiviertheit und Intellekt auf und wird von manchen Autoren sogar mit diesen gleichgesetzt (z. B. Digman, 1990; Goldberg, 1981). Dies spiegelt sich auch in einem kultivierten und ausgereiften Sprachstil von OFF↑-Personen wider, der sich wiederum auf die *Textpräferenzen* auswirken sollte (Kern et al., 2014, S. 166). OFF↑-Personen verwenden eher lange und komplexe Wörter sowie Syntax (Mairesse & Walker, 2010; Pennebaker & King, 1999). Sie tauschen sich zudem häufig über Kunst und Kultur aus (Schwartz et al., 2013; Youyou et al., 2015). Negative Zusammenhänge wurden dagegen zwischen OFF und einem Austausch über alltäglichere Themen wie soziale Beziehungen und Arbeit festgestellt (z. B. Kern et al., 2013; Mairesse et al., 2007; Yarkoni, 2010). Weiterhin zeichnen sich OFF↑-Personen durch selbstsichere Aussagen (Golbeck et al., 2011b) und einen formal korrekten Sprachgebrauch ohne umgangssprachliche Ausdrücke, Abkürzungen oder Füllwörter (Pennebaker & King, 1999; Qiu et al., 2012; Yarkoni, 2010) aus. Da OFF eine eher kognitiv geprägte Eigenschaft ist, verzichten OFF↑-Personen tendenziell auf die Verwendung von (positiven und negativen) Emotionswörtern und emotionalen Symbolen wie Ausrufezeichen (Golbeck et al., 2011b; Qiu et al., 2012; Yarkoni, 2010). Aufgrund ihres ausgeprägten Explorationsverhaltens beurteilen sie Botschaften anderer als besonders effektiv, wenn diese die Innovativität und Neuartigkeit eines Themas betonen (Hirsh et al., 2012). App-Texte sollten für OFF↑-Personen also formal und wenig emotional formuliert werden. Bei Supermarkt-Apps kann gerade das Hervorheben von neuartigen und außergewöhnlichen Produkten ansprechend wirken. OFF↓-Personen sollten dagegen mit umgangssprachlichen, persönlichen und emotionalen Texten mit sozialen Bezügen adressiert werden.

Ihrem Interesse an Kunst und Kultur entsprechend präferieren OFF↑-Personen komplexe, künstlerische *Bilder* mit abstrakten Symbolen (Guntuku et al., 2017) bis hin zu surrealen Darstellungen (Segalin et al., 2017b). Auch in Apps sollten daher künstlerische Bilder und abstrakte Darstellungen verwendet werden. OFF↓-Personen bevorzugen dagegen eher alltägliche Bilder von Menschen, Tieren oder Blumen (Celli et al., 2014; Segalin et al., 2017b) und sollten auch in Apps mit entsprechenden Bildern angesprochen werden.

OFF↑-Personen ziehen die *Farben* Schwarz, Weiß und Grau kräftigen Farben vor. Einzelne, ungewöhnlich Farbakzente (gerade in eher seltenen Farben wie Gelb oder Orange) werden dabei jedoch positiv bewertet (Saati et al., 2005; Fine, 2008, Guntuku et al., 2017). Apps sollten daher eher dezent mit einzelnen Farbakzenten gestaltet werden. OFF↓-Personen können dagegen durch farbenfrohe Apps angesprochen werden (Tabelle 3.6).

Tabelle 3.6 OFF und App-Interface-Präferenzen

Kategorie		OFF-Korrelationen*	Quellen**	App-Interface-Gestaltung
Inhalte	Texte	+ Kultivierter Sprachstil mit langen & komplexen Wörtern / Syntax + Korrekte, formale Sprachweise + Starke, selbstsichere Aussagen + Kunst & Kultur + Innovationen - Umgangssprache - Emotionswörter - Verneinungen - Füllwörter - Ausrufezeichen - Soziale Beziehungen	Adalı & Golbeck, 2014; Alkış & Temizel, 2015; Barkhi & Wallace, 2007; Cunningham et al., 2007; De Vries et al., 2017; Golbeck et al., 2011b; Hirsh et al. 2012; *Kern et al., 2014;* Mairesse & Walker, 2010; *Pennebaker & King 1999; Qiu et al., 2012; Sumner et al., 2012; Yarkoni, 2010*	Für OFF↑: Formale Sprache ohne Emotionswörter, keine persönliche Ansprache, Neuheiten, Innovationen & außergewöhnliche Produkte Für OFF↓: Umgangssprache, persönliche Ansprache, positive Emotionswörter, Ausrufezeichen, soziale Bezüge
	Bilder	+ Gemälde und abstrakte Symbole + Künstlerische Bilder + Komplexe Bilder - Bilder mit Menschen - Bilder von Tieren und Blumen	Celli et al., 2014; *Guntuku et al., 2017*; Segalin et al., 2017a; *Segalin et al., 2017b*	Für OFF↑: Ungewöhnliche & abstrakte Darstellungen, künstlerische Bilder Für OFF↓: Alltägliche Bilder, Bilder mit Menschen oder Tieren

(Fortsetzung)

Tabelle 3.6 (Fortsetzung)

Kategorie		OFF-Korrelationen*	Quellen**	App-Interface-Gestaltung
Darstellung	Farben	+ Schwarz, Weiß und Grau + Orange und Gelb - Kräftige Farben - Farbenfrohe Darstellung	Fine, 2008; *Guntuku et al., 2017*; Saati et al., 2005	Für OFF↑: Wenige Farben mit Farbakzepten in Orange oder Gelb Für OFF↓: Kräftige Farben, farbenrohe Darstellungen
	Formen	+ Wenige, komplexe Formen + Geometrische Formen (insb. Polygone) - Konventionelle, klassische Designs	Matz et al., 2017b; Rawlings et al., 1998; Segalin et al., 2017a; *Segalin et al., 2017b*	Für OFF↑: Unkonventionelle & komplexe Formen (z. B. viel- und scharfkantige Polygone) Für OFF↓: Klassische & konventionelle Formen
Funktionalität	Features	+ Themenbasierte Navigation - Gamification-Elemente	Ferwerda et al., 2015; Jia et al., 2016; Orji et al., 2017	Für OFF↑: Unkonventionelle Navigationsansätze Für OFF↓: Gamification-Features (z. B. Punkte, Bestenlisten, Badges)

* + (-) = positiver (negativer) Zusammenhang zwischen OFF und Präferenz

** *kursiv*: Studie zu Verhaltensweisen (normal: Studie zu Präferenzen)

Auch in Bezug auf *Formen* zeigen OFF↑-Personen eine Vorliebe für reduzierte Darstellungen mit wenigen, jedoch sehr komplexen und geometrischen Elementen (z. B. vielkantige Polygone). Klassische und konventionelle Designs lehnen sie dagegen ab (Rawlings et al., 1998; Segalin et al., 2017a, b). Diese können entsprechend bei Apps für OFF↓-Personen eingesetzt werden.

Bei *Features* sind OFF↑-Personen aufgeschlossen gegenüber neuen und außergewöhnlichen Ansätzen. Sie bevorzugen beispielsweise in Online-Shops unkonventionelle Navigationsansätze, bei denen der Einstieg in die Produktseiten nicht klassisch über Produktkategorien, sondern stattdessen über beispielsweise Themen oder Stimmungen erfolgt (Ferwerda et al., 2015). Ein negativer Zusammenhang besteht dagegen zwischen OFF und der Präferenz für Gamification-Elemente (Jia et al., 2016; Orji et al., 2017). Die häufig sehr simplen Gamification-Anreize entsprechen nicht dem intellektuellen Anspruch von OFF↑-Personen. Zudem werden diese grundsätzlich eher intrinsisch als extrinsisch motiviert, externe Belohnungen wie Punkte oder Badges werden daher als wenig attraktiv empfunden (Hart et al., 2007; Hazrati-Viari et al., 2012). Der vermehrte Einsatz entsprechender Features empfiehlt sich daher eher bei OFF↓-Personen.

3.2.6 Erkenntnisse für die Gestaltung von Supermarkt-Apps

In den vorangegangenen Kapiteln konnten persönlichkeitsabhängige Präferenzen hinsichtlich aller identifizierten Varianten der Personalisierungsform *personalisiertes Interface* hergeleitet werden. Trotz der relativ umfangreichen Literaturbasis muss an dieser Stelle auf einige Limitationen hingewiesen werden.

Während es zu einigen der Big Five (insbesondere EXT) und einigen Präferenzkategorien (vor allem Texte) eine Vielzahl an Studien gibt, ist die Befundlage in anderen Bereichen deutlich schwächer ausgeprägt. Beispielsweise liefern die beschriebenen Studien keinen Hinweis, welche Vorlieben in Bezug auf Formen VER↓-, GEW↓- und NEU↑-Personen haben. Gleichzeitig gibt es Dimensionen, für die in der Literatur verschiedene Präferenzen innerhalb einer Kategorie nachgewiesen werden und nicht klar ist, welche Präferenzen überwiegen. Beispielsweise zeigen die beschriebenen Studien sowohl eine Vorliebe für Gamification- als auch für Community-Elemente bei EXT↑. Weiterhin wurden die Studien in verschiedenen Kontexten durchgeführt. Die Ergebnisse lassen zwar vermuten, dass die identifizierten Präferenzen branchen- und kanalübergreifend auftreten – beispielsweise konnte die Präferenz von EXT↑-Personen für farbenfrohe Darstellungen im Zusammenhang mit Apps (Sarsam & Al-Samarraie, 2018), Fernseh-Menüs (Karsvall, 2002), Computerprogrammen (Brinkman & Fine, 2005), Kunst (Barrett & Eaton, 1947; Eysenck, 1941) sowie bezogen auf geteilte und gelikte Bilder in sozialen Medien (Guntuku et al., 2017; Segalin et al., 2017a) nachgewiesen werden. Dennoch sollte geprüft werden, ob sie auch im Kontext der vorliegenden, also für Supermarkt-Apps, gültig sind. Die Studien wurden zudem mit wenigen Ausnahmen (z. B. Back et al., 2006) nicht in Deutschland durchgeführt. Die Übertragbarkeit der Ergebnisse aus anderen Sprach- und Kulturkreisen muss folglich ebenfalls überprüft werden. Schließlich erfassen viele Studien die Präferenzen nicht direkt, sondern untersuchen persönlichkeitsabhängige Verhaltensweisen. Auch die Annahme, dass aus diesen Verhaltensweisen auf Präferenzen geschlossen werden kann, sollte für den Kontext der Arbeit überprüft werden.

Insgesamt liefern die dargestellten Studien also wertvolle Erkenntnisse über die Präferenzstrukturen verschiedener Persönlichkeiten. Aufgrund der beschriebenen Limitationen sollten die Ergebnisse jedoch nicht unmittelbar für die Gestaltung von persönlichkeitsbasierten Apps verwendet werden. Die hergeleiteten Präferenzen werden daher im nächsten Schritt einer empirischen Überprüfung unterzogen. Die methodischen Grundlagen dieser Untersuchung werden im Folgenden beschrieben.

3.3 Methodische Grundlagen von Studie 1

Die vorangegangenen Kapitel haben gezeigt, dass Präferenzen für Texte, Bilder, Farben, Formen und Features in hohem Maße von den Big Five abhängen. Es kann also davon ausgegangen werden, dass dies auch für Präferenzen dieser Elemente in Supermarkt-Apps gilt. Diese Annahme wird nun im Rahmen einer ersten Studie überprüft. Die folgenden Kapitel geben einen Überblick über die methodischen Grundlagen dieser *Studie 1*. Hierzu erfolgt zunächst eine Einführung in die Conjoint Analyse, die als „Standardmethode bei der Ermittlung von Präferenzen" (Baier & Brusch, 2009, S. 3) gilt. Im Anschluss werden Bestandteile von Supermarkt-Apps als Attribute für die empirische Überprüfung definiert, hierfür werden die theoretischen und empirischen Erkenntnisse der vorangegangenen Kapitel herangezogen. Es folgt die Auswahl eines geeigneten Conjoint Analyse Verfahrens sowie einer Methode zur Parameterschätzung und die Beschreibung des Untersuchungsablaufs. Schließlich werden die Operationalisierung der Variablen sowie die Grundgesamtheit und Stichprobe erläutert.

3.3.1 Präferenzmessung durch Conjoint Analysen

Für die meisten Beurteilungsobjekte (z. B. Produkte, Dienstleistungen oder Werbemittel) können *multiattributive* Präferenzstrukturen von Konsumenten angenommen werden, d. h. ein Objekt wird als Bündel verschiedener Attribute beurteilt. Die Gesamtpräferenz ergibt sich entsprechend aus den Teilpräferenzen dieser Attribute (Reiners, 1996, S. 10). Beispielsweise kann sich die Präferenz für ein Auto aus Teilpräferenzen für Attribute wie Marke, Preis, Motorleistung, Farbe oder Ausstattung zusammensetzen (Bauer, 2015). Analog kann die Präferenz für eine Supermarkt-App durch Attribute wie Produktpreise, Lieferbedingungen und Produktangebot aber auch durch Gestaltungseigenschaften wie Texte, Farben oder Features bestimmt werden.

Es existieren zwei grundlegende Verfahren zur multiattributiven Präferenzmessung: kompositionelle und dekompositionelle Verfahren. Bei *kompositionellen Verfahren* wird der Teilnutzen einzelner Attribute direkt (z. B. in Form einer Befragung) ermittelt und dann zu einer Gesamtpräferenz zusammengefasst. Der Vorteil dieser Vorgehensweise liegt in ihrer Einfachheit. Daten lassen sich schnell und kostengünstig erheben und auch ihre Auswertung ist vergleichsweise simpel. Dem gegenüber stehen Nachteile wie ein geringer Realitätsbezug und eine große Wahrscheinlichkeit für das Auftreten von Entscheidungsverzerrungen (z. B. werden häufig alle Attribute als wichtig beurteilt oder sozial erwünschte Antworten gegeben). Bei *dekompositionellen Verfahren* wird genau umgekehrt vorgegangen, indem zunächst die Gesamtpräferenz eines Objektes gemessen und dann mit Hilfe statistischer Verfahren (siehe hierzu Abschnitt 3.3.5) auf den Beitrag der einzelnen Attribute zu dieser Gesamtpräferenz geschlossen wird. Die ganzheitliche Beurteilung ist deutlich realitätsnäher als kompositionelle Verfahren, da Konsumenten auch bei tatsächlichen Kaufentscheidungen vollständige Produkte betrachten. Dieser Vorteil geht jedoch zulasten einer erhöhten methodischen Komplexität. Dennoch haben sich insbesondere seit den 80er Jahren dekompositionelle Verfahren durchgesetzt, da sie aufgrund des Realitätsbezugs als leistungsfähiger und valider gelten (Hartmann & Sattler, 2004; für einen ausführlichen Überblick über kompositionelle und dekompositionelle Verfahren siehe Green & Srinivasan, 1990 und Sattler, 2006).

Das in der Marketingforschung am weitesten verbreitete dekompositionelle Verfahren ist die Conjoint Analyse (Sattler, 2006, S. 158). Sie wurde in den 60er Jahren in der Psychologie entwickelt (Luce & Tukey, 1964) und wird seit Anfang der 70er Jahren in der Marketingforschung eingesetzt (z. B. Green & Rao, 1971; Green & Srinivasan, 1978; siehe Baier & Brusch, 2009, S. 4 ff. und Orme, 2010, S. 29 ff. für einen Abriss der historischen Entwicklung der Conjoint Analyse). Conjoint ist ein Kunstwort aus den Begriffen „CONsidered JOINTly" – also gemeinsam betrachtet – und spielt entsprechend direkt auf den dekompositionellen Charakter der Conjoint Analyse an (alle relevanten Attribute eines Objektes werden gemeinsam betrachtet und beurteilt) (Backhaus et al., 2016, S. 518 f.).

Bei der Datenerhebung einer Conjoint Analyse werden den Probanden verschiedene Alternativen eines Objektes zur Beurteilung (beispielsweise durch Rating oder Rangreihung) vorgelegt. Diese Alternativen (im Folgenden als

Stimuli bezeichnet) werden durch die systematische Variation der Ausprägungen (z. B. Rot, Schwarz, Blau) von zuvor als relevant identifizierten Attributen (z. B. Farbe) erstellt. Auf Basis der Antworten lässt sich dann schätzen, welchen Beitrag die verschiedenen Ausprägungen zur Gesamtbeurteilung eines Objektes leisten. Dieser Beitrag einer Ausprägung wird als *Teilnutzenwert* (im Folgenden TNW) bezeichnet und ist ein Maß dafür, wie sehr eine Ausprägung präferiert wird. TNW für jede untersuchte Ausprägung sind das zentrale Ergebnis jeder Conjoint Analyse (Kaltenborn et al., 2013, S. 2 f.).

Die Conjoint Analyse wurde ursprünglich vorrangig zur Erhebung von Präferenzen für Konsum-güter (z. B. Autos, Elektronik), vor allem im Rahmen der Produktentwicklung und Preisfindung eingesetzt (Baier & Brusch, 2009, S. 8 f.). In den letzten Jahren hat sich der Anwendungsbereich jedoch stark ausgedehnt – mittlerweile hat sich die Conjoint Analyse auch im digitalen Umfeld, beispielsweise für die optimale Gestaltung von Landing Pages (Gofman et al., 2009; Schreiber & Baier, 2015) und Apps (Siegfried et al., 2015) etabliert. Zudem wird sie zunehmend auch für die Ermittlung von Präferenzen unterschiedlicher Zielgruppen genutzt (Baier & Brusch, 2009, S. 9).

Insgesamt stellt die Conjoint Analyse eine geeignete Methode für Studie 1 dar. Sie gilt aufgrund ihrer Realitätsnähe als validestes Verfahren zur multiattributiven Präferenzmessung und wurde auch im digitalen Umfeld bereits erfolgreich angewendet. Da in Studie 1 der Einfluss der Persönlichkeit auf App-Interface-Präferenzen untersucht werden soll, sind die TNW als Präferenz-Maß und ihre Abhängigkeit von den Big Five von zentralem Interesse. Im Fokus der Studie steht dabei nicht die Ermittlung von *Gesamt*präferenzen, stattdessen gilt es Präferenz*unterschiede* (ausgedrückt durch abweichende TNW) zwischen Personen mit unterschiedlichen Persönlichkeitseigenschaften zu identifizieren.

3.3.2 Attribute und Ausprägungen der Conjoint Analyse

„No decision is more critical to the usefulness of the conjoint exercise than the one that must be made about which attributes to include“ (Auty, 1995, S. 197). Attribute und ihre Ausprägungen sind das Kernstück jeder Conjoint Analyse. Sie beeinflussen alle folgenden Entscheidungen – von der Wahl der Conjoint Methode, über die Gestaltung der Stimuli und die Auswahl der Stichprobe bis zur Schätzung der Parameter (Weiber & Mühlhaus, 2009, S. 44). Im Folgenden werden daher zunächst einige grundsätzliche Anforderungen an Attribute und Ausprägungen im Rahmen von Conjoint Analysen beschrieben. Danach werden die Attribute und Ausprägungen für Studie 1 hergeleitet.

3.3.2.1 Anforderungen an Attribute und Ausprägungen

Bei der Auswahl der Attribute und Ausprägungen müssen einige Grundregeln befolgt werden, damit die Conjoint Analyse sinnvoll angewendet werden kann (vgl. im Folgenden Backhaus et al., 2016, S. 522 ff. und Weiber & Mühlhaus, 2009, S. 45 ff.). Eine Grundvoraussetzung ist die *Präferenzrelevanz*, d. h. die Attribute müssen einen Einfluss auf die Gesamtpräferenz des Beurteilungsobjektes haben. Die Variation einer Attributausprägung muss also zu einer Veränderung der Gesamtpräferenz führen. Um die Präferenzrelevanz zu gewährleisten, werden in Studie 1 nur solche Attribute berücksichtigt, für die es in der Literatur bereits Belege für Präferenzunterschiede zwischen Personen mit unterschiedlichen Persönlichkeitseigenschaften gibt. Die Definition der Attribute und Ausprägungen erfolgt entsprechend auf Basis der in den vorangegangenen Kapiteln beschriebenen theoretischen und empirischen Forschungs-ergebnisse zu Präferenzen der Big Five.

Weiterhin müssen alle Attribute *beeinflussbar* und *realisierbar* sein. Sie müssen also variiert werden können und technisch umsetzbar sein, ansonsten können die Ergebnisse der Conjoint Analyse nicht in der Praxis verwendet werden. Um diese Grundregel zu befolgen, werden in Studie 1 nur Attribute gewählt, die sich einer der in Abbildung 2.2 dargestellten Varianten der Personalisierungsform personalisiertes Interface (d. h. einem der Personalisierungsobjekte) zuordnen lassen. Diese Varianten wurden bereits als im Rahmen von persönlichkeitsbasierter Personalisierung sachlogisch und technisch umsetzbar charakterisiert (siehe Abschnitt 2.1.2). Zudem wird sich bei der Definition der Attribute und Ausprägungen sowie der Gestaltung der Stimuli an existierenden Supermarkt-Apps orientiert, um eine Nähe zur und Übertragbarkeit auf die Praxis zu gewährleisten.

Darüber hinaus müssen die Attribute *unabhängig* voneinander sein, d. h. der empfundene Nutzen einer Attributausprägung soll nicht durch die Ausprägungen anderer Attribute beeinflusst werden[7]. Ein oft zitiertes Beispiel für eine Präferenz-

[7]Neuere Schätzmethoden wie der in der vorliegenden Arbeit verwendete Hierachical Bayes Ansatz (siehe Abschnitt 3.3.5.2) erlauben jedoch auch eine Berücksichtigung entsprechender Interaktionseffekte, sodass die Voraussetzung unabhängiger Attribute zunehmend an Bedeutung verliert. Allerdings wird hierdurch die Modellkomplexität deutlich erhöht, was wiederum zu weniger stabilen Parameterschätzungen führen kann. Interaktionseffekte sollten daher nur integriert werden, wenn sie zu einer deutlichen Modellverbesserung führen (Bichler & Trommsdorff, 2009, S. 67 f.).

abhängigkeit bilden die Attribute *Farbe* und *Gattung* eines Autos – dabei kann von einer höheren Präferenz für die Farbe *Rot* bei *Sportwagen* als bei anderen Autogattungen ausgegangen werden. Die Präferenzunabhängigkeit wird in der vorliegenden Arbeit bei der Gestaltung der Stimuli berücksichtigt. Beispielsweise werden Farben und Bilder so gewählt, dass nicht einige Kombinationen harmonischer zusammenpassen als andere. Um sicherzustellen, dass die Stimuligestaltung erfolgreich zu unabhängigen Attributen führt, wird im Ergebnisteil ein Test auf Interaktionseffekte durchgeführt.

Schließlich muss die Anzahl an Attributen und Ausprägungen *begrenzt* sein. Der Befragungsaufwand wächst exponentiell mit der Anzahl der Attributausprägungen. Es dürfen daher nur Attribute und Ausprägungen berücksichtigt werden, bei denen eine wirkliche Präferenzabhängigkeit zu erwarten ist. Die genaue Obergrenze hängt dabei von der gewählten Conjoint-Methode ab.

Lange galt für Conjoint Analysen zudem, dass die Attribute in einem *kompensatorischen* Verhältnis zueinanderstehen müssen, d. h. dass eine schlechte Ausprägung bei einem Attribut (z. B. ein hoher Preis) durch eine vorteilhaftere Ausprägung eines anderen Attributs (z. B. eine längere Garantiezeit) kompensiert werden kann. Dies bedeutet auch, dass keine K.O.-Kriterien vorliegen dürfen, also Ausprägungen, die entweder immer gewählt oder immer gemieden werden. Beispielsweise kann die Ausprägung „Zweisitzer" eines Autos für eine Familie ein K.O-Kriterium darstellen. Ein Stimulus mit dieser Ausprägung würde entsprechend – unabhängig von den Ausprägungen der anderen Attribute – schlecht bewertet und nicht als Kaufoption in Betracht gezogen werden. Neuere Verfahren der Conjoint Analyse berücksichtigen zunehmend jedoch auch nicht-kompensatorisches Entscheidungsverhalten (Johnson & Orme, 2007). Die Bedeutung dieses Aspekts für die vorliegende Arbeit wird in Abschnitt 3.3.4.2 noch ausführlicher diskutiert.

3.3.2.2 Definition von Attributen und Ausprägungen

Als Attribute für Studie 1 werden alle fünf in Abbildung 2.2 dargestellten Personalisierungsobjekte (d. h. Text, Bild, Farbe, Form und Feature) gewählt, da für sie alle persönlichkeitsabhängige Präferenzen in bestehenden Forschungsarbeiten identifiziert werden konnten und sie damit mögliche Ausgestaltungsformen der persönlichkeitsbasierten Personalisierung darstellen. Idealerweise sollten für jedes Attribut zehn Ausprägungen definiert werden, um alle Big Five mit jeweils hohem und niedrigem Grad anzusprechen. In diesem Fall wären durch die Kombination der Ausprägungen miteinander jedoch $10^5 = 100.000$

Stimuli notwendig. Die Erstellung und Bewertung einer derart immensen Stimuli-Anzahl ist kaum umsetzbar. Da die Darstellung bestehender Forschungsergebnisse gezeigt hat, dass sich einige Präferenzen der Big Five stark überschneiden (z. B. Farbpräferenzen von EXT↑-, VER↑- und NEU↓-Personen), werden die Ausprägungen aus forschungsökonomischen Gründen so gewählt, dass eine Ausprägung auf Basis der identifizierten Gemeinsamkeiten möglichst mehrere der Big Five anspricht. Es wird insgesamt versucht die unterschiedlichen Präferenzen mit möglichst wenigen Ausprägungen abzubilden. Trotz der Präferenzüberschneidungen in Bezug auf einzelne Attribute, ergibt sich dabei für jede Dimension der Big Five eine einzigartige Kombination an vermuteten präferierten Ausprägungen (z. B. gleichen sich die Präferenzen von EXT↑- und VER↑-Personen beim Attribut Farbe, unterscheiden sich jedoch beim Attribut Form).

Bezogen auf das Attribut *Text*, lassen die beschriebene Theorien und Forschungsergebnisse zwei grundsätzliche Gruppen erkennen: Während die eine Gruppe eher eine umgangssprachliche, emotional aufgeladene Sprache mit direkter, persönlicher Ansprache anderer Personen nutzt (EXT↑, VER↑, GEW↓, NEU↓, OFF↓), bevorzugt die andere eine nüchterne, knappe und formal korrekte Ausdrucksweise (EXT↓, VER↓, GEW↑, NEU↑, OFF↑). Durch das Berücksichtigen von Themeninteressen können diese Gruppen weiter differenziert werden. Bei EXT↑- und VER↑-Personen sind soziale Beziehungen ein Kernthema, da diese im Einklang mit den Life History Strategien eines Geselligkeits- bzw. Kooperationsverhaltens stehen. Dabei sind Feiern und Partys bei EXT↑-Personen und harmonische Beziehungen innerhalb der Familie bei VER↑-Personen besonders wichtig. GEW↑-Personen interessieren sich ihrem Ordnungs- und Regelbewusstsein entsprechend vor allem für Erfolge, Effizienz und Pünktlichkeit. OFF↑-Personen können aufgrund ihres Explorationsverhaltens durch Bezüge auf Neuheiten und Innovation angesprochen werden. Bei NEU↑-Personen dagegen sollten soziale, emotionale oder erfolgsbezogene Themen gemieden werden.

Für das Attribut Text werden daher insgesamt fünf Ausprägungen definiert, die jeweils an den dargelegten Präferenzen von Personen mit einem hohen Grad der Big Five ausgerichtet sind. In Tabelle 3.7 sind die fünf Ausprägungen und die angesprochenen Dimensionen dargestellt (fett markiert). Die Ausprägungen entsprechen daneben auch den Präferenzen von Personen mit einem niedrigen Grad einer anderen Dimension, diese sind in der Tabelle in Klammern gesetzt.

Tabelle 3.7 Ausprägungen des Attributs Text

Ausprägungen	Beschreibung	Dimension
Party	Umgangssprache, persönliche Ansprache, positive Emotionswörter, Ausrufezeichen, soziale Bezüge (Freunde), Partys	**EXT↑**, (NEU↓)
Familie	Umgangssprache, persönliche Ansprache, positive Emotionswörter, Ausrufezeichen, soziale Bezüge (Familie), Harmonie	**VER↑**, (GEW↓, OFF↓)
Effizienz	Formale & prägnante Sprache, keine persönliche Ansprache, positive Emotionswörter, Pünktlichkeit & Effizienz	**GEW↑**
Knapp & nüchtern	Knappe & nüchterne Sprache ohne Emotionswörter, keine persönliche Ansprache, keine Betonung bestimmter Themen	**NEU↑**, (EXT↓, VER↓)
Neuheiten	Nüchterne Sprache ohne Emotionswörter, keine persönliche Ansprache, Neuheiten, Innovationen & außergewöhnliche Produkte	**OFF↑**

Analog zu sozialen Bezügen in der Sprache, zeigen einige der Big Five auch bei *Bildern* eine Vorliebe für Abbildungen von Menschen, wobei die Bildsprache überwiegend positiv ist (EXT↑, VER↑, NEU↓, OFF↓). Dagegen präferieren GEW↑- und VER↓-Personen formale, geordnete Bilder mit vielen Details bei denen Menschen weniger im Fokus stehen. Schließlich finden sich in der Literatur auch Hinweise für eine Vorliebe für ungewöhnliche, abstrakte und künstlerische Bilder (EXT↓, GEW↓, NEU↑, OFF↑). Für das Attribut Bild werden entsprechend die in Tabelle 3.8 dargestellten Ausprägungen definiert.

Tabelle 3.8 Ausprägungen des Attributs Bild

Ausprägungen	Beschreibung	Dimensionen
Menschen	Fröhliche & aktive Menschen, positive Bildsprache, kräftige Farben, farbenfrohe Darstellung	**EXT↑**, **VER↑**, (NEU↓, OFF↓)
Details	Menschen nicht im Fokus, formale & geordnete Darstellung, viele Details	**GEW↑**, (VER↓)
Künstlerisch	Ungewöhnliche & abstrakte Darstellungen, künstlerische Bilder, dunkle Farben	**OFF↑**, **NEU↑**, (EXT↓, GEW↓)

Bezüglich des Attributs *Farbe* zeigen die beschriebenen Arbeiten, dass sich die Farbpräferenzen von EXT↑- und VER↑-Personen sehr ähneln, in beiden Fällen werden stark aktivierende, kräftige Farben (insbesondere Rottöne) mit einer hohen Sättigung sowie grundsätzlich farbenfrohe Darstellungen präferiert. Auch Personen mit einem geringen Grad an NEU↓ und OFF↓ teilen diese Präferenz. Daneben gibt es eine Gruppe an Big Five, die wenig stimulierende, gedeckte Farben wie dezente Blau- und Grautöne vorzieht (EXT↓, VER↓, GEW↓, NEU↑). Bei GEW↑ und OFF↑ ist wiederum eine Vorliebe für Gelb- und Orangetöne festzustellen. Mit den drei in Tabelle 3.9 dargestellten Ausprägungen können daher die Farbpräferenzen aller Big Five abgebildet werden. Die drei Ausprägungen entsprechen zudem den drei Grundfarben – es ist also sichergestellt, dass in Studie 1 ein breites Farbspektrum untersucht wird.

Tabelle 3.9 Ausprägungen des Attributs Farbe

Ausprägungen	Beschreibung	Dimensionen
Rot	Kräftige Farben (insb. Rottöne) mit hoher Sättigung, farbenrohe Darstellungen	**EXT↑, VER↑**, (NEU↓, OFF ↓)
Blau	Dezente Blau- und Grautöne, wenige Farben	**NEU↑**, (EXT ↓, VER↓, GEW↓)
Gelb	Warme Gelb- und Orangetöne, wenige Farben	**GEW↑, OFF↑**

Für das Attribut *Form* finden sich in der Literatur je nach Persönlichkeit entweder Präferenzen für eher klassische, konventionelle und geordnete Formen (EXT↓, GEW↑, OFF↓), für unkonventionelle und komplexe Darstellungen (EXT↑, OFF↑) oder für runde und harmonische Formen (VER↑, NEU↓). Die drei in Tabelle 3.10 dargestellten Ausprägungen bilden folglich die unterschiedlichen ermittelten Präferenzen der Big Five ab. Für einige Big Five (VER↓, GEW↓, NEU↑) finden sich in der Literatur jedoch keine Hinweise für Darstellungspräferenzen in Bezug auf Formen. Sie werden daher vorläufig nach sachlogischen Gründen den Ausprägungen zugeordnet: Für VER↓ und GEW↓ wird *Eckig* als präferierte Ausprägung angenommen, da diese den größeren Kontrast zu den von VER↑ bzw. GEW↑-Personen bevorzugten Ausprägungen *Rund* bzw. *Liste* darstellt. NEU↑ wird aufgrund der Präferenzähnlichkeit zu EXT↓ vorläufig der Ausprägung *Liste* zugewiesen. Welche Ausprägungen jeweils tatsächlich präferiert werden, wird im Rahmen der Conjoint Analyse noch untersucht.

Tabelle 3.10 Ausprägungen des Attributs Form

Ausprägungen	Beschreibung	Dimensionen
Eckig	Unkonventionelle & komplexe Formen (z. B. viel- und scharfkantige Polygone)	**EXT↑, OFF↑**, (GEW↓, VER↓)
Liste	Klassische & konventionelle Formen, geordnete Darstellung (z. B. Listen & Tabellen)	**GEW↑, NEU↑**, (EXT↓, OFF↓)
Rund	Runde & harmonische Formen	**VER↑**, (NEU↓)

Bezogen auf das Attribut *Feature* weisen die beschriebenen Forschungsergebnisse vor allem auf Zusammenhänge zwischen den Big Five und der Bewertung und Nutzung von Communities und Gamification-Elementen hin. EXT↑- und VER↑-Personen bevorzugen – analog zu ihren Präferenzen bezüglich Texten und Bildern – auch Features mit sozialen Bezügen (insbesondere Community-Elemente), die ihr Geselligkeits- und Kooperationsverhalten ansprechen. NEU↑-Personen teilen diese Präferenz ebenfalls, sie werden dabei jedoch eher von einem Motiv der Absicherung ihrer Konsumentscheidungen getrieben. EXT korreliert darüber hinaus aufgrund der verstärkten BAS-Aktivität positiv mit der Bewertung und Nutzung von Gamification-Elementen. Dieser positive Zusammenhang zeigt sich auch für andere Persönlichkeitseigenschaften (GEW↓, NEU↓, OFF↓). Die anderen Ausprägungen der Big Five nutzen dagegen lieber Features, die weniger eigene Aktivität erfordern (GEW↑, OFF↑, EXT↓), wobei insbesondere ein themenbasierter Einstieg in Produkte positiv bewertet wird. Für VER↓-Personen konnte keine besondere Vorliebe für Funktionalitäten identifiziert werden. Als Ausprägungen für das Attribut Feature werden daher Gamification- und Community-Elemente sowie eine themenbasierte Navigation verwendet (siehe Tabelle 3.11). Für EXT↑ ist dabei sowohl die Ausprägung Gamification als auch Community relevant, die Zuordnung erfolgt jedoch zu Gamification, da diese die Belohnungssensitivität als Kerneigenschaft von EXT-Personen anspricht. VER↓ wird aufgrund der Präferenzähnlichkeit zu EXT↓ der dritten Ausprägung zugeordnet.

Tabelle 3.11 Ausprägungen des Attributs Feature

Ausprägungen	Beschreibung	Dimensionen
Bonus	Gamification-Features (z. B. Punkte, Bestenlisten, Badges)	**EXT↑**, (GEW↓, NEU↓ OFF↓)
Community	Community-Features (z. B. Bewertungen, Forum)	**VER↑, NEU↑**
Themenwelt	Passive Features (z. B. themenbasierte Navigation)	**GEW↑, OFF↑**, (EXT↓, VER↓)

3.3.2.3 Gestaltung der Stimuli

In der vorliegenden Arbeit wird persönlichkeitsbasierte Personalisierung im Kontext von Supermarkt-Apps untersucht. Für Studie 1 werden also Stimuli, die eine Supermarkt-App abbilden, benötigt. Hierfür wird die fiktive Supermarkt-App *Markt.de*[8] kreiert. Da Probanden bei Conjoint Analysen üblicherweise eine Vielzahl an Stimuli (häufig bis zu 30) bewerten müssen, ist es jedoch kaum möglich, vollständige, funktionsfähige Varianten der App *Markt.de* als Stimuli zu verwenden. Der Beurteilungsaufwand wäre dabei derart immens, dass die Untersuchung nicht in einem zumutbaren Zeitrahmen beantwortet werden könnte.

Um den Beurteilungsaufwand für die Befragten zu begrenzen, werden bei Conjoint Analysen üblicherweise nicht reale Objekte, sondern textliche Beschreibungen oder bildliche Darstellungen als Stimuli verwendet. Bildliche Darstellungen gelten dabei als überlegen, da sie realistischer sind, einen geringeren kognitiven Aufwand der Befragten erfordern und häufig eine gesteigerte Motivation bei der Beantwortung der Fragen bewirken (Brusch, 2009, S. 88 f.). Auch in der vorliegenden Arbeit werden daher bildliche Darstellungen der Supermarkt-App *Markt.de* verwendet. Hierfür ist es notwendig eine App-Seite auszuwählen, für die entsprechende bildliche Darstellungen gestaltet werden. Dabei bietet sich die Einstiegsseite („Home Screen“) an. Sie ist das Aushängeschild einer App und wird bei jedem Neustart der App geöffnet. Jeder App-Nutzer greift daher regelmäßig auf die Einstiegsseite zu. In der Regel sind alle zentralen Funktionalitäten und Inhalte einer App über die Einstiegsseite

[8]Der Name *Markt.de* wurde aufgrund seiner Neutralität gewählt: Er stellt weder besondere Arten von Lebensmitteln (z. B. Bio, Discounter) in den Fokus, noch weckt er Assoziationen zu bestehenden Supermarkt-Apps.

zugänglich – sie gibt damit einen guten Überblick über das Leistungsspektrum der App. Für die Conjoint Analyse der vorliegenden Arbeit werden daher – stellvertretend für eine vollständige Supermarkt-App – Bilder der Einstiegsseite von *Markt.de* verwendet.

Um eine möglichst realistische Einstiegsseite einer Supermarkt-App zu gestalten, wurde sich in der vorliegenden Arbeit an existierenden Apps orientiert. Zum Zeitpunkt der Untersuchung (Sommer 2018) waren auf dem deutschen Markt drei Apps für die Bestellung und Lieferung von Lebensmitteln verfügbar[9]: *REWE* (REWE Markt GmbH, 2018), *myTime.de* (Bünting E-Commerce GmbH & Co. KG, 2018) und *Amazon Prime Now* (Amazon Mobile LLC, 2018). Abbildung 3.1 zeigt jeweils einen Screenshot der Einstiegsseiten der drei Apps.

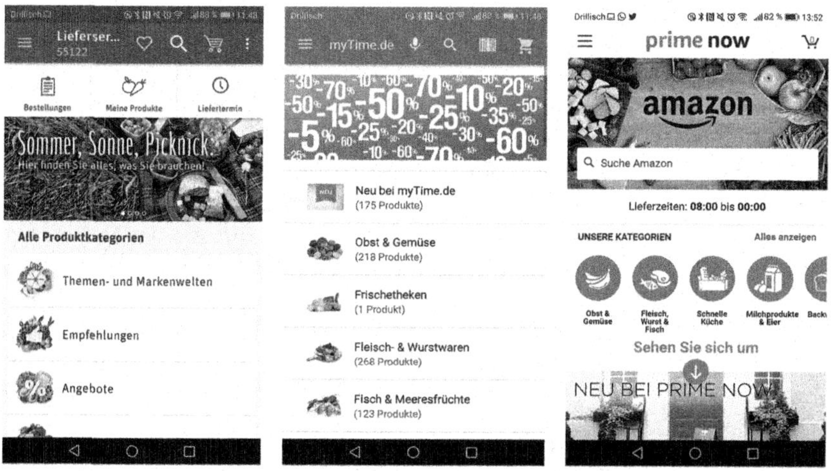

Abbildung 3.1 Einstiegsseiten deutscher Supermark-Apps. (Quelle: REWE Markt GmbH (2018), Bünting E-Commerce GmbH & Co. KG (2018) und Amazon Mobile LLC (2018))

[9]Neben den hier genannten Apps liefert die Suche nach *Supermarkt* und *Lebensmittel* in den App Stores von Apple und Google weitere Treffer. Hierbei handelt es sich jedoch nicht um Apps, in denen direkt Lebensmittel gekauft werden können. Stattdessen finden sich hierunter Apps, die den Einkauf im Supermarkt unterstützen (z. B. durch Einkaufslisten, Kalorientabellen oder Preisvergleiche) sowie Apps von stationären Supermärken, in denen aktuelle Angebote präsentiert und weitere Funktionalitäten wie die Filialsuche oder Rezeptvorschläge angeboten werden.

Bei der Betrachtung der drei Einstiegsseiten fällt auf, dass diese sehr ähnlich aufgebaut sind: Die verschiedenen Bereiche der App können über ein Burger-Menü[10] erreicht werden. Daneben finden sich in der Navigationsleiste der Name der App und Schnelleinstiege zu den zentralen Funktionalitäten Suche und Warenkorb (sowie zu ausgewählten weiteren Features wie Favoriten bei REWE und einem Barcode-Scanner bei myTime.de). In allen drei Apps befindet sich unter der Navigationsleiste ein großes Teaser-Bild[11], das etwa ein Drittel des Bildschirms einnimmt. Darunter ist der direkte Einstieg in die Produktkategorien möglich, diese sind in allen Fällen durch Icons visualisiert. Bei Amazon Prime Now sind unter den Produktkategorien noch weitere kleinere Teaser platziert, die neue Features und besondere Produktkategorien (z. B. Bioprodukte) bewerben. Bei REWE finden sich über dem großen Teaser noch Icons für den schnellen Einstieg in weitere zentrale Funktionalitäten wie die Bestellübersicht und die Auswahl des Liefertermins.

Der Aufbau der Einstiegsseite für Studie 1 wurde in Anlehnung an die drei beschriebenen Beispiele daher folgendermaßen festgelegt: *Navigationsleiste, großer Einstiegs-Teaser, kleiner weiterer Teaser* und *Produktkategorien.* Anhand dieser Elemente können die fünf definierten Attribute systematisch variiert werden: Das Attribut *Text* wird durch eine Anpassung des Textes im *großen Einstiegs-Teaser* verändert. Als Thema des Einstiegs-Teasers wurde „Grillen“ gewählt, da Grillartikel im Sommer (dem Zeitpunkt der Studie) eine der beliebtesten Produktkategorien im deutschen Lebensmittel-Handel sind (Nielsen, 2016). Es wurden daher den definierten Ausprägungen entsprechend fünf verschiedene Texte zum Thema Grillen erstellt (siehe Tabelle 3.12). Analog wurde auch das *Bild* des Einstiegs-Teasers durch die drei hergeleiteten Ausprägungen des Attributes Bild variiert. Um die Ausprägungen des Attributs *Farbe* umzusetzen wurden die Navigationsleiste und der Hintergrund des kleinen Teasers entweder Rot, Blau oder Gelb eingefärbt. Zusätzlich wurden die Icons zur Visualisierung der Produktkategorien entweder in bunt oder schwarz-weiß

[10]Das Burger- (oder Hamburger-) Menü wird durch ein Icon mit drei waagerechten, parallel zueinander platzierten Strichen dargestellt (dies kann mit den drei Lagen eines Hamburgers assoziiert werden). Ein Klick auf dieses in der Regel oben links angeordnete Menü-Element öffnet ein Navigationsmenü mit den verschiedenen Bereichen einer App. Auf diese Weise können eine Vielzahl von Funktionen hinter einer aufgeräumten Oberfläche versteckt werden (Walorska, 2014).

[11]Ein Teaser („Anreißer“) ist ein Element in Websites und Apps, das bestimmte Inhalte anreißt, auf diese verweist (bzw. verlinkt) und so zum Weiterlesen bzw. -klicken verlocken soll (Schneider, 2010).

dargestellt. Eine Variation der *Form* wurde durch drei unterschiedliche Darstellungsvarianten der Produktkategorien erzielt. Die Anpassung des Attributs *Feature*, das definitionsgemäß eine Interaktion der Nutzer ermöglicht, ist strenggenommen nicht möglich, da keine funktionale App, sondern lediglich ein Bild der Einstiegsseite untersucht wird. Um dennoch Erkenntnisse über Feature-Präferenzen zu erhalten, wurde der *kleine Teaser* dafür genutzt, um ein Feature (d. h. Bonusprogramm, Community oder themenbasierte Navigation) der App besonders hervorzuheben. Die Ausgestaltung aller Ausprägungen ist in *Anhang B* dargestellt.

Tabelle 3.12 Stimuli-Gestaltung für das Attribut Text

Ausprägungen	Beschreibung	Stimuli-Gestaltung
Party	Umgangssprache, persönliche Ansprache, positive Emotionswörter, Ausrufezeichen, soziale Bezüge (Freunde), Partys	Grillzeit, Partyzeit: Alles für ein unvergessliches Grillfest mit deinen Freunden!
Familie	Umgangssprache, persönliche Ansprache, positive Emotionswörter, Ausrufezeichen, soziale Bezüge (Familie), Harmonie	Grillvergnügen mit den Liebsten: Hier gibt's alles, was dein Herz gegehrt!
Effizienz	Formale & prägnante Sprache, keine persönliche Ansprache, positive Emotionswörter, Pünktlichkeit & Effizienz	Beste Grillzutaten für besten Genuss - pünktlich und frisch geliefert.
Knapp & nüchtern	Knappe & nüchterne Sprache ohne Emotionswörter, keine persönliche Ansprache, keine Betonung bestimmter Themen	Diese Woche im Angebot: Grillartikel
Neuheiten	Nüchterne Sprache ohne Emotionswörter, keine persönliche Ansprache, Neuheiten, Innovationen & außergewöhnliche Produkte	Grillen völlig neu erleben: Über 100 neue Grillspezialitäten im Sortiment.

Insgesamt ergeben sich durch die Variation von fünf Attributen mit drei (Bild, Farbe, Form, Feature) bzw. fünf Ausprägungen (Text) $(3 \times 3 \times 3 \times 3 \times 5 =)$ 405 verschiedene Stimuli. Zwei der Stimuli sind in Abbildung 3.2 dargestellt – bei den beiden Stimuli entsprechen alle Ausprägungen den angenommenen Präferenzen von VER↑- bzw. VER↓-Personen.

Abbildung 3.2 Beispiel-Stimuli von Studie 1. (Quelle: eigene Darstellung)

3.3.3 Wahl des Conjoint Analyse Verfahrens

Es existiert eine Vielzahl an Verfahrensvarianten der Conjoint Analyse, die sowohl Unterschiede in der Art der Abfrage der Präferenzurteile als auch in der statistischen Auswertung aufweisen[12]. Dabei lassen sich mit den traditionellen

[12]Im Folgenden werden nur ausgewählte, für die Fragestellung der vorliegenden Arbeit relevante Verfahren der Conjoint Analyse vorgestellt. Für einen ausführlicheren Überblick über die verschiedenen Verfahrensvarianten siehe Backhaus et al., 2016, S. 561 ff. und Kaltenborn et al., 2013, S. 7 ff.

und den auswahlbasierten Conjoint Analysen zwei grundsätzliche Verfahrensgruppen unterscheiden (Backhaus et al., 2016, S. 518). Bei der *traditionellen Conjoint Analyse* (TCA) werden direkte Präferenzurteile zu jedem Stimulus abgefragt. Hierfür werden die Befragten gebeten alle Stimuli in eine Rangfolge zu bringen oder jeden Stimulus per Rating zu beurteilen[13]. Bei der *auswahlbasierten Conjoint Analyse* (Choice-based Conjoint Analyse, CBC) dagegen werden den Befragten Sets aus mehreren Stimuli (sogenannte *Choice Sets*) präsentiert, wobei sich jeder Stimulus aus jeweils einer Ausprägung aller Attribute zusammensetzt (Full-Profile-Methode). Die Befragten sollen dann aus jedem Choice Set den präferierten Stimulus auswählen. Dabei kann auch eine Nichtwahloption integriert werden (d. h. der Befragte würde keine der Alternativen wählen). Diese Auswahlentscheidung ähnelt einer realen Kaufsituation, in der Konsumenten ebenfalls ein Produkt aus einer Menge von Produkten aussuchen. Aufgrund dieses Realitätsbezugs und der sich daraus ergebenen kognitiven Entlastung der Befragten hat sich die CBC seit den 90er Jahren als dominierendes Conjoint Verfahren (in Wissenschaft und Praxis) durchgesetzt (Balderjahn et al., 2009, S. 134 ff.; Orme, 2013, S. 2 f.).

Eine gemeinsame Limitation von TCA und CBC ist die begrenzte Anzahl an Attributen und Ausprägungen, die berücksichtigt werden kann, ohne eine Überlastung der Befragten auszulösen. Beispielsweise ist es kaum zumutbar, Befragte alle 405 Stimuli der vorliegenden Arbeit per Rating oder Auswahl beurteilen zu lassen. Eine Möglichkeit, die Menge an Stimuli zu verringern ist die Erstellung eines reduzierten Designs. Hierbei wird den Befragten nur eine Teilmenge aller Stimuli zur Beurteilung vorgelegt. Diese Teilmenge muss die Gesamtheit der Stimuli möglichst gut repräsentieren (beispielsweise können die Stimuli durch Erstellen eines orthogonalen Designs oder per Zufall ausgewählt werden, siehe Backhaus et al., 2016, S. 526 ff. und Street et al., 2005 für einen detaillierten Überblick verschiedener Methoden zur Erstellung reduzierter Designs). Grundsätzlich ist jedoch von stark reduzierten Designs abzuraten, da diese keine robuste Schätzungen der TNW erlauben (Weiber & Mühlhaus, 2009, S. 55). Als

[13]Die Beurteilung kann dabei entweder anhand der Profilmethode (Full-Profile-Method) oder der Zwei-Faktor-Methode (Trade-Off-Method) abgefragt werden. Während ein Stimulus bei der Profilmethode aus der Kombination je einer Ausprägung aller Attribute gebildet wird, werden bei der Zwei-Faktor-Methode nur zwei Attribute herangezogen (Backhaus et al., 2016, S523 f.).

Obergrenze für die TCA und CBC gelten daher fünf bis sechs Attribute (Green & Srinivasan, 1990, S. 8; Orme, 2013, S. 5). Selbst bei einer entsprechenden Begrenzung der Attribute und der Anwendung eines reduzierten Designs sind bei der TCA und CBC häufig jedoch 20 oder mehr Urteile bzw. Auswahlentscheidungen notwendig, um alle TNW zu ermitteln. Dies kann von den Befragten als anstrengend und eintönig wahrgenommen werden (Johnson & Orme, 1996, S. 16; Schühle, 2014, S. 31).

Mit dem Ziel eine größere Anzahl an Attributen und Ausprägungen berücksichtigen zu können sowie eine erhöhte Anwenderfreundlichkeit zu bieten, wurden seit Ende der 80er Jahre *adaptive Verfahren* der Conjoint Analyse entwickelt. Die Grundidee ist hierbei, dass die von den Befragten gegebenen Antworten im weiteren Befragungsablauf berücksichtigt werden, die Auswahl der zu präsentierenden Stimuli also von bereits offenbarten Präferenzen der Befragten abhängt. Adaptive Conjoint Analysen greifen dabei auf ein reduziertes Design, also auf eine Teilmenge aller möglichen Stimuli zurück. Diese Teilmenge wird jedoch nicht (wie bei TCA und CBC) für alle Befragten auf gleiche Weise (z. B. per Zufall) erstellt. Stattdessen werden für jeden Befragten individuell solche Stimuli ausgewählt, deren Abfrage den größten Informationsgewinn erwarten lässt (Hermann et al., 2009, S. 114 f.; Johnson, 1987, S. 259). Die Antworten der Befragten müssen hierfür bereits während der Befragung ausgewertet und für die Anpassung des Fragebogens verwendet werden. Adaptive Conjoint Analysen sind entsprechend nur computergestützt möglich, ihre Entstehung wurde durch die Verbreitung von Computern sowie der Entwicklung entsprechender Softwareprogramme in den 80er Jahren getrieben (Hermann et al., 2009, S. 114 f.; Johnson, 2001, S. 3 f.). Zu nennen ist an dieser Stelle insbesondere das 1983 von Richard Johnson gegründete Unternehmen *Sawtooth Software*, dessen Software *Lighthouse Studio* (früher SSI Web) heute am weitesten verbreitet für die Durchführung und Auswertung verschiedener Arten von Conjoint Analysen ist (Bichler & Trommsdorff, 2009, S. 68; Kaltenborn et al., 2013, S. 23). Sie wird auch in der vorliegenden Arbeit genutzt (Version 9.5.3). Entsprechend beziehen sich alle softwarebezogenen Anmerkungen im Folgenden auf *Lighthouse Studio 9.5.3*.

Das älteste und vor allem in den 90er Jahren verbreitete adaptive Verfahren ist die *Adaptive Conjoint Analyse (ACA)*. Bei der ACA handelt es sich um einen hybriden Ansatz, der kompositionelle und dekompositionelle Bestandteile umfasst. Zunächst erfolgt die Abfrage einer direkten Präferenzbewertung sowie der relativen Wichtigkeit aller Attribute per Rating oder Ranking (kompositioneller Teil). Die Antworten werden für eine erste Nutzenschätzung verwendet, auf deren Basis Stimuli für den folgenden dekompositionellen Teil ausgewählt werden. Hierbei werden den Befragten eine Reihe von Stimuli-Paaren vorgelegt. Die Befragten müssen jeweils ihren Favoriten sowie die Stärke ihrer Präferenz bestimmen. Bei diesen Paarvergleichen werden Teilprofile der Stimuli, die häufig nur zwei bis drei Attribute umfassen, dargestellt. Dies erleichtert zwar die Beurteilung, geht jedoch zulasten des Realitätsbezugs (für eine ausführliche Beschreibung der ACA siehe Hermann et al., 2009 und Sawtooth Software, 2007).

Die *Adaptive Choice-based Conjoint Analyse (ACBC)* ist eine vergleichsweise neue Conjoint Methode. Sie geht auf Johnson & Orme (2007) zurück. Ihr Ziel ist es die Realitätsnähe der CBC mit der adaptiven Herangehensweise der ACA zu verbinden. Hierzu verwendet sie ebenfalls kompositionelle und dekompositionelle Bestandteile. Zunächst erfolgt eine direkte Präferenzmessung der Attribute und Ausprägungen (kompositioneller Teil). Im darauffolgenden dekompositionellen Teil, der größtenteils einer CBC entspricht, werden für jeden Befragten individuell nur solche Stimuli angezeigt, die in nur wenigen Attributen von seinen direkten Präferenzurteilen abweichen. Auf diese Weise wird sichergestellt, dass die gezeigten Stimuli eine gewisse Relevanz für den Befragten aufweisen (Cunningham et al., 2010, S. 260 ff.).

Durch den Fokus auf relevante Stimuli, wird die Anzahl an zu bewertenden Stimuli bei der ACBC stark reduziert und es können insgesamt mehr Attribute und Ausprägungen berücksichtigt werden (Johnson & Orme, 2007, S. 20 f.; Orme, 2013, S. 5). Zudem fühlen sich die Befragten stärker eingebunden, wenn ihr Antwortverhalten im Fragebogen abgebildet wird (Cunningham et al., 2010, S. 268 f.; Johnson & Orme, 2007, S. 20 f.). Die Kombination verschiedener (kompositioneller und dekompositioneller) Befragungsteile führt zwar zu einer längeren Befragungsdauer der ACBC (bis zu doppelt so lange wie eine CBC mit den gleichen Attributen und Ausprägungen). Allerdings zeigen verschiedene Vergleichsstudien, dass Befragte die ACBC trotz des erhöhten Zeitaufwands im Vergleich zu einer klassischen CBC als realistischer, abwechslungsreicher und weniger langweilig bewerten (z. B. Chapman et al., 2009; Johnson & Orme, 2007; Orme & Johnson, 2008). Da die ACBC in den verschiedenen Befragungsteilen insgesamt mehr Informationen erhebt (als die CBC), liegen mehr Daten zur Parameterschätzung auf individueller Ebene vor. Die ACBC ist daher insbesondere überlegen, wenn – wie in der vorliegenden Arbeit – heterogene Präferenzen erfasst und für unterschiedliche Probandengruppen (z. B. Persönlichkeitstypen) ausgewertet werden sollen (Johnson & Orme, 2007, S. 19; Orme, 2013, S. 5).

Die Vorteile der ACBC äußern sich letztlich auch in einer besseren Parameterschätzung. Verschiedene Vergleichsstudien mit der CBC zeigen signifikant höhere

Trefferquoten bei der Prognose von Prüffällen[14] (z. B. Hoogerbrugge et al., 2013; Johnson & Orme, 2007; Orme & Johnson, 2008). In der Studie von Chapman et al. (2009) konnte die ACBC zudem die Marktanteile der untersuchten Produkte signifikant besser prognostizieren. Aufgrund dieser Vorteile wird die ACBC vor allem in aktuellen Studien zunehmend genutzt (z. B. Hille et al., 2018; McLean et al., 2017; Salm et al., 2016).

Auch für Studie 1 dieser Arbeit wird eine ACBC verwendet. Der Hauptgrund hierfür ist die bessere Parameterschätzung auf *individueller* Ebene (im Vergleich zu anderen Varianten der Conjoint Analyse). Das Ziel von Studie 1 ist nicht Gesamtpräferenzen für eine Supermarkt-App zu identifizieren. Es sollen vielmehr Präferenz*unterschiede* zwischen Personen mit unterschiedlichen Persönlichkeiten festgestellt werden. Eine möglichst genaue Ermittlung von individuellen Präferenzen ist daher wichtig. Darüber hinaus wäre bei der Untersuchung mit fünf Attributen die Attribut-Obergrenze der TCA und CBC erreicht, die ACBC gilt dagegen auch bei einer entsprechenden Attributanzahl noch als abwechslungsreich und anwenderfreundlich. Schließlich spricht auch die verbesserte Prognosekraft für eine Anwendung der ACBC.

3.3.4 Design und Ablauf der Adaptiven Choice-based Conjoint Analyse (ACBC)

Eine ACBC besteht aus drei Hauptbestandteilen: der „Build Your Own (BYO)“-Phase (auch Konfigurator-Phase), der Screening-Phase sowie dem Choice Tournament, wobei die erste Phase kompositionell und die anderen beiden Phase dekompositionell angelegt sind. Zusätzlich können eine Kalibrierungsphase sowie eine Beurteilung von Prüffällen integriert werden. Laut Sawtooth Software (2018a) bietet die ACBC eine hohe Flexibilität in der Zusammenstellung der Phasen, es können einzelne Bestandteile komplett ausgelassen oder auf wenige Fragen reduziert werden, sofern die Anforderungen der Untersuchung dies verlangen. Einen Überblick über die Phasen der ACBC bietet Abbildung 3.3. Die Phasen sowie ihre Umsetzung im Rahmen von Studie 1 werden im Folgenden detailliert erläutert.

[14]Prüffälle (auch Holdout-Aufgabe) sind Aufgaben, die nicht zur Parameterschätzung herangezogen, sondern für die Validitätsprüfung genutzt werden (siehe Abschnitt 3.3.4.5).

	'Build Your Own (BYO)'-Phase	Screening-Phase	Choice Tournament	Kalibrierungsphase	Prüffälle
Inhalte	Auswahl der präferierten Ausprägung für jedes Attribut (Konfiguration des Wunschobjektes)	Bewertung der Near Neighbour-Stimuli	Auswahl des präferierten Stimulus in mehreren Runden (ähnlich CBC)	Bewertung bereits präsentierter Stimuli hinsichtlich Nutzungs- oder Kaufabsicht	Zusätzliche Auswahlentscheidungen (ähnlich CBC), in Vorstudie als ‚Best-Worst' angelegt
Ziele	Bestimmung von ‚Near Neighbour'-Stimuli für Folgephasen; Kennenlernen der Attribute und Ausprägungen	Identifikation von K.O.-Kriterien (d.h. nicht-kompensat. Entscheidungsverhalten)	Erhebung von Präferenzurteilen zur Schätzung der TNW	Bessere Schätzung einer Nichtwahloption	Überprüfung der internen Prognosevalidität
Art der Präferenzmessung	kompositionell	dekompositionell		keine Präferenzmessung	
Anwendung in Untersuchung	ja	nein	ja	nein	ja

Abbildung 3.3 Phasen der ACBC in Studie 1. (Quelle: eigene Darstellung)

3.3.4.1 „Build Your Own (BYO)"-Phase

Im ersten Teil der Befragung, der „Build Your Own (BYO)"-Phase, wählen die Befragten für jedes Attribut ihre präferierte Ausprägung. Sie konfigurieren also ihr Wunschobjekt (im Folgenden als BYO-Konzept bezeichnet). Die Antworten werden im weiteren Verlauf für die Auswahl relevanter Stimuli genutzt. Darüber hinaus dient dieser Befragungsteil zum Kennenlernen der Attribute und Ausprägungen. Attribute, bei denen eine generelle Präferenzordnung angenommen werden kann (z. B. Benzinverbrauch bei einem Auto), können aus der BYO-Phase ausgeschlossen werden (Sawtooth Software, 2014, S. 3 ff.). Dies ist in der vorliegenden Arbeit jedoch nicht der Fall, da explizit solche Attribute ausgewählt wurden, bei denen unterschiedliche Präfenzen verschiedener Nutzer (je nach Persönlichkeit) zu erwarten sind. Alle fünf Attribute werden daher in der BYO-Phase berücksichtigt. Ein Ausschnitt der BYO-Aufgabe in Studie 1 ist in Abbildung 3.4 zu sehen.

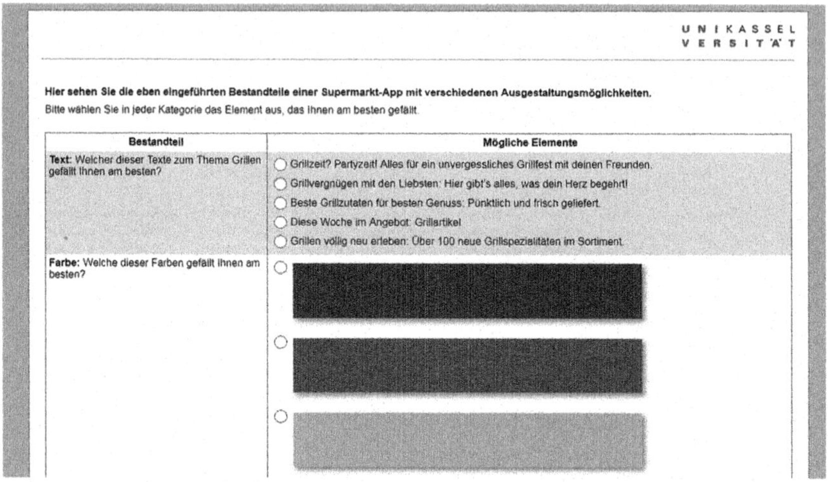

Abbildung 3.4 BYO-Aufgabe in Studie 1. (Quelle: eigene Darstellung)

Nachdem ein Befragter alle BYO-Aufgaben beantwortet hat, werden algorithmenbasiert sogenannte „Near Neighbours" seines BYO-Konzeptes identifiziert. Hierbei handelt es sich um Stimuli, die sich nur in wenigen Attributen vom BYO-Konzept unterscheiden und entsprechend eine hohe Relevanz für den Nutzer aufweisen (im Gegensatz zu z. B. zufällig ausgewählten Stimuli). Sie werden in den folgenden Phasen der ACBC zur Erhebung der Präferenzurteile verwendet. In der vorliegenden Arbeit wurde der *Design Algorithmus* von Lighthouse Studio zur Identifizierung von Near Neighbours genutzt.

Bei der Verwendung des Design Algorithmus muss definiert werden, wie stark die Near Neighbours vom BYO-Konzept abweichen dürfen (Ober- und Untergrenze A_{max} und A_{min} für die Anzahl der zu variierenden Attribute). Als Obergrenze kann in Lighthouse Studio maximal die Hälfte der Gesamtanzahl der Attribute (+1 bei ungeraden Zahlen) ausgewählt werden, um eine ausreichende Nähe der Stimuli zum BYO-Konzept zu gewährleisten. Für die vorliegende Arbeit ergibt sich bei insgesamt fünf Attributen damit eine Obergrenze von $A_{max} = 3$, d. h. die Near Neighbour-Stimuli weisen in höchstens drei Attributen andere Ausprägungen als das BYO-Konzept auf. Als Untergrenze wird in vielen Studien mit einer vergleichbaren Anzahl an Attributen (fünf oder sechs) $A_{min} = 2$ gewählt (Jervis et al., 2012; Oltman et al., 2015; Schühle, 2014). Diese Untergrenze ist sinnvoll, weil sie sicherstellt, dass die Near Neighbour-Stimuli sich stark genug vom BYO-Konzept, also dem Wunschobjekt, unterscheiden, um eine Trade-Off-Entscheidung zu erzwingen. Da die Befragten ihr Wunschobjekt oder ein sehr Ähnliches (das sich nur in einem Attribut unterscheidet) nicht präsentiert bekommen, müssen sie entscheiden auf welche Attributausprägungen sie am ehesten verzichten können. Aus diesen Entscheidungen lässt sich dann auf die Bedeutung der einzelnen Attribute und Ausprägungen schließen (Hermann et al., 2009, S. 113). Insgesamt sind die Grenzen von $A_{max}=3$ und $A_{min}=2$ damit geeignet, einerseits eine ausreichende Nähe zum BYO-Konzept und damit eine Relevanz für die Befragten zu gewährleisten und andererseits eine ausreichende Variation der Attributausprägungen zu liefern, um Trade-Off-Entscheidungen hervorzurufen.

Zur Identifikation eines Near Neighbours zieht der Design Algorithmus zunächst zufällig eine Zahl A_i zwischen A_{min} und A_{max} (im Fall der vorliegenden Arbeit also entweder 2 oder 3). Diese Zahl gibt an, wie viele Attribute des BYO-Konzeptes verändert werden sollen. Der Algorithmus wählt dann zufällig A_i Attribute aus. Für diese Attribute wird zufällig jeweils eine Ausprägung gewählt, die nicht Bestandteil des BYO-Konzeptes ist. Sofern der auf diese Weise identifizierte Stimulus kein Duplikat eines bereits bestehenden Stimulus ist, wird er für den weiteren Befragungsablauf gespeichert. Der Algorithmus beinhaltet zudem ein Zähl-Array, das für eine ausgewogene Auswahl von A_i, der Attribute sowie deren Ausprägungen sorgt. Wenn z. B. eine Ausprägung eines Attributs signifikant seltener als die anderen Ausprägungen gewählt wurde, steigt deren Auswahlwahrscheinlichkeit bei der Erstellung der nächsten Near Neighbours (für eine ausführliche Erläuterung des Design Algorithmus siehe Sawtooth Software, 2014, S. 11 ff.).

3.3.4.2 Screening-Phase

Ziel der Screening-Phase ist es herauszufinden, ob bestimmte Ausprägungen immer gewählt bzw. immer gemieden werden, ob also nicht-kompensatorisches Entscheidungsverhalten vorliegt. Hierzu werden den Befragten – ähnlich wie bei der CBC – hintereinander Sets aus mehreren (typischerweise drei bis fünf) Near Neighbour-Stimuli präsentiert. Die Befragten sollen an dieser Stelle jedoch noch keine finale Auswahlentscheidung treffen, stattdessen sollen sie für jeden Stimulus angeben, ob er für sie grundsätzlich in Frage kommt oder nicht. Aus dem Antwortverhalten kann auf potenzielle „K.O.-Kriterien“ geschlossen werden. Im weiteren Verlauf der Befragung werden alle Stimuli, die inakzeptable Ausprägungen enthalten oder Muss-Ausprägungen *nicht* enthalten, nicht weiter berücksichtigt (Cunningham et al., 2010, S. 261 f.; Johnson & Orme, 2007, S. 6 f.; Sawtooth Software, 2014, S. 5 ff.).

Da sich die Stimuli in der vorliegenden Arbeit vor allem bezüglich Tonalität und Design unterscheiden und sie keine fundamentalen Angebotsunterschiede (z. B. bezüglich Produktauswahl oder Lieferbedingungen) aufweisen, ist ein nicht-kompensatorisches Entscheidungsverhalten der Befragten eher unwahrscheinlich. Es erscheint wenig realistisch, dass z. B. eine bestimmte Farbe oder ein bestimmter Text einer Shopping-App ein absolutes Muss darstellt oder vollkommen inakzeptabel ist. Stattdessen kann angenommen werden, dass alle möglichen Stimuli grundsätzlich in Frage kommen (auch wenn einige App-Varianten von gewissen Persönlichkeitstypen gegenüber anderen bevorzugt werden). Es ist daher davon auszugehen, dass die Screening-Phase wenig Informationsgewinn liefert und daher der zeitliche und kognitive Aufwand, den sie von den Befragten fordert, nicht gerechtfertigt ist.

Laut Sawtooth Software (2018a) kann die Screening-Phase ausgelassen werden, wenn kein nicht-kompensatorisches Entscheidungsverhalten angenommen wird. Eine Vergleichsstudie von Hoogerbrugge et al. (2013) zeigt, dass hierdurch keine Verschlechterung der Parameter-schätzung zu erwarten ist. Die Autoren untersuchen in der Studie die gleichen Attribute und Ausprägungen mit Hilfe von insgesamt acht verschiedenen Varianten der ACBC und CBC (darunter auch eine ACBC ohne Screening-Phase) (n jeweils ca. 300). Insgesamt zeigen die Ergebnisse keine Unterschiede bei der Prognose von Prüffällen zwischen den verschiedenen Varianten der ACBC. Allerdings wird die ACBC ohne Screening-Phase von den Befragten als am anwenderfreundlichsten von allen untersuchten acht Varianten bewertet (fast 90 Prozent geben an, dass sie den Fragebogen gerne ausgefüllt haben). Eine entsprechende Verbesserung der Anwenderfreundlichkeit ist auch in der vorliegenden Arbeit zu erwarten, da einige der Screening-Fragen (z. B., ob ein bestimmtes Bild oder ein bestimmter Text absolut notwendig oder inakzeptabel sind) als irritierend wahrgenommen werden könnten. Insgesamt scheint es daher sinnvoll die Screening-Phase in der vorliegenden Arbeit auszulassen.

3.3.4.3 Choice Tournament

Die dritte Phase der ACBC ähnelt einer klassischen CBC. Die Befragten sollen in mehreren Runden aus jeweils drei Stimuli ihren Favoriten auswählen. Die Abfrage ist dabei als Turnier angelegt, d. h. die jeweils ausgewählten Stimuli treten in einer späteren Runde gegeneinander an bis ein Turniersieger, also der meist präferierte Stimulus, gefunden wurde. Normalerweise nehmen nur die in der Screening-Phase als „in Frage kommend“ markierten Stimuli am Turnier teil (Johnson & Orme, 2007, S. 7 f.; Sawtooth Software, 2014, S. 8). Da diese Phase in der vorliegenden Arbeit jedoch entfällt und davon ausgegangen wird, dass sämtliche Stimuli zumindest in Frage kommen, wird direkt auf die nach der BYO-Phase identifizierten Near Neighbours zurückgegriffen werden. Hierfür muss definiert werden, wie viele Near Neighbour-Stimuli bewertet werden sollen. Aus der Anzahl der Stimuli (t) ergibt sich dann auch die Anzahl der Auswahlentscheidungen (Choice Tasks), die jeder Befragter treffen muss (t/2 bei 3 Stimuli pro Auswahlentscheidung) (Sawtooth Software, 2018b).

Die meisten bestehenden ACBC Studien mit fünf oder sechs Attributen präsentieren in der Screening-Phase 20 bis 25 Near Neighbour-Stimuli (z. B. Jervis et al., 2012; Oltman et al., 2015; Schühle, 2014). Auch Sawtooth Software (2018b) empfiehlt bei fünf Attributen sechs Screening-Aufgaben mit jeweils vier Stimuli, also 24 Stimuli insgesamt zu verwenden. Für die Definition der Stimuli-Anzahl im Choice Tournament kann sich in der vorliegenden Arbeit an diesen Zahlen orientiert werden, da alle normalerweise für die Screening-Phase erstellten Stimuli im Turnier präsentiert werden. Weiterhin zu berücksichtigen ist, dass Antwortmuster von Befragten in der Regel schon nach wenigen Choice Tasks erkannt werden können. In den Studien von Hoogerbrugge & Wagt (2006) sowie Orme & Johnson (2008) ergibt sich durch das Verwenden von mehr als zehn bzw. zwölf Choice Tasks keine weitere Verbesserung der Parameterschätzung.

Auch für die vorliegende Arbeit scheinen daher zehn bis zwölf Auswahlentscheidungen mit entsprechend t = 20 bis t = 24 Stimuli sinnvoll zu sein, um einerseits eine valide Parameterschätzung zu gewährleisten und andererseits eine Ermüdung der Befragten durch zu viele Choice Tasks zu vermeiden. Diese Annahme kann anhand des *Test Design*-Features von Lighthouse Studio überprüft werden. Mit Hilfe des Features können Antworten von Dummy-Befragten generiert werden, die alle ACBC Fragen zufällig beantworten. Der Test gibt dann unter anderem an, wie häufig den Dummy-Befragten die einzelnen Ausprägungen im Befragungsablauf präsentiert wurden. Zwar werden die BYO-Ausprägungen durch den Design-Algorithmus (siehe Abschnitt 3.3.4.1) grundsätzlich überrepräsentiert. Es muss dennoch sichergestellt werden, dass auch die anderen Ausprägungen ausreichend häufig angezeigt werden und so eine Chance haben, beurteilt zu werden. Laut Sawtooth Software (2018c) sollte jeder Befragte jede Ausprägung mindestens zweimal, idealerweise dreimal präsentiert bekommen.

Der Test wurde für die vorliegende Arbeit mit t = 18, t = 20 und t = 24 durchgeführt. Schon bei t = 20 wurde die Sawtooth Software Empfehlung von mindestens drei Auftritten pro Ausprägungen für jeden Befragten erreicht. Bei t = 24 wurde jede Ausprägung mindestens viermal gezeigt. Bei t = 18 ergaben sich in zwei Fällen nur zwei Auftritte einer Ausprägung, auch diese Stimuli-Anzahl wäre gemäß der Empfehlung von Sawtooth Software jedoch noch akzeptabel. Da aber schon durch nur einen weiteren Choice Task der Idealempfehlung von drei Auftritten pro Ausprägung entsprochen werden kann, wird die Anzahl der Turnierstimuli in der vorliegenden Arbeit auf t = 20 festgesetzt. Entsprechend werden in der dritten Phase der ACBC t/2 = 10 Auswahlentscheidungen abgefragt. Eine mögliche Auswahlentscheidung ist beispielhaft in Abbildung 3.5 dargestellt.

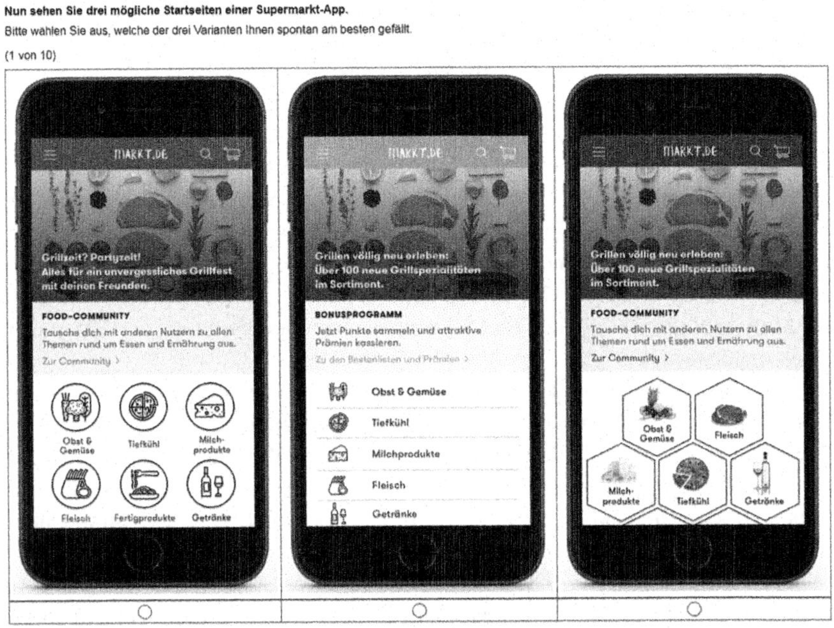

Abbildung 3.5 Choice Tournament in Studie 1. (Quelle: eigene Darstellung)

3.3.4.4 Kalibrierungsphase

In der Kalibrierungsphase sollen die Befragten einige der bereits präsentierten Stimuli hinsichtlich ihrer Nutzungs- oder Kaufabsicht bewerten. Hierzu werden ihnen in der Regel das BYO-Konzept, der „Turniergewinner“ sowie drei bis vier weitere akzeptierte und abgelehnte Stimuli aus der Screening-Phase präsentiert. Die Kalibrierungsphase ist optional und dient ausschließlich der besseren Schätzung einer Nichtwahloption, die insbesondere für Marktanteilsimulationen genutzt wird (Johnson & Orme, 2007, S. 8 ff.). Da eine Nichtwahloption und

Marktanteilsimulationen für die vorliegende Arbeit nicht relevant sind, wird – wie in den meisten ACBC Studien (ebd.; Oltman et al., 2015; Schühle, 2014) – auf die Kalibrierungsphase verzichtet.

3.3.4.5 Prüffälle

Am Ende des ACBC-Teils werden in der Untersuchung noch einige Prüffälle („Holdout"-Aufgaben) integriert. Hierbei handelt es sich um zusätzliche Choice Tasks, die jedoch nicht zur Schätzung der TNW genutzt werden, sondern um die interne Prognosevalidität der Conjoint Analyse zu überprüfen (Backhaus et al., 2016, S. 542 f.; Cunningham et al., 2010, S. 266). Anhand der auf Basis der ACBC geschätzten TNW wird prognostiziert, für welchen Stimulus sich ein Befragter in einer Holdout-Aufgabe entscheiden müsste. Das Prognoseergebnis wird dann mit seiner tatsächlichen Entscheidung verglichen. Als Maß für die Prognosevalidität wird typischerweise der Prozentsatz der richtig prognostizierten Entscheidungen (Trefferquote bzw. Hit Rate) über alle Befragte hinweg herangezogen (Steiner, 2007, S. 133 ff.).

Prüffälle sind die vorherrschende Methode zur Validitätsprüfung im Rahmen von Conjoint Analysen und lassen sich relativ einfach in eine Untersuchung integrieren (z. B. Hartmann & Sattler 2004; Karger, 2012; für eine detaillierte Übersicht der Gütekriterien von Conjoint Analysen siehe Steiner, 2007, S. 127 ff. und Pelz, 2012, S. 27). Sie helfen zudem Befragte mit inkonsistentem Antwortverhalten zu identifizieren und von der weiteren Analyse auszuschließen (Orme, 2014). Zwar kritisieren einige Autoren das Heranziehen von hypothetischen Auswahlentscheidungen zur Validitätsprüfung und argumentieren, dass für eine exakte Gütebeurteilung das Berücksichtigen externer Kriterien (z. B. reale Auswahl- oder Kaufentscheidungen) notwendig sei (Kaltenborn et al., 2013, S. 50 f.; Melles, 2001, S. 95 f.). Allerdings zeigen empirische Studien eine hohe Übereinstimmung zwischen der Holdout-Validierung und einer Validitätsprüfung anhand von externen Kriterien (Dahan et al., 2002; Orme et al., 1997), sodass in der vorliegenden Arbeit – wie in den meisten anderen Conjoint Analysen (z. B. Hartmann & Sattler 2004; Karger, 2012; Pelz, 2012) – auf eine externe Validitätsprüfung verzichtet werden kann.

Laut Orme (2014) sind zwei Holdout-Aufgaben ausreichend, um grobe Validitätsprobleme festzustellen. In den meisten Studien werden mit drei Aufgaben etwas mehr Prüffälle berücksichtigt (z. B. Bauer, 2015; Neibecker & Kohler, 2009; Pelz, 2012). Es gibt keine festen Richtlinien für die Auswahl von Stimuli für die Holdout-Aufgaben (siehe Steiner, 2007, S. 137 ff. für eine Übersicht verschiedener Ansätze). Orme (2014) empfiehlt im Falle einer Präferenzermittlung für verschiedene Probandengruppen die Holdout-Stimuli so zu wählen, dass jeweils ein Stimulus von einer Gruppe präferiert wird. Da die Präferenzermittlung verschiedener Persönlichkeiten im Vordergrund dieser Arbeit steht, wird dieser Empfehlung gefolgt. Als Prüffälle werden daher jene Stimuli gewählt, die jeweils in allen Ausprägungen eine der Dimensionen der Big Five (mit hohem bzw. niedrigem Grad) ansprechen. Dabei wird jedoch auf den EXT↑-Stimulus (d. h. der Stimulus, der sämtliche von EXT↑-Personen präferierte Ausprägungen enthält) verzichtet, da sich dieser in nur einer Ausprägung vom NEU↓-Stimulus unterscheidet, damit insgesamt neun Holdout-Stimuli vorliegen, die in drei Choice Tasks (mit je drei Stimuli) abgefragt werden können[15]. Die Stimuli werden den Choice Tasks derart zugeordnet, dass jeder Choice Task möglichst wenig Überschneidung zwischen den Ausprägungen aufweist (Backhaus et al., 2015, S. 184).

Es ist zudem ratsam, einen Reliabilitätstest für die Holdout-Aufgaben zu integrieren, indem den Befragten mindestens eine der Aufgaben wiederholt vorgelegt wird. Auf diese Weise kann verhindert werden, dass bei mangelnder Holdout-Reliabilität fälschlicherweise auf eine geringe Validität geschlossen wird (Orme, 2014; Kaltenborn et al., 2013, S. 50). In der Studie wird daher die erste der drei Holdout-Aufgaben am Ende nochmals präsentiert. Dabei wird jedoch die Reihenfolge der präsentierten Stimuli verändert, um sicherzustellen, dass Befragte, die beispielsweise immer die erste Option wählen, keine 100-prozentige Test-Retest-Reliabilität erreichen (Orme, 2014).

Die Holdout-Aufgaben werden in Studie 1 als „Best-Worst"-Auswahlentscheidungen angelegt (siehe Abbildung 3.6). Dabei wählen die Befragten aus drei Stimuli nicht nur ihre präferierte, sondern auch die aus ihrer Sicht schlechteste Alternative. Die Stimuli werden auf diese Weise in eine Rangordnung gebracht (Kaltenborn et al., 2013, S. 18 f.). Der Vorteil dabei ist einerseits, dass durch die Rangordnung ein ordinales Skalenniveau erzeugt wird und damit weitere Analysemöglichkeiten zur Validierung herangezogen werden können (insbesondere Korrelationen zwischen dem prognostizierten und dem tatsächlichen Rang) (Green et al., 1993, S. 375 ff.; Pelz, 2012, S. 37). Andererseits macht die leicht abgeänderte Frageform die Befragung abwechslungsreicher und kann daher eine Ermüdung der Befragten durch viele monotone Auswahlentscheidungen verhindern.

[15]Es wurde sich für einen Wegfall des EXT↑-Stimulus entschieden, da dieser die Ausprägung „Eckig" (Attribut: Form) aufweist, die noch in drei weiteren Stimuli (VER↓-, GEW↓- und OFF↑-Stimulus) enthalten ist. Die Ausprägung „rund" im NEU↓-Stimulus tritt dagegen ansonsten nur im VER↑-Stimulus auf.

Abbildung 3.6 Holdout-Aufgabe in Studie 1. (Quelle: eigene Darstellung)

3.3.5 Methoden zur Schätzung der Teilnutzenwerte (TNW)

In den verschiedenen Phasen der ACBC werden Präferenzurteile der Befragten erhoben, die eine Schätzung der TNW ermöglichen. Der TNW einer Ausprägung kann definiert werden als der Beitrag dieser Ausprägung zum Gesamtnutzen eines Stimulus (Kaltenborn et al., 2013, S. 3). Der Gesamtnutzen eines Stimulus ergibt sich entsprechend durch Addition der TNW seiner Ausprägungen[16] (linear additives Nutzenmodell). Auf Basis der in der Conjoint-Befragung erhobenen

---

[16]Darüber hinaus werden die TNW in der Regel noch mit ihrer relativen Wichtigkeit gewichtet (siehe Abschnitt 3.4.3.1).

Präferenzurteile werden die TNW daher so bestimmt, dass die durch Addition resultierenden Gesamtnutzen der Stimuli die empirischen Präferenzurteile möglichst gut abbilden (Backhaus et al., 2016, S. 529 f.). Dabei existieren verschiedene Verfahren zur Schätzung der TNW, deren Eignung vor allem vom Skalenniveau der erhobenen Präferenzurteile abhängt (für einen ausführlichen Überblick verschiedener Schätzverfahren siehe Kaltenborn et al., 2013, S. 41 ff.). Im Folgenden wird ein kurzer Überblick über verschiedene Schätzverfahren gegeben, bevor mit dem Hierarchical-Bayes-Ansatz das geeignetste Verfahren für die vorliegende Arbeit ausführlicher beschrieben wird.

3.3.5.1 Überblick verschiedener Methoden

Bei rang- oder ratingbasierten Conjoint Analysen wie der TCA werden TNW vor allem anhand der *Ordinary Least Squares-Regression (OLS-Regression)* geschätzt. Die empirisch erhobenen Nutzenurteile bilden dabei die metrisch skalierte abhängige Variable[17] und die Ausprägungen der Stimuli die unabhängigen Variablen. Die Regressionsfunktion wird so geschätzt, dass die Summe der quadratischen Abweichungen zwischen den empirischen und den geschätzten Nutzenurteilen minimal ist (Methode der kleinsten Quadrate). Die geschätzten Regressionskoeffizienten entsprechen dann den TNW (Kaltenborn et al., 2013, S. 42 f.). Bei auswahlbasierten Conjoint Analysen wie der CBC und der ACBC kann die OLS-Regression jedoch nicht genutzt werden, da dichotome Präferenzurteile abgefragt werden (wird ein Stimulus ausgewählt oder nicht) und daher nur ein nominales Skalenniveau der abhängigen Variable vorliegt (Backhaus et al., 2015, S. 196). Das bis Anfang der 2000er Jahre vorherrschende Schätzverfahren für auswahlbasierte Conjoint Analysen war die *Multinomiale Logit-Analyse (MNL)*, die auf der logistischen Regressionsanalyse basiert und daher auch ein nominales Skalenniveau der abhängigen Variablen zulässt. Die Schätzung der Regressionskoeffizienten (also der TNW) erfolgt dabei anhand der *Maximum-Likelihood-Methode* (ML-Methode). Das Grundprinzip der ML-Methode lautet: „Die Schätzwerte für die unbekannten Parameter sind so zu bestimmen, dass die realisierten Daten maximale Plausibilität (Likelihood)

[17]Dabei wird unterstellt, dass die Befragten die Abstände zwischen den vergebenen Rangwerten jeweils als gleich groß (äquidistant) einschätzen, sodass die empirisch ermittelten Nutzenurteile nicht mehr ordinales Skalenniveau besitzen, sondern metrisch interpretiert werden können (Backhaus et al., 2016, S. 530).

erlangen“ (ebd., S. 196). Die TNW werden also so geschätzt, dass sie die empirischen Präferenzurteile möglichst plausibel erklären. Dies ist der Fall, wenn der sich aus den TNW ergebende Gesamtnutzen für den jeweils (d. h. pro Choice Task) ausgewählten Stimulus maximiert ist (ebd., S. 196 f.).

Der Nachteil der MNL ist, dass TNW nur auf aggregierter Ebene, also über alle Befragten hinweg, geschätzt werden, da die erhobenen Daten (dichotome Urteile für einen Bruchteil aller möglichen Stimuli) nicht genügend Informationen für eine Schätzung von individuellen TNW liefern (Howell, 2009, S. 1 f.). Die *Latent-Class-Analyse* als weiteres mögliches Schätzverfahren berücksichtigt zumindest einen gewissen Grad an Heterogenität der Befragten, indem TNW von Gruppen mit homogenen Präferenzen geschätzt werden (Backhaus et al., 2015, S. 218). Eine Schätzung von *individuellen TNW* ist jedoch nur durch den *Hierarchical-Bayes-Ansatz* (im Folgenden HB-Ansatz) möglich. Die Grundidee ist dabei, die schwache Datenbasis jedes Befragten durch Entleihen von Informationen anderer Befragter anzureichern. Hierfür sind mehrere Tausend Iterationsschritte notwendig. Das Verfahren ist entsprechend rechenintensiv und hat sich erst in den letzten Jahren durch die Verbreitung von leistungsstarken Computern durchgesetzt (Sawtooth Software, 2009).

HB ist mittlerweile das führende Schätzverfahren für auswahlbasierte Conjoint Analysen und wird insbesondere im Rahmen von ACBC-Studien verwendet (z. B. Bauer, 2015; Hille et al., 2018; Jervis et al., 2012). Der Vorteil liegt vor allem in der Schätzung von individuellen TNW, die auch in der vorliegenden Arbeit benötigt werden, um den Einfluss der Big Five auf die untersuchten Präferenzen festzustellen. Zudem können in das Schätzmodell Kovariate integriert und damit explizit individuelle Merkmale wie die Big Five berücksichtigt werden (Orme & Howell, 2009). Schließlich zeigen Studien, die verschiedene Schätzverfahren vergleichen, eine überlegene Validität des HB-Ansatzes gegenüber anderen gängigen Methoden wie der OLS-Regression und der Latent-Class-Analyse. Die Anwendung von HB führt beispielsweise zu besseren Trefferquoten bei der Prognose von Prüffällen und einer genaueren Prognose von Marktanteilen (z. B. Lenk et al., 1996; Moore, 2004). HB ist damit das geeignetste Schätzverfahren für die vorliegende Arbeit und wird im Folgenden näher erläutert.

3.3.5.2 Hierarchical-Bayes-Ansatz

Der *HB-Ansatz* basiert auf den Annahmen der Bayes-Statistik, die sich durch die konsequente Verwendung von Wahrscheinlichkeitsverteilungen auszeichnet. Parameter werden dabei nicht als fixe Größen, sondern als Zufallsvariablen betrachtet

(Kaltenborn et al., 2013, S. 101). Das Kernelement der Bayes-Statistik ist der *Satz von Bayes* für die Berechnung bedingter Wahrscheinlichkeiten. Dieser Satz wird in der Marketingforschung verwendet, um datenunabhängiges Wissen (z. B. basierend auf Voruntersuchungen, Logik oder Intuition) über unbekannte (zu schätzende) Parameter (z. B. TNW) mit Informationen aus den erhobenen Daten zu kombinieren (siehe Johnson, 2009 für die mathematische Herleitung und Erklärung des Satzes von Bayes). Es werden also schon vor der empirischen Erhebung Annahmen über die Verteilung der zu schätzenden Parameter getroffen (P*rior-Verteilung*), die dann durch die erhobenen Daten aktualisiert werden. Das auf Basis der Daten aktualisierte Wissen über die Parameter wird ebenfalls durch eine Wahrscheinlichkeitsverteilung abgebildet, die *Posteriori-Verteilung* genannt wird (Hillig, 2006, S. 92 ff.).

Der HB-Ansatz wird als hierarchisch bezeichnet, da er aus zwei Ebenen besteht. Auf der übergeordneten Ebene wird ein Modell geschätzt, das die Verteilung der aggregierten TNW über alle Befragten hinweg abbildet. Hierfür wird in der Regel *a priori* eine multi-attribute Normalverteilung angenommen[18] (P*rior-Verteilung*). Auf der untergeordneten Ebene wird für jeden Befragten basierend auf seinen Präferenzurteilen ein individuelles Nutzenmodell mittels MNL geschätzt *(Posteriori-Verteilung)* (Johnson, 2009, S. 8 f.; Backhaus et al., 2015, S. 217 f.). Dabei werden dann jedoch gemäß dem Satz von Bayes nicht nur die gemessenen Präferenzurteile berücksichtigt, sondern auch die *a priori* angenommene (Normal-)Verteilung der TNW aus dem übergeordneten Modell. Insbesondere bei Befragten, für die nur wenige oder inkonsistente Daten vorliegen, wird bei der Schätzung der individuellen Nutzenmodelle auf das übergeordnete, aggregierte Modell zurückgegriffen. Liegen dagegen genügend konsistente Präferenzurteile vor, überwiegt das untergeordnete Modell (Howell, 2009, S. 2 f.; Orme & Howell, S. 2).

[18]Grundsätzlich können für die Prior-Verteilung auch flexiblere Verteilungen als die Normalverteilung angenommen werden. Die Eignung der multivariaten Normalverteilung konnte jedoch in verschiedenen Studien belegt werden (z. B. Allenby & Rossi, 1999; Allenby et al., 1995). Das Vorliegen einer multivariaten Normalverteilung im Prior ist daher eine Standard-Annahme im Rahmen von HB (Howell, 2009; Johnson, 2009), die auch in der vorliegenden Arbeit zugrunde gelegt wird. Da das übergeordnete Modell nur ein Einflussfaktor bei der Schätzung der TNW ist, führt die Annahme eines normalverteilten Priors nicht automatisch auch zu einer Normalverteilung der geschätzten TNW. Abhängig von den Präferenzurteilen der Befragten sind auch andere Verteilungen möglich (Orme & Howell, 2009, S. 2).

Beide HB-Modellebenen stehen in einer starken Wechselwirkung zueinander: Einerseits fließen bei der Schätzung individueller TNW Informationen über die aggregierten TNW aller Befragten ein. Andererseits sind die individuellen TNW wiederum notwendig, um das übergeordnete, aggregierte Modell zu schätzen (Kaltenborn et al., 2013, S. 113). Der HB-Ansatz nutzt daher ein iteratives Vorgehen zur Parameterschätzung. Zunächst werden Ausgangsparameter wie Mittelwert und Kovarianz für die Prior-Verteilung, also das übergeordnete Modell, festgelegt. Üblicherweise werden alle Parameter dabei initial auf 0 gesetzt. Auf Basis dieses Modells und der erhobenen Präferenzurteile werden dann für jeden Nutzer individuelle TNW geschätzt. Diese werden wiederum verwendet um das übergeordnete, aggregierte Nutzenmodell zu aktualisieren, das dann in der nächsten Iteration für eine neuerliche Schätzung von individuellen TNW herangezogen wird. Diese Iterationsschleife wird so lange durchlaufen bis sich keine wesentliche Veränderung der Parameter mehr ergibt. Üblicherweise werden etwa 20.000 Iterationen durchgeführt, wobei die ersten 10.000 Iterationen als der Konvergenz-vorausgehende *Burn-in-Iterationen* bei der Parameterschätzung in der Regel unberücksichtigt bleiben (Hillig, 2006, S. 99 f.; Johnson, 2009, S. 8 ff.).

In seiner einfachsten Form (häufig auch als *generischer HB* bezeichnet) legt der HB-Ansatz für alle Befragten das gleiche übergeordnete Modell (Prior-Verteilung) zugrunde. Soll jedoch wie in der vorliegenden Arbeit der Einfluss individueller Merkmale wie der Big Five auf die Präferenzurteile der Befragten untersucht werden, können diese Merkmale als *Kovariate* in das übergeordnete Modell integriert werden[19]. Bei der Schätzung der TNW eines Befragten werden dann nicht Informationen aller anderen Befragten entliehen, sondern nur jener Befragten, die ähnliche Ausprägungen hinsichtlich der integrierten Kovariaten aufweisen. Wird beispielsweise das Geschlecht als Kovariate in das übergeordnete Modell aufgenommen, werden für die Schätzung der individuellen TNW der männlichen Befragten die aggregierten TNW der

[19]Alternativ können zur Überprüfung des Einflusses individueller Merkmale auf die TNW auch „klassische" Methoden der frequentistischen Statistik wie die Regressions- oder Varianzanalyse verwendet werden. Diese sind allerdings weniger genau, da sie TNW nutzen, die basierend auf der vereinfachten Annahme eines gemeinsamen übergeordneten Modells geschätzt werden. Darüber hinaus folgt die direkte Integration von Kovariaten in das Schätzmodell stringent der Logik der Bayes-Statistik (Orme & Howell, 2009, S. 2 f.).

anderen befragten Männer herangezogen, für Frauen die aggregierten TNW der anderen weiblichen Befragten. Analog kann auch mit psychografischen Merkmalen wie den Big Five verfahren werden (Orme & Howell, 2009, S. 2 ff.). Im Ergebnis liefert der *HB mit Berücksichtigung von Kovariaten* nicht nur individuelle und aggregierte TNW, sondern zusätzlich auch Informationen über den Einfluss der Kovariaten. Diese Informationen werden in Form eines multivariaten Regressionsmodells ausgegeben. Für jede Ausprägung (aller Attribute) wird hierbei eine multivariate Regressionsgleichung mit den jeweiligen TNW als abhängige und den Kovariaten als unabhängige Variable geschätzt. Die Regressionskoeffizienten spiegeln dann die Gewichtung der verschiedenen Kovariaten bei der Präferenzbildung (ausgedrückt durch den TNW) wider (ebd., S. 14 f.).

3.3.6 Operationalisierung der Kovariate

Da in Studie 1 keine allgemeinen Präferenzen, sondern Präferenzunterschiede zwischen Personen mit unterschiedlichen Persönlichkeitseigenschaften erhoben werden sollen, ist die Integration der Big Five als Kovariate von zentraler Bedeutung. Daneben werden in Studie 1 einige Kontrollvariablen erhoben, die ebenfalls einen Einfluss auf die Präferenzbildung haben könnten. Die Operationalisierung der Big Five und Kontrollvariablen wird in den nächsten beiden Kapiteln dargestellt. Zur Überprüfung der Verständlichkeit des Fragebogens wurde vor der Durchführung der eigentlichen Studie ein Pre-Test mit 27 Befragten durchgeführt. Basierend auf den Ergebnissen wurden kleine Anpassungen an der Formulierung einzelner Anweisungen und Items vorgenommen. Im Folgenden werden die in der finalen Studie verwendeten Formulierungen beschrieben.

3.3.6.1 Big Five

Zur Messung der Big Five liegen zahlreiche Instrumente vor, die sich in hinsichtlich ihres Entstehungshintergrunds, ihrer Zielsetzung sowie im Detaillierungsgrad unterscheiden (siehe Rauthmann, 2017, S. 261 f. für einen Überblick). Am häufigsten eingesetzt werden die Messinstrumente von Costa & McCrae (1992) – das NEO-PI-R sowie dessen Kurzvariante NEO-FFI. Das NEO-PI-R hat in der deutschen Fassung laut Ostendorf & Angleitner (2004, S. 92) eine durchschnittliche Bearbeitungszeit von 34 Minuten und kann daher kaum außerhalb der klinischen Forschung angewendet werden. Das NEO-FFI ist zwar deutlich kürzer, mit immer noch etwa 10 Minuten Bearbeitungszeit (McCrae & Costa, 2004, S. 588) lässt es sich jedoch auch nur schwer mit anderen zeitaufwändigen Befragungstechniken wie einer ACBC kombinieren.

Mit dem *Big Five Inventory (BFI)* veröffentlichten John et al. (1991) ein Messinstrument mit 44 Items, das von Lang et al. (2001) ins Deutsche übersetzt wurde. Auf Basis des BFI wurden seither durch Entfernung einzelner Items verschiedene Kurzskalen entwickelt, um eine möglichst ökonomische und effiziente Persönlichkeitsermittlung zu ermöglichen. Das Entfernen von Items aus dem BFI ist möglich, da es sich um ein reflektives Messinstrument handelt[20]. Die Items (z. B. „Ich bin kommunikativ, gesprächig.") werden also durch die Persönlichkeitsdimensionen (z. B. EXT) verursacht. Sie weisen folglich ein hohes Maß an Austauschbarkeit auf, sodass der Wegfall einzelner Items nicht zu einer inhaltlichen Veränderung der gemessenen Persönlichkeits-dimension führt (Jarvis et al., 2003, S. 203; Weiber & Mühlhaus, 2014, S. 131). Im deutschen Sprachraum gehören zu den BFI-Kurzskalen das 25 Items umfassende *BFI-25* (Gerlitz & Schupp, 2005), das 21 Items umfassende *BFI-K* (Rammstedt & John, 2005), das 15 Items umfassende *BFI-S* (Gerlitz & Schupp, 2005), das 10 Items umfassende *BFI-10* (Rammstedt & John, 2007) sowie die *Single Item Skala* mit nur einem Item pro Big Five[21] (Rammstedt et al., 2004). Entsprechende Verkürzungen lassen eine schnelle Persönlichkeitsermittlung zu, hierfür muss jedoch ein Informationsverlust in Kauf genommen werden. Beispielsweise erlaubt keine der Kurzskalen eine Ermittlung von Facetten der Big Five (Rammstedt & Danner, 2016, S. 70 f.).

Für die vorliegende Arbeit wird das BFI-S mit 15 Items verwendet, da es die beste Balance zwischen ökonomischer Erfassung einerseits und einer ausreichenden Informationstiefe andererseits bietet. Kürzere Skalen mit nur ein oder zwei Items pro Big Five wurden vor allem für Studien entwickelt, deren Hauptinteresse nicht auf der Erfassung der Persönlichkeit liegt. Sie werden genutzt, wenn die Big Five – ähnlich wie z. B. soziodemografische Kriterien

[20] Myszkowski et al. (2019) bescheinigen den Big Five eine „historische Reflektivität" (S. 364), da diese auf Basis von Faktorenanalysen, die grundsätzlich reflektive Messmodelle unterstellen, ermittelt wurden.

[21] Im englischen Sprachraum veröffentlichten Gosling et al. (2003) mit dem Ten-Item Personality Inventory (TIPI) und dem Five-Item Personality Inventory (FIPI) ebenfalls zwei sehr kurze Messinstrumente.

wie Alter und Geschlecht – „nur erhoben werden, weil sie sich möglicherweise dazu eignen, die inhaltlich interessierenden Variablen statistisch zu erklären" (Rammstedt et al., 2004, S. 6). Diese Skalen greifen daher für die vorliegende Arbeit zu kurz. Sehr ausführliche Skalen wie das BFI oder NEO-FFI (oder sogar das NEO-PI-R) können dagegen aufgrund ihrer langen Bearbeitungszeit nicht mit der ebenfalls relativ zeitaufwändigen ACBC verknüpft werden, ohne eine zeitliche Überlastung der Befragten herbeizuführen. Außerdem haben die Ausführungen in Abschnitt 1.3 gezeigt, dass die Algorithmen zur datengetriebenen Persönlichkeitsermittlung – auf denen die vorliegende Arbeit aufsetzt – eher Persönlichkeitstendenzen feststellen und keine exakten Persönlichkeitsprofile mit sämtlichen Facetten abbilden können. Daher ist auch für Studie 1 eine weniger ausführliche Skala, die auf die Erhebung von Facetten verzichtet, ausreichend. In der Abwägung zwischen BFI-S und BFI-25 wurde sich in der vorliegenden Arbeit für das BFI-S entschieden, da es in Vergleichsstudien die Ergebnisse des BFI-25 in hohem Maße replizieren konnte (Gerlitz & Schupp, 2005) und daher auf die Abfrage von zehn zusätzlichen Items verzichtet werden kann. Die durchschnittliche Bearbeitungszeit des BFI-S liegt bei etwa zwei Minuten (ebd., S. 19).

Das BFI-S misst jede Big Five anhand von drei Items. Damit erfüllt es die Forderung verschiedener Autoren nach mindestens drei Items pro Variable, um eine ausreichende Robustheit und Reliabilität der Messung sicherzustellen (z. B. Gagne & Hancock, 2006; Lang & Lüdtke, 2005; Marsh et al., 1998). Bei zwei Erhebungen im Abstand von fünf Jahren zeigen Lang et al. (2011) entsprechend eine hohe Test-Retest-Reliabilität des BFI-S zwischen 0,744 (GEW) und 0,919 (NEU). Um die Gefahr sozial erwünschter Angaben zu minimieren, wurde bei der Auswahl der BFI-S Items auf die Aufnahme inhaltlich extremer Aussagen des ursprünglichen BFI wie „Ich bin jemand, der kalt und distanziert ist" verzichtet (Gerlitz & Schupp, 2005, S. 21). Seit der Veröffentlichung im Jahr 2005 haben verschiedene Studien die Güte des BFI-S untersucht. Die Ergebnisse zeigen dabei eine hohe Übereinstimmung der Skala mit dem NEO-PI-R (Hahn et al., 2012) und dem NEO-FFI (Lang, 2005). Zudem weist das BFI-S eine hohe Prognosevalidität bei der Gegenüberstellung mit externen Kriterien auf (Hahn et al., 2012; Schupp & Gerlitz, 2005). Beispielsweise korreliert der über das BFI-S gemessene Grad an OFF mit der Häufigkeit von Besuchen kultureller Veranstaltungen und der Grad an VER mit der Bereitschaft Angehörigen zu helfen (ebd., S. 25 ff.). Das BFI-S gilt damit heute als reliabel und gut validiert (Schupp & Gerlitz, 2014). Für die Untersuchung wird die Formulierung der Items und der Antwort-Instruktionen von Gerlitz & Schupp (2005) übernommen (siehe Tabelle 3.13).

Tabelle 3.13 Operationalisierung der Big Five (BFI-S). (Quelle: Gerlitz & Schupp, 2005, S. 20)

Frage: Hier sind unterschiedliche Eigenschaften, die eine Person haben kann. Wahrscheinlich werden einige Eigenschaften auf Sie persönlich voll zutreffen und andere überhaupt nicht. Bei wieder anderen sind Sie vielleicht unentschieden. Antworten Sie bitte anhand der folgenden Skala.		
Ich bin jemand der...		**Antwortoptionen**
EXT1	... kommunikativ, gesprächig ist.	1 (Trifft überhaupt nicht zu) – 7 (trifft voll zu)
EXT2(-)	… zurückhaltend ist.	
EXT3	… aus sich herausgehen kann, gesellig ist.	
VER1(-)	… manchmal etwas grob zu anderen ist.	
VER2	… verzeihen kann.	
VER3	… rücksichtsvoll und freundlich mit anderen umgeht.	
GEW1	… gründlich arbeitet.	
GEW2(-)	… eher faul ist.	
GEW3	… Aufgaben wirksam und effizient erledigt.	
NEU1	… sich oft Sorgen macht.	
NEU2	… leicht nervös wird.	
NEU3(-)	… entspannt ist, mit Stress gut umgehen kann.	
OFF1	… originell ist, neue Ideen einbringt.	
OFF2	… künstlerische Erfahrungen schätzt.	
OFF3	… eine lebhafte Fantasie, Vorstellungen hat.	
(-) Items sind gegenteilig gepolt		

3.3.6.2 Kontrollvariablen

Die zentrale Annahme von Studie 1 ist, dass die Persönlichkeit der Befragten die untersuchten App-Interface-Präferenzen beeinflusst. Es ist jedoch möglich, dass daneben auch andere Faktoren eine Rolle bei der Präferenzbildung spielen. Entsprechende Faktoren werden als Kontrollvariablen erfasst, um sicherzustellen, dass die in der Untersuchung erhobenen Präferenzunterschiede tatsächlich auf die Persönlichkeit der Befragten zurückgeführt werden können. Da verschiedene Studien zeigen, dass die Wahrnehmung und Beurteilung von Online-Shops und Shopping-Apps durch die Erfahrung eines Befragten mit dem Internet im Allgemeinem und im e-Commerce im Speziellen beeinflusst wird (z. B. Pappas et al., 2014; Swilley & Goldsmith, 2007), werden als Kontrollvariablen Daten zur Smartphone- und App-Nutzung sowie zum Einkauf über Apps erfasst. Darüber hinaus werden die soziodemografischen Variablen Alter, Geschlecht, Bildung und Beruf ermittelt.

Die genaue Abfrage der Kontrollvariablen kann, ebenso wie die Formulierung aller anderen Fragen und Instruktionen, dem kompletten Fragebogen in *Anhang C* entnommen werden.

3.3.7 Grundgesamtheit und Stichprobe

Die relevante Grundgesamtheit der vorliegenden Arbeit umfasst alle Smartphone-Nutzer in Deutschland, da sie alle potenzielle Nutzer einer Supermarkt-App darstellen. Laut Statistischem Bundesamt ist der Anteil der Smartphone-Nutzer in Deutschland bei Männern und Frauen (annähernd) gleich hoch und auch bei verschiedenen Bildungs- und Berufsgruppen[22] nahezu identisch. Unter den 16–24- sowie den 25–44-Jährigen nutzt fast jeder (99 bzw. 97 Prozent) ein Smartphone, bei den 45–64-Jährigen sind es 84 Prozent, bei den über 64-Jährigen 64 Prozent (Destatis, 2018). Die Grundgesamtheit der Smartphone-Nutzer ist damit etwas jünger als die deutsche Gesamtbevölkerung.

Nach der Definition der Grundgesamtheit, muss die Art der Stichprobenziehung festgelegt werden. Die zuverlässigste Art der Stichprobenziehung ist die Zufallsauswahl – strenggenommen sind nur dann inferenzstatistische Schlüsse auf die Grundgesamtheit möglich (Raithel, 2008, S. 58). Eine Zufallsstichprobe wäre für die vorliegende Arbeit jedoch kaum umsetzbar. Hierfür wäre eine vollständige Liste aller Smartphone-Nutzer in Deutschland notwendig und es müsste zudem möglich sein, alle (zufällig gezogenen) Personen dieser Liste zu kontaktieren (Huber, 2009, S. 115 f.). Stattdessen wird daher ein Convenience

[22]Die Ausnahme bilden hier Arbeitslose und Rentner, bei denen der Anteil der Smartphone-Nutzer mit 79 bzw. 71 Prozent unter dem Anteil in der restlichen Bevölkerung liegt.

Sample genutzt. Auf entsprechende „Gelegenheitsstichproben“ – in der Regel bestehend aus Studierenden – wird in der Marketingliteratur häufig aufgrund der geringen Kosten, der schnellen Verfügbarkeit der Auskunftspersonen sowie dem vergleichsweise geringen Zeitaufwand der Datenerhebung zurückgegriffen (Platt, 2017, S. 190). Insbesondere bei Untersuchungen, deren Fokus auf dem Feststellen von Zusammenhängen – beispielsweise zwischen den Big Five und App-Interface-Präferenzen – und weniger auf dem Beschreiben der Grundgesamtheit liegt, gelten Convenience Samples als akzeptabel (Raithel, 2008, S. 57). Verschiedene Studien, in denen die Big Five bereits anhand von Convenience Samples untersucht wurden, zeigen zudem, dass die fünf Dimensionen auch bei entsprechenden Stichproben ausreichend streuen, d. h. dass auch in den eher homogenen Convenience Samples verschiedene Persönlichkeiten vertreten sind (z. B. Hollenbaugh & Ferris, 2014; Thielmann & Hilbig, 2018). Die Verwendung eines Convenience Samples scheint für die vorliegende Arbeit daher vertretbar. Bei der Bewertung und Interpretation der Ergebnisse muss jedoch berücksichtigt werden, dass diese nicht uneingeschränkt generalisiert werden können.

Die Studie wird als Online-Befragung konzipiert, da eine ACBC nur computergestützt möglich ist. Hierdurch ergeben sich zudem Vorteile wie eine schnelle, ortsunabhängige und kostengünstige Datenerhebung, multimediale Darstellungsmöglichkeiten und eine automatische Dateneingabe (Möhring & Schlütz, 2010, S. 134). Die Rekrutierung der Teilnehmer erfolgt über die Universität Kassel sowie über verschiedene soziale Medien (Facebook, Xing, Survey Circle). Auf diese Weise kann die Alterspanne sowie der berufliche Tätigkeitsbereich der Stichprobe im Vergleich zu einer reinen Studierendenbefragung vergrößert werden. Es ist dennoch davon auszugehen, dass eine auf diese Weise erzielte Stichprobe jünger und besser gebildet ist als die Grundgesamtheit und überdurchschnittlich viele Studierende aufweist. Anzumerken ist dabei, dass auch Personen, die in Deutschland bereits online Lebensmittel kaufen, laut aktuellen Studien vergleichsweise jung sind (die meisten Online-Käufer gibt es unter den 25–34-Jährigen) und eine überdurchschnittliche Bildung aufweisen (z. B. BVDW, 2018; PwC, 2018). Die Einschätzung dieser Personen ist daher für die vorliegende Arbeit von besonderer Relevanz.

3.4 Ergebnisse von Studie 1

Nachdem in den vorangegangenen Kapiteln Annahmen über verschiedene Präferenzen der Big Five hergeleitet und der Gang der Untersuchung ausführlich erläutert wurden, werden nun die Ergebnisse von Studie 1 präsentiert. Zunächst wird die Stichprobe beschrieben, es folgt eine Überprüfung der Güte der Messung – dabei wird sowohl die Güte der Big Five Skala als auch die Güte der Ergebnisse der ACBC untersucht. Danach wird die Detailauswertung der Ergebnisse dargestellt. Zunächst werden die Präferenzen über alle Befragte hinweg präsentiert. Im Anschluss werden die Ergebnisse zum Einfluss der Big Five – und damit der Kern der Untersuchung – dargelegt. Abschließend werden zentrale Erkenntnisse für die Umsetzung persönlichkeitsbasierter Personalisierung abgeleitet.

3.4.1 Beschreibung der Stichprobe

Der Befragungszeitraum von Studie erstreckte sich von Ende Juli bis Anfang September 2018. In dieser Zeit wurde die Online-Befragung von insgesamt 387 Personen gestartet. 39 dieser Personen haben die Befragung nicht bis zum Ende beantwortet, sodass 348 komplette Datensätze vorliegen. Fünf Befragte gaben an, kein Smartphone zu besitzen oder keine Apps zu nutzen und wurden daher vom weiteren Befragungsablauf ausgeschlossen. Weitere 113 Datensätze[23] wurden nachträglich aufgrund von sehr kurzen Befragungsdauern oder unplausiblen und inkonsistenten Antworten entfernt. Unplausibles Antwortverhalten wurde beispielsweise Befragten attestiert, die auf der Skala zur Erfassung der Big Five mehrfach inhaltsunabhängig (d. h. ohne Berücksichtigung der invertierten Items) den gleichen Wert gewählt haben (Akquieszenz) (Dehne & Schupp, 2007, S. 46 f.).

Zur Identifikation von Befragten mit inkonsistenten Antworten wurde die von Lighthouse Studio für jeden Befragten berechnete *Root Likelihood* (RLH) analysiert. Die RLH ist das geometrische Mittel der Trefferwahrscheinlichkeiten und damit ein Maß für den Fit zwischen den geschätzten TNW und den erhobenen Auswahlentscheidungen. Eine geringe RLH ist ein Indikator für inkonsistentes

[23]Damit wurde in Studie 1 ein relativ hoher Anteil der Datensätze (fast ein Drittel) entfernt. Entsprechende Anteile sind bei Conjoint Analysen jedoch nicht unüblich, da die Verfahren einen hohen kognitiven Anspruch an die Befragten stellen und daher eher als „simple“ Befragungen dazu verleiten, Teile des Fragebogens durchzuklicken. Für die Auswertung sollten jedoch nur Befragte berücksichtigt werden, die alle Fragen sorgfältig beantwortet haben. Entsprechend finden sich auch in anderen Untersuchungen, die Conjoint Analysen verwenden, vergleichbare Bereinigungsraten zwischen 20 und 40 Prozent (z. B. Neibecker & Kohler, 2009; Szuppa, 2009).

Antwortverhalten, da der Schätzalgorithmus in diesem Fall nicht in der Lage ist Antwortmuster zu erkennen und auf deren Basis TNW zu schätzen, die eine zuverlässige Prognose der Auswahlentscheidungen erlauben. Die Untergrenze der RLH wird bei einer reinen Zufallsauswahl der Stimuli erreicht und berechnet sich bei einer CBC mit k Stimuli pro Choice Task durch 1/k. Bei einer ACBC kann die Untergrenze für die RLH jedoch nicht ohne Weiteres berechnet werden, da die dargestellten Stimuli vom vorangegangenen Antwortverhalten der Befragten abhängen und die Befragten mehrere Phasen durchlaufen, in denen jeweils eine unterschiedliche Menge an Auswahlalternativen angeboten wird (z. B. fünf Auswahlmöglichkeiten bei der BYO-Frage zu Text versus drei Auswahlmöglichkeiten im Choice Tournament) (Schühle, 2014, S. 115 ff.). Um einen Richtwert für die RLH bei Zufallsauswahl zu erhalten, wurde daher in Lighthouse Studio ein Testdatensatz mit 100 Dummy-Befragten erstellt. Die durchschnittliche RLH lag dabei bei 0,38. Dieser Wert ergibt sich also im Mittel, wenn die ACBC zufällig beantwortet, also einfach „durchgeklickt" wird. Es wurden daher alle Befragten aus dem Datensatz entfernt, die einen RLH-Wert von unter oder nur knapp (d. h. 0,1) über dem Zufallswert (d. h. RLH < 0,48) aufwiesen. Insgesamt ergibt sich somit ein bereinigter Stichprobenumfang von 230 Personen.

Da bei der Erhebung ein Convenience Sample genutzt wurde, ergeben sich verglichen mit der relevanten Grundgesamtheit aller Smarthone-Nutzer Deutschlands erwartungsgemäß soziodemografische Unterschiede. Die Stichprobe umfasst überdurchschnittlich viele Frauen sowie junge und gut gebildete Personen (siehe Tabelle 3.14). Ebenfalls erwartungsgemäß kann die Stichprobe zudem als besonders Smartphone- und App-affin bezeichnet werden. Die Mehrheit der Befragten nutzt ihr Smartphone mehrere Stunden täglich und hat mehr als 10 Apps installiert. Zudem haben 78,3 Prozent der Befragten bereits über Apps eingekauft, dies ist laut einer Studie der ARAG SE nur bei 44,6 Prozent der deutschen Smartphone-Nutzer der Fall (ARAG SE, 2018). Der Großteil der Befragten kauft dabei mehrmals pro Jahr oder sogar Monat (jedoch seltener als einmal pro Woche) über Apps ein. Die Altersverteilung und der Bildungsgrad sowie die (Shopping-)App-Nutzung spiegeln damit die aktuelle Nutzerschaft von Lebensmittel-Onlineshops und -Apps, die ebenfalls jung, gut gebildet und online- bzw. App-affin ist (z. B. BVDW, 2018; PwC, 2018), in hohem Maße wider.

Tabelle 3.14 Beschreibung der Stichprobe (Studie 1)

		Absolute Häufigkeit	Prozentualer Anteil
Geschlecht (n = 230)	Männlich	71	30,9%
	Weiblich	159	69,1%
Alter (n = 230) Mittelwert: 30,95 Standardabweichung: 10,41	Bis 19 Jahre	2	0,9%
	20-29 Jahre	153	66,5%
	30-39 Jahre	41	17,8%
	40-49 Jahre	7	3,0%
	50-59 Jahre	18	7,8%
	60 Jahre oder älter	9	3,9%
Bildung (n = 230)	Hauptschulabschluss	1	0,4%
	Realschulabschluss	18	7,8%
	(Fach-)Abitur	52	22,6%
	Bachelor	97	42,2%
	Master	43	18,7%
	Diplom, Magister	18	7,8%
	Promotion	1	0,4%
Tägliche Smartphone Nutzung (n = 230)	Bis zu einer Stunde	25	10,9%
	1-2 Stunden	77	33,5%
	3-4 Stunden	84	36,5%
	5-6 Stunden	30	13,0%
	Über 6 Stunden	14	6,1%
Installierte Apps (n = 230)	Weniger als 10	40	17,4%
	10-29	118	51,3%
	30-49	49	21,3%
	50-99	19	8,3%
	Über 100	4	1,7%
Nutzung von Shopping-Apps (n = 230)	Ja	180	78,3%
	nein	50	21,7%

(Fortsetzung)

Tabelle 3.14 (Fortsetzung)

		Absolute Häufigkeit	Prozentualer Anteil
Nutzungsfrequenz von Shopping-Apps (n=180)	Mindestens einmal pro Woche	19	10,6%
	Mindestens einmal pro Monat (seltener als wöchentlich)	72	40,0%
	Mehrmals pro Jahr (seltener als monatlich)	75	41,7%
	Einmal pro Jahr oder seltener	14	7,8%

Neben der ACBC ist die Erfassung der Big Five der zentrale Bestandteil von Studie 1. Wie in Tabelle 3.15 ersichtlich wird, weist die Stichprobe für die Dimensionen EXT, VER, GEW und OFF Mittelwerte über der Skalenmitte von 4 auf. Der Mittelwert von NEU entspricht quasi der Skalenmitte. Die Befragten sind damit nach eigenen Angaben tendenziell extrovertiert, verträglich, gewissenhaft, offen und weder besonders neurotisch noch emotional stabil. Das Antwortverhalten ist analog zu den Ergebnissen anderer Studien, in denen sich tendenziell hohe Werte für EXT, VER, GEW und OFF und moderate Werte für NEU ergeben (z. B. Hahn et al., 2012; Lang et al., 2011). Die Standardabweichungen sowie die Minimal- und Maximalwerte der Big Five zeigen, dass die Stichprobe jedoch nicht nur „durchschnittliche Persönlichkeiten", sondern auch Befragte, die beispielsweise introvertiert oder wenig verträglich sind, enthält.

Tabelle 3.15 Big Five der Stichprobe

n=230	EXT	VER	GEW	NEU	OFF
Median	5,000	5,333	5,667	4,000	5,000
Mittelwert	5,045	5,377	5,489	3,959	4,858
Standardabweichung	1,222	0,953	0,985	1,291	1,124
Minimum	1,67	2,67	3,00	1,00	1,67
Maximum	7,00	7,00	7,00	7,00	7,00

Um festzustellen, ob in der Stichprobe trotz der soziodemografischen Verzerrungen die verschiedenen in der deutschen Bevölkerung vorhandenen Persönlichkeiten repräsentiert sind, wurden die Stichproben-Mittelwerte der Big Five

Items mit den Ergebnissen einer bevölkerungsrepräsentativen Studie verglichen[24]. Hierzu wurden Daten des Sozio-ökonomischen Panels (SOEP) des Deutschen Instituts für Wirtschaftsforschung e. V. (DIW) herangezogen. Das SOEP ist eine jährlich stattfindende Wiederholungsbefragung von etwa 11.000 deutschen Haushalten zu Themen wie Einkommen, Erwerbstätigkeit, Bildung und Gesundheit (DIW, 2018). Im Jahr 2005 gab es zusätzlich zur Standarderhebung einen Fragebogen zum Thema „Persönlichkeit und Politik", in dem die Big Five anhand des BIF-S (also der gleichen Skala wie in der vorliegenden Arbeit) gemessen wurden (bevölkerungsrepräsentative Stichprobe mit 772 Personen). Die Ergebnisse sind in der Veröffentlichung von Schupp & Gerlitz (2014) zu finden[25].

Mit Hilfe eines *Einstichproben t-Tests* wurde für die Stichprobe überprüft, ob sich die Mittelwerte der Big Five Items signifikant von den Mittelwerten der SOEP 2005 Erhebung unterscheiden. Die Mittelwerte der SOEP 2005 Erhebung wurden hierfür als Testwerte für die Stichprobe verwendet. Die Ergebnisse sind in Tabelle 3.16 dargestellt. Bei neun der Items liegt die Signifikanz des Tests bei $p<0{,}05$, in diesen Fällen muss die Nullhypothese, wonach die Stichprobe einer Grund-gesamtheit mit den gleichen Mittelwerten wie die SOEP 2005 Erhebung entstammt, verworfen werden. *Cohen's d* als Maß für die Effektstärke zeigt jedoch, dass die Mittelwertunterschiede zwischen der SOEP 2005 Erhebung und der Stichprobe in den meisten Fällen nur marginal sind. Laut Cohen (1988) kann erst ab $d>0{,}2$ von einem zumindest schwachen Effekt ausgegangen werden, ein mittlerer Effekt wird ab $d>0{,}5$ attestiert, erst $d>0{,}8$ deutet auf starke Effekte hin. Nur für das Item GEW2$^{(-)}$ gilt entsprechend, dass sich die Mittelwerte der SOEP 2005 Erhebung und der Stichprobe mit mittlerer Effektstärke unterscheiden. Für EXT2$^{(-)}$, VER3 und OFF3 ist ein schwacher Effekt erkennbar. Die Befragten der Stichprobe bezeichnen sich im Durchschnitt folglich als etwas fauler, weniger zurückhaltend und rücksichts- sowie fantasievoller als die Befragten der SOEP 2005 Erhebung.

[24]Strenggenommen wäre ein Vergleich der Big Five der Stichprobe mit den Big Five der relevanten Grundgesamtheit (d. h. allen Smartphone-Nutzern in Deutschland) notwendig. Da hierfür jedoch keine Daten zur Verfügung stehen, wird auf die Daten einer bevölkerungsrepräsentativen Studie zurückgegriffen.

[25]An dieser Stelle kann die mangelnde Aktualität von Vergleichsdaten aus dem Jahr 2005 kritisiert werden. Allerdings wird den Big Five grundsätzlich eine hohe zeitliche Stabilität attestiert, sodass angenommen werden kann, dass auch Daten, die einige Jahre alt sind, noch einen vernünftigen Bezugspunkt darstellen. Hierfür spricht auch die hohe Test-Retest Reliabilität des BFI-S, die basierend auf den Daten der SOEP 2005 und 2009 Erhebungen festgestellt werden konnte (Lang et al., 2011). Die aktuelleren Daten der SOEP 2009 Erhebung waren der Autorin leider nicht zugänglich.

Tabelle 3.16 Einstichproben t-Test für Big Five

	Mittelwert SOEP 2005	Mittelwert Stichprobe	Standard-abweichung	t-Wert	Signifikanz*	Cohens d**
EXT1: kommunikativ, gesprächig ist.	5,30	5,48	1,34	2,066	**0,040**	0,134
EXT2(-): zurückhaltend ist.	4,10	3,50	1,57	-5,769	**0,000**	**0,382**
EXT3: aus sich herausgehen kann, gesellig ist.	5,20	5,16	1,39	-0,474	0,636	0,029
VER1(-): manchmal etwas grob zu anderen ist.	3,00	3,26	1,63	2,423	**0,016**	0,160
VER2: verzeihen kann	5,60	5,43	1,27	-1,975	**0,049**	0,134
VER3: rücksichtsvoll und freundlich mit anderen umgeht.	5,70	5,96	1,07	3,626	**0,000**	**0,243**
GEW1: gründlich arbeitet.	5,90	5,89	1,12	-0,176	0,860	0,009
GEW2(-): eher faul ist.	2,30	3,17	1,59	8,312	**0,000**	**0,547**
GEW3: Aufgaben wirksam und effizient erledigt.	5,90	5,75	1,04	-2,159	**0,032**	0,144
NEU1: sich oft Sorgen macht.	4,70	4,64	1,61	-0,534	0,594	0,037
NEU2: leicht nervös wird.	3,60	3,75	1,62	1,420	0,157	0,093
NEU3(-): entspannt ist, mit Stress gut umgehen kann.	4,70	4,52	1,50	-1,842	0,067	0,120

(Fortsetzung)

Tabelle 3.16 (Fortsetzung)

	Mittelwert SOEP 2005	**Mittelwert Stichpro-be**	**Stan-dard-ab-wei-chung**	**t-Wert**	**Signi-fi-kanz***	**Cohens d****
OFF1: originell ist, neue Ideen einbringt.	4,70	4,83	1,26	1,515	0,131	0,103
OFF2: künstlerische Erfahrungen schätzt.	4,30	4,52	1,65	2,041	**0,042**	0,133
OFF3: eine leb-hafte Fantasie, Vorstellungen hat.	4,90	5,23	1,39	3,551	**0,000**	**0,237**
(-) Items sind gegenteilig ge-polt; * p < 0,05 fett markiert; ** d > 0,2 fett markiert						

Zusammenfassend lässt sich festhalten, dass die Stichprobe im Vergleich zur Grundgesamtheit aller deutschen Smartphone-Nutzer Verzerrungen hinsichtlich soziodemografischer Merkmale aufweist und die Ergebnisse von Studie 1 daher nur eingeschränkt verallgemeinerbar sind. Die Verzerrungen sind jedoch derart, dass die soziodemografische Struktur der Stichprobe sich in hohem Maße mit der aktuellen Nutzerschaft von Lebensmittel-Onlineshops und -Apps deckt. Zudem besitzen die Befragten überdurchschnittlich viel Erfahrung mit dem Einkaufen über Apps. Es kann daher angenommen werden, dass die Präferenzen der Befragten eine hohe Relevanz für die Gestaltung von Supermarkt-Apps besitzen. Es wurde außerdem festgestellt, dass die Ausprägungen der Big Five der Stichprobe ähnliche Tendenzen wie zahlreiche andere Studien aufweisen und die Mittelwerte der verschiedenen Items in den meisten Fällen nur geringfügig von bevölkerungsrepräsentativen Vergleichswerten abweichen.

Schließlich lassen die Daten eine ausreichende Streuung der Big Five erkennen, sodass deren Einfluss auf die Bewertung der ACBC-Stimuli sinnvoll untersucht werden kann.

3.4.2 Güte der Messung

3.4.2.1 Güte der Big Five Skala

Um die Güte der reflektiven Big Five Messung zu bestimmen, wurde zunächst überprüft, ob die Skala die erwartete Fünf-Faktoren-Struktur abbildet. Hierzu wurde eine *explorative Faktorenanalyse* der 15 Items durchgeführt (Hauptkomponentenanalyse mit Varimax-Rotation). Bei der Extraktion von Faktoren mit einem Eigenwert > 1 (Kaiser-Guttman-Kriterium)[26] ergeben sich der Dimensionalität der Big Five entsprechend fünf Faktoren (Hauptkomponenten). Die rotierte Komponentenmatrix in Tabelle 3.17 lässt erkennen, dass die Fünf-Faktoren-Struktur in der Stichprobe sehr gut repliziert wird: Die drei Items jeder Dimension laden jeweils hoch auf einem Faktor (durchschnittliche Ladung = |0,77|), dabei besitzen die Ladungen der invertierten Items negative Vorzeichen. Die Ladungen der Items auf den jeweils anderen Faktoren sind durchweg gering (durchschnittliche Ladung = |0,11|), was für die Trennschärfe der Items spricht (Gerlitz & Schupp, 2005, S. 22 f.).

[26]Bei dem Eigenwert handelt es sich um die Summe aller quadrierten Faktorladungen eines Faktors über alle Variablen hinweg. Der Eigenwert gibt damit an, welcher Teil der Gesamtvarianz (d. h. aller Variablen) durch einen Faktor erklärt wird. Gemäß dem Kaiser-Guttman-Kriterium, sollten nur Faktoren mit einem Eigenwert > 1 berücksichtigt werden, da Faktoren mit einem Eigenwert < 1 weniger Gesamtvarianz erklären als die einzelnen Items (sofern diese z-transformiert sind, also eine Varianz von 1 aufweisen) (Fromm, 2012, S. 70 f.). Vor der Durchführung der explorativen Faktorenanalyse wurden alle Items des BFI-S entsprechend z-transformiert.

Tabelle 3.17 Rotierte Komponentenmatrix BFI-S

	Faktor 1 EXT	Faktor 2 VER	Faktor 3 GEW	Faktor 4 NEU	Faktor 5 OFF
EXT1	**0,834**	0,167	0,168	0,030	0,203
EXT2(-)	**-0,842**	0,080	0,075	0,248	0,120
EXT3	**0,828**	0,104	0,031	-0,036	0,269
VER1(-)	0,086	**-0,757**	0,021	0,063	0,271
VER2	0,237	**0,584**	0,061	-0,106	0,138
VER3	0,043	**0,744**	0,272	0,132	0,202
GEW1	-0,020	0,218	**0,786**	0,049	0,193
GEW2(-)	-0,048	-0,027	**-0,671**	0,164	0,258
GEW3	0,076	0,035	**0,862**	-0,116	0,108
NEU1	-0,083	0,020	0,031	**0,818**	0,173
NEU2	-0,129	0,068	-0,209	**0,820**	0,084
NEU3(-)	0,011	0,159	0,067	**-0,773**	0,229
OFF1	0,169	-0,150	0,200	0,004	**0,774**
OFF2	0,068	0,029	-0,056	0,041	**0,639**
OFF3	0,068	0,167	-0,020	-0,008	**0,814**

Nachdem die Existenz von fünf Dimensionen im vorliegenden Datensatz bestätigt werden konnte, wurde die *Reliabilität* jeder Dimension überprüft. Ein gängiges Verfahren zur Bestimmung der Reliabilität von Skalen ist die Analyse der internen Konsistenz mit *Cronbachs Alpha*. Interne Konsistenz meint dabei, dass die einzelnen Items einer Skala homogen sind, also das Gleiche messen. Cronbachs Alpha beruht auf der Korrelation aller Items einer Skala untereinander und repräsentiert den Anteil der Gesamtvarianz einer Skala, der auf einen gemeinsamen Faktor zurückgeführt werden kann. Als intern konsistent und entsprechend reliabel gelten Skalen mit einem Alpha>0,70 (Janssen & Laatz, 2017, S. 608 ff.). Wie in Tabelle 3.18 zu sehen ist, liegt Alpha außer für EXT und NEU jedoch unterhalb dieses kritischen Wertes, wobei die Werte für GEW und OFF nur leicht, für VER dagegen recht deutlich abweichen[27]. Bei

[27]Neben der Beurteilung der Reliabilität kann Cronbachs Alpha auch verwendet werden, um die Qualität einzelner Items zu überprüfen. Hierfür wird für jedes Item berechnet, welchen Wert Alpha annehmen würde, wenn das Item gestrichen wird (Janssen & Laatz,

der Beurteilung dieser Werte muss jedoch berücksichtigt werden, dass Alpha in hohem Maße von der Anzahl der Items und deren Heterogenität abhängt. Mit zunehmender Itemanzahl steigt der Alpha-Wert, während eine hohe Heterogenität (d. h. geringe Korrelation) der Items zu sinkenden Werten führt. Da das BFI-S aus nur drei Items pro Dimension besteht, sind also deutlich geringere Alpha-Werte zu erwarten als bei umfangreicheren Skalen. Darüber hinaus erfasst das BFI-S komplexe Persönlichkeitsdimensionen, die sich theoretisch noch in jeweils sechs Facetten gliedern. Die selektierten Items sind daher – obwohl sie durch den gleichen Faktor verursacht werden – vergleichsweise heterogen (Dehne & Schupp, 2007, S. 33).

Als Alternative zu Cronbachs Alpha kann auch *Dillon-Goldstein's Rho* (auch Konsistenz-, Faktor- oder Konstruktreliabilität) als Maß für die interne Konsistenz einer Skala herangezogen werden. Das Kriterium ist unabhängig von der Itemanzahl und berechnet sich auf Basis von Ladungen und Varianzen anstelle von Korrelationen. Als intern konsistent gelten Skalen mit Rho-Werten>0,6 (Bagozzi & Yi, 1988, S. 80; Chin, 1998, S. 320). Diese Anforderung wird in der Untersuchung von allen Big Five erfüllt. Unter den gegebenen Umständen einer niedrigen Itemanzahl und einer hohen Item-Heterogenität, scheint Dillon-Goldstein's Rho als das sinnvollere Reliabilitätsmaß, sodass trotz vergleichsweise niedriger Alpha-Werte insgesamt eine zufriedenstellende interne Konsistenz attestiert werden kann.

Tabelle 3.18 Reliabilitätskennwerte des BFI-S

	EXT	VER	GEW	NEU	OFF
Cronbachs Alpha	0,810	0,505	0,666	0,752	0,676
Dillon-Goldstein's Rho	0,875	0,700	0,810	0,836	0,787

2017, S. 609). Eine entsprechende Analyse wurde auch für den Datensatz durchgeführt. Für einzelne Items ergab sich dabei bei der Elimination eine leichte Verbesserung von Alpha (beispielsweise könnte Alpha für OFF von 0,676 auf 0,700 gesteigert werden, wenn das Item OFF2 nicht berücksichtigt wird). Da die Skalen jedoch bei Ausschluss eines Items auf nur zwei Items pro Dimension reduziert werden würden, ist von einer Elimination von Items abzusehen, sofern sich hierdurch keine massive Verbesserung von Alpha ergibt (Fromm, 2012, S. 80). Auf eine Reduzierung der Skalen wurde daher verzichtet.

3.4.2.2 Güte der ACBC

Neben der Güte des BFI-S muss für Studie 1 auch eine hohe Messgüte der Ergebnisse der ACBC sichergestellt werden. Als Gütekriterien werden hierfür der Empfehlung von Kaltenborn et al. (2013, S. 47 ff.) entsprechend die Anpassungsgüte, die Test-Retest-Reliabilität sowie die Holdout-Validität (Prognosegüte) berücksichtigt. Alle der im Folgenden genannten Werte beziehen sich dabei auf TNW, die mittels des in Abschnitt 3.3.5.2 beschriebenen HB-Ansatzes mit Berücksichtigung von Kovariaten berechnet wurden. Die Detailauswertung der entsprechenden TNW findet erfolgt im nächsten Kapitel.

Die *Anpassungsgüte* gibt an, wie genau die Schätzergebnisse (d. h. die TNW) sich dem Dateninput, also den während der ACBC erhobenen Präferenzurteilen, angleichen. Analog zu dem Bestimmtheitsmaß R^2 bei linearen Regressionen, wird bei logistischen Regressionen das *Pseudo-R^2* als Maß für die Anpassungsgüte herangezogen[28]. Wie R^2 auch, nimmt Pseudo-R^2 Werte zwischen 0 und 1 an, wobei ein höherer Wert auf eine bessere Anpassung hinweist. Anders als R^2 berechnet sich Pseudo-R^2 jedoch nicht aus dem Verhältnis von zwei Streuungen, sondern aus dem Verhältnis von zwei Wahrscheinlichkeiten, der Likelihood eines Nullmodells (= Modell, dass nur die Konstante enthält) und der des vollständigen Modells (= Modell unter Berücksichtigung aller erklärenden Variablen, d. h. inklusive der TNW) (Backhaus et al., 2016, S. 317). In Studie 1 wird für Pseudo-R^2 (McFadden R^2) ein Wert von 0,504 erreicht. Für McFadden's R^2 gilt die Faustregel, dass bereits Werte von 0,2 bis 0,4 eine gute Modellanpassung bedeuten. Werte nahe 1 sind dagegen bei realen Datensätzen nahezu unmöglich (ebd.). Die Anpassungsgüte von Studie 1 kann damit als sehr gut bewertet werden.

Um festzustellen, wie zuverlässig, also reliabel, die ACBC die Präferenzen der Befragten erfasst, wurde im Rahmen der Holdout-Aufgaben eine Test-Retest-Messung integriert. Hierzu wurde die erste Holdout-Aufgabe am

[28]Einige Studien führen als Maß für die Anpassungsgüte darüber hinaus auch die RLH an (z. B. Hille et al., 2018; Salm et al., 2016). Diese liegt für Studie 1 bei 0,56 und damit deutlich über dem im vorangegangenen Kapitel errechneten Zufallswert von 0,38. Wie bereits erläutert, gibt es bei einer ACBC aufgrund der Adaptivität sowie der unterschiedlichen Anzahl an Auswahlmöglichkeiten in den verschiedenen ACBC-Phasen jedoch keinen absoluten Richtwert für eine akzeptable Höhe der RLH. Die RLH ist damit bei einer ACBC ein weniger aussagekräftiges Maß der Anpassungsgüte als das Pseudo-R^2 (Schühle, 2014, S. 117). Daher wird in der vorliegenden Arbeit auf eine ausführliche Diskussion des RLH-Wertes verzichtet.

Ende der Holdout-Phase nochmals (mit veränderter Reihenfolge der Stimuli) als vierte Holdout-Aufgabe präsentiert. Der Grad der Übereinstimmung der Ergebnisse der beiden Aufgaben entspricht der *Test-Retest-Reliabilität* (Kaltenborn et al., 2013, S. 48 f.). Wie in Tabelle 3.19 zu sehen ist, haben 178 der 230 Befragten in den beiden Holdout-Aufgaben den gleichen Stimulus als „am besten“ markiert, 177 wählten den gleichen Stimulus als „am schlechtesten“ aus. Damit ergibt sich in beiden Fällen eine Übereinstimmungsquote von etwa 77 Prozent, die deutlich über dem Zufallswert von 33 Prozent (bei drei Stimuli pro Choice Task) liegt.

Tabelle 3.19 Test-Retest-Reliabilität Übereinstimmungsquote

	Übereinstimmung **„Am besten“**	Übereinstimmung **„Am schlechtesten“**
Anzahl Übereinstimmung Holdout 1 & 4	178	177
Übereinstimmungsquote Holdout 1 & 4	77,39%	76,96%

Durch die Anlage der Holdout-Aufgaben als „Best-Worst“-Auswahlentscheidungen können die Stimuli in eine Rangordnung gebracht werden. Hierdurch ist neben dem Ermitteln von Übereinstimmungsquoten auch das Berechnen von Korrelationen zwischen den Ergebnissen der beiden Holdout-Aufgaben möglich. Da es sich um eine Rangordnung, also ordinal skalierte Daten handelt, wurden die Rangkorrelationskoeffizienten *Kendalls Tau* r_k und

Spearmans Rho r_s[29] für jedes Stimulus-Paar (beispielsweise entspricht Stimulus 1 in der ersten Holdout-Aufgabe Stimulus 3 in der vierten Holdout-Aufgabe) berechnet. Die Ergebnisse in Tabelle 3.20 zeigen für alle Stimulus-Paare einen hochsignifikanten, relativ starken Zusammenhang zwischen dem Rang eines Stimulus in der ersten und in der vierten Holdout-Aufgabe (durchschnittlicher Wert über alle Stimulus-Paare: $r_k=0{,}676$ und $r_s=0{,}719$). Studie 1 kann damit eine sehr gute Test-Retest-Reliabilität attestiert werden. In einer Meta-Analyse von 135 Conjoint-Studien konnte Heidbrink (2006, S. 105) bei Test-Retest-Messungen lediglich einen durchschnittlichen Rangkorrelations-koeffizienten von 0,60 feststellen.

Tabelle 3.20 Test-Retest-Reliabilität Rangkorrelation

	Kendalls Tau		**Spearmans Rho**	
	r_k	*Signifikanz*	r_s	*Signifikanz*
Stimulus 1 in Holdout 1 = Stimulus 3 in Holdout 4	0,735	< 0,001	0,788	< 0,001
Stimulus 2 in Holdout 1 = Stimulus 1 in Holdout 4	0,656	< 0,001	0,695	< 0,001
Stimulus 3 in Holdout 1 = Stimulus 2 in Holdout 4	0,636	< 0,001	0,675	< 0,001
Mittelwert	**0,676**		**0,719**	

Als drittes Gütemaß wird für die ACBC die *Holdout-Validität* als vorherrschender Ansatz zur Validitätsprüfung im Rahmen von Conjoint Analysen herangezogen. Hierbei wird überprüft wie gut die geschätzten TNW das Antwortverhalten der Befragten in den vier Holdout-Aufgaben prognostizieren können.

[29]*Kendalls Tau* und *Spearmans Rho* sind die beiden gängigen Korrelationskoeffizienten für ordinal skalierte Daten. Kendalls Tau beruht auf einem paarweisen Vergleich der Ausprägungen der beiden zu untersuchenden Variablen (hier den Ergebnissen der ersten und der vierten Holdout-Aufgabe) und vergleicht die Anzahl der konkordanten (d. h. Werte der beiden Variablen entwickeln sich in die gleiche Richtung) und diskonkordanten Paare. Spearmans Rho berechnet sich dagegen aus der Summe der quadrierten Differenzen zwischen den Rängen der ersten und der zweiten Variablen. Kendalls Tau ist in der Regel etwas kleiner als Spearmans Rho (für eine detaillierte Herleitung und Erläuterung der Koeffizienten siehe Janssen & Laatz, 2017, S. 275).

Für jeden der zwölf in den Holdout-Aufgaben abgefragten Stimuli wurde daher der sich aus den TNW ergebende Gesamtnutzen pro Befragten berechnet. Hierfür wurden die TNW für jede Ausprägung eines Stimulus mit der relativen Wichtigkeit des Attributs gewichtet und addiert. Sofern durch die ACBC eine valide Präferenzmessung erfolgt ist, sollten die Befragten – zumindest tendenziell – in jeder Holdout-Aufgabe den Stimulus mit dem höchsten geschätzten Gesamtnutzen präferieren (Kaltenborn et al., 2013, S. 49 f.). Die Hit-Raten, also der Anteil der korrekt prognostizierten Auswahlentscheidungen, sind in Tabelle 3.21 abgebildet. Je nach Holdout-Aufgabe wählten zwischen 148 und 160 der 230 Befragten den Stimulus mit dem höchsten geschätzten Gesamtnutzen als „am besten" aus, dies entspricht einer durchschnittlichen Hit-Rate von 66,85 Prozent. Die Hit-Rate für den „schlechtesten" Stimulus (d. h. Übereinstimmung mit dem niedrigsten geschätzten Gesamtnutzen) liegt mit 60,55 Prozent etwas darunter. Beide Hit-Rates sind deutlich größer als der Zufallswert von 33 Prozent.

Tabelle 3.21 Holdout-Validität Hit-Rates

	Übereinstimmung „Am besten"		Übereinstimmung „Am schlechtesten"	
	Anzahl	*Prozent*	*Anzahl*	*Prozent*
Holdout 1	148	64,35%	151	65,65%
Holdout 2	160	69,57%	134	58,26%
Holdout 3	159	69,13%	134	58,26%
Holdout 4	148	64,35%	138	60,00%
Mittelwert		**66,85%**		**60,55%**

Analog zum Vorgehen bei der Test-Retest-Reliabilität können auch für die Holdout-Validierung Rangkorrelationskoeffizienten berechnet werden. Hierbei wird für jeden Stimulus die Korrelation zwischen dem tatsächlich gewählten Rang und dem anhand der TNW prognostizierten Rang berechnet. Die Ergebnisse in Tabelle 3.22 zeigen für jeden Stimulus einen hochsignifikanten Zusammenhang zwischen dem tatsächlichen und dem prognostizierten Rang mit einer mittleren Korrelationsstärke (durchschnittlicher Wert über alle Stimuli: $r_k = 0{,}478$ und $r_s = 0{,}513$). Die Höhe der Korrelationskoeffizienten ist vergleichbar mit anderen Conjoint-Studien (z. B. Brusch, 2009, S. 96; Steiner, 2007, S. 284 f.). Es kann damit insgesamt von einer guten Holdout-Validität ausgegangen werden.

Tabelle 3.22 Holdout-Validität Rangkorrelation

		Kendalls Tau		Spearmans Rho	
		r_k	*Signifikanz*	r_s	*Signifikanz*
Holdout 1	Stimulus 1	0,588	< 0,001	0,643	< 0,001
	Stimulus 2	0,461	< 0,001	0,499	< 0,001
	Stimulus 3	0,412	< 0,001	0,451	< 0,001
Holdout 2	Stimulus 4	0,425	< 0,001	0,459	< 0,001
	Stimulus 5	0,432	< 0,001	0,466	< 0,001
	Stimulus 6	0,422	< 0,001	0,460	< 0,001
Holdout 3	Stimulus 7	0,482	< 0,001	0,531	< 0,001
	Stimulus 8	0,466	< 0,001	0,512	< 0,001
	Stimulus 9	0,474	< 0,001	0,516	< 0,001
Holdout 4	Stimulus 10 (=Stimulus 2)	0,448	< 0,001	0,492	< 0,001
	Stimulus 11 (= Stimulus 3)	0,401	< 0,001	0,439	< 0,001
	Stimulus 12 (= Stimulus 1)	0,521	< 0,001	0,568	< 0,001
	Mittelwert	**0,461**		**0,503**	

3.4.3 Ergebnisse der ACBC

3.4.3.1 Allgemeine Präferenzen

Bevor der Einfluss der Big Five auf die Präferenzen der Befragten untersucht wird, werden die Präferenzstrukturen über *alle Befragten hinweg* dargestellt. Ausgehend von diesen allgemeinen Präferenzen können dann Präferenzabweichungen von Nutzern mit bestimmten Persönlichkeits-eigenschaften ermittelt werden. Die TNW als Maß für die Präferenz der einzelnen Attribut-ausprägungen wurden hierfür zunächst anhand des *generischen HB-Ansatzes* berechnet. Um sicherzustellen, dass keine bedeutenden Interaktionseffekte vorliegen, die bei der Schätzung der TNW berücksichtigt werden müssen, wurde zudem für alle möglichen Attribut-Kombinationen ein Likelihood-Quotienten-Test durchgeführt (siehe Tabelle 3.23). Dieser Hypothesentest vergleicht die Anpassungsgüte eines HB-Modells, das nur Haupteffekte berücksichtigt mit der Anpassungsgüte eines Modells, das zusätzlich Interaktionseffekte beachtet. Die Nullhypothese lautet, dass sich die Anpassungsgüte beider Modelle nicht unterscheidet und entsprechend keine Interaktions-effekte vorliegen (Sawtooth Software, 2018d). Für die drei Attribut-Kombinationen *Farbe* × *Bild*, *Text* × *Bild* und *Form* × *Feature* muss diese Nullhypothese mit einer Irrtumswahrscheinlichkeit von weniger als 5 Prozent abgelehnt werden. In diesen Fällen ergeben sich folglich signifikante Interaktionseffekte. Diese fallen jedoch derart gering aus, dass ihre Berücksichtigung bei der TNW-Schätzung die Anpassungsgüte (gemessen mittels Pseudo-R^2 nach McFadden) nur marginal verbessern würde. Die größte Verbesserung ergibt sich mit 0,26 Prozent bei der Interaktion *Text* × *Bild*. Gemäß der Empfehlung von Sawtooth Software (2018d) sollten jedoch erst Interaktionseffekte ab einer Verbesserung von 1,0 Prozent berücksichtigt werden, um eine Überanpassung des Modells zu vermeiden. Es wurden bei der Schätzung der TNW daher keine Interaktionseffekte berücksichtigt.

Um die Vergleichbarkeit der TNW zu erleichtern, wurden diese mittels der "zero-centered diffs"-Methode normiert. Hierfür wurden die TNW nullzentriert und so skaliert, dass die Summe der Differenzen zwischen dem höchsten

Tabelle 3.23 Likelihood-Quotienten-Test (Interaktionseffekte)

Modell	Log-Likelihood Fit	Signifikanz p	Prozentuale Verbesserung Pseudo-R^2
Nur Haupteffekte	-3772,81	-	-
+ Farbe x Bild	-3764,04	**0,001**	**0,22%**
+ Text x Bild	-3762,63	**0,009**	**0,26%**
+ Form x Feature	-3766,31	**0,011**	**0,17%**
+ Bild x Feature	-3769,72	0,186	0,08%
+ Farbe x Form	-3769,92	0,215	0,07%
+ Text x Form	-3767,80	0,264	0,13%
+ Form x Bild	-3771,55	0,642	0,03%
+ Farbe x Feature	-3771,84	0,748	0,02%
+ Text x Farbe	-3770,66	0,829	0,05%
+ Text x Feature	-3772,33	0,998	0,01%
Werte mit p < 0,05 sind fett markiert			

und dem niedrigsten TNW innerhalb jedes Attributs für jeden Befragten über alle Attribute hinweg gleich der Anzahl der Attribute mal 100 ist (d. h. 500 in der Untersuchung) (für eine ausführliche Erklärung der "zero-centered diffs"-Methode siehe Sawtooth Software, 1999 oder Schühle, 2014, S. 120 ff.). Die TNW besitzen folglich einen künstlichen Nullpunkt und sind intervallskaliert. Ein negativer TNW bedeutet nicht, dass ein entsprechendes Attribut als unattraktiv wahrgenommen wird, der Nutzenbeitrag ist lediglich geringer als bei höheren (positiven) Werten. TNW können beliebig mit einer positiven Konstante addiert oder multipliziert werden, ihre absolute Höhe ist ohne Bedeutung. Von Interesse sind lediglich die Unterschiede der TNW der verschiedenen Ausprägungen eines Attributs (Backhaus et al., 2015, S. 212 f; Orme, 2010, S. 78 f.). Die normierten TNW sowie deren Standardabweichung sind in Tabelle 3.24 dargestellt. Für jedes Attribut ist die Ausprägung mit dem höchsten TNW fett markiert.

Tabelle 3.24 TNW und Wichtigkeiten (generischer HB)

Attribut	Ausprägung	Normierte TNW	Standardabweichung
Text Relative Wichtigkeit: 12,66%	Party	6,00	24,97
	Familie	2,16	18,58
	Effizienz	**8,78**	20,97
	Knapp	-10,73	23,71
	Neuheiten	-6,21	24,05
Bild Relative Wichtigkeit: 24,33%	Menschen	-0,38	59,80
	Details	-23,78	53,94
	Künstlerisch	**24,15**	43,68
Farbe Relative Wichtigkeit: 22,62%	**Rot**	**32,46**	55,94
	Blau	-18,67	45,04
	Gelb	-13,79	43,45
Form Relative Wichtigkeit: 25,91%	Eckig	-24,33	53,23
	Liste	**24,25**	67,31
	Rund	0,09	48,61
Feature Relative Wichtigkeit: 14,48%	Bonus	9,63	37,48
	Community	-23,70	19,49
	Themenwelt	**14,07**	32,40

Das Attribut Text weist den höchsten TNW bei der Ausprägung *Effizienz* auf. Die nächsthöchsten TNW ergeben sich für die emotionalen und persönlichen Ausprägungen *Party* und *Familie*. Die eher nüchtern gehaltenen Texte *Neuheiten* und *Knapp* werden insgesamt am wenigsten präferiert. Hinsichtlich der Bilder weist die Ausprägung *Künstlerisch* den höchsten TNW auf. Weniger bevorzugt wird dagegen die Ausprägung *Menschen*. Die sehr formale, geordnete und detailreiche Darstellung der Ausprägung *Details* wird von den meisten Befragten als am wenigsten ansprechend wahrgenommen. Bezüglich der Farbe ist *Rot* die mit Abstand am stärksten bevorzugte Ausprägung. *Blau* und *Gelb* erhalten beide sehr niedrige (negative) Werte, wobei *Gelb* noch etwas besser abschneidet. Auch für das Attribut Form zeigen sich sehr eindeutige Präferenzstrukturen, die Ausprägung *Liste* wird dabei am stärksten präferiert. Die Ausprägung *Eckig* als unkonventionellste Darstellung erhält dagegen den niedrigsten TNW. Das beliebteste Feature der Supermarkt-App über alle Befragten hinweg ist die *Themenwelt*. Auch die Ausprägung *Bonus* erhält einen relativ betrachtet hohen TNW. Den mit Abstand niedrigsten TNW weist die Ausprägung *Community* auf.

Neben den TNW sind in Tabelle 3.24 auch die *relativen Wichtigkeiten* aller Attribute dargestellt. Diese spiegeln den Stellenwert eines Attributs bei der Präferenzbildung wider. Sie berechnen sich aus der Spannweite der TNW eines Attributs im Verhältnis zu der Summe der Spannweiten aller Attribute und geben damit an, wie groß die Nutzenschwankungen der Ausprägungen eines Attributs sind. Bei Attributen mit einer großen relativen Wichtigkeit führt die Änderungen einer Ausprägung entsprechend zu einer großen Änderung des Gesamtnutzens eines Stimulus, bei Attributen mit einer niedrigen Wichtigkeit hat eine Veränderung dagegen nur eine geringe Auswirkung (Baier & Brusch, 2009, S. 13 f.). Die relativen Wichtigkeiten sind im vorliegenden Fall recht ausgeglichen – kein Attribut ist allein ausschlaggebend für den Gesamtnutzen, gleichzeitig ist auch keins der Attribute völlig unbedeutend. Dies spricht dafür, dass für die Studie 1 sinnvolle, relevante Attribute und Ausprägungen definiert wurden. Die größten Wichtigkeiten weisen die Attribute Form, Bild und Farbe auf, sie bestimmten jeweils zwischen 23 und 26 Prozent der Gesamtpräferenz. Die Attribute Text und Feature sind mit 13 und 14 Prozent weniger wichtig. Dabei muss jedoch angemerkt werden, dass diese beiden Attribute am wenigsten auffällig sind. Textänderungen (das Attribut Feature wurde ebenfalls nur durch geänderte Teaser-Texte umgesetzt) sind naturgemäß weniger offensichtlich als Veränderungen bezüglich der Bilder, Farben oder Formen. Unter diesen Umständen sind die Wichtigkeiten für Text und Feature folglich als ebenfalls bedeutend einzuschätzen.

In der letzten Spalte von Tabelle 3.24 sind schließlich die *Standardabweichungen* aller TNW dargestellt. Für alle Ausprägungen weisen die TNW recht hohe Standardabweichungen, also eine starke Streuung, auf. Dies lässt auf sehr heterogene Präferenzstrukturen der Befragten schließen und ist folglich ein erster Hinweis, dass es tatsächlich sinnvoll sein kann verschiedene Varianten einer Supermarkt-App anzubieten, um diesen heterogenen Präferenzen zu entsprechen. Inwiefern die Präferenzen der Befragten auf Unterschiede bezüglich der Big Five zurückgeführt werden können, wird in den nächsten beiden Kapiteln untersucht.

3.4.3.2 Einfluss der Big Five

Die Basishypothese, die in Studie 1 überprüft werden soll, lautet, dass die Big Five die App-Interface-Präferenzen eines Nutzers beeinflussen. Um zu testen, ob und in welchem Ausmaß diese Annahme für den vorliegenden Datensatz gilt, wurden die TNW neben der Schätzung mittels generischem HB auch durch ein HB-Modell, bei dem die Big Five als Kovariate integriert sind, geschätzt. Um die Interpretation der Ergebnisse zu erleichtern, wurden die Big Five hierfür zunächst null-zentriert (nz) (siehe Tabelle 3.25).

Tabelle 3.25 Nullzentrierte Big Five

n=230	EXT_{nz}	VER_{nz}	GEW_{nz}	NEU_{nz}	OFF_{nz}
Median	-0,045	-0,044	0,177	0,041	0,142
Mittelwert	0,000	0,000	0,000	0,000	0,000
Standardabweichung	1,222	0,953	0,985	1,291	1,124
Minimum	-3,38	-2,71	-2,49	-2,96	-3,19
Maximum	1,96	1,62	1,51	3,04	2,14
nz = nullzentriert					

Zusätzlich wurden auch die Kontrollvariablen (d. h. Daten zur Smartphone- und App-Nutzung sowie soziodemografische Daten) als Kovariate in ein HB-Modell integriert, um zu überprüfen, ob diese ebenfalls einen Einfluss auf die Präferenzen der Befragten ausüben. Die Ergebnisse der Parameterschätzung (siehe *Anhang D*) deuten jedoch auf einen schwachen Einfluss der Kontrollvariablen hin. Lediglich von den Variablen Alter und Geschlecht geht überhaupt ein signifikanter Einfluss auf die TNW einiger Ausprägungen aus. Dieser ist allerdings in den meisten Fällen derart gering, dass er nicht zu einer geänderten

Präferenzreihenfolge der Ausprägungen führt[30]. Beispielsweise haben Männer zwar einen höheren TNW für die Ausprägung *Blau* als Frauen, den insgesamt höchsten TNW weist jedoch unabhängig vom Geschlecht die Ausprägung *Rot* auf. In das finale Modell zur Überprüfung des Einflusses der Big Five wurden daher keine Kontrollvariablen integriert, um eine Überanpassung des Modells zu vermeiden (Orme & Howell, 2009, S. 19).

Die Ergebnisse der finalen Schätzung (mit Big Five, ohne Kontrollvariablen) bilden ein multivariates Regressionsmodell, das in Tabelle 3.26 dargestellt ist. Die Konstante entspricht dem TNW einer Ausprägung, wenn die integrierten Kovariaten (hier also die Big Five) gleich null sind. Aufgrund der Nullzentrierung der Big Five gibt die Konstante also den TNW eines Befragten an, der bei allen Big Five einen Wert gleich dem Mittelwert aufweist. Bei der Modellschätzung mit Kovariaten nutzt Lighthouse Studio die Rohdaten. Die Ergebnisse in Tabelle 3.26 weisen daher eine andere Skalierung auf als die im vorangegangenen Kapitel dargestellten normierten TNW des generischen HB-Modells. Die generischen TNW und die Konstanten sind jedoch (nahezu) perfekt korreliert ($r = 0{,}999$) und die Reihenfolge der Ausprägungen stimmt für alle Attribute überein (beispielsweise weist bei jedem Attribut die Ausprägung mit dem höchsten generischen TNW auch die höchste Konstante auf). Die minimalen Unterschiede zwischen den generischen TNW und den Konstanten sind auf die unterschiedliche HB-Modellierung (ohne bzw. mit Kovariaten) zurückzuführen (ebd., S. 15).

In Tabelle 3.26 sind darüber hinaus für alle Big Five Regressionskoeffizienten für alle Ausprägungen abgebildet. Diese spiegeln das Gewicht der Big Five bei der Präferenzbildung für die entsprechenden Ausprägungen wider. Ein positiver Koeffizient weist auf einen positiven Zusammenhang zwischen einer Persönlichkeitsdimension und der Präferenz für eine Ausprägung hin, ein negativer Koeffizient entsprechend auf einen negativen Zusammenhang. Die Parameter in Tabelle 3.26 erlauben das Aufstellen einer Regressionsgleichung für die TNW aller Ausprägungen. Dabei sollten jedoch nur signifikante Parameter berücksichtigt werden (fett markiert) (Backhaus et al., 2016, S. 91 f.). Der individuelle TNW eines Befragten i für die Ausprägung Party in Abhängigkeit von NEU und OFF kann beispielsweise mittels folgender Gleichung berechnet werden:

[30]Die einzige Ausnahme zeigt sich bei der Präferenz für das Attribut Feature und der Kontrollvariable Geschlecht: Während Frauen die *Themenwelt* bevorzugen, präferieren Männer das *Bonusprogramm* (siehe Anhang D).

$$TNW_{Party;i} = 0{,}216 - 0{,}314 \times NEU_{nz;i} + 0{,}167 \times OFF_{nz;i}$$

$NEU_{nz;i}$ und $OFF_{nz;i}$ sind dabei jeweils die nullzentrierten Werte der Variablen NEU und OFF des Befragten i. Der TNW für Party sinkt also mit dem Grad an NEU und steigt mit dem Grad an OFF eines Befragten.

Das Signifikanzniveau wird für die Studie 1 auf 10 Prozent festgesetzt. Die Wahl dieser vergleichsweise hohen zulässigen Irrtumswahrscheinlichkeit lässt sich damit begründen, dass der HB-Ansatz konservativer ist, d. h. „widerwilliger" signifikante Ergebnisse hervorbringt, als Methoden der frequentistischen Statistik (z. B. Regressionsanalyse) (Orme & Chrzan, 2017). Zur Veranschaulichung der „Strenge" des HB-Ansatzes wurde zusätzlich eine lineare Regressionsanalyse mit den Big Five als unabhängigen Variablen und den TNW der Ausprägungen als abhängigen Variablen durchgeführt (Ergebnisse siehe *Anhang E*). Alle Koeffizienten ähneln sich dabei hinsichtlich Richtung und Höhe, sind aber durchweg signifikanter.

3.4.3.2.1 Extraversion

Für die Dimension EXT finden sich signifikante Zusammenhänge mit Präferenzen hinsichtlich der Attribute Text, Farbe und Form. Bei Text zeigt sich ein positiver Einfluss von EXT auf den TNW von *Knapp*, also der Ausprägung mit der geringsten Konstante. Auf Basis bisheriger Forschungsergebnisse wäre jedoch eher ein negativer Zusammenhang zu erwarten gewesen. Aufgrund der sehr niedrigen (negativen) Konstante von *Knapp*, führt der positive Regressionskoeffizient jedoch selbst bei dem Befragten mit dem höchsten EXT-Wert ($EXT_{nz} = 1{,}96$, siehe Tabelle 3.25) nicht zu einer Präferenz von *Knapp*. Der TNW ($TNW_{Knapp} = -0{,}304 + 0{,}133 \times 1{,}96 = -0{,}043$) liegt auch in diesem Fall unter den Konstanten der Ausprägungen *Party, Familie* und *Effizienz*. Der positive Regressionskoeffizient bei der Ausprägung *Knapp* führt entsprechend lediglich dazu, dass diese Ausprägung weniger negativ beurteilt wird und nicht dazu, dass sie von EXT↑-Befragten präferiert wird. Die Spannweite der Ausprägungen von Text und damit die relative Wichtigkeit dieses Attributs ist bei EXT↑-Befragten

Tabelle 3.26 TNW mit Big Five als Kovariate

		Konstante	Regressionskoeffizienten				
			EXT_{nz}	VER_{nz}	GEW_{nz}	NEU_{nz}	OFF_{nz}
Text	Party	**0,216***	-0,050	-0,036	-0,074	**-0,134**	**0,167***
	Familie	0,057	-0,101	**0,234***	-0,003	**0,101**	0,067
	Effizienz	**0,221***	-0,067	0,014	-0,028	0,087	-0,072
	Knapp	**-0,304****	**0,133**	-0,121	**0,149**	-0,043	-0,102
	Neuheiten	**-0,190***	0,084	-0,091	-0,044	-0,011	-0,059
Farbe	**Rot**	**0,936*****	0,038	-0,060	-0,032	0,066	0,022
	Blau	**-0,532*****	**-0,195***	0,037	0,071	**-0,208***	-0,131
	Gelb	**-0,404*****	**0,157**	0,023	-0,039	**0,143**	0,109
Form	Eckig	**-0,694*****	-0,082	-0,131	0,037	-0,007	0,130
	Liste	**0,693*****	-0,164	**0,340***	0,001	0,063	0,035
	Rund	0,000	**0,246***	**-0,210**	-0,038	-0,056	**-0,166**
Bilder	Menschen	0,039	-0,116	**0,355***	0,072	-0,126	**-0,221**
	Details	**-0,681*****	0,050	-0,118	-0,080	0,078	0,145
	Künstlerisch	**0,642*****	0,067	**-0,236***	0,007	0,048	0,076
Feature	Bonus	**0,249***	-0,041	-0,050	-0,080	-0,049	0,031
	Community	**-0,634*****	-0,036	0,041	0,030	0,011	**0,184***
	Themenwelt	**0,385****	0,077	0,009	0,050	0,038	**-0,215****

Fett gedruckt p < 0,1; *** p < 0,001; ** p < 0,01; * p < 0,05; nz = nullzentriert entsprechend geringer als über alle Befragte hinweg. Dies erscheint plausibel, da EXT↑-Personen ihre Aufmerksamkeit grundsätzlich eher starken Umweltreizen widmen und weniger auf unauffälligere Elemente – wie beispielsweise Texte – achten.

Für diese Erklärung sprechen auch die Regressionskoeffizienten des Attributs Farbe. Hier lässt sich ein negativer Zusammenhang zwischen EXT und dem TNW für *Blau* – der Ausprägung mit der niedrigsten Konstante – feststellen. Der TNW für *Blau* ist bei EXT↑-Befragten also noch niedriger als bei dem Durchschnitt aller Befragten. Die Spannweite und damit die relative Wichtigkeit des – sehr auffälligen – Attributs Farbe ist bei EXT↑-Befragten also erhöht. Bei Befragten mit einem hohen EXT-Wert hat die Farbe also eine überdurchschnittliche und der Text eine unterdurchschnittliche Bedeutung bei der Auswahl der Stimuli gespielt.

Neben der erwartungskonformen Veränderung der relativen Wichtigkeiten, ist auch die Richtung des Zusammenhangs zwischen EXT und der Präferenz für *Blau* wie angenommen: je extravertierter die Befragten desto niedriger bzw. je introvertierter die Befragten desto höher der TNW für *Blau*. Die gesteigerte Präferenz für *Blau* bei EXT↓-Befragten führt jedoch in keinem Fall dazu, dass Blau insgesamt bevorzugt wird. Selbst für den Befragten mit dem niedrigsten EXT-Wert ($EXT_{nz} = -3{,}38$, siehe Tabelle 3.25) ergibt sich für *Blau* nur ein TNW ($TNW_{Blau} = -0.532 + -0{,}195 \times -3{,}38 = 0{,}127$), der immer noch deutlich unter der Konstanten von *Rot* (0,936) liegt. EXT↓-Befragte beurteilen *Blau* also zwar besser als EXT↑-Befragte – insgesamt präferieren die Befragten jedoch unabhängig von ihrem Level an EXT die Farbe *Rot*. Darüber hinaus zeigt sich ein positiver Einfluss von EXT auf den TNW von *Gelb*. Auch für den Befragten mit dem höchsten EXT-Wert führt dieser jedoch ebenfalls nicht zu einer Bevorzugung von *Gelb* gegenüber *Rot* ($TNW_{Gelb} = -0{,}404 + 0{,}157 \times 1{,}96 = -0{,}096$).

Ein ähnliches Muster zeigt sich auch bei der Ausprägung Form. Anders als erwartet lässt sich hier kein signifikanter Zusammenhang zwischen EXT und der Präferenz für *Eckig* erkennen, stattdessen ergibt sich ein signifikant positiver Einfluss auf den TNW von *Rund*. Dies könnte darauf zurückgeführt werden, dass runde Formen für Produktkategorien in Shopping-Apps eher unüblich sind und daher bereits das Bedürfnis von EXT↑-Personen nach außergewöhnlichen Elementen befriedigen. Die eckigen Produktkategorien scheinen dagegen auch für sehr extravertierte Befragte zu ungewöhnlich zu sein. Insgesamt ergibt sich jedoch selbst für den Befragten mit dem höchsten EXT-Wert ein TNW für Rund

($TNW_{Rund} = 0{,}000 + 0.246 \times 1{,}96 = 0{,}482$), der unter der Konstanten für *Liste* (0,693) liegt. EXT↑-Befragte weisen also einen höheren TNW für *Rund* auf als EXT↓-Befragte, sie bevorzugen dennoch ebenfalls eine Darstellung der Produktkategorien in Listenform.

Insgesamt kann also ein Zusammenhang zwischen EXT und den TNW der Attribute Text, Farbe und Form festgestellt werden. Allerdings beeinflusst EXT in allen Fällen nicht die Präferenzreihenfolge der Ausprägungen, sondern lediglich die Abstände zwischen den TNW, also die relative Wichtigkeit der Attribute. EXT↑- und EXT↓-Befragte achten bei der Bewertung der Stimuli folglich auf unterschiedliche Attribute, innerhalb dieser Attribute präferieren sie aber die gleichen Ausprägungen. EXT ist damit keine Persönlichkeitsdimension, auf deren Basis – den Ergebnissen der Studie 1 zufolge – die untersuchten Attribute in einer Supermarkt-App sinnvollerweise personalisiert werden können.

3.4.3.2.2 Verträglichkeit

Für die Dimension VER ergeben sich insgesamt die meisten signifikanten sowie die höchsten Koeffizienten. Dem Sozial- und Harmoniebedürfnis von VER↑-Personen entsprechend zeigt sich wie erwartet ein signifikant positiver Zusammenhang zwischen VER und der Präferenz für die Text-Ausprägung *Familie*. Sobald VER_{nz} einen Wert von 0,94 übersteigt[31] (trifft auf 55 Befragte bzw. 24 Prozent der Befragten zu), weist *Familie* einen höheren TNW auf als die über alle Befragte hinweg präferierte Ausprägung *Effizienz*. Zudem steigen ab diesem Wert die Spannweite und damit auch die relative Wichtigkeit des Attributs Text. VER↑-Befragte haben bei der Auswahl der Stimuli also überdurchschnittlich stark auch auf das insgesamt am wenigsten beachtete Attribut Text geachtet. Sie haben bei der Auswahl der Stimuli die verschiedenen Attribute also ausgewogener berücksichtigt, was auf ihr Bedürfnis nach Ausgeglichenheit und Harmonie zurückgeführt werden könnte.

Bezüglich der Bilder zeigt sich aufgrund des Bedürfnisses nach sozialem Austausch wie angenommen ein signifikant positiver Zusammenhang zwischen VER und der Präferenz für die Ausprägung *Menschen*. Ein signifikant negativer Zusammenhang lässt sich dagegen für die über alle Befragte hinweg bevorzugte

[31] Ab $VER_{nz} = 0{,}94$ gilt: $TNW_{Effizienz} < TNW_{Familie}$ ($0{,}211 < 0{,}234 \times VER_{nz}$). Die Berechnung der anderen Grenzwerte erfolgte analog.

Ausprägung *Künstlerisch* feststellen. Ab $VER_{nz} > 1,0$ ziehen die Befragten das Bild mit Menschen dem künstlerischen Bild vor. Entsprechend hohe VER_{nz}-Werte weisen 31 Befragte, also 14 Prozent der Befragten auf.

Bei der Beurteilung des Attributs Form zeigt sich ein positiver Einfluss von VER auf die Präferenz von *Liste*. Bei VER↑-Befragten ist die Vorliebe für die Listendarstellung also noch intensiver ausgeprägt als bei allen anderen Befragten. Im Umkehrschluss bevorzugen VER↓-Befragte die *Liste* weniger stark. Gleichzeitig kann entgegen der Annahme ein negativer Zusammenhang zwischen VER und *Rund* festgestellt werden. Ab einem Wert von $VER_{nz} < -1,26$ (trifft auf 27 Befragte, also 12 Prozent der Befragten zu) wird *Rund* der *Liste* vorgezogen. Dieses Ergebnis könnte damit erklärt werden, dass VER↓-Personen gerne „gegen den Strom schwimmen" und daher wenig verbreitete, von der Allgemeinheit nicht bevorzugte Darstellungsformen präferieren.

VER↑-Befragte besitzen in Summe also andere Präferenzstrukturen als der Durchschnitt der Befragten. Dies gilt für die Attribute Text, Bild und Form. Die Präferenzen für Farbe und Feature werden dagegen nicht beeinflusst. Die gefundenen Zusammenhänge stehen größtenteils in Einklang mit den Erkenntnissen der beschriebenen biologischen Persönlichkeitstheorien und den dargelegten empirischen Forschungsarbeiten. VER scheint daher eine geeignete Dimension für die persönlichkeitsbasierte Personalisierung zu sein.

3.4.3.2.3 Gewissenhaftigkeit

Der insgesamt geringste Einfluss auf die Präferenzen der Befragten ergibt sich durch die Dimension GEW. Die meisten Koeffizienten liegen nur knapp über oder unter null. Den höchsten Koeffizienten weist die Ausprägung *Knapp* des Attributs Text auf. Diese überdurchschnittliche Bevorzugung eines knappen und prägnanten Textes entspricht den grundsätzlichen Sprachpräferenzen von GEW↑-Personen. Bei Berücksichtigung dieses Koeffizienten ergibt sich jedoch keine Veränderung der Präferenzreihenfolge, da der errechnete TNW für *Knapp* selbst für den Befragten mit dem höchsten GEW-Wert ($GEW_{nz} = 1,51$ und $TNW_{Knapp} = -0.304 + 0,149 \times 1,51 = 0,08$) noch deutlich unter der Konstanten für Effizienz (0,221) liegt. Die Dimension GEW scheint folglich – zumindest bezogen auf die untersuchten Attribute – keine geeignete Basis für die Personalisierung von Supermarkt-Apps zu sein.

3.4.3.2.4 Neurotizismus

Bei der Dimension NEU finden sich einige Zusammenhänge mit Präferenzen bezüglich der Attribute Text und Farbe. Den Ergebnissen bisheriger Forschungsarbeiten entsprechend zeigt sich ein negativer Einfluss von NEU auf die Präferenz von *Party*. Dieser führt ab einem Wert von $NEU_{nz} < -0{,}04$ (104 Befragte bzw. 45 Prozent der Befragten) zu einer Bevorzugung von *Party* gegenüber *Effizienz*. Entgegen der Annahme ist zudem ein positiver Zusammenhang zwischen NEU und *Familie* erkennbar. Für Personen mit sehr hohen NEU-Werten ($NEU_{nz} > 2{,}19$; 10 Befragte bzw. 4 Prozent der Befragten) erhält die Ausprägung *Familie* den größten TNW. Dieses Ergebnis könnte darauf zurückgeführt werden, dass NEU↑-Personen häufig ein stabiles soziales Umfeld fehlt und sie sich entsprechend danach sehnen (Kern et al., 2014, S. 161). Ihnen könnte daher ein Text, der genau diese Sehnsucht anspricht, besonders gefallen.

Darüber hinaus zeigt sich entgegen der Annahmen zu Farbpräferenzen ein negativer Zusammenhang zwischen NEU und der Ausprägung *Blau* und ein positiver Zusammenhang mit der Ausprägung *Gelb*. Hieraus ergibt sich jedoch keine veränderte Präferenzreihenfolge. Auch bei dem Befragten mit dem niedrigsten NEU-Wert ($NEU_{nz} = -2{,}96$, siehe Tabelle 3.25) liegt der TNW für Blau nur bei 0,084 ($= -0{,}532 - 0{,}208 \times -2{,}96$) und damit deutlich unter der Konstanten von Rot (0,936). Genau wie EXT hat NEU folglich lediglich einen Einfluss auf die Spannweite der TNW und damit auf die relative Wichtigkeit von Farbe. NEU↑-Befragte haben bei der Auswahlentscheidung tendenziell stärker auf die Farbe geachtet als NEU↓-Befragte.

Die Ergebnisse der Studie 1 deuten also darauf hin, dass NEU sich grundsätzlich für die Personalisierung von Texten in Supermarkt-Apps eignen würde.

3.4.3.2.5 Offenheit

Für OFF kann ein positiver Zusammenhang mit der Ausprägung *Party* des Attributs Text festgestellt werden. Bereits ab $OFF_{nz} > 0{,}03$ (129 Befragte bzw. 56 Prozent der Befragten) präferieren Befragte die Ausprägung *Party* anstelle von *Effizienz*. Dieses Ergebnis steht nicht im Einklang mit den identifizierten kultivierten und eher nüchternen Sprachpräferenzen offener Personen und deutet darauf hin, dass entsprechende Präferenzen nicht für alltägliche und per se wenig intellektuelle Themen wie den Lebensmitteleinkauf gelten.

In Bezug auf die Form ergibt sich ein signifikanter Zusammenhang mit der Ausprägung *Rund*. Aufgrund der sehr hohen Konstante der Ausprägung *Liste* führt dieser jedoch in keinem Fall zu einer Präferenzveränderung der Ausprägungen. Unabhängig von ihrem Grad an OFF präferieren die Befragten die Ausprägung *Liste*. Die auf Basis bisheriger Forschungsergebnisse als bevorzugt angenommene Ausprägung *Eckig* weist mit 0,130 einen vergleichsweise hohen positiven Koeffizienten auf, der den angenommenen Zusammenhang tendenziell stützt. Allerdings ist der Koeffizient nicht signifikant, sodass die Annahme anhand des vorliegenden Datensatzes nicht bestätigt werden kann.

Hinsichtlich der Bilder kann erwartungskonform ein negativer Zusammenhang zwischen OFF und der Ausprägung *Menschen* festgestellt werden. Ab $OFF_{nz} < -2{,}9$, also bei Befragten mit einem extrem niedrigen OFF-Wert, wird das Bild mit Menschen dem künstlerischen Bild vorgezogen. Einen entsprechend niedrigen OFF-Wert weist im Datensatz jedoch nur ein Befragter auf. Bei OFF↑-Befragten ist dagegen wie angenommen die Vorliebe von *Künstlerisch* gegenüber *Menschen* noch stärker ausgeprägt als über alle Befragte hinweg.

Bei dem Attribut Feature zeigt sich ein positiver Zusammenhang mit *Community* und ein negativer Zusammenhang mit *Themenwelt*. Selbst bei dem Befragten mit dem höchsten OFF-Wert ($OFF_{nz} = 2{,}14$, siehe Tabelle 3.25) ergibt sich hierdurch jedoch keine Präferenz der *Community* gegenüber der *Themenwelt*. Ab $OFF_{nz} > 0{,}6$ (76 Befragte bzw. 33 Prozent der Befragten) sinkt der Wert für die *Themenwelt* jedoch unter die Konstante von *Bonus*. Personen mit sehr hohen OFF-Werten präferieren also das Bonusprogramm, bei OFF↓-Befragten ist dagegen die Vorliebe für die Themenwelt noch stärker ausgeprägt als über alle Befragten hinweg. Die basierend auf bisherigen Forschungsergebnissen getroffene Annahme, dass OFF↑-Personen die *Themenwelt* präferieren, lässt sich also nicht bestätigen. Die *Themenwelt* könnte von OFF↑-Befragten im Lebensmittel-Kontext zu sehr mit „Schubladen-Denken" assoziiert und daher abgelehnt worden sein. Möglicherweise wurde auch keine der drei Funktionalitäten von OFF↑-Befragten als wirklich neu und außergewöhnlich empfunden, sodass sie sich schließlich mit dem *Bonusprogramm* für jene Funktionalität entschieden haben, die zumindest monetäre Vorteile entspricht. Die Vorliebe für das *Bonusprogramm* könnte folglich eher auf den Mangel an Alternativen als auf eine persönlichkeitsinhärente Präferenz zurückgeführt werden. Hierfür spricht auch der nicht signifikante Koeffizient für *Bonus*.

Insgesamt konnten für OFF also für vier der fünf untersuchten Attribute Zusammenhänge mit einzelnen Ausprägungen festgestellt werden. Einige dieser Zusammenhänge stehen jedoch im Widerspruch zu den Erkenntnissen bisheriger Forschungsarbeiten – diese können für die Dimension OFF offensichtlich nicht ohne Weiteres auf den Kontext Supermarkt-App übertragen werden. Die Ergebnisse der Studie 1 deuten damit zwar auf einen potenziellen Einfluss von OFF auf App-Interface-Präferenzen hin, sie sind jedoch zu vage, um als valide Basis für eine persönlichkeitsbasierte Personalisierung zu dienen. Weitere empirische Studien zum Einfluss von OFF im Kontext von (Supermarkt)-Apps sind daher wünschenswert.

3.5 Zusammenfassende Erkenntnisse für die persönlichkeitsbasierte Personalisierung

Das zentrale Ziel dieses Kapitels war zunächst die *Basishypothese*, gemäß der die Big Five App-Interface-Präferenzen beeinflussen, zu überprüfen. Die Basishypothese kann anhand bestehender theoretischer und empirischer Forschungsergebnisse sowie der Ergebnisse der ACBC grundsätzlich bestätigt werden. In Studie 1 konnten einige signifikante Zusammenhänge zwischen den Big Five und den TNW sowie den relativen Wichtigkeiten der untersuchten Ausprägungen und Attribute festgestellt werden. Die meisten der Zusammenhänge stehen dabei im Einklang mit der theoretischen Charakterisierung der Big Five sowie den dargestellten Forschungsergebnissen anderer Untersuchungen. Eine Ausnahme stellt die Dimension OFF dar, hier lassen sich die Erkenntnisse der anderen Studien nicht ohne Weiteres auf den Kontext Supermarkt-App übertragen. Eine Begründung hierfür könnte sein, dass diese Dimension, die mit Eigenschaften wie Kultiviertheit und Intellekt einhergeht, per se wenig Überschneidungspunkte mit alltäglichen Themen wie dem Lebensmitteleinkauf hat. Eine Übertragung bisheriger Erkenntnisse auf den Kontext Supermarkt-App könnte daher erschwert sein.

Trotz einer grundsätzlichen Bestätigung der Basishypothese ist einschränkend anzumerken, dass durch einige der identifizierten Zusammenhänge zwar die Höhe der TNW (und damit die relative Wichtigkeit der Attribute), nicht aber die Präferenzreihenfolge der Ausprägungen beeinflusst wird, bzw. dass es erst bei Extremwerten der Big Five zu einer veränderten Präferenzreihenfolge kommt. Ein Grund für diese teilweise eher geringen Einflüsse könnte sein, dass in Studie 1 alle Attribute gleichzeitig in einem sehr kleinen Auszug der App – der Einstiegsseite – verändert wurden. Es kann angenommen werden, dass die Effekte stärker ausfallen, wenn die Anpassung (im Rahmen einer Personalisierung) sich auf einzelne (besonders vielversprechende) Attribute konzentriert und diese nicht nur in einem Auszug der App, sondern in der gesamten App umgesetzt wird (wenn also beispielsweise der Text nicht nur im Einstiegs-Teaser, sondern auch in anderen Text-Bestandteilen einer App auf die Persönlichkeit abgestimmt ist).

Zusätzlich zur Basishypothese wurden zu Beginn dieses Kapitels zwei Leitfragen formuliert, um weitergehende Erkenntnisse für die Umsetzung persönlichkeitsbasierter Personalisierung zu sammeln. Durch *Leitfrage 1* sollten jene Personalisierungsobjekte (Attribute) identifiziert werden, deren Präferenz am stärksten von den Big Five abhängt und die entsprechend sinnvollerweise auf Basis der Big Five personalisiert werden können. Hierzu kann festgehalten werden, dass das Attribut Text am stärksten durch die Big Five beeinflusst wird.

Als einziges Attribut weist Text signifikante Zusammenhänge mit allen Big Five auf. Bei den Dimensionen VER, NEU und OFF ergibt sich hierdurch eine veränderte Präferenzreihenfolge der Textausprägungen. Für die Attribute Form und Bilder konnte ebenfalls zumindest für einige Dimensionen eine Änderung der Präferenzreihenfolge festgestellt werden. Bei Farbe dagegen zeigen sich zwar auch einige signifikante Koeffizienten, diese beeinflussen jedoch lediglich die Abstände der TNW. Das Attribut Feature weist schließlich nur mit OFF signifikante Zusammenhänge auf. Diese lassen sich allerdings schwer mit der Charakterisierung sowie mit bisherigen Untersuchungsergebnissen der Dimension in Einklang bringen. Es ist daher denkbar, dass dieses Ergebnis eher auf das Fehlen ansprechender Features als auf eine persönlichkeitsinhärente Vorliebe zurückzuführen ist.

Insgesamt können damit die Attribute *Text, Form* und *Bilder* potentiell für eine persönlichkeitsbasierte Personalisierung genutzt werden, da hier der Einfluss der Big Five sachlogisch interpretierbar und stark genug ist, um zu einer geänderten Präferenzreihenfolge zu führen, d. h. Personen mit verschiedenen Werten hinsichtlich der Big Five präferieren unterschiedliche Ausprägungen dieser Attribute. Insbesondere bei *Text* lässt sich eine Personalisierung zudem technisch vergleichsweise einfach umsetzen, da viele Content Management Systeme das Hinterlegen verschiedener Texte erlauben (z. B. *Adobe* mit Zusatzlösung *Adobe Target*, siehe Adobe, 2018). Auch Bilder lassen sich in Content Management Systemen häufig ohne viel Aufwand anpassen, allerdings entstehen hierbei zusätzliche Kosten für die Produktion der Bilder. Texte und Bilder werden in Online-Shops und Apps zudem ohnehin häufig verändert, sodass eine Anpassung im Rahmen persönlichkeitsbasierter Personalisierung für Nutzer wenig auffällig wäre und keine Irritationen hervorrufen sollte. Texte und Bilder sind damit Bestandteile von (Supermark-)Apps, die sich einerseits aufgrund ihrer Präferenzabhängigkeit von den Big Five und andererseits wegen der relativ einfachen (technischen) Umsetzung sehr gut für eine persönlichkeitsbasierte Personalisierung eignen.

Eine Personalisierung der *Form* kann dagegen problematischer sein. Verschiedene Darstellungsvarianten tragen zum einen nicht zu einem konsistenten Markenauftritt bei, zum anderen könnte die Anpassung von Formen Nutzer irritieren und den Wiedererkennungswert einer App senken[32]. Um entsprechende

[32]Entsprechende Probleme könnte auch eine Personalisierung von Farben und Features mit sich bringen. Da der Einfluss der Big Five bei diesen Attributen aber ohnehin nicht zu einer geänderten Präferenzreihenfolge führt, werden Herausforderungen wie Markenkonsistenz und technische Umsetzung bei diesen Attributen nicht weiter diskutiert.

Probleme zu umgehen, sollten Online-Shops und Apps beim Angebot verschiedener Formen oder anderer Darstellungsvarianten grundsätzlich alle Varianten für alle Nutzer zugänglich machen und ihnen ermöglichen zwischen den Varianten zu wechseln. Personalisiert werden sollte lediglich welche Variante vorausgewählt ist. Im Online-Shop der Modekette *s.Oliver* gibt es beispielsweise zwei Darstellungsvarianten der Produkte auf den Produktübersichtsseiten – einmal werden die Produkte schlicht vor weißem Hintergrund und einmal an Models präsentiert. Über einen Button kann der Nutzer von der einen zur anderen Variante wechseln (siehe www.soliver.de). Ein entsprechender Mechanismus wäre auch für die Darstellung der Produktkategorien möglich, wobei für jeden Nutzer jene Form vorausgewählt würde, die am besten zu seiner Persönlichkeit passt. Allerdings wäre die Umsetzung technisch relativ aufwendig. Da es laut den Ergebnissen von Studie 1 erst ab Extremwerten von VER zu unterschiedlichen Form-Präferenzen kommt und entsprechend nur ein kleiner Teil der Nutzer von einer entsprechenden Personalisierung profitieren würde, lässt sich dieser technische Aufwand jedoch kaum rechtfertigen. Basierend auf den Ergebnissen von Studie 1 kann dem Attribut Form daher nur eine eingeschränkte Eignung für die persönlichkeitsbasierte Personalisierung attestiert werden.

Leitfrage 2 zielte darauf ab jene Dimension der Big Five mit dem größten Einfluss auf die App-Interface-Präferenzen zu bestimmen, da diese sich am besten als Grundlage für eine persönlichkeitsbasierte Personalisierung eignet. Hier kann VER eindeutig als Dimension mit dem größten Einfluss auf die untersuchten Präferenzen identifiziert werden. Für VER konnten die meisten signifikanten Zusammenhänge festgestellt werden, die Koeffizienten sind zudem am höchsten und am eindeutigsten signifikant und führen schon ab leicht überdurchschnittlichen VER-Werten zu einer geänderten Präferenzreihenfolge bei einigen Attributen. Dabei stehen die Ergebnisse in Einklang mit den theoretischen und empirischen Erkenntnissen anderer Forschungsarbeiten: Während die meisten Befragten effizienzbezogene, prägnante Texte, die beispielsweise eine schnelle Lieferung und eine hohe Produktqualität betonen, und Bilder, die die Lebensmittel selbst in den Fokus rücken, bevorzugen, konnten soziale und emotionale Elemente in Texten und Bildern die Präferenz bei VER↑-Befragten erhöhen. VER hat damit für den Kontext Supermarkt-App und die untersuchten Attribute das größte Potential für eine erfolgreiche persönlichkeitsbasierte Personalisierung.

Dieses Ergebnis unterstreicht den Wert der empirischen Studie 1. Der Großteil der Studien zu Big Five im Marketing und in der Informatik, bezieht sich auf die Dimension EXT, sofern nicht alle Big Five betrachtet werden. Als Begründung für diese Auswahl wird häufig schlicht die Popularität der Dimension in verwandten Studien herangezogen (z. B. Matz et al., 2017b; Nass & Lee, 2001;

Wheeler et al. 2005). Die Ergebnisse der Untersuchung deuten jedoch darauf hin, dass EXT im Kontext der vorliegenden Arbeit wenig geeignet für eine persönlichkeitsbasierte Personalisierung wäre, da hierdurch lediglich die Höhe der TNW, nicht aber deren Reihenfolge beeinflusst wird. Der starke Fokus auf EXT sollte daher gelockert werden, da andere Dimensionen je nach Kontext sogar größere Wirkungspotentiale erwarten lassen. Hierfür spricht auch die Studie von Braunhofer et al. (2015), wonach NEU die Dimension ist, die sich am besten als Grundlage für personalisierte Recommender Systeme in der Tourismusbranche eignet. Der kontextabhängige Einfluss der Big Five sollte in künftigen Studien entsprechend stärker berücksichtigt werden.

Im Kontext Supermarkt-App scheint laut den Ergebnissen von Studie 1 VER besonders relevant zu sein. Ein Grund hierfür könnte sein, dass stationäre Supermärkte häufig die Funktion eines sozialen Treffpunkts erfüllen. Der Austausch mit anderen Kunden und den Mitarbeitern ist vielen Konsumenten wichtig. Beispielsweise empfindet laut einer repräsentativen Befragung von 1.166 deutschen Internetnutzern fast jeder Dritte (32 Prozent der Befragten) den persönlichen Kontakt zum Händler als derart wertvoll, dass er bevorzugt im stationären Handel einkauft (Bitkom e. V., 2017). Es kann angenommen werden, dass eine entsprechende Sozialfunktion von Supermärkten vor allem für VER↑-Personen ein Grund gegen den Einkauf in Online-Shops und Apps ist. Die Integration von sozialen und emotionalen Elementen könnte diesem Grund ein stückweit entgegenwirken und auch VER↑-Personen zunehmend vom Online- bzw. App-Einkauf überzeugen. Es erscheint daher insgesamt vielversprechend den Grad an VER von App-Nutzern zu bestimmen und Texte und Bilder einer Supermarkt-App daran anzupassen. Die Ergebnisse von Studie 1 lassen erwarten, dass eine auf diese Weise personalisierte App von den Nutzern stärker präferiert wird. Die erhöhte Präferenz könnte dann wiederum die Absicht, die App zu nutzen und hierüber einzukaufen, steigern. Die Überprüfung dieser Annahme ist das zentrale Ziel des folgenden Kapitels.

Studie 2: Wirkung persönlichkeitsbasierter Personalisierung

4

Die vorliegende Arbeit basiert auf der Annahme, dass persönlichkeitsbasierte Personalisierung wünschenswerte Folgen für App-Betreiber, insbesondere eine erhöhte Nutzungsabsicht, haben kann. Die Ergebnisse des vorangegangenen Kapitels bilden die Grundlage für die persönlichkeitsbasierte Personalisierung, da sie zeigen, dass Präferenzen für die Gestaltung von Supermarkt-Apps von den Big Five – insbesondere von der Dimension VER – abhängen. Es gilt nun zu prüfen, inwiefern diese Präferenzabhängigkeit auch das Verhalten (bzw. Verhaltensabsichten) von Nutzern beeinflusst. Hierfür werden zunächst ein theoretisch-konzeptioneller Bezugsrahmen entwickelt und konkrete Hypothesen über den Einfluss persönlichkeitsbasierter Personalisierung auf die Nutzungsabsicht von Supermarkt-Apps abgeleitet. Anschließend wird das theoretisch hergeleitete Modell im Rahmen einer experimentellen Online-Befragung empirisch überprüft.

4.1 Theoriegeleitete Hypothesenbildung

Im Folgenden werden zunächst geeignete theoretische Bezugspunkte für die Erklärung der Wirkung persönlichkeitsbasierter Personalisierung ausgewählt. Diese werden dann detailliert erläutert, wobei insbesondere ihre Relevanz für die Problemstellung der vorliegenden Arbeit herausgearbeitet wird. Schließlich werden Hypothesen über den Einfluss von persönlichkeitsbasierter

---

Elektronisches Zusatzmaterial Die elektronische Version dieses Kapitels enthält Zusatzmaterial, das berechtigten Benutzern zur Verfügung steht https://doi.org/10.1007/978-3-658-31819-2_4

S. Arz, *Persönlichkeitsbasierte Personalisierung im Mobile Commerce,* Forum Marketing, https://doi.org/10.1007/978-3-658-31819-2_4

Personalisierung auf die Nutzungsabsicht einer Supermarkt-App abgeleitet. Dabei werden explizit moderierende Faktoren berücksichtigt, die erklären unter welchen Umständen welche Wirkung zu erwarten ist.

4.1.1 Auswahl geeigneter Theorien

Im Forschungsfeld Personalisierung im Allgemeinen (und für persönlichkeitsbasierte Personalisierung im Speziellen) haben sich noch keine theoriebasierten Erklärungsmodelle etabliert. Wie die Darstellung des Forschungsstandes in Abschnitt 1.2 gezeigt hat, haben die meisten Arbeiten einen starken technischen Fokus und auch Studien aus dem Marketing fehlt häufig eine fundierte Theoriebasis (z. B. Doorn & Hoekstra, 2013; Lee & Rha, 2016). Für die vorliegende Arbeit muss daher auf Theorien zurückgegriffen werden, die sich bei ähnlichen Fragestellungen bewährt haben und auf persönlichkeitsbasierte Personalisierung übertragen lassen. Da die Arbeit der Konsumentenverhaltensforschung zuzuordnen ist und der Einfluss persönlichkeitsbasierter Personalisierung auf das Nutzungs*verhalten* von Supermarkt-Apps untersucht werden soll, stellen verhaltenswissenschaftliche Theorien eine sinnvolle Theoriebasis dar.

Die Verhaltenswissenschaften bilden kein in sich geschlossenes Theoriesystem. Sie greifen stattdessen auf interdisziplinäre Erkenntnisse – insbesondere aus Psychologie, Soziologie und Biologie – zurück und bieten eine Fülle an Partialtheorien (Kroeber-Riel et al., 2011, S. 8). Für die vorliegende Arbeit stehen somit prinzipiell verschiedene verhaltenswissenschaftliche Theorien zur Verfügung. Da sowohl positive als auch negative Wirkungspotentiale (Forschungsfrage 2) und verschiedene Moderatoren (Forschungsfrage 3) berücksichtigt werden sollen, erscheint es sinnvoll bei der Modellentwicklung im Sinne des *theoretischen Pluralismus* nach Feyerabend (1965) mehrere dieser Theorien bewusst zu kombinieren, anstelle lediglich eine Theorie in Betracht zu ziehen. Dem theoretischen Pluralismus liegt das Verständnis zugrunde, dass Theorien sich gegenseitig ergänzen können, um komplexe Sachverhalte – wie die Wirkung persönlichkeitsbasierter Personalisierung – besser zu erklären und ganzheitlich zu erfassen. Die Kombination verschiedener Theorien zum Erkenntnisgewinn ist in der Marketingforschung entsprechend weit verbreitet (Mann, 2004, S. 148 ff.).

Kritisiert wird am theoretischen Pluralismus jedoch einerseits eine teilweise selektiv bzw. willkürlich anmutende Auswahl von theoretischen Ansätzen. Andererseits wird auf die Gefahr hingewiesen, dass einzelne Theorien bei der Anwendung mehrerer theoretischer Ansätze nur oberflächlich und unvollständig durchdrungen werden („Dilettantismusgefahr"). Durch einen solchen unsachgemäßen Umgang mit einer oder mehreren Theorien können Fehlschlüsse begangen werden (Chmielewicz, 1994, S. 21 f.; Schneider, 1981, S. 28/S. 116.). Zwar können entsprechende Risiken nicht gänzlich ausgeschlossen werden, sie können jedoch durch eine sorgfältige Auswahl und genaue Überprüfung der Theorien auf ihre Eignung zur Lösung des Untersuchungsproblems sowie durch eine Fokussierung auf wenige, für den Forschungsgegenstand besonders relevante Theorien minimiert werden (Mann, 2004, S. 151 f.; Wissmann, 2013, S. 113).

Für die Auswahl geeigneter verhaltenswissenschaftlicher Theorien für Studie 2 werden daher folgende drei Kriterien herangezogen (z. B. Hanefeld, 2014; Platt, 2017):

- Erstens müssen die Theorien auf den Forschungsgegenstand *anwendbar sein* und sich zur *Beantwortung aller oder einzelner Forschungsfragen* eignen. Sie sollten also auf den Kontext Supermarkt-Apps übertragbar sein und einen Bezug zur Persönlichkeit von Nutzern aufweisen. Sie müssen zudem in Summe sowohl positive als auch negative Einflüsse auf die Nutzungsabsicht erklären. Schließlich muss die Integration individueller und situativer Merkmale in Form von Moderatoren möglich sein.
- Zweitens sollten die ausgewählten Theorien hinsichtlich der Erklärung des Konsumentenverhaltens einen *hohen Bewährungsgrad* in der bisherigen Forschung aufweisen.
- Drittens müssen die Theorien hinsichtlich ihrer *Prämissen kompatibel* sein und möglichst auf dem gleichen – hier verhaltenswissenschaftlichen – Paradigma basieren.

Eines der zentralen Konstrukte der Verhaltenswissenschaften ist die Einstellung. Sie gilt als wesentlicher Prädiktor des Kauf- und Konsumverhaltens und wird in der Regel als der Nutzungsabsicht direkt vorgelagert konzeptualisiert (z. B. Ajzen, 1985; Fishbein & Ajzen, 1975). *Einstellungstheorien* bilden daher den ersten theoretischen Ansatzpunkt der Modellentwicklung. Sie zeichnen sich durch ihre lange Forschungstradition, den hohen Bewährungsgrad – auch in der digitalen Marketingforschung – sowie ihre Kompatibilität mit anderen Theorien aus (Kroeber-Riel et al., 2011, S. 210 ff.; Meffert et al., 2015, S. 118 f.).

Eine Gruppe von Theorien, die sich besonders gut auf den Forschungsgegenstand persönlichkeitsbasierte Personalisierung anwenden lässt, sind die *Konsistenztheorien.* Diese Theorien gehen von einem starken Bedürfnis der Menschen nach Gleichgewicht und Harmonie aus (Stahlberg & Frey, 1987, S. 214). Da Apps (oder andere digitale Kanäle) durch Personalisierung an Eigenschaften der Nutzer wie Soziodemografie, Interessen oder eben die Persönlichkeit angepasst werden, stellt Personalisierung ein Gleichgewicht zwischen Nutzer und App her. Personalisierung führt also zu Konsistenz. Für die vorliegende Arbeit sind vor allem solche Konsistenztheorien relevant, die sich mit dem Bedürfnis nach Konsistenz mit dem eigenen Selbstkonzept als „Eigenwahrnehmung der Persönlichkeit" (Schlagentweith, 2008, S. 12) beschäftigen.

Persönlichkeitsbasierte Personalisierung in Supermarkt-Apps wird von Konsistenztheorien durch die erhöhte Konsistenz zwischen der Persönlichkeit eines Nutzers und der App per se als positiv eingeordnet. Um auch mögliche negative Folgen erklären zu können, muss bei der Modellbildung daher noch ein weiterer theoretischer Ansatzpunkt ergänzt werden. Hierfür eignet sich die *Reaktanztheorie*, da diese sich insbesondere zur Erklärung von Abwehrreaktionen auf Marketingmaßnahmen bewährt hat. Sie wurde zudem bereits zur Untersuchung anderer Formen der Personalisierung angewendet, um mögliche negative Effekte offenzulegen (z. B. Lee & Lee, 2009; White et al., 2008).

Die Kombination aus Einstellungstheorien, Konsistenztheorien und Reaktanztheorie bietet damit eine geeignete Theoriebasis für die vorliegende Arbeit. Die Theorien können gemeinsam sowohl mögliche positive als auch mögliche negative Einflüsse von persönlichkeitsbasierter Personalisierung erklären. Sie blicken zudem auf eine jahrzehntelange Forschungstradition zurück und wurden auch im digitalen Kontext bereits erfolgreich angewendet (z. B. Bleier & Eisenbeiss, 2015b, Koo et al., 2014; Yeo et al., 2017). Sie basieren außerdem auf dem gleichen verhaltenswissenschaftlichen Paradigma, ihre Prämissen sind daher grundsätzlich vereinbar. Während sich Einstellungstheorien per se durch eine hohe Kompatibilität mit anderen Theorien auszeichnen, sind auch Konsistenztheorien und die Reaktanztheorie aufgrund ihres gemeinsamen motivationalen Charakters gut miteinander vereinbar. Beide Theorieansätze postulieren die Entstehung eines als unangenehm empfundenen motivationalen Erregungszustandes (Dissonanz bzw. Reaktanz), der durch verschiedene Formen der Bedrohung oder Störung entstehen kann und zu Verhalten führt, das der Bedrohung oder Störung entgegenwirkt (Graupmann et al., 2016, S. 33). Die Grundzüge der Theorien sowie die sich daraus ergebenen Hypothesen zur Wirkung persönlichkeitsbasierter Personalisierung werden in den folgenden Kapiteln erläutert.

4.1.2 Einstellungstheorien

Um das Nutzungsverhalten bzw. die Nutzungsabsicht zu erklären, ist es notwendig, vorgelagerte psychologische Prozesse zu betrachten. Das im Marketing und in der Konsumentenforschung am häufigsten zur Erklärung des Kauf- und

Konsumverhaltens herangezogene Konstrukt ist die *Einstellung*. Die herausragende Stellung des Einstellungskonstrukts lässt sich darauf zurückführen, dass es einerseits als besonders verhaltensprägend gilt und andererseits vergleichsweise leicht durch Marketingaktivitäten beeinflusst werden kann (Kroeber-Riel et al., 2011, S. 210 ff.; Meffert et al., 2015, S. 118 f.). Schon in den 30er Jahren bezeichnet Allport (1935) die Einstellung als das „unentbehrlichste Konzept der Sozialforschung" (S. 798). In den nächsten Unterkapiteln wird das Einstellungskonstrukt zunächst definiert, danach werden relevante Einstellungstheorien vorgestellt und Hypothesen für die vorliegende Arbeit abgeleitet.

4.1.2.1 Definition Einstellung

Trotz des großen Forschungsinteresses hat sich bisher keine allgemeingültige Definition des Einstellungskonstrukts durchgesetzt. Stattdessen existieren viele Definitionsvorschläge, die jeweils unterschiedliche Aspekte der Einstellungsforschung in den Fokus rücken (Kroeber-Riel et al., 2011, S. 211). Nach der *Drei-Komponenten-Theorie* von Rosenberg & Hovland (1960) wird Einstellung als mehrdimensionales Konstrukt mit einer affektiven, kognitiven und konativen Komponente konzeptualisiert. Die Einstellung umfasst danach die gefühlsmäßige Einschätzung eines Objektes, die Gedanken und das subjektive Wissen über ein Objekt sowie eine Verhaltensabsicht gegenüber dem Objekt (Meffert et al., 2015, S. 119; Trommsdorff, 2009, S. 151 f.).

Demgegenüber stehen eindimensionale Definitionsansätze, bei denen die konative Komponente nicht als Bestandteil, sondern eher als Folge des Einstellungskonstrukts betrachtet wird und die größtenteils die affektive Komponente von Einstellungen betonen. Hierzu gehört beispielsweise die Definition von Wicker (1969), die Einstellungen als „evaluative feelings" (S. 42) deutet. Auch Kroeber-Riel et al. (2011, S. 214 f.) ordnen Einstellungen den affektiven Prozessen zu, da sie davon ausgehen, dass Einstellungen primär von der emotionalen Haltung gegenüber einem Objekt geprägt werden. Die Autoren erkennen zwar auch das Vorhandensein kognitiver Komponenten an, sie bewerten diese jedoch als weniger dominant – insbesondere bei Einstellungen gegenüber Produkten und Marken, die häufig oberflächlich gebildet werden. Ajzen & Fishbein (1980) dagegen gehen sowohl von affektiven als auch kognitiven Vorgängen bei der Einstellungsbildung aus und definieren Einstellungen schlicht als „overall evaluations" (S. 55).

Neben der Dimensionalität wird in der Literatur vor allem die Stabilität und Spezifität von Einstellungen diskutiert. Einige Autoren bezeichnen Einstellungen als Prädisposition, sie attestieren dem Konstrukt damit per Definition eine hohe Stabilität (z. B. Meffert et al., 2015, S. 118; Rosenberg & Hovland, 1960, S. 198).

Gerade in der Konsumentenverhaltensforschung gelten Einstellungen jedoch nicht als dauerhaft oder unveränderbar. Stattdessen wird häufig versucht Einstellungen explizit durch z. B. Werbung oder andere Marketingaktivitäten zu beeinflussen. Auf die strikte Annahme einer hohen Stabilität von Einstellungen sollte daher verzichtet werden. Dennoch muss das Einstellungskonstrukt von „flüchtigen Eindrücken" (Kroeber-Riel et al., 2011, S. 225) oder einem „bloßen Gedankenblitz" (Mayerl, 2009, S. 21) unterschieden werden. Eagly & Chaiken (2007, S. 585 f.) schlagen daher vor, Einstellungen als „psychologische Tendenz" zu charakterisieren und lassen dabei bewusst offen, ob diese Tendenz temporär oder dauerhaft ist.

Der Begriff Tendenz lässt darüber hinaus auch kontextsensitive, spezifische Einstellungen zu. MacKenzie & Lutz (1989, S. 49 f.) argumentieren beispielsweise, dass die Einstellung gegenüber einer spezifischen Werbeanzeige von der Einstellung zu Werbung im Allgemeinen oder der Einstellung zu der beworbenen Produktkategorie abgegrenzt werden muss. Beispielsweise kann ein Konsument grundsätzlich kritisch gegenüber Werbung eingestellt sein, eine einzelne Werbeanzeige aber dennoch positiv bewerten (und vice versa). Es ist entsprechend sinnvoll, zwischen kategorialen Einstellungen (z. B. gegenüber einer Produktgruppe) und spezifischen Einstellungen (z. B. gegenüber einem konkreten Produkt) zu unterscheiden. Spezifische Einstellungen sind dabei in der Regel leichter zu beeinflussen, also weniger stabil (Kroeber-Riel et al., 2011, S. 225; Homburg, 2017, S. 41).

Zusammenfassend wird in der vorliegenden Arbeit die Einstellungsdefinition von Kroeber-Riel et al. (2011) übernommen. Die Autoren verstehen Einstellung in Anlehnung an Eagly & Chaiken (2007) als „psychologische (nicht immer bewusste) Tendenz […], die sich dadurch ausdrückt, dass ein spezifisches Objekt mit einem bestimmten Grad des Gefallens oder Missfallens bewertet wird" (S. 215). Es handelt sich bei der Einstellung also um eine wertende Reaktion. Diese kann sowohl affektiv als auch kognitiv geprägt sein, wobei den emotionalen Prozessen insbesondere in der Konsumentenverhaltensforschung eine besondere Bedeutung zukommt. Die konative Komponente wird in der vorliegenden Arbeit wie in den meisten neueren Studien nicht als Bestandteil, sondern als Folge des Einstellungskonstruktes betrachtet. Das „spezifische Objekt" der Definition ist in der vorliegenden Arbeit die zu untersuchende Supermarkt-App. Von Interesse ist folglich eine spezifische Einstellung, die im Folgenden als „Einstellung gegenüber der Supermarkt-App" bezeichnet wird. Auf diese Weise wird dieses spezifische Einstellungskonstrukt explizit von zeitlich stabileren, kategorialen Einstellungen z. B. gegenüber Apps oder dem Lebensmittel-Onlineeinkauf im Allgemeinem abgegrenzt.

4.1.2.2 Einstellungs-Intentions-Verhaltensachse

Ein zentraler Bestandteil der bereits angeführten *Drei-Komponenten-Theorie* von Rosenberg & Hovland (1960) ist die *Einstellungs-Verhaltens-(EV-)Hypothese*, die davon ausgeht, dass das Einstellungskonstrukt ein Prädiktor menschlichen Verhaltens ist. Die Drei-Komponenten-Theorie postuliert, dass Menschen nach Konsistenz ihres Denkens, Fühlens und Handelns streben und daher die affektive, kognitive und konative Komponente der Einstellung aufeinander abgestimmt sind (dieses Konsistenzstreben lässt sich auch mit der Theorie der kognitiven Dissonanz erklären, die in Abschnitt 4.1.3.2 noch ausführlich erläutert wird). Ändert sich also die gefühlsmäßige oder kognitive Haltung zu einem Objekt (z. B. Produkt), ändert sich entsprechend auch das Verhalten bzw. die Verhaltensabsicht gegenüber diesem Objekt (z. B. Kauf des Produkts) (Mayerl, 2009, S. 32 f.).

Ähnlich wie die durch die Drei-Komponenten-Theorie angenommene Dimensionalität ist auch die EV-Hypothese in der Literatur nicht unumstritten. Kritik an der EV-Hypothese stützt sich vor allem auf empirische Befunde mit geringen Korrelationen zwischen Einstellungen und Verhalten. Hierzu gehört beispielsweise eine frühe, sehr populäre Arbeit von Lapiere (1934), die zeigt, dass ein chinesisches Ehepaar (der Oberschicht) in den USA in verschiedenen Hotels und Restaurants freundlich empfangen wurde, obwohl die meisten Betreiber der Hotels und Restaurants eine negative Einstellung gegenüber Chinesen aufwiesen. Auch eine frühe Meta-Analyse von Wicker (1969) ergab für 46 Studien nur einen geringen Zusammenhang zwischen Einstellungen und Verhalten. Entsprechende Kritik an der EV-Hypothese berücksichtigt häufig jedoch nicht den Spezifitätsgrad der untersuchten Einstellungen und Verhaltensweisen. In der Studie von Lapiere (1934) beispielsweise wurde die kategoriale Einstellung gegenüber Chinesen im Allgemeinen mit dem Verhalten gegenüber einem konkreten, sehr kultivierten, chinesischen Ehepaar verglichen.

Ajzen & Fishbein (1977, S. 890 ff.) argumentieren daher, dass Verhaltensprognosen auf Basis von Einstellungen nur dann möglich sind, wenn Einstellungen und Verhalten einen ähnlichen Spezifitätsgrad aufweisen (*Korrespondenzprinzip*). In einer Analyse von Studien mit vergleichbarer Spezifität fanden die Autoren entsprechend substanzielle Korrelationen. Zu ähnlichen Ergebnissen gelangt auch eine Meta-Analyse von Six & Eckes (1996). Um die Nutzungsabsicht für eine konkrete Supermarkt-App zu bestimmen, ist es also – wie bereits im vorangegangenen Unterkapitel eingeführt – auch für die vorliegende Arbeit notwendig, die spezifische Einstellung gegenüber *dieser* Supermarkt-App zu erfassen.

Die EV-Hypothese wurde in den letzten Jahrzehnten kontinuierlich weiterentwickelt und durch weitere Verhaltensprädiktoren ergänzt. Bedeutend sind hierbei insbesondere die *Theorie des vernünftigen Handelns* (Theory of Reasoned

Action, TRA) von Fishbein & Ajzen (1975) sowie die *Theorie des geplanten Verhaltens* (Theory of Planned Behavior, TPB) von Ajzen (1985; 1991), die darauf abzielen, geplantes und bewusstes Verhalten von Individuen zu erklären und vorherzusagen. Die Theorien betrachten die kausalen Beziehungen zwischen Überzeugungen („beliefs"), Einstellung zum Verhalten („attitude"), Verhaltensabsicht („intention") und dem tatsächlichen Verhalten („behavior"). Dabei wird die Verhaltensabsicht (bzw. -intention) explizit als Mediator zwischen Einstellung und dem tatsächlichen Verhalten eines Individuums integriert. Die Einstellung beeinflusst also direkt die Verhaltensabsicht, diese liegt „näher" am eigentlichen Verhalten und wirkt sich entsprechend direkt darauf aus. Die Verhaltensabsicht wird folglich als zentrale Determinante des Verhaltens konzipiert.

Die Einstellung stellt gemäß der TRA und TPB die zentrale Determinante der Verhaltensabsicht dar und wird durch verhaltensbezogene Überzeugungen geprägt. Sie umfassen die von einer Person wahrgenommene Wahrscheinlichkeit für positive und negative Konsequenzen eines Verhaltens sowie deren Bedeutung (Ajzen, 1991, S. 191 f.). Die Verhaltensabsicht wird neben der Einstellung auch durch die *subjektive Norm* beeinflusst. Diese beschreibt einen wahrgenommenen sozialen Druck sich in einer bestimmten Art und Weise zu verhalten. Die subjektive Norm entsteht aus normativen Überzeugungen, also der subjektiven Auffassung einer Person bezüglich der Erwartungen ihres sozialen Umfeldes (Ajzen & Fishbein, 1980, S. 57 ff.). In der TPB wird zusätzlich zur Einstellung und subjektiven Norm noch die *wahrgenommene Verhaltenskontrolle* berücksichtigt, diese beschreibt die individuelle Wahrnehmung eines Individuums, wie einfach bzw. schwierig sich das betrachtete Verhalten auch tatsächlich umsetzen lässt (beispielsweise aufgrund von Störfaktoren wie zeitlichen oder monetären Einschränkungen). Ihren Ursprung hat die wahrgenommene Verhaltenskontrolle in Kontrollüberzeugungen, die beispielsweise auf vorherigen Erfahrungen, externen Informationen oder Beobachtungen beruhen (Ajzen, 1991, S. 181 ff.).

Die TRA und die TPB haben in der Konsumentenverhaltensforschung eine hohe Popularität erlangt und wurden vielfach empirisch bestätigt (siehe z. B. die Meta-Analysen von Armitage & Conner (2001) und Sheppard et al. (1988)). In vielen Arbeiten werden jedoch nicht die komplette TRA bzw. TPB, sondern ein reduziertes Modell mit den zentralen Komponenten Einstellung, Verhaltensabsicht und Verhalten zugrunde gelegt (z. B. Ciesielski, 2009, S. 66 ff.; Platt, 2017, S. 99 f.). Dieses reduzierte Modell wird häufig auch als *Einstellungs-Intentions-Verhaltensachse* bezeichnet. Eine grafische Darstellung der dargestellten Zusammenhänge ist in Abbildung 4.1 zu sehen – die Bestandteile des reduzieren Modells sind dabei fett hervorgehoben, die zusätzlichen Komponenten der TRA und TPB dagegen ausgegraut.

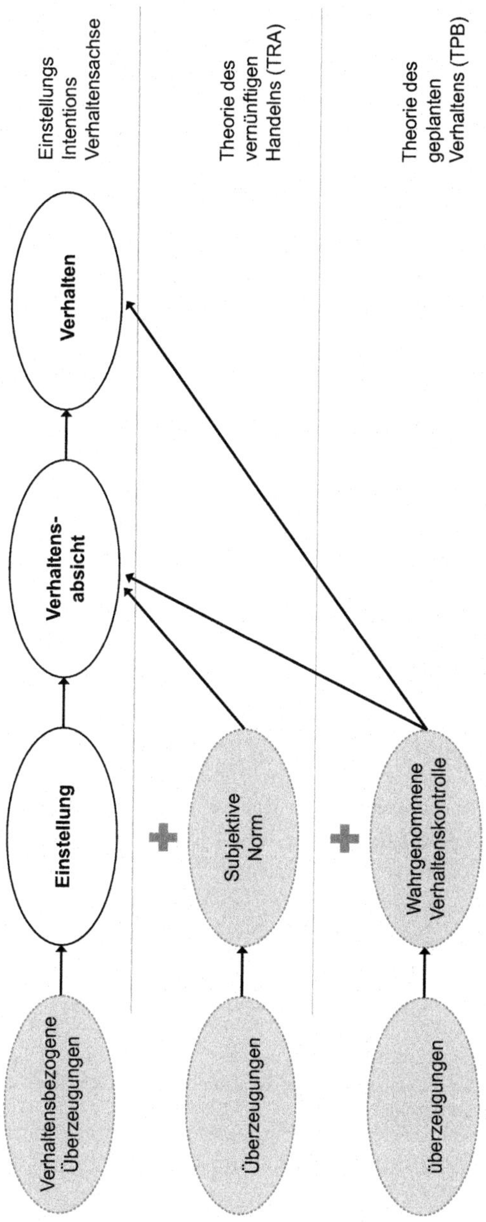

Abbildung 4.1 Einstellungs-Intentions-Verhaltensachse, TRA und TPB. (Quelle: eigene Darstellung in Anlehnung an Ajzen, 1991, S. 182; Armitage & Conner, 2001, S. 472)

4.1.2.3 Hypothesenbildung

Für die vorliegende Arbeit ist vor allem die Einstellungs-Intentions-Verhaltensachse als reduziertes Modell der TRA und TPB relevant, da das Ziel in der Erklärung der Nutzungsabsicht der zu untersuchenden Supermarkt-App besteht (und nicht in der vollständigen Überprüfung der Theorien). Verschiedene Studien zeigen zudem, dass die Einstellung die Verhaltensabsicht in der Regel stärker beeinflusst als die subjektive Norm und die wahrgenommene Verhaltenskontrolle (z. B. Armitage & Conner, 2001; Weigel et al., 2014). Es kann außerdem davon ausgegangen werden, dass diese beiden Konstrukte gerade im Kontext der vorliegenden Arbeit weniger bedeutend sind. Da der Lebensmittel-Einkauf über eine App und auch der anschließende Konsum der Lebensmittel normalerweise im Privaten geschieht, hat dieser – anders als z. B. der Kauf von Autos oder Mode – eine geringe symbolische Bedeutung, sodass soziale Einflüsse nur eine untergeordnete Rolle spielen. Weiterhin sind kaum Störfaktoren denkbar, die ein Individuum als Verhaltenskontrolle wahrnehmen und an der Nutzung einer Supermarkt-App hindern könnten (sofern Personen angesprochen werden, die grundsätzlich mit der Nutzung von Apps vertraut sind).

Da die Verhaltensabsicht, im Sinne der Nutzungsabsicht einer Supermarkt-App die Zielgröße dieser Arbeit darstellt, ist vor allem der postulierte Zusammenhang zwischen Einstellung und Verhaltensabsicht von Bedeutung. Für diesen Zusammenhang finden sich auch im Online-Kontext zahlreiche empirische Belege. Quevedo-Silva et al. (2015) sowie Yeo et al. (2017) zeigen beispielsweise, dass die Einstellung gegenüber Online-Lebensmittelhändlern sich positiv auf die Absicht Lebensmittel im Internet zu kaufen auswirkt. Entsprechende Zusammenhänge wurden auch für Online-Shops anderer Branchen (z. B. Badrinarayanan et al., 2014; Pavlou & Fygenson, 2006) sowie für andere digitale Kanäle wie Communities (Shih et al., 2013) oder Online-Banking (Lee et al., 2011) festgestellt. Auch für die vorliegende Arbeit wird angenommen, dass Nutzer ein Verhalten anstreben, dass konsistent zu ihrer Einstellung ist und die Nutzungsabsicht einer App folglich durch die Einstellung gegenüber dieser App determiniert wird. Es wird daher folgende Hypothese formuliert:

H1: Je positiver die Einstellung gegenüber der Supermarkt-App, desto höher die Nutzungsabsicht für die Supermarkt-App.

4.1.3 Konsistenztheorien

Die Grundannahme aller Konsistenztheorien ist, dass Menschen permanent versuchen ein Gleichgewicht zwischen ihren Einstellungen und Kognitionen, ihrem Verhalten und ihrer Umwelt aufrechtzuerhalten bzw. herzustellen (Stahlberg & Frey, 1987, S. 214). Die Annahme eines Bedürfnisses nach Gleichgewicht und Harmonie kann von dem physiologischen Prinzip der *Homöostase* hergeleitet werden. Hierbei handelt es sich um einen körpereigenen Kontrollmechanismus zur Aufrechterhaltung von biologischen Gleichgewichtszuständen. Stört ein Stimulus dieses Gleichgewicht, wird ein neurophysiologischer Prozess ausgelöst, um dem Stimulus entgegenzuwirken und wieder einen ausgeglichenen Zustand herzustellen. Beispielsweise reagiert der Körper auf den Stimulus Kälte mit Zittern und auf den Stimulus Hitze mit Schwitzen, um die Körpertemperatur konstant – also in einem Gleichgewicht – zu halten (Matzler, 1997, S. 100). Konsistenztheorien übertragen dieses Prinzip auf die kognitiven Strukturen von Menschen: „Der Mensch strebt nach Konsistenz (Kongruenz, Konsonanz, Gleichgewicht), bevorzugt harmonische und ausgewogene (kognitive) Beziehungen gegenüber unharmonischen und ist motiviert, eine durch inkonsistente Wahrnehmungsprozesse erzeugte Disharmonie zu reduzieren“ (Güttler, 2003, S. 228).

Für die vorliegende Arbeit sind vor allem solche Konsistenztheorien relevant, die sich mit einem Streben nach Konsistenz mit der eigenen Persönlichkeit befassen. Hierzu gehören die Selbstkonsistenz-Theorie nach Aronson (1960) und die Selbstkongruenz-Theorie nach Sirgy (1982). Beide Theorien beziehen sich auf das Selbstkonzept als Eigenwahrnehmung der Persönlichkeit. Daher wird im Folgenden zunächst der Begriff Selbstkonzept definiert, bevor anschließend die Theorien erläutert und Hypothesen für die Arbeit abgeleitet werden.

4.1.3.1 Definition Selbstkonzept

Der Grundstein der Selbstkonzeptforschung wurde schon Ende des 19. Jahrhunderts durch die Arbeit des Philosophen William James gelegt (v. a. James, 1892). Er unterschied mit dem *Ich* und dem *Mich* erstmals zwei Aspekte des Selbst. Das *Ich* ist dabei das Subjekt, also der wissende, handelnde Teil des Selbst („self as knower“), das *Mich* stellt dagegen das Objekt des Wissens dar und enthält die Summe aller Erkenntnisse und Erfahrungen einer Person über sich selbst („self as known“). Wie andere Personen oder Objekte wird auch das *Mich* vom *Ich* wahrgenommen und bewertet (James, 2003, S. 43 ff.).

Obwohl James den Begriff Selbstkonzept nicht explizit verwendet, entspricht das heutige Verständnis des Selbstkonzeptes weitgehend seiner Auffassung des *Mich*. Eine vielzitierte Definition stammt von Rosenberg (1979), der das Selbstkonzept beschreibt als „totality of the individual's thoughts and feelings having reference to himself as an object" (S. 7). Ähnlich definiert Mummendey (2006) das Selbstkonzept als „Gesamtheit aller Selbstbeurteilungen" und „Gesamtheit [...] der Einstellungen zur eigenen Person" (S. 38). Entsprechende Urteile sind dabei das Ergebnis einer Vielzahl selbstbezogener psychologischer Vorgänge und umfassen „wie jemand sich selbst wahrnimmt, was er von sich erinnert, wie er über sich denkt, wie er sich bewertet, welche Gefühle er sich selbst gegenüber hat, was für Vorstellungen und Erwartungen er sich selbst gegenüber hegt, was er also will und was er vor hat" (ebd.). In Summe beinhaltet das Selbstkonzept damit eine Antwort auf die Frage „Wer bin ich?" (Büttner, 2010, S. 12).

Das Selbstkonzept setzt sich folglich aus verschiedenen Facetten zusammen, zu denen neben Informationen über die eigene Biografie, über Fähigkeiten und Kenntnisse, über soziale Beziehungen und das eigene Aussehen vor allem die Persönlichkeit (im Sinne einer Selbstwahrnehmung der eigenen Persönlichkeit) gehört (Asendorpf, 2015, S. 109 f.; Hong & Zinkhan, 1995, S. 55). Die (selbstwahrgenommene) Persönlichkeit gilt dabei als ein derart konstitutiver Bestandteil des Selbstkonzeptes, dass beide Begriffe von einigen Autoren sogar synonym verwendet werden (z. B. Bauer et al., 2006; Schlagentweith, 2008). Diese Vereinfachung wird beiden Konzepten jedoch nicht gerecht. Einerseits umfasst das Selbstkonzept neben der Persönlichkeit zahlreiche weitere Facetten, andererseits handelt es sich bei Persönlichkeitseigenschaften um objektiv vorhandene Merkmale, die nicht nur von Personen selbst, sondern auch von Dritten wahrgenommen werden können (Herzberg & Roth, 2014, S. 94). „Der Begriff des Selbstkonzeptes [...] ist damit einerseits weiter als derjenige der Persönlichkeit, da er z. B. nicht nur Eigenschaften zum Inhalt hat, er ist andererseits enger als der Persönlichkeitsbegriff, da er lediglich die subjektive, individuelle Sicht der eigenen Persönlichkeit anspricht[1]" (Mummendey, 1987, S. 281).

[1]Einschränkend muss jedoch angemerkt werden, dass die meisten wissenschaftlichen Arbeiten – wie auch die vorliegende Arbeit – die Persönlichkeit der Befragten durch Selbstbeurteilung erfassen. In der praktischen Umsetzung wird die Persönlichkeit also meist über die selbstwahrgenommene Persönlichkeit als Bestandteil des Selbstkonzeptes konzeptualisiert (Herzberg & Roth, 2014, S. 94; Mummendey, 2006, S. 217).

Das Selbstkonzept wird in der Literatur heute weitestgehend als mehrdimensionales Konzept verstanden, wobei vor allem zwischen dem tatsächlichen und dem idealen Selbstkonzept unterschieden wird[2]. Das *tatsächliche* Selbstkonzept bezieht sich auf den wahrgenommenen Ist-Zustand der eigenen Person und repräsentiert das Bild, das eine Person aktuell von sich selbst hat. Das *ideale* Selbstkonzept ist dagegen zukunftsgerichtet und umfasst die Wunschvorstellung einer Person darüber, wie sie gerne wäre (Bauer et al., 2006, S. 840; Malhotra, 1988, S. 7.; Markus & Wurf, 1987, S. 302 f.).

Das ideale Selbstkonzept ist in der Marketingforschung vor allem bei Kauf- und Konsumverhalten mit symbolischem Charakter relevant. Insbesondere Produkte mit einer hohen Außenwirkung wie Autos oder Mode werden häufig so gewählt, dass sie dem idealen Selbstkonzept entsprechen. Beispielsweise kann ein Motiv für den Kauf eines Sportwagens sein, ideale Eigenschaften wie „dynamisch, jung und wohlhabend" zu vermitteln, auch wenn diese nicht dem tatsächlichen Selbstkonzept entsprechen (Hong & Zinkhan, 1995, S. 61). Personen versuchen auf diese Weise ihrem Ideal näher zu kommen und das eigene Selbstwertgefühl[3] zu erhöhen. Bei Produkten mit geringem Symbolcharakter ist dagegen das tatsächliche Selbstkonzept entscheidend – Produkte werden so gewählt, dass sie zum tatsächlichen Selbst passen (Higgins, 1987; Hong & Zinkhan, 1995; Sirgy, 1985). Da die Nutzung von (Supermarkt-) Apps in der Regel im Privaten geschieht, hat sie eine tendenziell geringe symbolische Bedeutung. Die meisten Studien, die das Selbstkonzept im Rahmen der Online- bzw. App-Nutzung untersuchen, legen daher das tatsächliche Selbstkonzept zugrunde (z. B. Badrinarayanan et al., 2014; Platt, 2017; Wu et al., 2017).

Aufgrund seiner Vielschichtigkeit ist es notwendig das Selbstkonzept bei empirischen Studien auf eine oder wenige Dimensionen und Facetten einzugrenzen (Hong & Zinkhan, 1995, S. 55). Basierend auf den vorangegangenen Ausführungen fokussiert sich die vorliegende Arbeit im Folgenden daher auf

---

[2]Daneben werden in der Literatur teilweise noch weitere Dimensionen des Selbstkonzepts wie das *Soll*-Selbstkonzept (Higgins, 1987) oder das *soziale* Selbstkonzept (Malhotra, 1988) diskutiert (für einen Überblick über die Dimensionalität des Selbstkonzepts siehe Higgins, 1987 und Markus & Wurf, 1987).

[3]Das Selbstwertgefühl (*self-esteem*) beschreibt die Haltung einer Person zu ihrem tatsächlichen Selbstkonzept. Um ihr Selbstwertgefühl zu erhöhen, streben Personen nach einer Annäherung des tatsächlichen Selbstkonzeptes an das ideale Selbstkonzept (Huber & Meyer, 2008, S. 60).

jenen Bestandteil des *tatsächlichen Selbstkonzepts (Dimension),* der die *Selbstwahrnehmung der eigenen Persönlichkeit*[4] *(Facette)* umfasst.

4.1.3.2 Selbstkonsistenz- und Selbstkongruenz-Theorie

Der Grundgedanke der Selbstkonsistenz- und der Selbstkongruenz-Theorie geht auf die *Theorie der kognitiven Dissonanz* von Festinger (1957) zurück, die sich mit Kognitionen eines Individuums und deren Beziehung zueinander beschäftigt. Unter Kognition versteht Festinger (1957) dabei „any knowledge, opinion, or belief about the environment, about oneself, or about one's behavior" (S. 3). Stehen zwei dieser Kognitionen im Widerspruch zueinander, entsteht *kognitive Dissonanz,* die als unangenehmer psychologischer Zustand wahrgenommen wird. Die Stärke der Dissonanz steigt dabei mit der Wichtigkeit der beteiligten Kognitionen sowie dem Verhältnis von dissonanten und konsonanten Beziehungen (ebd., S. 38 f.). Eine Voraussetzung für die Entstehung von kognitiver Dissonanz ist zudem eine Relevanzbeziehung zwischen den Kognitionen[5]. Ein häufig angeführtes Beispiel für eine relevante, dissonante Beziehung ist das Rauchen: Die beiden Kognitionen „Ich rauche viel" und „Rauchen ist gesundheitsschädlich" stehen in einem Widerspruch zueinander und erzeugen daher kognitive Dissonanz (Güttler, 2003, S. 231).

Empfundene kognitive Dissonanz führt zu Aktivitäten, die auf eine Reduzierung der Dissonanz zur Herstellung von Konsonanz ausgerichtet sind: „Just as hunger is motivating, cognitive dissonance is motivating. Cognitive dissonance will give rise to activity oriented toward reducing or eliminating the dissonance. Successful reduction of dissonance is rewarding in the same sense that eating when one is hungry is rewarding" (Festinger, 1957, S. 3). Zur Dissonanzreduktion bieten sich im Wesentlichen drei Strategien an: Die Vermeidung oder Abwertung von dissonanten Informationen (z. B. gesundheitsschädliche Effekte des Rauchens abstreiten oder die Glaubwürdigkeit der Quelle in Frage stellen), die aktive Suche nach und Ergänzung von konsonanten

[4]Andere Facetten des Selbstkonzeptes wie der eigene Name oder Produktinteressen können jedoch durchaus durch andere Formen der Personalisierung angesprochen werden (z. B. Ullrich, 2012).

[5]Keine relevante Beziehung besteht beispielsweise zwischen der „Präferenz gegenüber bestimmten Weinsorten und der soeben erfahrenen Lufttemperatur in Moskau" (Raab et al., 2010, S. 42) – entsprechend können diese Kognitionen keine kognitive Dissonanz auslösen.

Informationen (z. B. Bezug auf Personen, die rauchen und trotzdem gesund sind) oder die Änderung des Verhaltens (z. B. mit dem Rauchen aufhören) (Güttler, 2003, S. 230 f.). Zudem werden Informationen und Situationen, die Dissonanz auslösen könnten, von vorneherein gemieden (Festinger, 1957, S. 29 f.).

Aufbauend auf die Theorie der kognitiven Dissonanz geht Aronson (1960; 1968; 1992) in der *Selbstkonsistenz-Theorie* davon ausgeht, dass nicht alle widersprüchlichen Kognitionen kognitive Dissonanz auslösen, sondern nur solche, die das Selbstkonzept einer Person betreffen: „Thus, at the very heart of dissonance theory, where it makes its clearest and neatest prediction, we are not dealing with just any two cognitions; rather, we are usually dealing with the self-concept and cognitions about some behavior. If dissonance exists, it is because the individual's behavior is inconsistent with his self-concept." (S. 23). Personen streben demnach nicht grundsätzlich nach kognitiver Konsistenz, sondern vor allem nach *Selbstkonsistenz*, also einer widerspruchsfreien Wahrnehmung der eignen Person[6].

Die recht radikale Sichtweise von Aronson, dass eine Beteiligung des Selbstkonzeptes eine notwendige Bedingung für kognitive Dissonanz sei, wird von den meisten Autoren heute nicht geteilt. Dennoch herrscht Einigkeit darüber, dass das Selbstkonzept eine zentrale (wenn auch nicht die einzige) Rolle bei der Entstehung kognitiver Dissonanz spielt (z. B. Harmon-Jones, 2000; Raab et al., 2010, S. 57 f.; Stone & Cooper, 2001). Schon Festinger wies darauf hin, dass die

[6]Zur Veranschaulichung seiner These führt er folgendes Beispiel an: „If Jones, a staunch liberal, were at a cocktail party, engaged in a political discussion with a group of conservatives, he might mouth a few sentiments in support of reactionary politicians in order to avoid offending his companions. [...] Festinger would maintain that what is dissonant for Jones is 1) his cognition that he had praised reactionary politicians, with 2) his cognition that he is a liberal. I disagree. I feel that dissonance exists between 1) Jones' expectation that he, as a good, rational, intelligent, honest animal, will behave with integrity; with 2) Jones' cognition that he did not behave with integrity. If Jones were a pathological liar and knew it, he would have experienced no dissonance; as a pathological liar, he would expect himself to tell lies – hence his behavior would have been quite consonant with his expectation" (Aronson, 1960, S. 2 f.). Aronson argumentiert, dass Experimente, die kognitive Dissonanz nachweisen, nachdem Versuchspersonen dazu gebracht wurden entgegen ihrer Überzeugungen zu handeln, implizit von einem moralischen, positiven Selbstkonzept der Versuchsteilnehmer ausgehen. Das Handeln der Teilnehmer entgegen ihrer Überzeugungen steht im Widerspruch zu diesem positiven Selbstkonzept und löst kognitive Dissonanz aus. Aronson führt daher verschiedene Experimente zur „klassischen" kognitiven Dissonanz nach Festinger als Belege für seine Theorie an (Aronson, 1992; Thibodeau & Aronson, 1992).

Wichtigkeit der beteiligten Kognitionen ausschlaggebend für die Dissonanzstärke ist (Festinger, 1957, S. 38 f.). Da sich ein Großteil der menschlichen Gedanken, Einstellungen und Verhaltensweisen um die eigene Person drehen, haben selbstkonzept-bezogene Kognitionen eine entsprechend große Wichtigkeit und damit das Potential starke Dissonanzeffekte hervorzurufen (Mummendey, 2006, S. 136). Darüber hinaus ist das Selbstkonzept mit zahlreichen Kognitionen eines Menschen verknüpft und daher relativ stabil und resistent gegenüber Veränderung. Im Falle kognitiver Dissonanz wird daher zur Herstellung von Selbstkonsistenz eher eine dem Selbstkonzept widersprechende Kognition oder Handlung geändert als das Selbstkonzept an sich (Harmon-Jones, 2000, S. 128).

In der *Selbstkongruenz-Theorie* von Sirgy (1982, 1986) wird das Streben nach einem widerspruchfreien und konsistenten Selbst auf das Kauf- und Konsumverhalten von Personen angewendet. Die Grundlage hierfür bildet die Annahme, dass Individuen menschliche Eigenschaften auf Objekte wie Marken oder Vertriebskanäle übertragen und diese bei der Bewertung und Präferenzbildung berücksichtigen. Laut Aaker (1997) assoziieren viele Amerikaner beispielsweise Eigenschaften wie „cool", „typisch amerikanisch" und „echt" mit *Coca-Cola*, wohingegen *Pepsi* Eigenschaften wie „jung", „aufregend" und „hip" zugeschrieben werden (S. 347 f.). Schon in den 50er Jahren postulierte Levy (1959), dass entsprechende symbolische Eigenschaften neben funktionalen Merkmalen wie Preis, Qualität und Haltbarkeit einen zentralen Einfluss auf das Kauf- und Konsumverhalten haben: „Choices are made more easily [...] because one object is symbolically more harmonious with our goals, feelings, and self-definitions than another" (S. 120). Erste empirische Untersuchungen in den 60er und 70er Jahren bestätigten, dass Konsumenten solche Produkte bevorzugen, deren Image ihrem Selbstkonzept entspricht (für einen Überblick siehe Sirgy, 1982).

Aufbauend auf diesen Untersuchungen und den Überlegungen von Levy (1959) definiert Sirgy (1985) *Selbstkongruenz* als Übereinstimmung zwischen dem eignen Selbstkonzept und der wahrgenommenen Persönlichkeit eines Produktes, einer Marke oder auch eines Kanals (z. B. eines Online-Shops oder einer App) (S. 195). Das Selbstkonzept wird dabei weitgehend – wie auch in der vorliegenden Arbeit – als Selbstwahrnehmung der eigenen Persönlichkeit verstanden (Bauer et al., 2006, S. 839). Der Grad der Übereinstimmung mit dem Selbstkonzept wird in einem konsumentenseitigen, bewertenden Abgleichprozess bestimmt. Selbstkongruenz weist also einen prozessualen Charakter auf und ist das Ergebnis dieses Abgleichprozesses (Sirgy, 1986, S. 14 f.). Die Theorie unterstellt Individuen ein grundsätzliches Bedürfnis nach Selbstkongruenz mit (konsumbezogenen) Objekten, Personen und Ereignissen und begründet dies mit dem menschlichen *Motiv der Selbstkonsistenz*[7]. Auch in Bezug auf Kauf- und Konsumverhalten sind Individuen also bestrebt, eine möglichst konsistente Wahrnehmung der eigenen Person zu schaffen und ihr (tatsächliches) Selbstkonzept zu bestätigen (Sirgy, 1985, S. 197 f.).

Zur Untermauerung der Selbstkongruenz-Theorie wird in der Literatur häufig auch das *Konzept der Ähnlichkeit* bzw. der *Similarity-Attraction-Effekt* von Byrne (1971) aufgegriffen (z. B. Bauer et al., 2006, S. 839 f.; Hong & Zinkhan, 1991, S. 59; Liberatore & Tscheulin, 2011, S. 593). Hierunter versteht man (ursprünglich) das Phänomen einer besonderen interpersonalen Anziehungskraft zwischen Personen, die sich ähnlich sind – gemäß dem Motto „Gleich und Gleich gesellt sich gern!". Byrne (1971) erklärt dies mit einem menschlichen Grundbedürfnis nach Selbstbestätigung und -verstärkung. Ähnliche Personen bestärken die eigene Persönlichkeit, Ansichten und Lebensweisen und lösen damit positive Emotionen aus. Völlig andersartige Personen dagegen stellen durch ihre Verhaltensweisen und Gewohnheiten die eigene Person implizit infrage und schaffen ein inkonsistentes Weltbild. Zudem laufen Interaktionen mit ähnlichen Personen in der Regel reibungsloser und konfliktfreier ab. Menschen umgeben sich daher lieber mit Personen, die ihnen ähnlich sind[8] (für einen Überblick verschiedener

[7]Daneben postuliert die Theorie auch ein *Motiv der Selbstwerterhöhung*, das sich auf das Bedürfnis nach Stärkung der Wertschätzung der eigenen Person bezieht. Ein positives Selbstwertgefühl entsteht dabei bei einer möglichst starken Annäherung des tatsächlichen Selbstkonzeptes an das ideale Selbstkonzept. Dieses Motiv erklärt die Präferenz für Objekte, die kongruent zum *idealen* Selbstkonzept sind, beispielsweise eine Präferenz für Sportwagen bei unsportlichen Konsumenten (Bauer et al., 2006, S. 841). Da für die vorliegende Arbeit das tatsächliche und nicht das ideale Selbstkonzept relevant ist, wird auf diese Inhalte der Selbstkongruenz-Theorie nicht weiter eingegangen.

[8]Dagegen geht der Komplementaritätsansatz davon aus, dass Menschen sich – insbesondere in romantischen Beziehungen – eher zu Personen hingezogen fühlen, die anders als sie selbst sind und ihre persönlichen Eigenschaften ergänzen können („Gegensätze ziehen sich an"). Komplementarität hat dabei vor allem biologische Ursachen. Menschen versuchen bei der Fortpflanzung unbewusst ihr Erbgut mit einem möglichst unterschiedlichen anderen Erbgut zu mischen, um eine größtmögliche Vielfalt der Gene und Gesundheit der Nachkommen zu gewährleisten. Frauen empfinden beispielsweise den Körpergeruch von Männern mit einem ähnlichen Immunsystem als unangenehm. Der Geruch von Männern mit einem sehr unterschiedlichen Immunsystem wird dagegen als anziehend wahrgenommen (Wedekind et al., 1995). Das Bedürfnis nach Komplementarität konnte auch hinsichtlich einiger Persönlichkeitseigenschaften nachgewiesen werden. Markey & Markey (2007) zeigen beispielsweise, dass Menschen in einer Beziehung zufriedener sind, wenn sie sich hinsichtlich der Eigenschaft Dominanz unterscheiden. Bei anderen Eigenschaften wie Herzlichkeit ist dagegen eine Übereinstimmung von Vorteil. Grundsätzlich zeigen

Modelle zur Begründung des Similarity-Attraction-Effekts siehe Montoya & Horton, 2012).

Ähnlichkeit kann dabei verschiedenste Aspekte betreffen, beispielsweise das Aussehen (Stevens et al., 1990), Hobbies (Werner & Parmelee, 1979), Einstellungen (Byrne et al. 1971) und – vor allem – die Persönlichkeit (siehe Nass et al., 1995 für einen Überblick über verschiedene Studien). Zahlreiche Studien zeigen, dass Personen andere Menschen mit ähnlichen Persönlichkeitseigenschaften sympathischer finden, lieber mit ihnen interagieren und stabilere Beziehungen zu ihnen aufbauen, dies gilt sowohl für Fremde (Byrne & Griffit, 1969), als auch für Mitbewohner (Carli et al., 1991), Freunde (Duck & Craig, 1978) und Lebens- bzw. Ehepartner (Richard et al., 1990). Seit den 90er Jahren wird der Similarity-Attraction-Effekt darüber hinaus auch außerhalb der Mensch-zu-Mensch-Beziehung angewendet und nachgewiesen. Verschiedene Studien zeigen, dass Menschen nicht nur andere Menschen, sondern auch Produkte und Marken (Aaker, 1999), Werbemittel (Hong & Zinkhan, 1991) und Computerprogramme (Moon, 2002) bevorzugen, die ähnliche Persönlichkeitseigenschaften wie sie selbst aufweisen – also selbstkongruent sind.

4.1.3.3 Hypothesenbildung

Aus den Ausführungen zu den Konsistenztheorien lässt sich schließen, dass persönlichkeitsbasierte Personalisierung dem grundsätzlichen menschlichen Bedürfnis nach Konsistenz im Allgemeinen und Selbstkonsistenz im Besonderen nachkommt. Da die Persönlichkeit den Kern des Selbstkonzeptes darstellt, das wiederum eine zentrale Rolle bei der Entstehung von kognitiver Dissonanz und Konsistenz spielt, hat persönlichkeitsbasierte Personalisierung ein großes Potential zu kognitiver Konsistenz und Selbstkongruenz zu führen. Zudem fördert die persönlichkeitsbasierte Personalisierung die Übereinstimmung zwischen den Persönlichkeitseigenschaften eines Nutzers und den Eigenschaften einer App und kann damit einen Similarity-Attraction-Effekt auslösen.

Verschiedene Studien der Konsumentenverhaltensforschung zeigen, dass sich Selbstkongruenz und Similarity-Attraction vor allem positiv auf die Einstellung auswirken. Beispielsweise ergeben sich in der Studie von Aaker (1999) in den Branchen Lebensmittel und Mode signifikant positivere Markeneinstellungen der

Forschungsergebnisse jedoch, dass der Einfluss von Ähnlichkeit den der Komplementarität überwiegt – zumindest bezogen auf die Persönlichkeit (siehe Meta-Analyse von Montoya et al., 2008). Insbesondere in Bezug auf nicht-menschliche Beziehungen (z. B. mit Marken) gilt der Similarity-Attraction-Effekt als überlegen (Bauer et al., 2006, S. 839).

Probanden bei einer Übereinstimmung von wahrgenommener Markenpersönlichkeit und Selbstkonzept. Auch Chammout (2010) weist einen positiven Zusammenhang zwischen Selbstkongruenz und Markeneinstellung in 15 verschiedenen Produktbereichen nach, darunter Lebensmittel, Automobile und Unterhaltungselektronik. In der Studie von Bauer et al. (2002) zeigt sich ein positiver Effekt der Selbstkongruenz auf die Identifikation und Zufriedenheit mit einer Marke bei Automobilen. Entsprechende Effekte konnten zudem für Werbung nachgewiesen werden (z. B. Chang, 2001, 2002, 2005; Hirsh et al., 2012; Hong & Zinkhan, 1995). Auch in einer Meta-Analyse zum Zusammenhang zwischen Selbstkongruenz und verschiedenen Kaufverhaltensdispositionen stellen Bauer et al. (2006) den größten Einfluss der Selbstkongruenz auf die Einstellung fest. Nachgelagerte Dispositionen wie Kaufabsicht, Preisbereitschaft oder der tatsächliche Kauf werden in geringerem Maße und teilweise nur indirekt beeinflusst[9].

Effekte von Selbstkongruenz und Similarity-Attraction werden zunehmend auch im digitalen Kontext untersucht. Schon in den 90er Jahren zeigen Nass et al. (1995) (und später auch Lee & Nass, 2003; Moon, 2002; Nass & Lee, 2001), dass Probanden Computerprogramme präferieren, denen sie eine ähnliche Persönlichkeit zuschreiben wie sich selbst. In einem Experiment weist Chang (2012) nach, dass Websites, die kongruent zu der Persönlichkeit eines Nutzers sind, positivere Emotionen und Einstellungen sowie ein erhöhtes „Browsing-Vergnügen" auslösen. Badrinarayanan et al. (2014), Koo et al. (2014) und Platt (2017) stellen einen positiven Einfluss von Selbstkongruenz auf die Einstellung gegenüber einem Online-Shop fest, die sich wiederum in einer erhöhten Kaufabsicht äußert.

Basierend auf den theoretischen Überlegungen und den dargestellten empirischen Erkenntnissen kann gefolgert werden, dass Supermarkt-Apps, die durch Personalisierung an der Persönlichkeit eines Nutzers ausgerichtet – also *persönlichkeitskongruent* – sind, als selbstkongruent wahrgenommen und daher gegenüber inkongruenten Apps präferiert werden. Durch die Nutzung einer selbstkongruenten App schafft ein Nutzer ein konsistentes, widerspruchsfreies Selbst. Eine entsprechende App kann zudem im Sinne des Similarity-Attraction-Effekts selbstbestätigend wirken. Durch diese Mechanismen sollte sich die durch die persönlichkeitsbasierte Personalisierung ausgelöste Persönlichkeitskongruenz positiv auf die Einstellung gegenüber der App auswirken und damit indirekt auch die Nutzungsabsicht der App beeinflussen (siehe H1). Entsprechend wird H2 formuliert:

---

[9] Weitere Literaturübersichten zu Marken- und Werbe-Selbstkongruenz finden sich bei Aguirre-Rodriguez et al. (2012) und Liberatore & Tscheulin (2011).

H2: Eine persönlichkeitskongruente Supermarkt-App führt zu einer positiveren Einstellung gegenüber der Supermarkt-App als eine persönlichkeitsinkongruente Supermarkt-App.

Das Auftreten von kognitiver Dissonanz oder Konsistenz hängt in starken Maß von der Wichtigkeit der beteiligten Kognitionen ab (Festinger, 1957, S. 38 f.) – im Kontext der vorliegenden Arbeit also von der Wichtigkeit des Lebensmittel-Einkaufs. Bei Personen, die dem Lebensmittel-Einkauf eine hohe persönliche Relevanz zuschreiben, hat die Persönlichkeitskongruenz einer Supermarkt-App also ein größeres Potential selbstbestätigend zu wirken als bei Personen, die sich nur wenig für Lebensmittel und den alltäglichen Einkauf interessieren (Bauer et al., 2002, S. 694). Eine entsprechende Wichtigkeit und Relevanz wird in der Konsumentenforschung häufig durch das Konstrukt *Involvement* abgebildet. Involvement kann dabei definiert werden als „internal state variable that indicates the amount of arousal, interest, or drive evoked by a particular stimulus or situation“ (Mitchell 1979, S. 194). Involvement umfasst das fortdauernde Interesse an einer Produktgruppe[10] (z. B. Lebensmittel) über verschiedene Situationen hinweg und wirkt sich auf die Informationssuche, -aufnahme, -verarbeitung und -speicherung aus (Trommsdorff, 2009, S. 49). Es kann folglich davon ausgegangen werden, dass Inhalte von Supermarkt-Apps in Abhängigkeit des Lebensmittel-Involvements verschieden verarbeitet und unterschiedlich stark mit der eigenen Persönlichkeit in Verbindung gebracht werden. Vor allem bei Personen mit einem hohen Lebensmittel-Involvement sollte Persönlichkeitskongruenz die eigene Identität unterstützten und sich daher besonders positiv auf die Einstellung auswirken:

H3: Das Lebensmittel-Involvement moderiert die Beziehung zwischen Persönlichkeitskongruenz und Einstellung: Je höher das Lebensmittel-Involvement, desto stärker der positive Einfluss der Persönlichkeitskongruenz auf die Einstellung gegenüber der App.

[10]In einigen Studien wird Produkten oder ganzen Produktkategorien ein bestimmtes Involvementniveau über alle Konsumenten hinweg zugeschreiben. Dabei gelten hochpreisige und langlebige Produkte wie Autos oder Computer per se als „High-Involvement“-Produkte, wohingegen Lebensmittel oft als typisches Beispiel für „Low-Involvement“-Produkte herangezogen werden (z. B. Gbadamosi, 2009; Radder & Huang, 2008). In der Marketingforschung wird jedoch weitgehend die Ansicht vertreten, dass es sich bei Involvement nicht um eine produktimmanente Eigenschaft, sondern vor allem um einen personenspezifischen Zustand handelt. Verschiedene Konsumenten können bezogen auf das gleiche Objekt – auch den Lebensmittel-Einkauf – verschieden stark involviert sein (Schulz & Hamm, 1997, S. 314).

4.1.4 Reaktanztheorie

Die *Theorie der psychologischen Reaktanz* nach Brehm (1966) (häufig kurz als Reaktanztheorie bezeichnet) basiert auf der grundlegenden Annahme, dass Menschen Autonomie und Wahlfreiheit schätzen und bestrebt sind, eigene Handlungen selbst kontrollieren zu können. Empfindet ein Individuum eine Bedrohung oder Einengung dieser Freiheit bzw. einen Kontrollverlust entsteht eine Motivation, die verloren geglaubte Freiheit wiederherzustellen. Dieser motivationale Zustand wird als psychologische Reaktanz[11] bezeichnet. „Psychological reactance is conceived as a motivational state directed toward the reestablishment of the free behaviors which have been eliminated or threatened with elimination“ (S. 9). Reaktanz kann ähnlich wie kognitive Dissonanz als unangenehm empfundener Spannungszustand, den es zu beseitigen gilt, charakterisiert werden (Arnold, 2015, S. 85).

Die Entstehung und Beseitigung von Reaktanz wird in der Reaktanztheorie durch einen Prozess mit den drei Komponenten *Freiheitseinengung*, *Reaktanz* und *Freiheitswiederherstellung* erläutert. Dieser Reaktanzprozess wird im Folgenden dargestellt. Auf dieser Basis werden dann Hypothesen über Reaktanzeffekte im Zusammenhang mit persönlichkeitsbasierter Personalisierung hergeleitet.

4.1.4.1 Reaktanzprozess

Entscheidend für das Auftreten von Reaktanz ist zunächst, dass ein Individuum glaubt, eine Freiheit zu besitzen, unabhängig davon, ob diese tatsächlich besteht. Dabei kann sich Freiheit sowohl auf Verhalten als auch auf Einstellungen und Emotionen beziehen (Brehm & Brehm, 1981, S. 49 f.). *Einengungen* einer solchen Freiheit können auf drei Arten herbeigeführt werden: durch sozialen Einfluss, umweltbedingte Barrieren oder eigenes Verhalten. Sozialer Einfluss gilt als der stärkste Reaktanztreiber und bezieht sich auf Freiheitseinengungen durch bewusste Kontroll-handlungen anderer Personen oder Institutionen. Hierzu gehören auch Beeinflussungsversuche durch Werbung oder Verkäufer. Umweltbedingte Barrieren dagegen umfassen unpersönliche Restriktionen wie physische Distanzen, Knappheit und Hochpreisigkeit von Produkten oder eine restriktive Gesetzgebung. Schließlich können Individuen ihre Freiheiten auch selbst

[11]Den Begriff Reaktanz entlehnte Brehm (1966) aus der Elektrotechnik. Reaktanz meint hier eine bestimmte Form des elektrischen Widerstandes in der Wechselstromtechnik (Graupmann et al., 2016, S. 32).

einengen, beispielsweise durch das Treffen von irreversiblen Entscheidungen und dem damit verbundenen Ausschluss von Handlungsalternativen (Raab et al., 2010, S. 65 f.; Clee & Wicklund, 1980, S. 389).

Das Ausmaß der durch die Freiheitseinengung *ausgelösten Reaktanz* hängt vor allem von zwei Determinanten ab: der Stärke der Freiheitseinengung und der Wichtigkeit der eingeengten Freiheit. Dabei gilt: Je stärker die Freiheitseinengung und je wichtiger die betroffene Freiheit desto größer die Reaktanz (Brehm 1966, S. 4ff; Brehm & Brehm, 1981, S. 37 ff.). Eine *starke Freiheitseinengung* ist beispielsweise gegeben, wenn ein Individuum annimmt, dass eine bedrohte Freiheit auch tatsächlich eliminiert wird oder sogar für immer verloren ist. Auch die Erwartung von negativen Konsequenzen für Freiheitsspielräume in der Zukunft, die Intensität sozialer Beeinflussungsversuche und die Machtposition der beeinflussenden Person oder Institution sowie die Anzahl der bedrohten Wahlalternativen intensivieren die Stärke der Freiheitseinengung (ebd.; Miron & Brehm, 2006, S. 5). Gesenkt werden kann sie dagegen, wenn Individuen ein Gefühl der Kontrolle zumindest teilweise zurückerlangen, beispielsweise indem ihnen Kontrolle in anderen, ähnlichen Situationen gewährleistet wird oder sie die freiheitseinengende Situation leicht verlassen können (Edwards et al., 2002, S. 92 f.).

Für die *Wichtigkeit einer Freiheit* ist vor allem entscheidend, welchen Beitrag das Ausüben einer Freiheit für das Erreichen eines bestimmten Ziels bzw. für die Befriedigung eines zentralen Bedürfnisses hat sowie welche Bedeutung dieses Ziel oder Bedürfnis für ein Individuum besitzt. Zudem wird Freiheit vor allem dann als wichtig erachtet, wenn die zur Verfügung stehenden Alternativen möglichst unähnlich sind (Clee & Wicklund, 1980, S. 391). Bei sehr ähnlichen Alternativen kann ein Beeinflussungsversuch oder die Eliminierung von Alternativen dagegen auch als Entscheidungshilfe gesehen werden (Iyengar & Lepper, 2000).

Als Folge von Reaktanz lassen sich verschiedene Strategien zur *Freiheitswiederherstellung* unterscheiden, die vereinfacht ausgedrückt als Trotzreaktionen im Sinne einer „Jetzt erst recht“-Haltung charakterisiert werden können (Arnold, 2015, S. 97). Dabei kann zwischen mentalen Reaktionen und Verhaltensreaktionen differenziert werden. *Mentale Reaktionen* betreffen die Innenwirkung von Reaktanz und umfassen vor allem Einstellungs- und Attraktivitätsänderungen. Sie drücken sich nicht in offenen Handlungen aus und sind damit der einfachere Mechanismus zur Freiheitswiederherstellung. Häufig laufen sie vorgelagert zu Verhaltensreaktionen ab (Brehm & Brehm, 1981, S. 107 f.). Empirisch nachgewiesene mentale Reaktionen sind insbesondere eine Abwertung der freiheitseinengenden Quelle (z. B. Miller et al., 2007; Worchel, 1974) und eine Aufwertung der eingeengten Freiheit (z. B. Brehm et al., 1966; Fitzsimons & Lehmann, 2004).

Verhaltensreaktionen dagegen umfassen beobachtbare Muster des Reaktanzabbaus. Entsprechende Reaktionen können sich *direkt* auf die eingeengte Freiheit beziehen, beispielsweise durch das gezielte Ausführen des bedrohten Verhaltens, aktiven Widerstand bzw. Protest gegen die Einengung, das Verlassen der freiheitseinengenden Situation oder aggressives Verhalten gegenüber der einengenden Quelle. Sind entsprechende direkte Reaktionen aufgrund von öffentlichem Druck oder hohen Sanktionen nicht möglich, kann Freiheit auch *indirekt* durch Stellvertreterhandlungen wiederhergestellt werden, beispielsweise indem eine dem bedrohten Verhalten ähnliche Handlung durchgeführt oder das Verhalten in einer anderen Situation ausgeführt wird (Brehm 1966, 9 ff.; Brehm & Brehm, 1981, S. 116 ff.; Raab et al., 2010, S. 66 ff.). In einigen Studien werden neben den mentalen Reaktionen und Verhaltensreaktionen auch physiologische Effekte von Reaktanz, insbesondere eine erhöhte Aktivierung des sympathischen Nervensystems (z. B. eine gesteigerte Herzfrequenz) nachgewiesen (z. B. Baum et al., 1986; Sittenthaler et al., 2015).

4.1.4.2 Hypothesenbildung

Im Marketing befassen sich die meisten Studien zu Reaktanz mit Beeinflussungsversuchen durch Werbung und im (persönlichen) Verkauf. Schon frühe Experimente zeigen, dass Verkäufer und Werbung mit stark beeinflussenden Verkaufstaktiken häufig das Gegenteil ihres Ziels eines höheren Abverkaufs erreichen. Kunden empfinden die Beeinflussung als manipulativ, fühlen sich in ihrer Entscheidungsfreiheit eingeschränkt und kaufen schließlich weniger[12] (z. B. Robertson & Rossiter, 1974; Weiner & Brehm 1966; Wicklund et al., 1970). Auch im digitalen Umfeld finden sich verschiedene Nachweise für Reaktanzeffekte. Edwards et al. (2002) zeigen Abwehrreaktionen gegenüber Online-Werbung, insbesondere wenn diese von den Nutzern als sehr aufdringlich wahrgenommen wird. Ähnliche Ergebnisse erzielen Lee et al. (2010) für (nicht-personalisierte) Produktempfehlungen in Online-Shops: Sofern Nutzer die Empfehlungen als Freiheitsbedrohung empfinden, werden die empfohlenen Produkte seltener gekauft. Baek & Morimoto (2012) und Godfrey et al. (2011) untersuchen Reaktanz im Zusammenhang mit Newslettern und weisen nach, dass eine hohe Newsletter-Frequenz zu Reaktanz führt und in einer negativen Einstellung sowie geringeren Ausgaben pro Nutzer resultiert. Losch & Schulz (2010) liefern Belege

[12]Ein entsprechender Beeinflussungsversuch mit gegenteiliger Wirkung wird auch als Bumerang-Effekt bezeichnet (Clee & Wicklund, 1980, S. 391).

für Reaktanzeffekte gegenüber Push-Mitteilungen von Apps, die sich in einer negativen Einstellung und geringeren Nutzungsabsicht der App äußern. Arnold (2015) und Ehrenbrink et al. (2016) weisen Reaktanz im Zusammenhang mit digitalen Assistenzsystemen[13] nach.

Darüber hinaus gibt es auch erste Studien zu Reaktanz und Personalisierung. Grundsätzlich sind im Zusammenhang mit Personalisierung zwei Arten der Freiheitseinengung denkbar: Einerseits kann Personalisierung – wie andere Verkaufstaktiken auch – von Nutzern als Manipulations-versuch gewertet werden, der sie in ihrer Entscheidungsfreiheit einschränkt (Bleier & Eisenbeiss, 2015b, S. 395). Andererseits kann die Nutzung von persönlichen Daten zur Personalisierung als Eingriff in die Privatsphäre empfunden werden und den Nutzern das Gefühl geben, die Kontrolle über ihre Daten zu verlieren (Baek & Morimoto, 2012, S. 61).

Mögliche negative Effekte von Personalisierung wurden erstmals von White et al. (2008) untersucht. Unter Rückgriff auf die Reaktanztheorie argumentieren die Autoren, dass Newsletter, die auf Basis vieler persönlicher Daten personalisiert sind, eine starke Freiheitsbedrohung für Nutzer darstellen und entsprechend Reaktanz auslösen. Die Ergebnisse zweier Experimente bestätigen diese Annahme: Die Nutzung vieler persönlicher Informationen aus dem Registrierungsprozess führt zu geringeren Klickraten als der Bezug auf nur wenige persönliche Daten. Zu ähnlichen Ergebnissen kommt auch die Studie von Lee & Lee (2009) im Kontext eines Online-Shops. In ihrem Experiment werden personalisierte Produktempfehlungen nur dann als freiheitseinengend wahrgenommen, wenn der Online-Shop neben Registrierungsinformationen auch Klick- und Transaktionsdaten der Nutzer zur Personalisierung verwendet. Die wahrgenommene Freiheitseinengung resultiert dann in einer gesenkten Nutzungsabsicht des Shops. Bleier & Eisenbeiss (2015b) zeigen entsprechende Effekte auch für Online-Werbung: Online-Anzeigen, die basierend auf dem vergangenen Klickverhalten stark personalisiert sind (d. h. Produkte vorschlagen, die den Präferenzen der Nutzer in hohem Maße entsprechen), rufen Reaktanz hervor, sofern der Werbetreibende als nicht vertrauenswürdig wahrgenommen wird. Reaktanz drückt sich wiederum in einer gesenkten Klickrate auf die Anzeigen aus. Auch in einem Feldexperiment von Tucker (2014) ergeben sich geringere Klickraten als Folge von Reaktanz bei Facebook-Anzeigen, wenn Nutzer kein

[13]Ein digitales Assistenzsystem ist eine Software, die menschliche Handlungen automatisiert unterstützt. Hierzu gehören beispielsweise Fahrassistenzsysteme oder Sprachassistenten wie Siri von Apple (Gerke, 2014, S. 8 f.).

Gefühl der Kontrolle über ihre Daten haben (z. B. durch intransparente Datenschutzbestimmungen und fehlende Opt-Out-Möglichkeiten).

Im Zusammenhang mit persönlichkeitsbasierter Personalisierung kann entsprechend ebenfalls ein Risiko für Reaktanz angenommen werden. Die Verwendung von Informationen über ihre Persönlichkeit, kann von Nutzern als Eingriff in die Privatsphäre sowie Manipulationsversuch gewertet und damit als Freiheitsentzug aufgefasst werden. Da persönlichkeitsbezogene Daten als besonders sensibel gelten (Matz & Netzer, 2017, S. 10; Tkalčič & Chen, 2015, S. 20), stellt ihre Nutzung sogar eine potenziell größere Bedrohung dar als die Nutzung anderer Daten wie Registrierungsinformationen oder der Kaufhistorie. Die Voraussetzung für die Entstehung von Reaktanz ist jedoch, dass Nutzern die Verwendung persönlichkeitsbezogener Daten zur Personalisierung auch bewusst ist. Bei vielen bereits etablierten Formen der Personalisierung wie der namentlichen Ansprache oder Produktempfehlungen, können Nutzer leicht erkennen, dass hierfür auf ihre Daten (z. B. ihren Namen oder ihre Kaufhistorie) zurückgegriffen wurde (Aguirre et al., 2015, S. 36). Persönlichkeitsbasierte Personalisierung ist dagegen subtiler. Wenn beispielsweise einem VER↑-Nutzer auf VER zugeschnittene Texte und Bilder präsentiert werden, kann vermutet werden, dass er diese zwar als sehr ansprechend wahrnimmt, ihm aber nicht per se bewusst ist, dass ein VER↓-Nutzer andere Texte und Bilder angezeigt bekommt. Folglich wird angenommen, dass nicht die *tatsächliche* persönlichkeitsbasierte Personalisierung, sondern eine *wahrgenommene* persönlichkeitsbasierte Personalisierung ausschlaggebend für das Empfinden eines Freiheitsentzugs und damit für die Entstehung von Reaktanz ist.

Sofern Apps für die Personalisierung keine unverwechselbaren Daten wie den Namen der Nutzer verwenden, werden Nutzer vor allem durch die Kommunikation der App-Betreiber auf die Sammlung und Verwendung ihrer Daten aufmerksam gemacht (ebd., S. 36). Insbesondere nach Einführung der Datenschutz-Grundverordnung (DSGVO) im Mai 2018, müssen Unternehmen offenlegen, welche Daten sie zu welchem Zweck sammeln und verwenden (BfDI, 2018). Studien zeigen, dass eine entsprechende transparente Datenkommunikation (z. B. durch Cookie-Hinweise) Nutzer für die Themen Datensammlung und Personalisierung sensibilisiert und – zumindest kurzfristig – negative Auswirkungen wie eine gesenkte Klickrate haben kann (z. B. Aguirre et al., 2015; Goldfarb & Tucker, 2011). Für die vorliegende Arbeit wird daher angenommen, dass die Kommunikation der Sammlung und Nutzung persönlichkeitsbezogener Daten (offene Datensammlung) entscheidend dafür ist, ob eine Freiheitseinengung wahrgenommen und Reaktanz ausgelöst wird – unabhängig davon, ob diese Daten dann tatsächlich zur Personalisierung verwendet werden oder nicht. Als Folge der Reaktanz sind mentale Reaktionen im Sinne einer Einstellungsverschlechterung zu erwarten, da sie den einfachsten Mechanismus zur Freiheitswiederherstellung darstellen.

H4: Eine offene Datensammlung führt zu einer negativeren Einstellung gegenüber der Supermarkt-App als eine verdeckte Datensammlung.

Trotz möglicher kurzfristig negativer Effekte einer offenen Datensammlung herrscht in der Literatur Einigkeit darüber, dass App-Betreiber kommunizieren sollten, welche Daten sie sammeln und verwenden (z. B. Aguirre et al., 2015; Tucker, 2014; White, 2008). Eine entsprechende Transparenz ist einerseits rechtlich notwendig, stärkt andererseits aber auch langfristig die Kundenbeziehung. Wenn App-Betreiber auf eine transparente Kommunikation verzichten, Nutzer aber dennoch eine Datensammlung vermuten, fühlen sie sich hintergangen und zeigen Unbehagen und Abwehrreaktionen (Aguirre et al., 2015, S. 35). Um die durch die Datensammlung ausgelöste wahrgenommene Freiheitseinengung möglichst gering zu halten, ist es gemäß der Reaktanztheorie sinnvoll, den Nutzern ein Gefühl der Kontrolle zu geben. Im E-Commerce Kontext kann ein entsprechendes Kontrollgefühl hergestellt werden indem Nutzern beispielsweise ermöglicht wird, Kontaktkanäle und -frequenz von Shop- oder App-Betreibern zu bestimmen oder die Speicherung und Verwendung ihrer Daten leicht zu widerrufen (Jayawardhena et al., 2009). Entsprechende Maßnahmen vermitteln den Nutzern, dass sie die Sammlung und Verwendung ihrer Daten zumindest in gewissem Maße kontrollieren können und reduzieren daher die Stärke der wahrgenommenen Freiheitseinengung (White et al., 2008, S. 43). Für die vorliegende Arbeit wird daher H5 formuliert:

H5: Möglichkeiten der Datenkontrolle moderieren die Beziehung zwischen Datensammlung und Einstellung: Sie mindern den negativen Einfluss der offenen Datensammlung auf die Einstellung gegenüber der Supermarkt-App.

Ausschlaggebend für die Intensität der Reaktanz ist daneben auch ist die Wichtigkeit der Freiheit. Im Falle persönlichkeitsbasierter Personalisierung wird durch die Verwendung sensibler Daten insbesondere die Freiheit der eigenen Privatsphäre bedroht. Die Wichtigkeit dieser Freiheit wird in empirischen Studien meist durch das Konstrukt *Privatsphäre- bzw. Datenschutz-Bedenken* (privacy concerns) konzeptualisiert (Smith et al., 2011, S. 997). Hierbei handelt es sich um die grundsätzliche Tendenz von Nutzern Privatsphäre-Praktiken von Unternehmen zu misstrauen und die Preisgabe von Informationen als

Verlust zu betrachten (Belanger & Crossler, 2011, S. 1020). Da Nutzer mit hohen Datenschutz-Bedenken Eingriffe in ihre Privatsphäre als großen Verlust empfinden, sind bei diesen Nutzern entsprechend stärkere Reaktanzeffekte zu erwarten. Datenschutz-Bedenken werden daher in der vorliegenden Arbeit als Moderator berücksichtigt, der verstärkend auf den negativen Zusammenhang zwischen offener Datensammlung und Einstellung wirkt:

H6: Datenschutz-Bedenken moderieren die Beziehung zwischen Datensammlung und Einstellung: Je größer die Datenschutz-Bedenken, desto stärker der negative Einfluss der offenen Datensammlung auf die Einstellung gegenüber der Supermarkt-App.

4.1.5 Übersicht Hypothesen

Tabelle 4.1 gibt abschließend einen Überblick über die hergeleiteten Hypothesen und ihre theoretische Basis. Das entsprechende konzeptionelle Pfaddiagramm ist in Abbildung 4.2 dargestellt. Die postulierten Zusammenhänge werden in den nächsten Kapiteln einer empirischen Überprüfung unterzogen.

Tabelle 4.1 Überblick Hypothesensystem

<table>
<tr><th colspan="2">Hypothese</th><th>Theorien</th></tr>
<tr><td>H1</td><td>Je positiver die Einstellung gegenüber der Supermarkt-App, desto höher die Nutzungsabsicht für die Supermarkt-App.</td><td>Einstellungs-Intentions-Verhaltensachse (TRA; TPB)</td></tr>
<tr><td>H2</td><td>Eine persönlichkeitskongruente Supermarkt-App führt zu einer positiveren Einstellung gegenüber der Supermarkt-App als eine persönlichkeitsinkongruente Supermarkt-App.</td><td rowspan="2">Selbstkonsistenz- und Selbstkongruenz-Theorie, Similarity-Attraction Effekt</td></tr>
<tr><td>H3</td><td>Das Lebensmittel-Involvement moderiert die Beziehung zwischen Persönlichkeitskongruenz und Einstellung: Je höher das Lebensmittel-Involvement, desto stärker der positive Einfluss der Persönlichkeitskongruenz auf die Einstellung gegenüber der App.</td></tr>
<tr><td>H4</td><td>Eine offene Datensammlung führt zu einer negativeren Einstellung gegenüber der Supermarkt-App als eine verdeckte Datensammlung.</td><td rowspan="3">Reaktanztheorie</td></tr>
<tr><td>H5</td><td>Möglichkeiten der Datenkontrolle moderieren die Beziehung zwischen Datensammlung und Einstellung: Sie mindern den negativen Einfluss der offenen Datensammlung auf die Einstellung gegenüber der Supermarkt-App.</td></tr>
<tr><td>H6</td><td>Datenschutz-Bedenken moderieren die Beziehung zwischen Datensammlung und Einstellung: Je größer die Datenschutz-Bedenken, desto stärker der negative Einfluss der offenen Datensammlung auf die Einstellung gegenüber der Supermarkt-App.</td></tr>
</table>

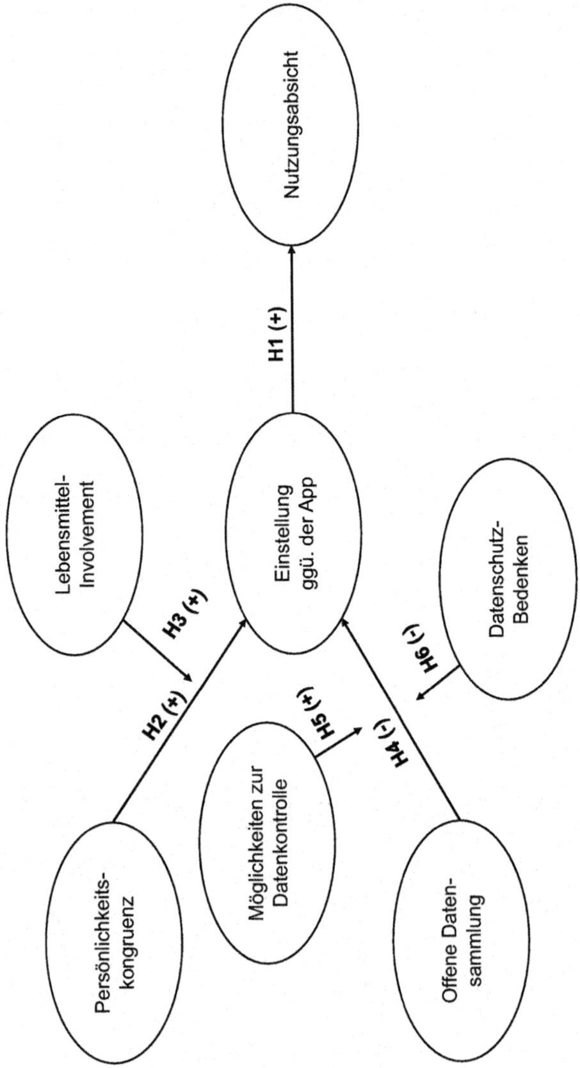

Abbildung 4.2 Konzeptionelles Pfadmodell von Studie 2. (Quelle: eigene Darstellung)

4.2 Methodische Grundlagen von Studie 2

Nachdem in den vorangegangenen Kapiteln ein theoretisches Hypothesensystem hergeleitet wurde, das die Wirkung persönlichkeitsbasierter Personalisierung erklären kann, gilt es diese Hypothesen empirisch zu überprüfen. Hierfür wird eine zweite empirische Untersuchung durchgeführt, die methodischen Grundlagen dieser *Studie 2* werden im Folgenden beschrieben. Zunächst werden hierzu die experimentelle Befragung als Verfahren der Datenerhebung und die Strukturgleichungsanalyse als Verfahren der Datenanalyse erläutert. Es folgt die Darlegung der experimentellen Manipulation sowie der Operationalisierung der sonstigen Modellvariablen. Anschließend werden Design und Ablauf sowie Grundgesamtheit und Stichprobe der Untersuchung dargestellt.

4.2.1 Experimentelle Befragung als Verfahren der Datenerhebung

Die Daten der zweiten Untersuchung werden mit Hilfe eines *Experimentes* erhoben. Bei einem Experiment werden eine oder mehrere unabhängige Variablen (auch als *Experimentalfaktoren* oder *Treatmentvariablen* bezeichnet) gezielt manipuliert, um deren Wirkung auf eine oder mehrere abhängige Variablen unter kontrollierten Bedingungen zu untersuchen. Experimente weisen damit im Unterschied zu nicht-experimentellen Verfahren wie der Korrelationsforschung oder Fallstudien zwei Kerncharakteristika auf: Zum einen muss der Forscher eine aktive und absichtliche Veränderung der unabhängigen Variablen vornehmen (*systematische Manipulation der unabhängigen Variablen*). Zum anderen müssen mögliche Störgrößen kontrolliert werden (*systematische Kontrolle der Störvariablen*) (Aaker et al. 2010, S. 353 f.; Brosius et al., 2016, S. 218 ff.; Garnefeld, 2008, S. 107 f.).

Das Experiment gilt als geeignetstes Verfahren zur Analyse von kausalen Zusammenhängen bzw. Ursache-Wirkungs-Beziehungen: „Experiments are the best method for finding whether one thing really causes another“ (Aronson et al. 1990, S. 9). Zwar lässt sich Kausalität nicht empirisch beobachten und ist daher „nie total empirisch beweisbar“ (Zimmermann, 1972, S. 39), auf Basis von experimentellen Ergebnissen kann jedoch auf einen Kausalzusammenhang zwischen zwei (oder mehr) Variablen X und Y *geschlossen* werden. Für einen Kausalschluss müssen laut Cook & Campbell (1979, S. 31) drei Bedingungen erfüllt sein: Erstens müssen die Variablen X und Y miteinander korrelieren. Zweitens muss die verursachende Variable X zeitlich vor der Wirkungsvariable Y auftreten. Drittens müssen alternative Erklärungen (d. h. andere Ursachen als X) für eine Veränderung von Y ausgeschlossen werden. Während nicht-experimentelle Verfahren in der Regel nur die erste Bedingung erfüllen[14], können in Experimenten durch die aktive Manipulation von Variablen auch deren zeitliche Abfolge sichergestellt und durch die Kontrolle von Störvariablen alternative Ursachen (weitestgehend) ausgeschlossen werden. Da im Fokus der vorliegenden Arbeit die Analyse des kausalen Zusammenhangs zwischen persönlichkeitsbasierter Personalisierung (Ursache) und der Nutzungsabsicht einer App (Wirkung) steht, ist das Experiment das geeignetste Verfahren für Studie 2. Hierbei wird die Ausgestaltung persönlichkeitsbasierter Personalisierung aktiv manipuliert (beispielsweise wird einem Teil der Probanden eine persönlichkeitskongruente App präsentiert, dem anderen Teil dagegen eine persönlichkeitsinkongruente App) und der Einfluss dieser Manipulation auf die Einstellung und Nutzungsabsicht gemessen.

Das Experiment an sich ist jedoch noch keine Methode der Datenerhebung, sondern vielmehr eine bestimmte Form der Untersuchungsanlage. Die eigentliche Erhebung der Daten geschieht bei Experimenten – genau wie bei nicht-experimenteller Forschung – in der Regel durch Befragung oder Beobachtung (Brosius et al., 2016, S. 217 f.). Beobachtungen haben zwar den Vorteil, dass sie nicht auf die Auskunftsfähigkeit und -willigkeit der Probanden angewiesen sind, sie können jedoch nur sichtbares Verhalten und keine nicht beobachtbaren Variablen wie die Einstellung aufdecken. Da die Nutzung von Supermarkt-Apps in der Regel im Privaten geschieht, wäre eine Beobachtung zudem nur mit einem gewissen Grad an Intrusivität möglich. Für die vorliegende Arbeit wird daher die Befragung – in Form einer experimentellen Befragung – als Datenerhebungsverfahren angewendet.

[14]Eine Ausnahme bilden Längsschnittstudien, bei denen ebenfalls eine zeitliche Abfolge der Variablen berücksichtigt wird. Eine Herausforderung ist dabei jedoch die Wahl geeigneter Zeitintervalle. Zudem können Längsschnittstudien die dritte Kausalitätsbedingung aufgrund der mangelnden Kontrollierbarkeit von Störgrößen nicht erfüllen (Garnefeld, 2008, S. 110).

4.2.2 Strukturgleichungsanalyse als Verfahren der Datenanalyse

Die in der Literatur am weitesten verbreitete Analyseverfahren experimenteller Studien sind die *Varianzanalyse* (Analysis of Variance (ANOVA) oder Multivariate Analysis of Variance (MANOVA) bei mehr als einer abhängigen Variablen) und die *Kovarianzanalyse* (Analysis of Covariance (ANCOVA) oder Multivariate Analysis of Covariance (MANCOVA)). Die Verfahren untersuchen die Differenzen zwischen den Mittelwerten der abhängigen Variablen in den durch die Ausprägungen der unabhängigen (d. h. experimentell manipulierten) Variable definierten Gruppen (Backhaus et al., 2015, S. 174 ff.; Russell et al., 1998, S. 18). In der vorliegenden Arbeit würden beispielsweise Mittelwertunterschiede der Nutzungsabsicht (abhängige Variable) in den Gruppen „persönlichkeitskongruente App“ und „persönlichkeitsinkongruente App“ analysiert werden. Bei der Kovarianzanalyse können zusätzlich metrisch skalierte Kovariate (beispielsweise das Involvement) berücksichtigt werden (Backhaus et al., 2015, S. 198 ff.). Der Nachteil dieser Verfahren ist jedoch, dass sie lediglich direkte Effekte zwischen den experimentell manipulierten und den abhängigen Variablen untersuchen und keine Mediatoren, die diese Effekte näher erklären, berücksichtigt werden (Russell et al., 1998, S. 18 f.). Neuere experimentelle Studien werden daher zunehmend mit Methoden der *Strukturgleichungsanalyse* (Structural Equation Modelling, im Folgenden SEM) ausgewertet (z. B. Hennig-Thurau et al., 2006; Wagner et al., 2009).

Die Verfahren des SEM lassen sich den strukturprüfenden multivariaten Analysemethoden zuordnen und dienen der Überprüfung von a priori theoretisch formulierten komplexen Hypothesensystemen. Beim SEM werden Strukturgleichungs- bzw. Regressionsmodelle der Ökonometrie mit der Faktoren- bzw. Hauptkomponentenanalyse kombiniert. Auf diese Weise werden zwei zentrale Probleme wissenschaftlichen Arbeitens behandelt: die Analyse von komplexen Abhängigkeitsstrukturen (Dependenzen) sowie die Messung komplexer Konstrukte (Homburg & Klarmann, 2006, S. 1; Mann, 2004, S. 263).

Um *komplexe Abhängigkeitsstrukturen* abzubilden, können einzelne Variablen im Rahmen des SEM sowohl unabhängige (exogene) als auch abhängige (endogene) Variablen darstellen und in Wechselbeziehungen zueinanderstehen stehen. Zusätzlich können Variablen auch als Moderatoren berücksichtigt werden. Die theoretisch formulierten Kausalzusammenhänge zwischen den Variablen werden beim SEM im *Strukturmodell* spezifiziert und in mehreren Regressionsgleichungen abgebildet, die dann so geschätzt werden, dass sie die empirisch erhobenen Daten möglichst gut reproduzieren (Backhaus et al., 2016, S. 67 f.; Weiber & Mühlhaus, 2014, S. 21 ff.).

Darüber hinaus ist das SEM in der Lage neben direkt beobachtbaren (manifesten) Variablen auch *komplexe*, nicht direkt beobachtbare (latente) Variablen (auch hypothetische Konstrukte oder theoretische Variablen) in die Analyse einzubeziehen. Entsprechende latente Variablen sind in der vorliegenden Arbeit beispielsweise die Einstellung und das Lebensmittel-Involvement. Sie müssen durch geeignete (manifeste) Indikatoren messbar gemacht werden. Der Zusammenhang zwischen den Indikatoren und den latenten Variablen wird im *Messmodell*[15] spezifiziert und mittels konfirmatorischer Faktorenanalyse oder Hauptkomponentenanalyse modelliert (ebd.).

Das SEM ist ein in der Marketingforschung sehr weit verbreitetes Analyseverfahren. Zur Auswertung experimentell erhobener Daten wird sie jedoch noch vergleichsweise selten angewendet. In einem Literaturreview zu Anwendungsmöglichkeiten des SEM folgern MacCallum & Austin (2000) beispielsweise: „there seems to be a common misconception that SEM is applicable only to observational studies and not to experimental studies" (S. 210). Auch Bollen & Pearl (2013) und Russell et al. (1998) stellen fest, dass viele Forscher fälschlicherweise davon ausgehen, experimentell erhobene Daten könnten nicht mittels SEM ausgewertet werden, da Anforderungen bezüglich Skalenniveau und Verteilung der Grundgesamtheit nicht erfüllt seien. Bollen & Pearl (2013)

---

[15]Grundsätzlich lassen sich zwei Arten von Messmodellen unterscheiden: reflektive und formative Messmodelle. Bei einem reflektiven Messmodell wird davon ausgegangen, dass das latente Konstrukt die Ausprägungen der Indikatoren verursacht (latentes Konstrukt als unabhängige Variable). Eine Veränderung des latenten Konstruktes zieht folglich eine gleichzeitige und gleichmäßige Veränderung aller Indikatoren mit sich. Ein formatives Messmodell dagegen impliziert eine gegensätzliche kausale Wirkungsrichtung – hier sind die Indikatoren die Ursache der Ausprägung des latenten Konstruktes (latentes Konstrukt als abhängige Variable). Die Veränderung eines Indikators resultiert somit immer in einer Veränderung des latenten Konstrukts, eine gleichzeitige Veränderung der anderen Indikatoren ist jedoch nicht zwangsläufig gegeben. Dies führt dazu, dass einzelne Indikatoren nicht hoch miteinander korrelieren müssen. Eine Eliminierung einzelner Indikatoren führt deshalb in der Regel zu einer inhaltlichen Veränderung des betrachteten latenten Konstrukts und sollte vermieden werden (Hermann et al., 2006, S. 58; Weiber & Mühlhaus, 2014, S. 41 ff.).

bezeichnen diese Annahme jedoch als „Mythos" (S. 21). Schon in den 80er Jahren finden sich erste Arbeiten, die zeigen, dass SEM auch bei Experimenten, also bei Untersuchungen mit lediglich nominal skalierten, nicht-normalverteilten exogenen Variablen, angewendet werden kann (z. B. Bagozzi & Yi, 1989; Blalock, 1985). Auch ausgewählte aktuelle Arbeiten weisen nach, dass eine sinnvolle Verbindung von Experimenten und SEM möglich ist (z. B. Garnefeld et al., 2011; Hennig-Thurau et al., 2006; Wagner et al., 2009).

Zur Schätzung der Parameter stehen verschiedene Analysemethoden des SEM zur Verfügung, die sich unterschiedlich gut zur Auswertung experimenteller Daten eignen. Grundsätzlich lassen sich der *kovarianzanalytische* und der *varianzanalytische* Ansatz unterscheiden. Die beiden Ansätze weisen Unterschiede hinsichtlich ihrer Ziele und Methodik, sowie in Bezug auf Annahmen und Anforderungen an das Modell und die Datenbasis auf. Die zentralen Unterschiede sind in Tabelle 4.2 dargestellt.

Tabelle 4.2 SEM-Ansätze. (Quellen: Homburg & Klarmann, 2006, S. 15; Weiber & Mühlhaus, 2014, S. 74)

Kriterium	***Kovarianzanalytischer Ansatz*** Jöreskog (1970, 1973)	***Varianzanalytischer* Ansatz** Wold (1966, 1975)
Zielsetzung	Minimierung der Diskrepanz zwischen der modelltheoretischen und der empirischen Kovarianzmatrix	Maximierung der erklärten Varianz aller endogenen Variablen
Methodik	Faktoranalytischer Ansatz mit simultaner Schätzung aller Parameter des Modells	Regressionsanalytischer Ansatz mit zweistufiger Schätzung von Messmodellen und Strukturmodell
Datenbasis	Kovarianzmatrix	Ausgangsdatenmatrix
Theoriebezug	Theorietestender Ansatz, Validierung von theoretisch fundierten Zusammenhängen	Prognoseorientierter Ansatz, Untersuchung neuartiger Phänomene
Modellkomplexität	Kleine bis mittlere Komplexität; Gefahr von Instabilitäten bei komplexen Modellen	Komplexe Modelle mit hoher Anzahl an Messvariablen
Messmodelle	Primär reflektiv	Formativ und reflektiv
Verteilungsannahmen	Multinormalverteilung (bei Maximum-Likelihood-Methode)	keine
Stichprobenumfang	Große Stichproben (n > 200)	Kleine Stichproben ausreichend (n <100)
Gütebeurteilung	Globale und lokale inferenzstatistische Gütemaße	Partielle Gütekriterien
Messfehlerkontrolle	Isolierung der Fehlervarianz der Messvariablen bei der Schätzung des Strukturmodells	Konfundierung von Faktor- und Fehlervarianz bei der Schätzung der Konstruktwerte

Der varianzanalytische Ansatz kommt mit weniger restriktiven Annahmen aus[16] und eignet sich daher tendenziell besser zur Auswertung von Experimenten: Die experimentell manipulierten Variablen müssen zu Auswertung in Dummy-Variablen (z. B. „1" für kongruent und „0" für inkongruent) transformiert werden[17]. Diese sind *nicht normalverteilt* und verletzten damit die Mulitnormalverteilungs-Annahme der beim kovarianzanalytischen Ansatz vorherrschenden Maximum-Likelihood-Methode[18] (Waßmann, 2013, S. 158 f.; Weiber & Mühlhaus, 2014, S. 74). Weiterhin werden die Dummy-Variablen als *formative Konstrukte* mit einem Indikator (experimentelle Manipulation) spezifiziert (d. h. die experimentelle Manipulation ist die *Ursache* dafür, ob die App persönlichkeitskongruent oder -inkongruent ist). Die Spezifizierung formativer Konstrukte ist beim varianzanalytischen im Gegensatz zum kovarianzanalytischen Ansatz direkt möglich (Hermann et al., 2006, S. 44). Die Dummy-Variablen lassen sich wie metrische Variablen behandeln und können entsprechend – analog einer Regressionsanalyse mit Dummy-Variablen – in das SEM einbezogen

[16]Neben den im Folgenden genannten weniger restriktiven Annahmen, verlangt der varianzanalytische Ansatz darüber hinaus keine identische Verteilung von Residuen, d. h. bei den Residuen kann Heteroskedastizität vorliegen (Lohmöller 1989, S. 70 f.). Dieser Aspekt wird hier jedoch nicht weiter ausgeführt, da im Datensatz von Studie 2 keine Probleme hinsichtlich Heteroskedastizität festgestellt wurden.

[17]Alternativ können experimentelle Daten mittels SEM auch mit Hilfe einer Mehrgruppen-Kausalanalyse ausgewertet werden. Hierbei wird die Stichprobe auf Basis der Experimentalfaktoren in Teilstichproben zerlegt. Für jede Teilstichprobe wird dann ein separates SEM gerechnet und geprüft, ob sich die Ergebnisse (d. h. die Pfadkoeffizienten) zwischen den Teilstichproben signifikant unterscheiden (Russell et al., 1998, S. 22 f.). Dieses Verfahren eignet sich vor allem dann, wenn angenommen wird, dass die Experimental-faktoren als Moderatoren wirken und sich auf die Stärke der Kausalbeziehungen auswirken (Weiber & Mühlhaus, 2014, S. 294, siehe auch Abschnitt 4.3.4 zur Analyse von Moderatoreffekten mit Hilfe der Mehrgruppen-Kausalanalyse). In der vorliegenden Arbeit wird jedoch von einem direkten Effekt der Experimentalfaktoren auf die Einstellung ausgegangen, weswegen die Analyse mit Hilfe von Dummy-Variablen zu bevorzugen ist.

[18]Einige Autoren nutzen daher den kovarianzanalytischen Ansatz mit anderen Schätzverfahren wie dem Scale-free-Least-Squares-Schätzalgorithmus (SLS) (z. B. Kramer, 2017, S. 195 f.), die keine Multinormal-verteilung erfordern. Entsprechende Verfahren weisen jedoch genau wie der varianzanalytische Ansatz den Nachteil fehlender inferenzstatistischer Testmöglichkeiten auf (für eine Übersicht verschiedener LISREL Schätzverfahren siehe Weiber & Mühlhaus, 2014, S. 63 ff.).

werden. Auch dieses Vorgehen ist beim varianzanalytischen Ansatz weniger problematisch, da es sich hierbei um ein regressionsbasiertes Verfahren handelt (Backhaus et al., 2016, S. 17). Schließlich erfordert der kovarianzanalytische Ansatz eine relativ große Stichprobe (mindestens n = 200), während der varianzanalytische Ansatz auch bei kleinen Stichproben mit weniger als 100 Fällen eingesetzt werden kann. Dies ist gerade bei Experimenten hilfreich, da auch Analysen für die einzelnen Experimentalgruppen (oder andere Probandengruppen), die nur einen Teil der Stichprobe umfassen, durchgeführt werden können (Hermann et al., 2006, S. 39; Weiber & Mühlhaus, 2014, S. 73). Aus den genannten Gründen finden sich mehr Arbeiten, die Experimente mit Hilfe des varianzanalytischen Ansatzes auswerten als solche, die den kovarianzanalytischen Ansatz nutzen (z. B. Garnefeld et al., 2011; Hennig-Thurau et al., 2006; Wagner et al., 2009).

Die Nutzung des varianzanalytischen Ansatzes bringt jedoch zwei Einschränkungen mit sich. Aufgrund der fehlenden Verteilungsannahmen können keine inferenzstatistischen Tests durchgeführt werden. Beim kovarianzanalytischen Ansatz dagegen steht eine Vielzahl an globalen und lokalen Gütekriterien zur Verfügung (siehe Weiber & Mühlhaus, 2014, S. 203 ff. für einen Überblick). Zwar kann beim varianzanalytischen Ansatz durch Resampling-Verfahren wie Bootstrapping oder Jackknifing die Signifikanz der geschätzten Modellparameter zumindest näherungsweise bestimmt werden (siehe Abschnitt 4.3.4), die Ermittlung der Gesamtgüte eines Modells ist jedoch nur eingeschränkt möglich (Hermann et al., 2006, S. 39 f.). Ein weiterer Vorteil des kovarianzanalytischen Ansatzes liegt in der Messfehlerkontrolle. Der Ansatz isoliert die Messfehlervarianz von der wahren Varianz der Konstrukte und nutzt für die Schätzung des Strukturmodells nur die wahre Varianz. Eine entsprechende Zerlegung der Gesamtvarianz wird beim varianzanalytischen Ansatz nicht vorgenommen (Scholderer & Balderjahn, 2006, S. 67; Weiber & Mühlhaus, 2014, S. 75 f.).

In der vorliegenden Arbeit werden die experimentell erhobenen Daten mit dem varianzanalytischen Ansatz ausgewertet. Die Einschränkungen des Ansatzes werden bewusst in Kauf genommen, da die beschriebenen Vorteile bei der Auswertung experimenteller Daten überwiegen. Durch die Analyse mittels SEM ergeben sich zwei wesentliche Vorteile im Vergleich zu klassischen Analysemethoden wie der ANOVA: Einerseits können nicht nur direkte Effekte, sondern auch komplexe Hypothesensysteme mit mediierenden und moderierenden Prozessen untersucht werden (Bagozzi & Yi, 1989, S. 282 f.; Russell et al., 1998, S. 18 f.). Andererseits erleichtert das SEM die experimentelle Untersuchung von komplexen, nicht beobachtbaren Konstrukten, da es direkt auf Ebene der latenten Variablen durchgeführt wird (Bagozzi et al., 1991, S. 130; Streukens et al., 2010, S. 567). Aufgrund dieser Vorteile folgern Streukens et al. (2010): „Structural equation modeling (SEM) has the potential to fundamentally improve experimental research in social sciences" (S. 567).

4.2.3 Manipulation der Experimentalfaktoren

Die aktive Manipulation der unabhängigen Variablen ist eines der Kerncharakteristika von Experimenten. Hierzu müssen für die zweite Untersuchung verschiedene Stimuli entwickelt werden, die sich hinsichtlich der Ausprägung der Experimentalfaktoren unterscheiden. Im Rahmen der Hypothesenbildung wurde hergeleitet, dass die Variablen *Persönlichkeitskongruenz* sowie die Kommunikation der *Datensammlung* und die *Datenkontrolle* potenziell einen Einfluss auf die Einstellung gegenüber einer Supermarkt-App und damit indirekt auch auf die Nutzungsabsicht haben[19]. Diese Variablen müssen daher experimentell manipuliert werden, damit ihr Einfluss empirisch überprüft werden kann. Das Vorgehen zur Manipulation der Variablen wird in den nächsten beiden Kapiteln beschrieben. Abschließend wird zudem geschildert, wie mit Hilfe eines Manipulationschecks geprüft werden kann, ob die Manipulation erfolgreich war.

4.2.3.1 Persönlichkeitskongruenz

In Studie 1 wurde ermittelt, dass Präferenzen bezüglich der Gestaltung von Supermarkt-Apps sich vor allem hinsichtlich der Attribute Texte und Bilder unterscheiden und am stärksten von der Persönlichkeitsdimension VER abhängen. Zur Manipulation der Persönlichkeitskongruenz müssen also Stimuli entwickelt werden, deren Texte und Bilder je nach VER-Grad der Probanden variieren, wobei sie für einen Teil der Probanden an den VER-Grad angepasste Texte und Bilder (Ausprägung kongruent) und für einen anderen Teil dem VER-Grad widersprechende Texte und Bilder (Ausprägung inkongruent) enthalten müssen.

[19]Daneben wurde auch hergeleitet, dass die Variablen Lebensmittel-Involvement und Datenschutz-Bedenken als Moderatoren eine Rolle bei der Einstellungsbildung spielen. Diese werden jedoch nicht experimentell manipuliert, sondern als nutzer-inhärente Eigenschaften durch Abfrage ermittelt.

Zur Gestaltung der Stimuli wurde ein *App-Prototyp* der fiktiven Supermarkt-App *Markt.de* erstellt. Bei der Festlegung des Umfangs des Prototyps wurden die Ergebnisse von Studie 1 herangezogen: Analog zu Studie 1 wurde als erste Seite die *Einstiegsseite* gewählt. Als zweite Seite wurde die *Übersichtsseite Themenwelten* konzipiert, da dieses Feature in Studie 1 über alle Befragten hinweg am meisten präferiert wurde. Auf dieser Seite sind Teaser für verschiedene Themenwelten (z. B. Grillen, italienische Küche, Frühjahrsputz) dargestellt. Die dritte Seite ist die *Detailseite einer Themenwelt.* Neben dem Teaser dieser Themenwelt, enthält die Seite eine Übersicht verschiedener Produkte, die zu der Themenwelt gehören. Als vierte Seite wurde schließlich eine *Produktdetailseite* gewählt, da diese neben der Einstiegsseite als die wichtigste Seite einer Shopping-App gilt. Bei der Ausgestaltung der Seiten wurden für die Attribute Farbe, Form und Feature jeweils jene Ausprägungen mit den höchsten TNW in Studie 1 verwendet. Zudem wurde sich an bestehenden Supermarkt-Apps (REWE und mytime) orientiert, um einen möglichst realitätsgetreuen Prototyp zu erstellen.

Alle Befragten werden im Experiment durch diese vier Seiten des Prototyps geführt, die immer in der gleichen Reihenfolge angezeigt werden. Zwischen den Seiten sind kurze Textpassagen integriert, die den Übergang zwischen den Seiten erläutern[20]. Innerhalb der Seiten ist es möglich nach oben und unten zu „scrollen", damit ein möglichst natürliches App-Nutzungsgefühl entsteht. Es wurde jedoch bewusst darauf verzichtet, die Elemente der Seiten klickbar zu machen, um sicherzustellen, dass alle Befragten den Prototyp in möglichst gleicher Art und Weise nutzen. Auf diese Weise kann ausgeschlossen werden, dass unterschiedliche Ausprägungen der abhängigen Variablen auf eine unterschiedliche Nutzung des App-Prototyps zurückzuführen sind.

Zur Manipulation der Persönlichkeitskongruenz wurden zwei Varianten des App-Prototyps erstellt: Die erste Variante *(VER↑-Variante)* wurde den Ergebnissen von Studie 1 entsprechend mit sozialen und emotionalen Elementen in Texten und Bildern gestaltet. Für die zweite Variante *(VER↓-Variante)* dagegen

---

[20] Beispiele: Vor Seite 1: *Bitte stellen Sie sich vor, Sie möchten Ihren alltäglichen Einkauf über die Supermarkt-App MARKT.DE erledigen. Sie haben die App gerade auf Ihrem Smartphone geöffnet. Sie sehen nun die Startseite der App.*
Vor Seite 2: *Auf der Startseite konnten Sie einen Teaser für die ‚Themenwelten' von MARKT.DE sehen. Nach einem Klick auf den Teaser öffnet sich die nun folgenden Seite.*

wurden effizienzbezogene Texte mit einer knappen, formalen Sprache sowie Bilder mit gedeckten Farben, die Lebensmittel und nicht Menschen im Fokus zeigen, verwendet[21]. Ein Auszug der Seiten beider Varianten ist in Abbildung 4.3 und Abbildung 4.4 dargestellt. Eine vollständige Übersicht aller Seiten ist in *Anhang F* zu finden.

Abbildung 4.3 Experimenteller Stimulus VER↑. (Quelle: eigene Darstellung)

[21]Während auf den ersten drei Seiten Texten und Bildern angepasst wurden, wurde auf der Produktdetailseite nur der Text verändert. Da Produktdetailseiten normalerweise einen schnellen Überblick über die wichtigsten Informationen zum Produkt liefern und den Nutzer schnell zum Kauf führen sollen, stellen Bilder auf diesen Seiten i. d. R. das Produkt in den Fokus. Emotionale Bilder mit Menschen könnten deplatziert wirken und den Nutzer vom Kauf ablenken. Es scheint daher wenig realistisch, dass Online-Supermärkte eine persönlichkeitsbasierte Personalisierung von Produktbildern vornehmen würden. Daher wird hiervon auch in Studie 2 abgesehen, um die externe Validität des Experiments nicht zu gefährden.

VER↓-Variante (Auszug)

(Kongruent für Befragte mit VER < 6; Inkongruent für Befragte mit VER ≥ 6)

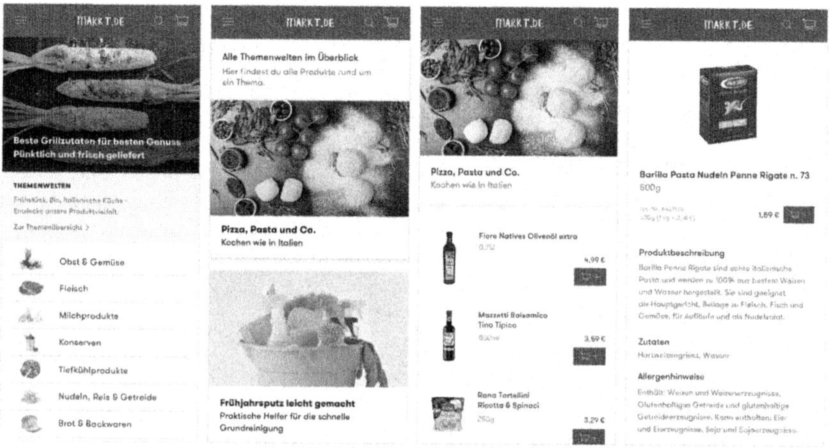

Abbildung 4.4 Experimenteller Stimulus VER↓. (Quelle: eigene Darstellung)

Die experimentelle Manipulation der Persönlichkeitskongruenz wurde dann folgendermaßen umgesetzt: Im ersten Teil der Befragung wurde anhand des *BFI-S* (siehe Abschnitt 3.3.6.1) der VER-Wert jedes Befragten ermittelt. Dieser Wert wurde dann im Experimentalteil der Befragung genutzt, um zu bestimmen, welche der beiden Varianten kongruent zur Persönlichkeit des Befragten ist. Bei *VER*↑-Befragten wurde die *VER↑-Variante* als kongruent und die *VER↓-Variante* als inkongruent mit der Persönlichkeit eingestuft, bei *VER*↓-Befragten vice versa. Für jeden Befragten wurde dann zufällig[22] entweder die kongruente oder die inkongruente Variante des App-Prototyps ausgewählt und angezeigt.

Entscheidend für die Zuordnung der Befragten zu den Experimentalgruppen ist, ab welchem VER-Wert Befragte in die Gruppe *VER↑ bzw. VER↓* eingeteilt werden. In bestehenden Studien wird in der Regel der Median (z. B. Staiano et al., 2012; Sumner et al., 2012) verwendet, um Personen anhand der Big Five in

[22]Die zufällige Zuordnung der Befragten zu einer Experimentalgruppe (Randomisierung) ist eine zentrale Technik zur Kontrolle von Störfaktoren bei Experimenten. Durch die zufällige Zuordnung wird erreicht, dass potenzielle Störvariablen (insbesondere persönliche Merkmale der Befragten wie Soziodemografika oder Einstellungen) sich in gleicher Weise auf die verschiedenen Gruppen verteilen (Kubbe, 2016, S. 37).

Gruppen zu unterteilen. Die Ergebnisse von Studie 1 haben jedoch gezeigt, dass sich erst bei Befragten, die einen deutlich überdurchschnittlichen VER-Wert aufweisen, unterschiedliche Präferenzen in Bezug auf Texte (VER>6,32 in Studie 1) und Bilder (VER>6,38 in Studie 1)[23] ergeben als bei dem Rest der Befragten. Für Studie 2 sollte daher ein höherer Grenzwert als der Median gewählt werden. Er wird entsprechend durch Abrunden der Grenzwerte von Studie 1 bestimmt und auf VER = 6 festgesetzt. Da in Studie 2 eine ähnliche Stichprobe wie in Studie 1 gezogen wird (siehe Abschnitt 4.2.6), kann davon ausgegangen werden, dass dieser Grenzwert auch in Studie 2 in der Lage ist zwischen Befragten mit unterschiedlichen, auf den VER-Grad zurückzuführenden Präferenzen zu differenzieren.

4.2.3.2 Datensammlung und -kontrolle

Bei der Herleitung des Modells wurde herausgearbeitet, dass neben der Persönlichkeits-kongruenz vor allem die Art und Weise, wie die Sammlung persönlichkeitsbezogener Daten kommuniziert wird und vom Nutzer kontrolliert werden kann, ausschlaggebend für die Wirkung persönlichkeitsbasierter Personalisierung sein könnte. Die Manipulation der Datensammlung (offen versus verdeckt) und der Datenkontrolle (vorhanden versus nicht vorhanden) erfolgt in der vorliegenden Arbeit durch die Integration von Datenschutz-Hinweisen in den App-Prototyp. Hierbei handelt es sich um textliche Hinweise in der App, die über die Sammlung und Verwendung von Daten informieren und die Einwilligung der Nutzer hierfür einholen (Hillebrand, 2018, S. 176). Je nach Ausprägung der Variable wurde während der Experimentalphase entweder kein Datenschutz-Hinweis angezeigt (verdeckte Datensammlung), ein Datenschutz-Hinweis genutzt, der lediglich eine Einwilligung zulässt (offene Datensammlung ohne Datenkontrolle) oder ein Datenschutz-Hinweis dargestellt, der explizit auch ein „Nicht Akzeptieren" der Sammlung und Verwendung von Daten ermöglicht (offene Datensammlung mit Datenkontrolle)[24]. Für die Datensammlung

[23]Die Grenzwerte ergeben sich durch Addition der in Abschnitt 3.4.3.2.2 errechneten nullzentrierten VER-Werte (0,94 bzw. 1,0) mit dem VER-Mittelwert (5,38). Ab diesen Werten ist der TNW für die von VER↑-Befragten präferierten Texte (Familie) und Bilder (Menschen) höher als der TNW für die über alle Befragten hinweg präferierten Ausprägungen (Effizienz bzw. Künstlerisch).

[24]Von den vier rein rechnerisch möglichen Kombinationen aus Datensammlung und -kontrolle wurden entsprechend nur drei Varianten umgesetzt. Auf die Kombination *verdeckte Datensammlung mit Datenkontrolle* wurde verzichtet, da diese nicht plausibel ist. Durch das Angebot von Möglichkeiten zur Datenkontrolle erfolgt automatisch auch eine Kommunikation der Datensammlung.

und -kontrolle ergeben sich damit die in Abbildung 4.5 dargestellten drei Ausprägungen. Die Datenschutz-Hinweise wurden auf der Einstiegsseite der App angezeigt. Bei der Formulierung wurde sich an den Datenschutz-Hinweisen bestehender Apps orientiert.

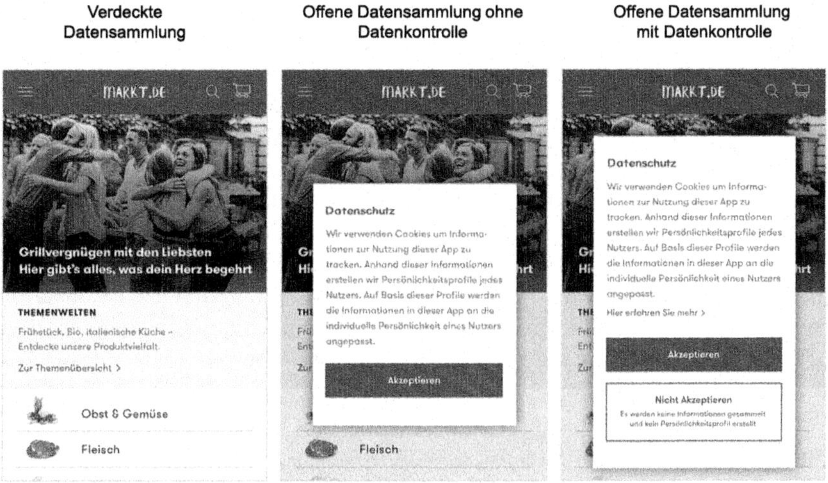

Abbildung 4.5 Experimentelle Stimuli Datensammlung und -kontrolle. (Quelle: eigene Darstellung)

4.2.3.3 Manipulationscheck

Bevor überprüft werden kann, wie sich die Manipulation der unabhängigen Variable auf die abhängigen Variablen auswirkt, muss sichergestellt werden, dass die Manipulation erfolgreich war, d. h. dass die Manipulation in vorgesehener Weise von den Befragten wahrgenommen wurde. Die *VER*↑-Variante des App-Prototyps muss als stärker auf die Persönlichkeitsdimension VER abgestimmt wahrgenommen werden als die *VER*↓-Variante. Zudem müssen die verschiedenen Datenschutz-Hinweise (bzw. das Fehlen eines entsprechenden Hinweises) dazu führen, dass die Datensammlung und -kontrolle der App von den Befragten unterschiedlich empfunden wird. Eine entsprechende Kontrolle der Manipulation wird als *Manipulationscheck* (MC) bezeichnet. Hierfür werden inhaltliche Skalen benötigt, um die Manipulation zu untersuchen und die in den

Versuchsgruppen gefundenen Ausprägungen miteinander zu vergleichen (zu Manipulationschecks siehe Eschweiler et al., 2007, S. 548 f.).

Für den ersten Manipulationscheck (Persönlichkeitskongruenz, MC_PK) wird folglich eine Skala benötigt, die den VER-Grad des App-Prototyps erfasst. Skalen der Persönlichkeitspsychologie wie das BFI-S lassen sich jedoch nicht ohne Weiteres auf nicht-menschliche Objekte wie Marken oder Vertriebskanäle übertragen (Aaker, 1997, S. 348; Liberatore & Tscheulin, 2011, S. 607). Beispielsweise müssten die Befragten bei einer BFI-S basierten Persönlichkeitsbewertung der Supermarkt-App beantworten, wie gut diese „verzeihen kann“ (Item VER2). Aufgrund der begrenzten Anwendbarkeit von Persönlichkeitsskalen auf nicht-menschliche Objekte wurden verschiedene Skalen entwickelt, die sich speziell für die Erfassung der Persönlichkeit von Marken eignen. In der Literatur am weitesten verbreitet ist die *Brand Personality Scale (BPS)* von Aaker (1997). Die BPS umfasst fünf Dimensionen der Markenpersönlichkeit, die mit den Big Five korrespondieren. Das markenbezogene Pendant zu VER ist dabei die Dimension Aufrichtigkeit (Sincerity). Für den Manipulationscheck wurden daher BPS-Items für diese Dimension ausgewählt (Tabelle 4.3).

Tabelle 4.3 Manipulationscheck Persönlichkeitskongruenz

Frage: Wie gut beschreiben die folgenden Wörter Ihrer Meinung nach die eben gezeigte Supermarkt-App *Markt.de*?		
Items		**Antwortoptionen**
MC_PK_1	Gesellig	1 (trifft gar nicht zu) – 7 (trifft voll zu)
MC_PK_2	Heiter	
MC_PK_3	Gefühlvoll	

Ziel des zweiten Manipulationschecks ist es zu überprüfen, ob die Kommunikation der Datensammlung (DS) und -kontrolle (DK) in vorgesehener Art und Weise von den Befragten wahrgenommen wird. Hierfür wurde auf die Skala von Aguirre et al. (2015) zurückgegriffen, die ebenfalls verschiedene Formen der Datensammlung und -kontrolle experimentell manipulieren. Die Skala wurde übersetzt und auf den Kontext der vorliegenden Arbeit angepasst (siehe Tabelle 4.4).

Tabelle 4.4 Manipulationscheck Datensammlung und -kontrolle

Frage: Wie schätzen Sie die in der Supermarkt-App Markt.de bereitgestellten Informationen zur Sammlung und Nutzung von Daten ein?		
Items		**Antwortoptionen**
MC_DS_1	Nutzer der Supermarkt-App Markt.de wissen, dass bei der Nutzung der App persönliche Informationen über sie gesammelt werden.	1 (stimme gar nicht zu) – 7 (stimme voll und ganz zu)
MC_DS_2	Die Supermarkt-App Markt.de teilt Nutzern mit, welche Daten über sie gesammelt werden.	
MC_DK_1	In der Supermarkt-App Markt.de gibt es die Möglichkeit mehr über die Datenschutzbestimmungen der App zu erfahren.	
MC_DK_2	In der Supermarkt-App Markt.de können Nutzer kontrollieren, welche Informationen über sie gesammelt werden.	

4.2.4 Operationalisierung der latenten Konstrukte

Die neben den Experimentalfaktoren im Modell enthaltenen Konstrukte werden in Studie 2 durch Abfrage ermittelt. Die Operationalisierung dieser Konstrukte wird in den nächsten Kapiteln dargestellt. Analog zu Studie 1 wurde zur Überprüfung der Verständlichkeit des Fragebogens ein Pre-Test durchgeführt (mit 31 Teilnehmern). Basierend auf den Ergebnissen wurden kleine Anpassungen an der Formulierung einzelner Items vorgenommen. Im Folgenden werden die in der finalen Befragung verwendeten Formulierungen beschrieben.

4.2.4.1 Einstellung

Gemäß der dieser Arbeit zugrundeliegenden Definition, wird die Einstellung (EIN) gegenüber der Supermarkt-App als eindimensionales Konstrukt operationalisiert. In vielen Forschungsarbeiten erfolgt die eindimensionale Operationalisierung über ein semantisches Differenzial, bei dem die Befragten ihre Einstellung zu einem Objekt anhand von mehreren bipolaren Gegensatzpaaren wie „gut / schlecht" oder „angenehm / unangenehm" wiedergeben sollen (z. B. Hong & Zinkhan, 1995; MacKenzie & Lutz, 1989; Petty & Wegener, 1998). In neueren Studien werden semantische Differenziale zur Einstellungsmessung jedoch häufig aufgrund ihrer Unübersichtlichkeit kritisiert und die Gegensatzpaare in Aussagen, die anhand von Likert-Skalen bewertet werden sollen, transformiert (z. B. Ciesielski, 2009, S. 69 ff; Huber & Meyer, 2008,

S. 103 f.; Platt, 2017, S. 103 f.). Dieses Vorgehen wird auch in der vorliegenden Arbeit angewendet, da viele der anderen verwendeten Messinstrumente (z. B. das BFI-S zur Ermittlung der Big Five) ebenfalls Likert-Skalen nutzen und auf diese Weise ein probandenfreundliches, einheitliches Antwortformat erzeugt wird. Die Items werden dabei in Anlehnung an Huber & Meyer (2008, S. 103) formuliert (Tabelle 4.5).

Tabelle 4.5 Operationalisierung Einstellung

Frage: Einmal ganz allgemein gesprochen, wie gefällt Ihnen die Supermarkt-App Markt.de?		
Items *(reflektiv)*		**Antwortoptionen**
EIN_1	Ich finde die Supermarkt-App Markt.de sehr gut.	1 (stimme gar nicht zu) – 7 (stimme voll und ganz zu)
EIN_2	Ich stehe der Supermarkt-App Markt.de wohlwollend gegenüber.	
EIN_3[(-)]	Meine Meinung von der Supermarkt-App Markt.de ist <u>nicht</u> sehr vorteilhaft.	
EIN_4	Die Supermarkt-App Markt.de ist mir sympathisch.	
EIN_5[(-)]	Ich habe gegenüber der Supermarkt-App Markt.de eine negative Einstellung	
[(-)] Items sind gegenteilig gepolt		

Zwei der Items (EIN_3 und EIN_5) sind negativ formuliert und müssen bei der Auswertung entsprechend umcodiert werden. Sie helfen bei der Datenbereinigung, da auf diese Weise Befragte, die inhaltsunabhängig (d. h. ohne Berücksichtigung der invertierten Items) den gleichen Wert wählen (Akquieszenz), identifiziert und von der Analyse ausgeschlossen werden können. Die Operationalisierung des Einstellungskonstruktes erfolgt reflektiv, da jeder einzelne Indikator die Einstellung der Befragten zur Supermarkt-App widerspiegelt. Eine Veränderung der Einstellung hat somit eine Veränderung aller Indikatoren zur Folge (ebd., S. 104).

4.2.4.2 Nutzungsabsicht

Die Erhebung der Verhaltensabsicht bzw. -intention (INT) erfolgt in der Literatur häufig über lediglich ein Statement, in dem die Befragten angeben sollen, wie wahrscheinlich die Ausführung des untersuchten Verhaltens (z. B.

Nutzung einer App) für sie ist (z. B. Dillard & Shen, 2005; Fishbein & Ajzen, 1975, S. 292 ff.). Gerade jüngere Forschungsarbeiten ergänzen entsprechende Messinstrumente jedoch oft um weitere Statements, da Multi-Itemskalen als reliabler gelten und auf diese Weise eine einheitliche Operationalisierung (mit anderen ebenfalls über mehrere Items gemessenen Konstrukten wie „Einstellung") gewährleistet wird. Für die vorliegende Arbeit wird die Multi-Itemskala von Lee & Lee (2009) verwendet, die für den Kontext E-Commerce entwickelt und auch für die Untersuchung von Apps bereits erfolgreich angewendet wurde (z. B. Arnold, 2015, S. 249). Analog zur Messung der Einstellung handelt es sich um eine reflektive Messung, da Veränderungen der Indikatorausprägungen von einer Veränderung des Konstrukts verursacht werden (Arnold, 2015, S. 240) (Tabelle 4.6).

Tabelle 4.6 Operationalisierung Nutzungsabsicht

<table>
<tr><td colspan="3">Frage: Angenommen die Supermarkt-App Markt.de wäre künftig auf Ihrem Smartphone verfügbar – Beabsichtigen Sie die App auch zu nutzen?</td></tr>
<tr><td colspan="2">Items (reflektiv)</td><td>Antwortoptionen</td></tr>
<tr><td>INT_1</td><td>Ich würde die Supermarkt-App Markt.de in Zukunft nutzen, um mich über Produkte des täglichen Bedarfs zu informieren.</td><td rowspan="4">1
(stimme gar nicht zu)
–
7
(stimme voll und ganz zu)</td></tr>
<tr><td>INT_2</td><td>Ich würde die Supermarkt-App Markt.de in Zukunft nutzen, um Produkte des täglichen Bedarfs zu kaufen.</td></tr>
<tr><td>INT_3</td><td>Ich würde meinen alltäglichen Einkauf gerne über die Supermarkt-App Markt.de erledigen.</td></tr>
<tr><td>INT_4</td><td>Ich würde die Supermarkt-App Markt.de regelmäßig verwenden.</td></tr>
</table>

4.2.4.3 Lebensmittel-Involvement

In bestehenden Forschungsarbeiten wird das Involvement mit einer bestimmten Produktkategorie häufig mit Hilfe des *Consumer Involvement Profile (CIP)* von Laurent & Kapferer (1985) gemessen, das sich auch zur Involvement-Messung bei Lebensmitteln als bewährt erwiesen hat (z. B. Weyer, 2005; Verbeke & Vackier, 2004; Schulz & Hamm, 1997). Das CIP legt in seiner ursprünglichen Form ein mehrdimensionales Verständnis von Involvement zugrunde. Gemessen wird Involvement dabei anhand von fünf Dimensionen – seinen Entstehungsursachen, die auf Basis von vorhandenen empirischen und konzeptionellen

Arbeiten (insbesondere den Arbeiten von Houston & Rothschild, 1977 und Lastovicka & Gardner, 1979) identifiziert wurden.

Neben der Verwendung der Skala von Laurent & Kapferer (1985) wird häufig auch auf die Weiterentwicklung des CIP von Mittal & Lee (1989) mit sechs Dimensionen und insgesamt 24 Items zurückgegriffen. Im deutschen Sprachraum konnten diese Items in den Studien von Gierl et al. (2000; 2001) jedoch nur auf drei anstelle von sechs Faktoren verdichtet werden, die von den Autoren als Produktbedeutung, Prestigewert und Fehlkaufrisiko interpretiert werden. In der deutschsprachigen Literatur werden zur verkürzten, eindimensionalen Involvement-Messung häufig nur die Items der Dimension *Produktbedeutung* (d. h. Wie wichtig ist die untersuchte Produktkategorie für einen Befragten?) herangezogen (z. B. Huber et al., 2009, 90 f.; Loevenich, 2002, S. 145 f.; Matthes, 2009, S. 159 f.).

Auch für die vorliegende Arbeit ist eine entsprechende verkürzte Involvement-Messung ausreichend, da das Konstrukt lediglich als Moderator berücksichtigt wird und eine Offenlegung seiner Entstehungsursachen daher nicht notwendig ist. Stattdessen ist es ausreichend, für jeden Befragten ein Maß für das Involvement zu ermitteln. Die Verwendung eines mehrdimensionalen Messansatzes mit einer Vielzahl an Items, die die Beantwortungszeit des Fragebogens deutlich verlängern würden, scheint nicht gerechtfertigt. Es wird daher ebenfalls auf die Skala zur Erfassung der Produktbedeutung von Gierl et al. (2000, S. 25) zurückgegriffen. Die Dimensionen Prestigewert und Fehlkaufrisiko werden also bewusst ausgeklammert. Es kann jedoch davon ausgegangen werden, dass diese Dimensionen für den Kontext der Arbeit von geringer Relevanz sind, da der Online-Einkauf von Lebensmittel einen geringen symbolischen Wert (siehe auch Abschnitt 4.1.3.1) hat und auch das Fehlkaufrisiko bei günstigen Produktkategorien wie Lebensmitteln als niedrig einzustufen ist.

Da die Dimensionen des CIP die Entstehungsursachen von Involvement widerspiegeln, ist die Skala und ihre Weiterentwicklungen auf Ebene der Faktoren (Dimensionen) formativ spezifiziert. Jede Dimension wird jedoch wiederum mit reflektiven Indikatoren gemessen (Jaritz, 2008, S. 125). Da in der vorliegenden Arbeit lediglich eine Dimension berücksichtigt wird, erfolgt eine reflektive Operationalisierung des Lebensmittel-Involvements. Die Indikatoren werden also durch das Involvement, im Sinne einer Produktbedeutung von Lebensmitteln, verursacht (Tabelle 4.7).

Tabelle 4.7 Operationalisierung Lebensmittel-Involvement

Frage: Inwieweit stimmen Sie den folgenden Aussagen zur Bedeutung des Einkaufs von Produkten des täglichen Bedarfs zu?		
Items *(reflektiv)*		**Antwortoptionen**
INV_1	Produkte des täglichen Bedarfs interessieren mich sehr.	1 (stimme gar nicht zu) – 7 (stimme voll und ganz zu)
INV_2	Ich wähle meine Produkte des täglichen Bedarfs sorgfältig aus.	
INV_3	Die Entscheidung, welche Produkte des täglichen Bedarfs ich kaufe, ist für mich sehr wichtig.	
INV_4	Der alltägliche Einkauf bereitet mir viel Vergnügen.	
INV_5(-)	Den alltäglichen Einkauf finde ich langweilig.	
(-) Items sind gegenteilig gepolt		

4.2.4.4 Datenschutz-Bedenken

Datenschutz-Bedenken werden in der Literatur entweder eindimensional (z. B. *Global Information Privacy Concern (GIPC) Skala* von Smith et al. (1996) und Malhotra et al. (2004)) oder mehrdimensional (z. B. *Concern for Information Privacy (CFIP) Skala* von Smith et al. (1996) sowie *Internet Users' Information Privacy Concerns (IUIPC) Skala* von Malhotra et al. (2004)) operationalisiert. Der Vorteil der mehrdimensionalen Operationalisierung ist, dass auf diese Weise die Komplexität individueller Datenschutz-Bedenken erfasst werden kann und offengelegt wird, wie sich entsprechende Bedenken äußern (reflektive Messung). Beispielsweise drücken sich Datenschutz-Bedenken der IUIPC zufolge dadurch aus, wie sehr Individuen sich für die Sammlung ihrer Daten durch Unternehmen interessieren (Dimension 1: collection), ob sie das Gefühl haben Kontrolle über ihre Daten zu besitzen (Dimension 2: control) und wie sensibilisiert sie für Datenschutzpraktiken von Unternehmen sind (Dimension 3: awareness). Der Nachteil der mehrdimensionalen Messung liegt jedoch im hohen Zeitaufwand, der für die Beantwortung benötigt wird. Die IUIPC besteht aus 10 Items, die CFIP sogar aus 15 Items. In einer Studie von Warwitz (2016, S. 162 f.) wurden die Skalen aufgrund der hohen Anzahl, zum Teil sehr ähnlich formulierter Items, entsprechend negativ bewertet.

Da im Fokus der vorliegenden Arbeit nicht die detaillierte Untersuchung von Datenschutz-Bedenken steht, sondern das Konstrukt vielmehr als Moderator helfen soll, das Entstehen von Reaktanz und Folgen wie eine negativere Einstellung besser zu erklären, wird eine eindimensionale Operationalisierung auf Basis der *GIPC* vorgenommen. Auch Malhotra et al. (2004, S. 340) empfehlen die Verwendung des *GIPC*, wenn lediglich die grundsätzliche Tendenz Datenschutz-Bedenken zu empfinden erfasst werden soll. Für die Formulierung der Items wird auf die deutsche Übersetzung von Juric et al. (2015, S. 148) zurückgegriffen (Tabelle 4.8).

Tabelle 4.8 Operationalisierung Datenschutz-Bedenken

<table>
<tr><td colspan="3">Frage: Bitte geben Sie an, inwieweit Sie den folgenden Aussagen zustimmen.</td></tr>
<tr><td colspan="2">Items (reflektiv)</td><td>Antwortoptionen</td></tr>
<tr><td>DB_1</td><td>Im Vergleich zu anderen Menschen bin ich kritischer im Hinblick darauf, wie Unternehmen im Internet mit persönlichen Daten umgehen.</td><td rowspan="5">1
(stimme gar nicht zu)
–
7
(stimme voll und ganz zu)</td></tr>
<tr><td>DB_2</td><td>Für mich ist es sehr wichtig, meine Privatsphäre im Internet vor dem Zugriff von Unternehmen zu schützen.</td></tr>
<tr><td>DB_3(-)</td><td>Meiner Ansicht nach beschäftigen sich andere Menschen viel zu stark mit dem Thema „Schutz der Privatsphäre“ im Internet.</td></tr>
<tr><td>DB_4</td><td>Im Vergleich zu anderen Menschen, ist mir der Schutz der Privatsphäre im Internet wichtiger.</td></tr>
<tr><td>DB_5</td><td>Der Fakt, dass meine Privatsphäre im Internet bedroht sein könnte, beschäftigt mich durchaus.</td></tr>
<tr><td colspan="3">(-) Items sind gegenteilig gepolt</td></tr>
</table>

4.2.5 Design und Ablauf des Experiments

Die Datenerhebung der zweiten Untersuchung erfolgte über eine mobile Online-Befragung, d. h. der Fragebogen wurde für die Beantwortung über das eigene Smartphone der Befragten konzipiert. Auch der App-Prototyp wurde auf dem Smartphone der Befragten angezeigt. Hierdurch wurde einerseits eine möglichst einfache und komfortable Beantwortung des Fragebogens für die Befragten sichergestellt. Andererseits ähnelt die Ansicht der untersuchten Supermarkt-App auf dem eigenen Smartphone dem Nutzungskontext des mobilen Onlineeinkaufs von Lebensmitteln und erhöht damit die externe Validität des Experiments. Fragebogen und Prototyp wurden in der Befragungssoftware *Lighthouse Studio 9.6.1* umgesetzt. Die Studie wurde in zwei Teile untergliedert – in einen reinen

Befragungsteil und den Experimentalteil mit anschließender Bewertung der Supermarkt-App.

Im *ersten Teil* (Befragungsteil) wurden mit dem Lebensmittel-Involvement und den Datenschutz-Bedenken die Variablen, die als Moderatoren im Modell berücksichtigt werden, abgefragt. Durch die Abfrage zu Beginn des Fragebogens, wurde sichergestellt, dass die Antworten nicht durch den experimentellen Stimulus im zweiten Teil der Befragung beeinflusst wurden (Arnold, 2015, S. 220). Darüber hinaus erfolgte im ersten Teil die Ermittlung des VER-Grads, der analog zur ersten Untersuchung mit dem BFI-S gemessen wurde. Schließlich wurden Fragen zu den bisherigen Erfahrungen mit dem Lebensmittel-Onlineeinkauf gestellt (ob und wie häufig sowie welche Lebensmittel bereits online gekauft wurden). Die Antworten hierauf werden einerseits als Kontrollvariablen berücksichtigt. Andererseits dienten die Fragen auch als Füllfragen: Den Befragten wurde mitgeteilt, dass im ersten Teil der Befragung Eigenschaften, Einstellungen und Erfahrungen möglicher Kunden von Supermarkt-Apps ermittelt werden sollen. Auf diese Weise wurde verhindert, dass die Befragten einen direkten Bezug zwischen dem abgefragten VER-Grad, der im späteren Experimentalteil zur Zuordnung der Befragten zu verschiedenen Versuchsgruppen genutzt wurde, und dem experimentellen Stimulus herstellen.

Der *zweite Teil* der Befragung umfasst das eigentliche Experiment. Hierbei wurden zunächst der experimentelle Stimulus präsentiert und danach die abhängigen Variablen Einstellung und Nutzungsabsicht erhoben. Durch die Manipulation der Persönlichkeitskongruenz (2 Ausprägungen) und der Datensammlung und -kontrolle (3 Ausprägungen) ergibt sich ein *2 × 3-Design*, also sechs verschiedene Experimentalgruppen (siehe Tabelle 4.9*)*. Das Experiment wurde als *Between-Subjects-Design* angelegt, d. h. jeder Befragte wurde genau einer der sechs Experimentalgruppen zugeordnet, bekam also lediglich einen experimentellen Stimulus präsentiert[25] (Kubbe, 2016, S. 46 f.). Die Zuordnung zu den sechs Gruppen erfolgte dabei zufällig (Randomisierung). Zum Abschluss der Befragung wurden sozidemografische Daten als Kontrollvariablen erhoben. Der komplette Fragebogen ist in *Anhang F* dargestellt.

[25]Im Gegensatz dazu basiert das *Within-Subjects-Design* auf einer wiederholten Anwendung der Treatments über mehrere Runden eines Experiments, d. h. jeder Befragte wir zunächst einem experimentellen Stimulus ausgesetzt, danach einem weiteren experimentellen Stimulus etc. Häufig werden auch Mischformen von *Between-* und *Within-Subjects-Designs* angewendet (für eine Übersicht der verschiedenen experimentellen Forschungsdesigns siehe Kubbe, 2016, S. 46 ff.).

Tabelle 4.9 Übersicht Experimentalgruppen

		Persönlichkeitskongruenz	
		Kongruent	*Inkongruent*
Datensammlung & -kontrolle	*Verdeckte Datensammlung*	**Gruppe 1** VER↓-Variante, wenn VER < 6 ODER VER↑-Variante, wenn VER ≥ 6 UND kein Datenschutz-Hinweis	**Gruppe 2** VER↑-Variante, wenn VER < 6 ODER VER↓-Variante, wenn VER ≥ 6 UND kein Datenschutz-Hinweis
	Offene Datensammlung ohne Datenkontrolle	**Gruppe 3** VER↓-Variante, wenn VER < 6 ODER VER↑-Variante, wenn VER ≥ 6 UND Datenschutz-Hinweis (nur Einwilligung)	**Gruppe 4** VER↑-Variante, wenn VER < 6 ODER VER↓-Variante, wenn VER ≥ 6 UND Datenschutz-Hinweis (nur Einwilligung)
	Offene Datensammlung mit Datenkontrolle	**Gruppe 5** VER↓-Variante, wenn VER < 6 ODER VER↑-Variante, wenn VER ≥ 6 UND Datenschutz-Hinweis (Einwilligung und „nicht Akzeptieren")	**Gruppe 6** VER↑-Variante, wenn VER < 6 ODER VER↓-Variante, wenn VER ≥ 6 UND Datenschutz-Hinweis (Einwilligung und „nicht Akzeptieren")

4.2.6 Grundgesamtheit und Stichprobe

Die Grundgesamtheit von Studie 2 umfasst wie schon bei Studie 1 alle Smartphone-Nutzer und damit alle potenziellen Nutzer von Supermarkt-Apps in Deutschland. Aufgrund der in Abschnitt 3.3.7 dargestellten Schwierigkeiten, eine Zufallsstichprobe dieser Grundgesamtheit zu ziehen, wurde wieder auf ein Convenience Sample zurückgegriffen. Da die Studie 2 auf Basis von Ergebnissen der Studie 1 konzipiert wurde (z. B. Auswahl der Dimension VER sowie der Attribute Text und Bild; Festlegung eines VER-Grenzwertes von 6), sollte die Stichprobe von Studie 2 jener von Studie 1 möglichst ähnlich sein. Zur Rekrutierung der Teilnehmer wurde daher auf die gleichen Kanäle wie in Studie 1 zurückgegriffen (d. h. Ansprache über die Universität Kassel sowie über die sozialen Netzwerke Facebook, Xing und Survey Circle). Es kann entsprechend wieder eine relativ hohe Homogenität der Befragten, insbesondere in Bezug auf

Alter und Bildung, erwartet werden. Eine entsprechende Homogenität kann im Zusammenhang mit Experimenten im Sinne einer Kontrolle von Störfaktoren jedoch als durchaus positiv beurteilt werden: Da bei den Probanden annährend gleiche Ausgangsbedingungen hinsichtlich weiterer (d. h. nicht untersuchter) Einflussgrößen auf die Bewertung und Nutzungsabsicht von Supermarkt-Apps angenommen werden können, können nachgewiesene Unterschiede hinsichtlich der Reaktion auf die Stimuli eindeutiger auf die experimentelle Manipulation zurückgeführt werden (Fornell & Westbrook, 1979, S. 106).

Bei der Planung eines Experiments sollte jedoch nicht nur berücksichtigt werden, welche Personen Teil der Stichprobe sind, sondern auch wie viele Teilnehmer für die Untersuchung benötigt werden. Der *optimale Stichprobenumfang* kann unter Berücksichtigung der drei Größen Signifikanzniveau, Teststärke und Effektgröße berechnet werden. Für das *Signifikanzniveau* (Fehler erster Art) wird für die Annahme von Hypothesen in der Regel ein Wert von 5 Prozent vorausgesetzt (Bortz & Döring, 2006, S. 604 f.). Die *Teststärke* berechnet sich aus $1 - \beta$, wobei β den Fehler zweiter Art bezeichnet, d. h. die Wahrscheinlichkeit, dass die Nullhypothese angenommen wird, obwohl sie nicht zutrifft. In der Marketingforschung wird eine Teststärke von 0,8 als gut bewertet, eine größere Teststärke vergrößert den Stichprobenumfang dagegen sehr stark (ebd.; Cohen 1992, S. 156). Die *Effektstärke* muss auf Basis von inhaltlichen Überlegungen als klein, mittel oder groß beurteilt werden (Bortz & Döring, 2006, S. 605 f.). Da in der vorliegenden Arbeit subtile Anpassungen von Texten und Bildern durch persönlichkeitsbasierte Personalisierung und keine grundsätzlichen Eigenschaften von Supermarkt-Apps wie Preise, Lieferbedingungen oder das Produktangebot untersucht werden, ist von eher kleinen Effektstärken auszugehen. Bei der Berechnung des optimalen Stichprobenumfangs wird daher eine kleine Effektstärke von $f^2 = 0{,}02$ (für eine detaillierte Beschreibung von f^2 siehe Abschnitt 4.3.4) zugrunde gelegt. Auf Basis der festgelegten Werte wurde mit Hilfe des Programms *G*Power Version 3.1.9.4* die optimale Stichprobengröße für *einseitige t-Tests* berechnet[26]. Die Wahl eines einseitigen (anstelle eines

---

[26]Im Programm wurden folgende Einstellungen vorgenommen: Für die „Test-Familie" wurde „t-Tests" ausgewählt, für das Feld „statistischer Test" die Ausprägung „Lineare multiple Regression". Die Anzahl der Prädiktoren wurde entsprechend der Anzahl der Dummy-Variablen der experimentellen Manipulation auf 3 festgesetzt. Eine ausführliche Erläuterung der für die Berechnung verwendeten Formeln sowie der statistischen Grundlagen findet sich bei Bortz & Döring, 2006, S. 421 ff. und S. 627 ff.

zweiseitigen t-Tests) zur Signifikanzprüfung lässt sich damit begründen, dass die Richtung der im Strukturmodell postulierten Beziehungen in der vorliegenden Arbeit theoretisch hergeleitet und eindeutig spezifiziert wurden (Backhaus et al., 2016, S. 95 f.). Unter Berücksichtigung der festgelegten Parameter und Teststatistik ergibt sich dabei ein optimaler Stichprobenumfang von 311 Personen.

4.3 Ergebnisse von Studie 2

4.3.1 Beschreibung der Stichprobe

Das Experiment wurde von Mitte April bis Ende Mai 2019 durchgeführt. In dieser Zeit wurde die Online-Befragung von 460 Personen vollständig beantwortet (52 Teilnehmer haben die Befragung vorzeitig abgebrochen). Von den 460 Datensätzen wurden 68 Datensätze aufgrund von sehr kurzen Befragungsdauern oder unplausiblen Antworten (z. B. Akquieszenz oder unsinnige Antworten in Freitextfeldern) von der folgenden Analyse ausgeschlossen. Weiterhin wurden im Rahmen einer Ausreißeranalyse in SPSS[27]

[27]Die Ausreißeranalyse wurde mit der SPSS-Prozedur *Anomalieerkennung* („Ungewöhnliche Fälle identifizieren") durchgeführt. Dabei werden auf Basis einer vorgegebenen Menge an Variablen (im Fall der vorliegenden Arbeit die Modellvariablen Persönlichkeitskongruenz, Datensammlung & -kontrolle und Einstellung gegenüber der App) Cluster identifiziert und jeder Fall einem Cluster zugeordnet. Für jeden Fall wird dann ein *Anomalieindex* berechnet, der angibt, wie stark die Werte des Falls von den anderen Fällen des zugeordneten Clusters abweichen. Dabei gilt: Je höher der Anomalieindex, desto ungewöhnlicher die Werte eines Falles (d. h. desto mehr weichen sie von den anderen Fällen ab) (für eine ausführliche Erläuterung der Annomalieerkennung in SPSS siehe Schendera, 2007, S. 219 ff.). Ab einem Indexwert > 2 gelten Fälle als Anomaliekandidaten, da die Abweichung hier mindestens das Zweifache des Clusterdurchschnitts beträgt (IBM, 2019). In der vorliegenden Arbeit wurden jedoch nur Fälle mit einem Indexwert > 2,4 als Ausreißer identifiziert und eliminiert, da diese sich deutlich von den Indexwerten der anderen Fälle abhoben. Fälle mit Indexwerten < 2,4 wiesen dagegen zunehmend homogene Werte auf und wurden daher beibehalten (Schendera, 2007, S. 229).

13 Datensätze mit ungewöhnlichen (d. h. den Beobachtungswerten der anderen Fälle widersprechenden) Angaben identifiziert. Diese Datensätze wurden bei der Datenanalyse ebenfalls nicht berücksichtigt, um Verzerrungen der Schätzparameter zu vermeiden (Schendera, 2007, S. 163 f.). Damit ergibt sich ein bereinigter Stichprobenumfang von 379 Personen. Dieser liegt deutlich über der berechneten Mindest-Stichprobengröße für einseitige t-Tests (n = 311), es kann also von einem ausreichend großen Stichprobenumfang ausgegangen werden.

Analog zur Stichprobe der ersten Untersuchung (siehe Abschnitt 3.4.1) umfasst auch die Stichprobe von Studie 2 verglichen mit allen deutschen Smartphone-Nutzern überdurchschnittlich viele Frauen sowie junge und gut gebildete Personen (siehe Tabelle 4.10). Knapp 60 Prozent der Befragten haben bereits Lebensmittel im Internet gekauft, wobei die meisten jedoch seltener als einmal pro Monat einkaufen. Am häufigsten werden dabei Drogerieartikel (80,4 Prozent), Getränke (35,6 Prozent) und Süßigkeiten (31,6 Prozent) bestellt. Frische Produkte wie Fleisch und Wurst (6,2 Prozent), Obst und Gemüse (6,2 Prozent) sowie Milchprodukte (7,6 Prozent) werden dagegen nur von wenigen Befragten online gekauft. Der VER-Wert der Befragten liegt im Mittel über der Skalenmitte bei 5,442 und weicht damit nur marginal vom Wert der Studie 1 (5,337) ab. Die ähnlichen VER-Werte unterstreichen, dass das Festsetzen eines VER-Grenzwertes (VER = 6) für Studie 2 auf Basis der Ergebnisse von Studie 1 sinnvoll war. Durch den Grenzwert wurden 60,7 Prozent der Befragten in die Gruppe mit niedrigem bis moderatem VER-Wert und 39,3 Prozent in die Gruppe mit hohem VER-Wert eingeteilt.

Tabelle 4.10 Beschreibung der Stichprobe (Studie 2)

Variable	Ausprägungen	Absolute Häufigkeit	Prozentualer Anteil
Geschlecht (n = 379)	Männlich	125	33,0%
	Weiblich	252	66,5%
	Divers	2	0,5%
Alter (n = 379) Median: 25,00 Mittelwert: 27,11 Standardabweichung: 9,15	Bis 19 Jahre	12	3,2%
	20-29 Jahre	294	77,6%
	30-39 Jahre	46	12,1%
	40-49 Jahre	6	1,6%
	50-59 Jahre	6	1,6%
	60 Jahre oder älter	15	4,0%
Bildung (n = 379)	Hauptschulabschluss	0	0%
	Realschulabschluss	0	0%
	(Fach-)Abitur	11	2,9%
	Bachelor	176	46,4%
	Master	123	32,5%
	Diplom, Magister	66	17,4%
	Promotion	3	0,8%
Beruf (n = 379)	Vollzeit (> 30 Stunden pro Woche)	90	23,7%
	Teilzeit (< 30 Stunden pro Woche)	59	15,6%
	nicht berufstätig	18	4,7%
	arbeitslos	2	0,5%
	Auszubildender, Schüler oder Student	206	54,4%
	Rentner / Pensionär	2	0,5%
	in Elternzeit	2	0,5%
Online-Einkauf von Lebensmitteln (n = 379)	Ja	225	59,4%
	nein	154	40,6%
Frequenz Online-Einkauf von Lebensmitteln (n = 225)	Mindestens einmal pro Woche	5	2,2%
	Mindestens einmal pro Monat (seltener als wöchentlich)	37	16,4%
	Mehrmals pro Jahr (seltener als monatlich)	117	52,0%
	Einmal pro Jahr oder seltener	66	29,3%
Bereitschaft zukünftig Lebensmittel online zu kaufen (n = 154)	Ja, auf jeden Fall.	51	33.1%
	Drogerieartikeln ja, Nahrungsmittel eher nein.	83	53.9%
	Nahrungsmittel ja, Drogerieartikeln eher nein.	4	2.6%
	Nein	16	10.4%
VER (n = 379) Median: 5,67 Mittelwert: 5,44 Standardabweichung: 0,87	VER < 6	230	60,7%
	VER >= 6	149	39,3%

Die Einteilung der Befragten in VER-Gruppen war wiederum die Basis für die Bestimmung der kongruenten und inkongruenten App-Varianten, wobei die Befragten zufällig eine der beiden Varianten angezeigt bekamen. Durch die ebenfalls zufällige Zuordnung der Befragten zu einer der drei Ausprägungen der Datensammlung & -kontrolle wurden die in Tabelle 4.11 dargestellten Experimentalgruppen mit annähernd gleichen Gruppengrößen erzeugt.

Tabelle 4.11 Anzahl Probanden pro Experimentalgruppe

		Persönlichkeitskongruenz		
		Kongruent	*Inkongruent*	
Datensammlung & -kontrolle	*Verdeckte Datensammlung (VD)*	n = 63	n = 57	n = 120
	Offene Datensammlung ohne Datenkontrolle (OD_OK)	n = 73	n = 61	n = 134
	Offene Datensammlung mit Datenkontrolle (OD_MK)	n = 64	n = 61	n = 125
		n = 200	n = 179	n = 379

4.3.2 Manipulationscheck

Bevor die eigentliche Datenanalyse durchgeführt werden kann, muss sichergestellt werden, dass die Manipulation der unabhängigen Variablen erfolgreich war. Die Befragten sollten also je nachdem welcher Experimentalgruppe sie angehören den VER-Grad der App sowie die Datensammlung und -kontrolle unterschiedlich bewerten. Zur Überprüfung wurde jeweils eine einfaktorielle Varianzanalyse (ANOVA) mit den Experimentalfaktoren als unabhängige und den Antworten auf die beschriebenen Skalen zum Manipulationscheck als abhängige Variablen durchgeführt. Die Ergebnisse zeigen, dass durch die Manipulation der intendierte Effekt erzielt wurde: Die VER↑-Variante der App wurde als signifikant geselliger ($MW_{VER\uparrow}=5{,}40$ versus $MW_{VER\downarrow}=4{,}46$; $F=46{,}279$; $p<0{,}001$), heiterer ($MW_{VER\uparrow}=5{,}37$ versus $MW_{VER\downarrow}=5{,}08$; $F=5{,}877$; $p=0{,}016$) und gefühlvoller ($MW_{VER\uparrow}=4{,}59$ versus $MW_{VER\downarrow}=4{,}32$; $F=4{,}006$; $p=0{,}046$) eingestuft als die VER↓-Variante. Zudem wurde die Kommunikation der Datensammlung bei den beiden App-Varianten mit Datenschutz-Hinweis (OD_OK und OK_MK) als signifikant intensiver beurteilt als bei der App-Variante ohne Datenschutz-Hinweis (VD). Das Maß an Transparenz und Kontrolle der Datensammlung wurde wiederum in der App-Variante mit Datenkontrolle (OD_MK) am höchsten bewertet (siehe Tabelle 4.12).

Tabelle 4.12 Ergebnisse Manipulationscheck Datensammlung & -kontrolle

	MW_{VD}	$MW_{(OD\_OK)}$	$MW_{(OD\_MK)}$	F	p
MC_DS_1: Nutzer der Supermarkt-App Markt.de wissen, dass bei der Nutzung der App persönliche Informationen über sie gesammelt werden.	3,47	5,13	5,23	44,850	< 0,001
MC_DS_2: Die Supermarkt-App Markt.de teilt Nutzern mit, welche Daten über sie gesammelt werden.	2,95	3,58	3,64	6,914	0,001
MC_DK_1: In der Supermarkt-App Markt.de gibt es die Möglichkeit mehr über die Datenschutzbestimmungen der App zu erfahren.	3,63	3,76	4,34	7,700	< 0,001
MC_DK_2: In der Supermarkt-App Markt.de können Nutzer kontrollieren, welche Informationen über sie gesammelt werden.	2,75	2,69	3,67	17,747	< 0,001

4.3.3 Güte der Messmodelle

Neben dem Manipulationscheck ist die Güteprüfung der Messmodelle eine zentrale Voraussetzung für die Überprüfung der hergeleiteten Hypothesen. Nur wenn die hypothetischen Konstrukte hinreichend genau und zuverlässig durch ihre Indikatoren gemessen wurden, können die Konstruktbeziehungen im Strukturmodell sinnvoll geschätzt werden. Für die Güteprüfung existieren verschiedene Gütekriterien, wobei für formative und reflektive Konstrukte unterschiedliche Kriterien herangezogen werden müssen (Weiber & Mühlhaus, 2014, S. 127 ff.). In der vorliegenden Arbeit sind jedoch lediglich die Experimentalfaktoren formativ spezifiziert. Diese wurden im Rahmen des Experiments aktiv manipuliert und nicht gemessen. Es können daher keine Messfehler vorliegen, sodass eine Güteprüfung der Messung nicht notwendig ist. Alle anderen Konstrukte des Strukturmodells sind reflektiv spezifiziert, daher wird im Folgenden lediglich auf die Güteprüfung reflektiver Messmodelle eingegangen.

Die *Reliabilität* von reflektiven Messmodellen kann mit Hilfe einer *konfirmatorischen Faktorenanalyse (KFA)*[28] überprüft werden (Ergebnisse siehe

[28]Bei der KFA werden im Unterschied zur explorativen Faktorenanalyse (EFA, siehe Abschnitt 3.4.2.1) die Anzahl der Faktoren (Konstrukte) und die Zuordnung der Indikatoren zu den Faktoren durch den Anwender a-priori festgelegt und nicht aus der Datenstruktur extrahiert. Die KFA ist damit ein Strukturen-prüfendes Verfahren der multivariaten Datenanalyse, während die EFA zu den Strukturen-entdeckenden Verfahren zählt (zur Gegenüberstellung von KFA und EFA siehe Weiber & Mühlhaus, 2014, S. 147 ff.).

Tabelle 4.13). Hierfür wurde in der vorliegenden Arbeit die Softwareanwendung *SmartPLS* 3 genutzt. Bei der Auswertung der Ergebnisse muss die Reliabilität auf Indikator- und auf Konstruktebene beurteilt werden. Reliabilität auf *Indikatorebene* beschreibt, inwieweit die einzelnen Indikatoren zur Messung des jeweiligen latenten Konstrukts geeignet sind. Einen ersten Hinweis auf die Reliabilität geben dabei die über die KFA bestimmten *Faktorladungen* der Indikatoren. Diese unterscheiden sich in Studie 2 alle statistisch signifikant von null[29] und erfüllen damit die Mindestanforderung an reliable Indikatoren (ebd., S. 150).

Zusätzlich muss jedoch geprüft werden, ob die Ladungen auch bedeutsam sind – hierfür wird die *Indikatorreliabilität* herangezogen. Dieses Kriterium gibt den Anteil der Varianz eines Indikators an, der durch das Konstrukt erklärt wird und berechnet sich bei standardisierten Daten als Quadrat der Faktorladung. Werte ab 0,4 gelten dabei als Zeichen für eine gute Reliabilität (Bagozzi & Baumgartner, 1994, S. 402). Mit zwei Ausnahmen weisen die Indikatoren Reliabilitäten von (meist deutlich) über 0,4 auf. Die beiden Indikatoren INV_5 und DB_3 liegen jedoch mit 0,335 und 0,325 unter diesem Schwellenwert, sodass geprüft werden sollte, ob ein Ausschluss dieser Indikatoren sinnvoll ist. Die Eliminierung von Indikatoren ist bei reflektiven Konstrukten relativ unproblematisch solange weiterhin ausreichend (mindestens drei) Indikatoren zur Messung des Konstruktes bestehen bleiben, da dies nicht zu einer inhaltlichen Veränderung des Konstruktes führt (Jarvis et al., 2003, S. 203; Weiber & Mühlhaus, 2014, S. 131). Bei der Entscheidung für oder gegen eine Eliminierung sollte neben der Indikatorreliabilität auch geprüft werden, ob durch den Ausschluss eines Indikators eine verbesserte Reliabilität auf Konstruktebene erzielt wird.

[29]Zur Signifikanzprüfung wurde ein einseitiger t-Test auf Basis der Bootstrapping-Methode durchgeführt. Das Vorgehen wird in Abschnitt 4.3.4 genauer erläutert.

Tabelle 4.13 Reliabilitätskennzahlen der Messmodelle

		Indikatorebene			*Konstruktebene*		
Konstrukt	**Indikator**	**Faktorladung**	**t-Wert**	**Indikatorreliabilität**	**Cronbachs Alpha**	**Dillon-Goldstein's Rho**	**DEV**
Einstellung	EIN_1	0,868	39,399***	0,753	0,907	0,931	0,729
	EIN_2	0,882	54,382***	0,778			
	EIN_3	0,808	30,545***	0,653			
	EIN_4	0,870	56,341***	0,757			
	EIN_5	0,840	37,192***	0,706			
Nutzungsabsicht	INT_1	0,782	36,738***	0,612	0,898	0,930	0,769
	INT_2	0,919	89,991***	0,845			
	INT_3	0,899	71,393***	0,808			
	INT_4	0,902	77,021***	0,814			
Lebensmittel-Involvement	INV_1	0,655	2,551**	0,429	0,766	0,836	0,508
	INV_2	0,805	2,804**	0,648			
	INV_3	0,802	2,993**	0,643			
	INV_4	0,696	2,357**	0,484			
	INV_5	0,579	1,823*	0,335			
Datenschutz-Bedenken	DB_1	0,861	17,897***	0,741	0,883	0,919	0,740
	DB_2	0,837	16,064***	0,701			
	DB_3[1]	0,570	5,646***	0,325			
	DB_4	0,856	18,547***	0,733			
	DB_5	0,845	15,930***	0,714			

***: p < 0,001 I **: p < 0,01 I *: p < 0,5 (einseitiger t-Test)

[1]Indikator eliminiert, wurde bei Berechnung der Reliabilitätskennzahlen auf Konstruktebene nicht berücksichtigt

Reliabilität auf *Konstruktebene* beschreibt, wie gut ein latentes Konstrukt durch die ihm zugeordneten Indikatoren gemessen wird. Als Reliabilitätsmaß können hierfür die bereits in Abschnitt 3.4.2.1 beschriebenen Gütekriterien *Cronbachs Alpha* und *Dillon-Goldstein's Rho* herangezogen werden (Bagozzi & Yi, 1988, S. 80; Weiber & Mühlhaus, 2014, S. 137 & S. 150). Die Kriterien können auch die Entscheidung für eine Eliminierung von Indikatoren stützen, sofern die Werte nach der Eliminierung höher ausfallen. Für die Konstrukte Lebensmittel-Involvement und Datenschutz-Bedenken wurden daher Cronbachs Alpha und Dillon-Goldstein's Rho mit und ohne die Indikatoren mit geringer Indikatorreliabilität (INV_5 und DB_3) berechnet. Für das Lebensmittel-Involvement führt die Eliminierung von INV_5 nicht zu einer Verbesserung der Gütekriterien ($Alpha_{mit\ INV\_5}=0{,}766$ versus $Alpha_{ohne\ INV\_5}=0{,}757$; $Rho_{mit\ INV\_5}=0{,}836$ versus $Rho_{ohne\ INV\_5}=0{,}839$), der Ausschluss von DB_3 kann die Kriterien dagegen steigern ($Alpha_{mit\ DB\_3}=0{,}856$ versus

$Alpha_{ohne\ DB\_3} = 0{,}883$; $Rho_{mit\ DB\_3} = 0{,}898$ versus $Rho_{ohne\ DB\_3} = 0{,}919$). INV_5 wird daher als Indikator beibehalten, DB_3 wird dagegen entfernt.

Die geforderten Schwellenwerte von Cronbachs Alpha und Dillon-Goldstein's Rho von 0,7 (Alpha) bzw. 0,6 (Rho) werden in der Untersuchung bei allen Konstrukten überschritten, sodass von einer hohen internen Konsistenz der Skalen ausgegangen werden kann. Zusätzlich wird in der Literatur zur Beurteilung der Reliabilität auf Konstruktebene auch die *durchschnittliche extrahierte Varianz (DEV)* je Konstrukt betrachtet. Diese gibt an, wie hoch der durch das Konstrukt erklärte Varianzanteil der zugeordneten Indikatoren in Relation zum Messfehler dieser Indikatoren im Durchschnitt ist. Damit mehr als die Hälfte der Varianz durch das Konstrukt und nicht durch Messfehler erklärt wird, sollte das DEV-Maß Werte > 0,5 annehmen (Chin, 1998, S. 321; Fornell & Larcker, 1981, S. 46). Auch diese Anforderung wird in Studie 2 von allen Konstrukten erfüllt.

Neben der Reliabilität muss die Validität der Messmodelle sichergestellt werden, wobei im Rahmen des SEM vor allem die *Konstruktvalidität*[30] betrachtet wird. Diese liegt vor, wenn die Messung eines Konstruktes weder durch systematische Fehler noch durch andere Konstrukte verfälscht ist und unterteilt sich in die *Konvergenzvalidität* (hohe Korrelation der Indikatoren eines Konstruktes) und *Diskriminanzvalidität* (geringe Korrelation bzw. hohe Trennschärfe der Indikatoren verschiedener Konstrukte). Da DEV-Werte > 0,5 (wie im vorliegenden Fall) auf eine geringe Messfehlervarianz hindeuten, liefern sie

[30]Neben der Konstruktvalidität werden in der Literatur noch die Inhalts- und Kriteriumsvalidität betrachtet. *Inhaltsvalidität* liegt vor, „wenn die erhobenen Indikatoren eines Konstruktes den inhaltlich-semantischen Bereich des Konstruktes repräsentieren und die gemessenen Items alle definierten Bedeutungsinhalte eines Konstruktes abbilden" (Weiber & Mühlhaus, 2014, S. 157). Bei der Inhaltsvalidität handelt es sich entsprechend eher um eine grundsätzliche Anforderung an die Messung latenter Konstrukte, quantitative Analyseverfahren spielen bei der Überprüfung dagegen eine untergeordnete Rolle. Die Inhaltsvalidität wurde in der vorliegenden Arbeit durch eine sorgfältige Konzeptualisierung und Operationalisierung der Konstrukte sowie den Rückgriff auf bereits erprobte Messskalen sichergestellt. *Kriteriumsvalidität* besteht, wenn das gemessene Konstrukt eine hohe Übereinstimmung zu einem validen Außenkriterium aufweist. Aufgrund des hohen Aufwands wurde in der vorliegenden Arbeit – wie in der Forschungspraxis üblich – jedoch auf die Erhebung zusätzlicher Außenkriterien und entsprechend auf eine Analyse der Kriteriumsvalidität verzichtet (ebd., S. 158 ff.).

einen ersten Hinweis auf das Vorhandensein von Konvergenzvalidität (Weiber & Mühlhaus, 2014, S. 164). Auf der DEV aufbauend kann ferner die Diskriminanzvalidität anhand des *Fornell-Larcker-Kriteriums* bestimmt werden. Das Kriterium besagt, dass die DEV eines Konstruktes größer sein muss als jede quadrierte Korrelation dieses Konstruktes (d. h. die gemeinsame Varianz) mit einem anderen Konstrukt des Modells (Fornell & Larcker 1981, S. 46). Wie in Tabelle 4.14 dargestellt ist, wird das Fornell-Larcker-Kriterium bei allen Konstrukten erfüllt.

Tabelle 4.14 Prüfung des Fornell-Larcker-Kriteriums

	DEV	Quadrierte Konstruktkorrelationen			
		Einstellung	Nutzungsabsicht	Involvement	Datenschutz-Bedenken
Einstellung	**0,729**		0,336	0,005	0,027
Nutzungsabsicht	**0,769**	0,336		0,003	0,007
Involvement	**0,508**	0,005	0,003		0,033
Datenschutz-Bedenken	**0,740**	0,027	0,007	0,033	

Eine weitere Möglichkeit zur Beurteilung der Konstruktvalidität ist die *explorative Faktorenanalyse*, mit deren Hilfe die Dimensionalität der Messskalen geprüft werden kann. Der Empfehlung von Weiber & Mühlhaus (2014, S. 133) folgend wurde eine Hauptachsenanalyse mit schiefwinkliger Rotation (Promax)[31] durchgeführt (siehe Tabelle 4.15). Bei Extraktion von vier Faktoren[32] verteilen

[31]Während die in Studie 1 zur Prüfung der Dimensionalität der Big Five verwendete Varimax-Rotation unterstellt, dass die extrahierten Faktoren unabhängig voneinander sind (eine Annahme, die auf die Big Five definitionsgemäß zutrifft), lässt die Promax-Rotation gewisse Korrelationen zwischen den Faktoren zu. Sie eignet sich daher, wenn wie in Studie 2 Kausalbeziehungen zwischen den Konstrukten, die durch die Faktoren abgebildet werden, angenommen werden.

[32]Werden dagegen Faktoren mit einem Eigenwert > 1 (Kaiser-Guttman-Kriterium, siehe Fußnote 45) extrahiert, ergeben sich fünf anstelle von vier Faktoren, da für das Lebensmittel-Involvement zwei Faktoren extrahiert werden. Verschiedene Autoren raten jedoch bei Hauptachsenanalysen (im Gegensatz zu Hauptkomponentenanalysen) von der Anwendung des Kriteriums ab, da es dazu tendiert zu viele Faktoren zu extrahieren (z. B. Floyd & Widaman 1995, S. 291 f.; Russell, 2002, S. 1632 f.). Das Kaiser-Guttman-Kriterium wurde in Studie 2 daher bewusst missachtet.

sich die Indikatoren wie postuliert auf die Faktoren. Alle Indikatoren laden dabei hoch (durchschnittliche Ladung = |0,756|) auf den Faktor, der das ihnen zugeordnete Konstrukt repräsentiert (Konvergenzvalidität) und gering (durchschnittliche Ladung = |0,057|) auf alle anderen Faktoren (Diskriminanzvalidität).

Tabelle 4.15 Mustermatrix Hauptachsenanalyse

	Faktor 1 (INV)	Faktor 2 (DB)	Faktor 3 (EIN)	Faktor 4 (INT)
INV_1	**0,683**	0,055	-0,086	0,109
INV_2	**0,550**	0,197	0,097	-0,065
INV_3	**0,686**	0,150	0,019	-0,018
INV_4	**0,681**	-0,169	-0,033	-0,003
INV_5	**0,566**	-0,205	0,000	-0,077
DB_2	-0,082	**0,845**	0,006	-0,038
DB_3	0,067	**0,777**	-0,044	0,043
DB_5	-0,006	**0,805**	-0,009	-0,015
DB_6	-0,018	**0,792**	0,014	-0,006
EIN_1	0,035	0,001	**0,706**	0,171
EIN_2	-0,066	0,024	**0,794**	0,107
EIN_4	0,047	0,002	**0,751**	0,099
EIN_3	-0,012	-0,015	**0,847**	-0,115
EIN_5	-0,033	-0,030	**0,897**	-0,121
INT_1	0,112	-0,016	0,235	**0,510**
INT_2	-0,051	0,010	-0,025	**0,944**
INT_3	-0,049	-0,005	-0,031	**0,910**
INT_4	0,021	-0,014	0,002	**0,864**

Insgesamt können damit alle Konstrukte die geforderten Gütekriterien erfüllen. Es kann also davon ausgegangen werden, dass deren Messung durchweg ausreichend reliabel und valide erfolgt ist.

4.3.4 Analyse des Strukturmodells

Nachdem eine ausreichende Reliabilität und Validität der Messmodelle attestiert wurde, können die im Strukturmodell postulierten Beziehungen zwischen den latenten Konstrukten analysiert werden. Auch hierfür wurde in der vorliegenden

Arbeit die Softwareanwendung *SmartPLS 3* genutzt. Vor der Schätzung mit *SmartPLS 3* muss das in Abschnitt 4.1 hergeleitete *konzeptionelle* Pfadmodell in ein *statistisches* Pfadmodell überführt werden. Erst dieses statistische Pfadmodell kann dann in *SmartPLS 3* modelliert und geschätzt werden. Im Folgenden wird daher zunächst die Modellierung des statistischen Pfadmodells erläutert. Es folgt der Hypothesentest und die Interpretation der geschätzten Haupt- und Moderatoreffekte.

4.3.4.1 Modellierung und Schätzung des statistischen Pfadmodells

Konzeptionelle und statistische Pfadmodelle unterscheiden sich hinsichtlich der Darstellung von Moderatoreffekten, die die Richtung und / oder Stärke des Zusammenhangs zwischen einem exogenen Konstrukt und einem endogenen Konstrukt beeinflussen. Zur Überprüfung moderierender Effekte können im SEM entweder Interaktionsvariablen in das Modell ergänzt oder Mehrgruppen-Kausalanalysen durchgeführt werden (Huber et al., 2007, S. 48 f.). Zur Berechnung einer *Interaktionsvariable* wird zunächst das Produkt aus dem betroffenen exogenen Konstrukt und der Moderatorvariable gebildet und ein Einfluss dieser Variable auf das endogene Konstrukt modelliert. Zusätzlich müssen direkte Effekte des exogenen Konstrukts <u>und</u> der Moderatorvariablen in das Modell integriert werden. Die Modellierung eines direkten – theoretisch nicht postulierten – Effektes der Moderatorvariable ist notwendig, um Verzerrungen der Schätzung zu vermeiden. Auf diese Weise wird der Einfluss des Moderatoreffekts unter Kontrolle der direkten Effekte der exogene Variable und der Moderatorvariable geschätzt. Ein reduziertes Modell ohne Berücksichtigung eines direkten Effektes der Moderatorvariable würde den Moderatoreffekt überschätzten (Chin et al., 2003, S. 196; Henseler & Fassott, 2010, S. 719). Ein konzeptionelles sowie das entsprechende statistische Pfadmodell für einen Moderationseffekt mit Interaktionsvariable ist in Abbildung 4.6 dargestellt.

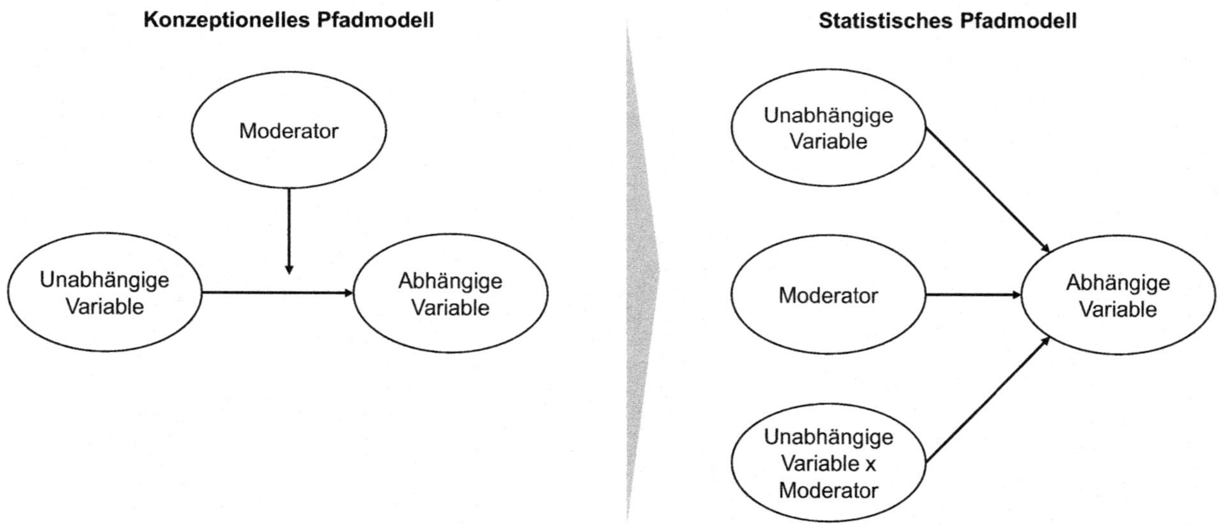

Abbildung 4.6 Konzeptionelles und statistisches Pfaddiagramm (Moderation). (Quelle: eigene Darstellung in Anlehnung an Chin et al., 2003, S. 198)

Neben der Berücksichtigung von Interaktionsvariablen können Moderatoreffekte auch mit *Mehrgruppen-Kausalanalysen* untersucht werden. Hierbei werden die Befragten auf Basis der Moderatorvariable in Gruppen eingeteilt. Metrische Moderatorvariablen (wie Lebensmittel-Involvement und Datenschutz-Bedenken in der vorliegenden Arbeit) müssen hierfür in kategoriale Variablen transformiert werden. In der Regel wird hierbei eine Dichotomisierung per Median-Split durchgeführt. Das Strukturmodell (ohne Interaktionsvariablen) wird dann für die einzelnen Gruppen (z. B. „über Median" und „unter Median") geschätzt. Auf Basis der Ergebnisse wird schließlich geprüft, ob die Schätzparameter sich signifikant zwischen den Gruppen unterscheiden (Huber et al., 2007, S. 50 f.). Durch dieses Vorgehen kann nicht nur der Einfluss einer Moderatorvariable auf eine einzelne Beziehung, sondern auch auf das komplette Strukturmodell überprüft werden. Zudem kann bei Mehrgruppen-Kausalanalysen auch das Zusammenspiel mehrerer Moderatoren untersucht werden (ebd., S. 49). Dennoch raten viele Autoren von der (isolierten) Anwendung der Mehrgruppen-Kausalanalyse bei metrischen Moderatorvariablen ab, da die Dichotomisierung der Variablen zur Gruppenbildung mit einem Informationsverlust einhergeht (z. B. Henseler & Fassott, 2010, S. 721; Huber at al., 2007, S. 51; Weiber & Mühlhaus, 2015, S. 374).

Um einen maximalen Informationsgewinn zu erzielen, kommen in der vorliegenden Arbeit zur Überprüfung der Moderatoreffekte sowohl die Berücksichtigung von Interaktionsvariablen als auch die Mehrgruppen-Kausalanalyse zum Einsatz. Durch die Integration der Interaktionsvariablen wird dem metrischen Skalenniveau der Moderatoren Rechnung getragen. Die zusätzliche Anwendung der Mehrgruppen-Kausalanalyse dagegen ermöglicht eine ganzheitliche (d. h. das gesamte Strukturmodell betreffende) Überprüfung der Moderatoreffekte.

In der vorliegenden Arbeit werden drei Moderatorvariablen angenommen: das Lebensmittel-Involvement (H3), Möglichkeiten der Datenkontrolle (H5) und Datenschutz-Bedenken (H6). Während Lebensmittel-Involvement und Datenschutz-Bedenken über Skalen erhoben wurden, wurde die Moderatorvariable Datenkontrolle experimentell manipuliert. Dabei wurden nur drei der vier rechnerisch möglichen Interaktionen zwischen Datensammlung und Datenkontrolle berücksichtigt, da die Kombination *verdeckte* Datensammlung *mit* Datenkontrolle nicht plausibel ist und in der Praxis nicht umgesetzt wird (siehe auch *Fußnote 75*). Da eine der vier möglichen Kombinationen in der Untersuchung also nicht existiert, kann die Interaktionsvariable „Datensammlung x

Datenkontrolle“ nicht sinnvoll berechnet werden. Auch die Anwendung einer Mehrgruppen-Kausalanalyse ist in diesem Fall nicht möglich, da die Variable Datensammlung in der Gruppe „mit Datenkontrolle“ nur eine Ausprägung (offene Datensammlung) aufweist. Stattdessen wird für den Moderator Datenkontrolle auf den in Abschnitt 4.2.2 beschriebenen Dummy-Variablen Ansatz zurückgegriffen. Für die drei experimentell manipulierten Ausprägungen werden zwei Dummy-Variablen modelliert. Diese werden für die Ausprägungen offene Datensammlung ohne Datenkontrolle (OD_OK) und offene Datensammlung mit Datenkontrolle (OK_MK) erstellt (jeweils mit 1 für „trifft zu“ und 0 für „trifft nicht zu“). Die Ausprägung verdeckte Datensammlung (VD) wird entsprechend als Referenzkategorie gewählt (Backhaus et al., 2016, S. 17). Analog wird für die Persönlichkeitskongruenz eine Dummy-Variable mit den Ausprägungen 1 für „kongruent“ und 0 für „inkongruent“ definiert.

Für die beiden anderen Moderatorvariablen können dagegen Interaktionsvariablen berechnet werden. Zur Überprüfung von H3 und H6 werden entsprechend die Interaktionsvariablen „Lebensmittel-Involvement x Persönlichkeitskongruenz“ sowie „Datenschutz-Bedenken x offene Datensammlung ohne Datenkontrolle“ mit Hilfe des Produkt-Indikator-Ansatzes[33] im Modell ergänzt. Auch die Durchführung von Mehrgruppen-Kausalanalysen ist bei diesen Variablen nach Dichotomisierung möglich.

Durch die Modellierung der Interaktionsvariablen ergibt sich das in Abbildung 4.7 dargestellte *statistische Pfadmodell* von Studie 2. Dieses ist aus dem konzeptionellen Pfadmodell in Abbildung 4.2 abgeleitet. Da Möglichkeiten der Datenkontrolle laut H5 den negativen Einfluss der offenen Datensammlung mindern, wird im Pfadmodell für H5 angenommen, dass der Einfluss der offenen Datensammlung mit Datenkontrolle (OD_MK) betragsmäßig kleiner, d. h. weniger negativ, ist als der Einfluss der offenen Datensammlung ohne Datenkontrolle (OD_OK).

[33]Beim *Produkt-Indikator-Ansatz* werden die einzelnen Indikatoren des Moderators mit den Indikatoren des exogenen Konstrukts jeweils paarweise multipliziert und die resultierenden Interaktionsindikatoren dann zur reflektiven Spezifikation des Moderatorkonstrukts verwendet (Weiber & Mühlhaus, 2014, S. 374).

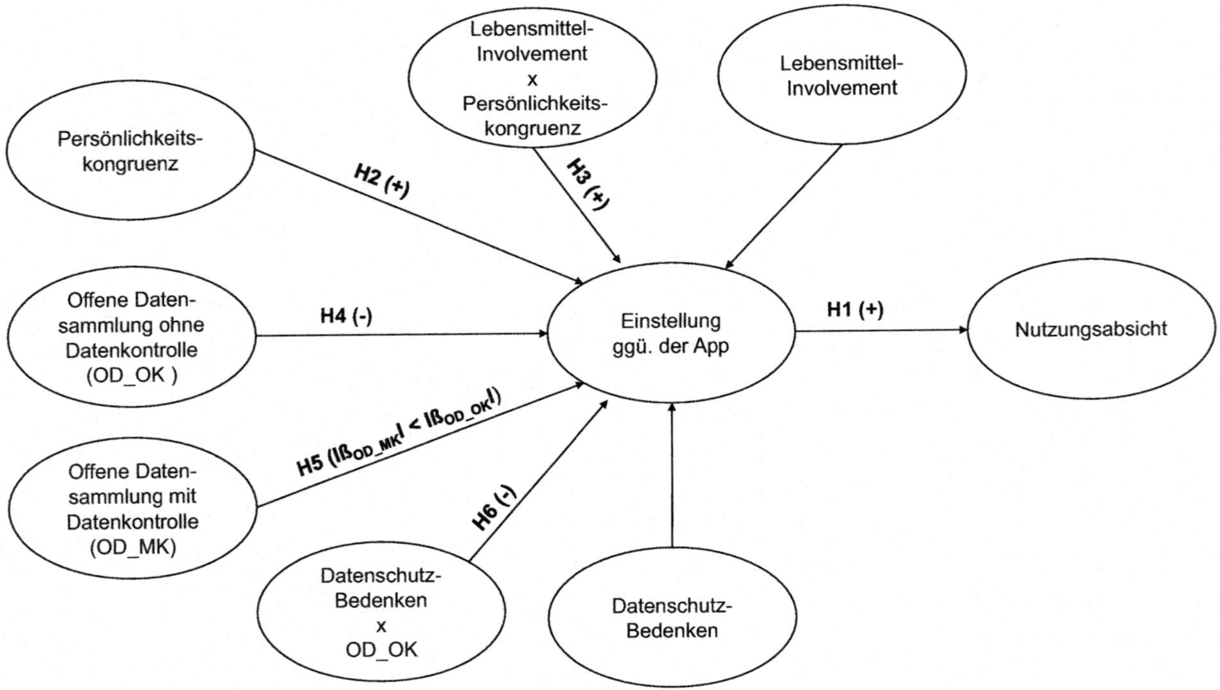

Abbildung 4.7 Statistisches Pfadmodell von Studie 2. (Quelle: eigene Darstellung)

Das in Abbildung 4.7 dargestellte Pfadmodell kann schließlich in *SmartPLS 3* modelliert und geschätzt werden (für eine detaillierte Darstellung des Schätzalgorithmus siehe z. B. Schloderer et al., 2009, S. 587 ff.). Das zentrale Ergebnis dieser Schätzung sind die *standardisierten Pfadkoeffizienten ß* des Strukturmodells als Maß für die Richtung und Stärke des Zusammenhangs zwischen zwei Konstrukten. Die standardisierten Pfadkoeffizienten geben an um wie viele Standardabweichungen sich die endogene Variable verändert, wenn sich die exogene Variable um eine Standardabweichung erhöht. Die Pfadkoeffizienten der Interaktionsvariablen zeigen entsprechend, um wie viel sich der Einfluss der exogenen auf die endogene Variable verändert, wenn sich der Wert der Moderatorvariable um eine Standardabweichung ändert (Huber et al., 2007, S. 53). Die standardisierten Pfadkoeffizienten können Werte zwischen −1 und 1 annehmen, wobei ab Werten von ß>I0,1I von einem bedeutsamen Zusammenhang ausgegangen werden kann (Lohmöller, 1989, S. 60 f.).

Aufgrund der fehlenden Verteilungsannahmen des varianzanalytischen Ansatzes können keine parametrischen Signifikanztests durchgeführt werden, um zu überprüfen, ob die Pfadkoeffizienten sich signifikant von null unterscheiden. Die Signifikanz der Pfadkoeffizienten kann stattdessen jedoch über *Bootstrapping* ermittelt werden. Hierbei werden aus dem empirischen Datensatz wiederholt Stichproben mit Zurücklegen gezogen, für die das Modell jeweils erneut geschätzt wird[34]. Auf diese Weise kann eine empirische Verteilung der geschätzten Modellparameter (Mittelwert über die Stichproben und Varianz) ermittelt werden, mit deren Hilfe dann Teststatistiken (hier: einseitiger t-Test) berechnet werden können (Schloderer et al., 2009, S. 592 f.; Weiber & Mühlhaus, 2014, S. 327).

Zur Beurteilung der Erklärungskraft des Strukturmodells wird zudem für jedes endogene Konstrukt das *Bestimmtheitsmaß R^2* berechnet. R^2 gibt an, wie viel Prozent der Varianz des Konstrukts über die im zugeordneten unabhängigen (exogenen) Variablen erklärt wird (Chin, 1998, S. 317 f.; Weiber & Mühlhaus, 2014, S. 327 f.). Zur Beurteilung der R^2-Werte wird häufig auf die von Chin (1998, S. 323) vorgenommene Klassifikation zurückgegriffen, wonach ein R^2 von 0,19 als „schwach", von 0,33 als „moderat" von 0,66 als „substantiell" bezeichnet wird. Allerdings ist diese Abgrenzung nicht allgemeingültig, stattdessen muss

[34]Wie in der Literatur empfohlen (z. B. Schloderer et al., 2009, S. 593; Weiber & Mühlhaus, 2014, S. 327) wurde für die Größe der Bootstrap-Stichproben die Stichprobengröße von 396 gewählt. Stichproben-Ziehung und Modellschätzung wurden 5000 Mal und damit hinreichend häufig wiederholt.

R^2 kontextbezogen interpretiert werden. Gerade in der Konsumentenverhaltensforschung, die menschliches Verhalten – das naturgemäß nur bis zu einem gewissen Grad prognostizierbar ist – untersucht, werden häufig auch deutlich niedrigere Werte von R^2 akzeptiert (für einen Studienüberblick siehe Hair et al., 2012).

Auf Basis von R^2 kann im nächsten Schritt die *Effektstärke* f^2 der exogenen Konstrukte bestimmt werden. f^2 gibt dabei an, wie stark sich das R^2 eines endogenen Konstruktes ändert, wenn das entsprechende exogene Konstrukt nicht zur Schätzung herangezogen wird und ist damit ein Maß für die Relevanz eines exogenen Konstrukts bei der Erklärung eines endogenen Konstruktes. Werte > 0,35 werden in der Literatur als großer Effekt, Werte > 0,15 als moderater Effekt und Werte > 0,02 als geringer, jedoch immer noch bedeutsamer, Effekt bezeichnet (Chin, 1998, S. 317).

Neben der Erklärungskraft sollte ferner die Prognoserelevanz des Strukturmodells für die endogenen Konstrukte anhand des *Stone-Geisser-Kriterium* Q^2 bewertet werden (Geisser, 1975; Stone, 1974). Die Berechnung erfolgt mit Hilfe der *Blindfolding-Technik*. Dabei wird während der Parameterschätzung systematisch ein Teil der empirischen Datenbasis als fehlend angenommen und anschließend mit den berechneten Parameterwerten prognostiziert. Zur Berechnung von Q^2werden die Residuen dieser Prognose mit der Höhe der Residuen einer Prognose auf Basis von Mittelwerten verglichen. Sofern $Q^2 > 0$ ist, besitzt das Modell Prognoserelevanz, da es die Parameter besser prognostiziert als eine Schätzung per Mittelwerte (Huber et al., 2007, S. 37).

Die beschriebenen Kriterien sind konstruktbezogene, lokale Gütemaße, mit deren Hilfe Teilstrukturen des postulierten Modells, nicht aber das Strukturmodell als Ganzes, beurteilt werden können. Eine Güteprüfung des Strukturmodells geschieht in der Literatur in der Regel, indem die lokalen Gütemaße „in eine Zusammenschau gebracht werden" (Weiber & Mühlhaus, 2014, S. 330). Neuere Forschungsarbeiten zielen jedoch zunehmend darauf ab, auch globale Gütemaße zur Beurteilung des Strukturmodells zu entwickeln (z. B. Henseler et al., 2014; Dijkstra & Henseler, 2015). Dabei wird insbesondere dem *Standardized Root Mean Square Residual (SRMR)* eine hohe Leistungsfähigkeit zur Evaluierung des Modellfits attestiert (Hair et al., 2017, S. 166; Henseler et al., 2016, S. 9 f.). Der SRMR ist ein bei kovarianzbasierten SEM verbreitetes Gütekriterium und entspricht bei varianzbasierten SEM der „standardisierten Wurzel der mittleren Differenzen zwischen den beobachteten Korrelationen und den über das Modell implizierten Korrelationen" (Hair et al., 2017, S. 166). Ein Wert von null steht für einen perfekten Modell-Fit. In der Literatur werden Werte < 0,8 (Hu & Bentler, 1999, S. 27) und < 0,1 (Weiber & Mühlhaus, 2014, S. 210) als Untergrenze für kovarianzbasierte SEM genannt. Da die Analyse des SRMR im Rahmen von varianzbasierten SEM sich noch in einer frühen Entwicklungsphase befindet, hat sich hier noch kein Grenzwert etabliert. Es wird jedoch davon ausgegangen, dass höhere SRMR-Werte akzeptabel sind, da das varianzbasierte SEM im Gegensatz zum kovarianzbasierten SEM nicht auf eine Minimierung der Differenz der empirischen und modelltheoretischen Kovarianzmatrizen abzielt (Hair et al., 2017, S. 166; Henseler et al., 2016, S. 9 f.)

In Abbildung 4.8 ist das Strukturmodell mit den geschätzten Parametern dargestellt[35]. Das Modell weist mit einem SRMR von 0,070 einen guten globalen Modell-Fit auf. Auch die lokalen Gütemaße nehmen zufriedenstellende Werte an: Mit einem R^2 von 0,316 kann knapp ein Drittel der Varianz der Nutzungsabsicht durch das Modell erklärt werden. Bei der Einstellung gegenüber der App sind es immerhin 12,1 Prozent (korrigiertes $R^2 = 0{,}104$). Zwar ist die Höhe des Bestimmtheitsmaßes der Einstellung als eher gering einzustufen, sofern gängige Klassifikationen (z. B. Chin, 1998) zugrunde gelegt werden. Berücksichtigt werden muss jedoch, dass es nicht das Ziel der Untersuchung war alle Prädiktoren der Einstellung zu erfassen und das Konstrukt möglichst umfänglich zu erklären. Stattdessen wird der Einfluss einer konkreten Personalisierungsmaßnahme untersucht, andere einstellungsrelevante Faktoren wie Preise, Lieferbedingungen, Produktqualität und -auswahl wurden bewusst ausgeklammert. In anderen Studien, die ebenfalls einzelne Personalisierungsmaßnahmen untersuchen, werden vergleichbare Werte für R^2 (zwischen 0,1 und 0,2) erzielt (z. B. Doorn & Hoekstra, 2013; Goldfarb & Tucker, 2011). Das Bestimmtheitsmaß kann daher als ausreichend hoch eingestuft werden. Q^2 liegt sowohl für die Nutzungsabsicht als auch für die Einstellung über null. Dem Modell kann für beide Konstrukte also eine gute Prognoserelevanz zugesprochen werden.

[35]Neben dem dargestellten Strukturmodell wurden auch Strukturmodelle, die zusätzlich den Einfluss der erhobenen Kontrollvariablen (Alter, Geschlecht, Bildung, Beruf, bisherige Erfahrungen mit dem Online-Lebensmitteleinkauf) berücksichtigen, geschätzt. Dabei zeigen jedoch nur das Geschlecht und Alter einen signifikanten Einfluss auf eines der Konstrukte: Frauen haben eine etwas positivere Einstellung gegenüber der App als Männer. Zudem verbessert sich die Einstellung mit sinkendem Alter. Die Effektstärke liegt jedoch sowohl für das Geschlecht als auch das Alter bei $f^2 < 0{,}02$. Aufgrund dieses wenig bedeutsamen Einflusses wurde darauf verzichtet die Kontrollvariablen in das finale Modell zu integrieren.

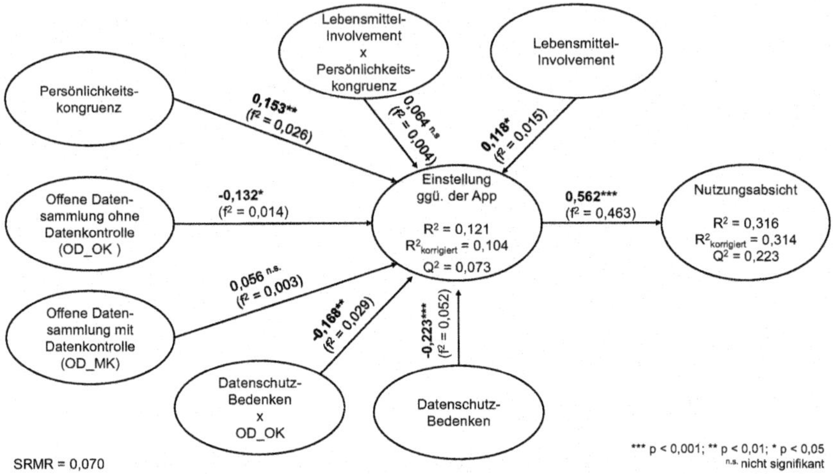

Abbildung 4.8 Ergebnisse der Modell-Schätzung. (Quelle: eigene Darstellung)

Im Folgenden werden zunächst die direkten Effekte im Strukturmodell näher erläutert, danach folgt eine ausführliche Analyse der postulierten Moderatoreffekte.

4.3.4.2 Analyse der direkten Effekte

Die Vorzeichen der standardisierten Pfadkoeffizienten in Abbildung 4.8 stützen die postulierten Wirkungsrichtungen: Die Einstellung gegenüber der App übt einen starken, positiven Einfluss auf die Nutzungsabsicht aus. Die Effektstärke ist mit $f^2 = 0{,}463$ als sehr hoch zu bewerten. H1 kann damit auf Basis der Ergebnisse also bestätigt werden. Weiterhin hat die Persönlichkeits-kongruenz einen ebenfalls signifikant positiven Effekt auf die Einstellung gegenüber der App. Die Effektstärke ist zwar als eher schwach, jedoch durchaus bedeutsam einzuordnen ($f^2 = 0{,}026 > 0{,}02$). Auch H2 kann damit angenommen werden. Die offene Datensammlung ohne Datenkontrolle wirkt sich wie angenommen negativ auf die Einstellung aus. Der Effekt kann allerdings als nicht bedeutsam eingestuft werden ($f^2 = 0{,}014 < 0{,}02$), sodass H4 nicht eindeutig bestätigt werden kann.

Über alle Befragte hinweg (d. h. ohne Berücksichtigung der Moderatoreffekte) übersteigt der positive Effekt der Persönlichkeitskongruenz also den negativen Effekt der offenen Datensammlung ohne Datenkontrolle. Die direkten Effekte sprechen insgesamt also für eine positive – wenn auch insgesamt eher geringe – Wirkung der persönlichkeitsbasierten Personalisierung. Inwiefern die Effekte und insbesondere deren Stärke von den definierten Moderatorvariablen abhängen wird in den nächsten Kapiteln untersucht.

4.3.4.3 Analyse der Moderatoreffekte

In Abbildung 4.8 sind neben den beschrieben direkten Effekten auch Moderatoreffekte durch Interaktionsvariablen dargestellt. Die Interpretation dieser Effekte folgt in den nächsten Unterkapiteln. Dabei erfolgt für die Variablen Lebensmittel-Involvement und Datenschutz-Bedenken zusätzlich eine Analyse der Moderatoreffekte mit Hilfe der Mehrgruppen-Kausalanalyse.

4.3.4.3.1 Möglichkeiten der Datenkontrolle

Da Möglichkeiten der Datenkontrolle nicht als Interaktionsvariable in das Pfadmodell ergänzt werden konnten, muss der moderierende Einfluss der Variable durch einen Vergleich der Effekte der offenen Datensammlung ohne Datenkontrolle und der offenen Datensammlung mit Datenkontrolle analysiert werden. Wie von H5 postuliert, ist der Einfluss der Datensammlung mit Datenkontrolle weniger negativ als jener ohne Datenkontrolle (bzw. sogar leicht positiv, $ß_{OD\_MK} = 0{,}056$). Der Effekt ist nicht signifikant und nicht bedeutsam ($f^2 = 0{,}003 < 0{,}02$). Da die verdeckte Datensammlung als Referenzkategorie gewählt wurde, bedeutet dieser nicht signifikante Effekt, dass der Einfluss der offenen Datensammlung sich nicht von jenem der verdeckten Datensammlung unterscheidet, sofern Möglichkeiten zur Datenkontrolle angeboten werden. Möglichkeiten der Datenkontrolle mindern den negativen Einfluss der offenen Datensammlung also nicht nur, sie können ihn sogar komplett beseitigen. Einen negativen Einfluss der persönlichkeitsbasierten Personalisierung gibt es folglich nur, wenn Nutzern mitgeteilt wird, dass Daten über ihre Persönlichkeit gesammelt und zur Personalisierung genutzt werden und sie nicht widersprechen können. H5 kann damit angenommen werden.

4.3.4.3.2 Lebensmittel-Involvement

Zur Analyse des moderierenden Einflusses des Lebensmittel-Involvements wird zunächst die Interaktionsvariable „Lebensmittel-Involvement x Persönlichkeitskongruenz“ betrachtet. Der Pfadkoeffizient weist zwar wie erwartet einen positiven Wert auf ($ß = 0{,}064$), dieser ist anders als von H3 postuliert jedoch nicht signifikant. Der Pfadkoeffizient deutet also nicht darauf hin, dass das Lebensmittel-Involvement den positiven Einfluss der Persönlichkeitskongruenz auf die Einstellung gegenüber der App verstärkt. H3 kann damit anhand der Ergebnisse des Strukturmodells nicht bestätigt werden.

Um zu prüfen, ob das Lebensmittel-Involvement sich auf andere Beziehungen des Strukturmodells auswirkt, wurde zusätzlich eine Mehrgruppen-Kausalanalyse durchgeführt. Hierzu wurden die Befragten per Median-Split in die zwei Gruppen „hohes Lebensmittel-Involvement“ (im Folgenden INV_hoch) und „niedriges Lebensmittel-Involvement“ (im Folgenden INV_niedrig) eingeteilt. Der Empfehlung von Henseler et al. (2009) folgend wurde mit Hilfe eines *modifizierten Mann-Whitney-Wilcoxon-Test*[36] geprüft, ob die Pfadkoeffizienten in den beiden Gruppen variieren. Die Ergebnisse der Mehrgruppen-Kausalanalyse sind in Abbildung 4.9 abgebildet. Pfade, die sich in den beiden Modellen signifikant ($p < 0{,}05$) voneinander unterscheiden, sind fett markiert.

[36]Der Mann-Whitney-Wilcoxon-Test ist ein nicht-parametrischer Homogenitätstest für zwei unabhängige Stichproben. Henseler et al. (2009) wenden den Test an, um die geschätzten Parameter (Pfadkoeffizienten) zweier Teildatensätze auf Gleichheit zu überprüfen (S. 309).

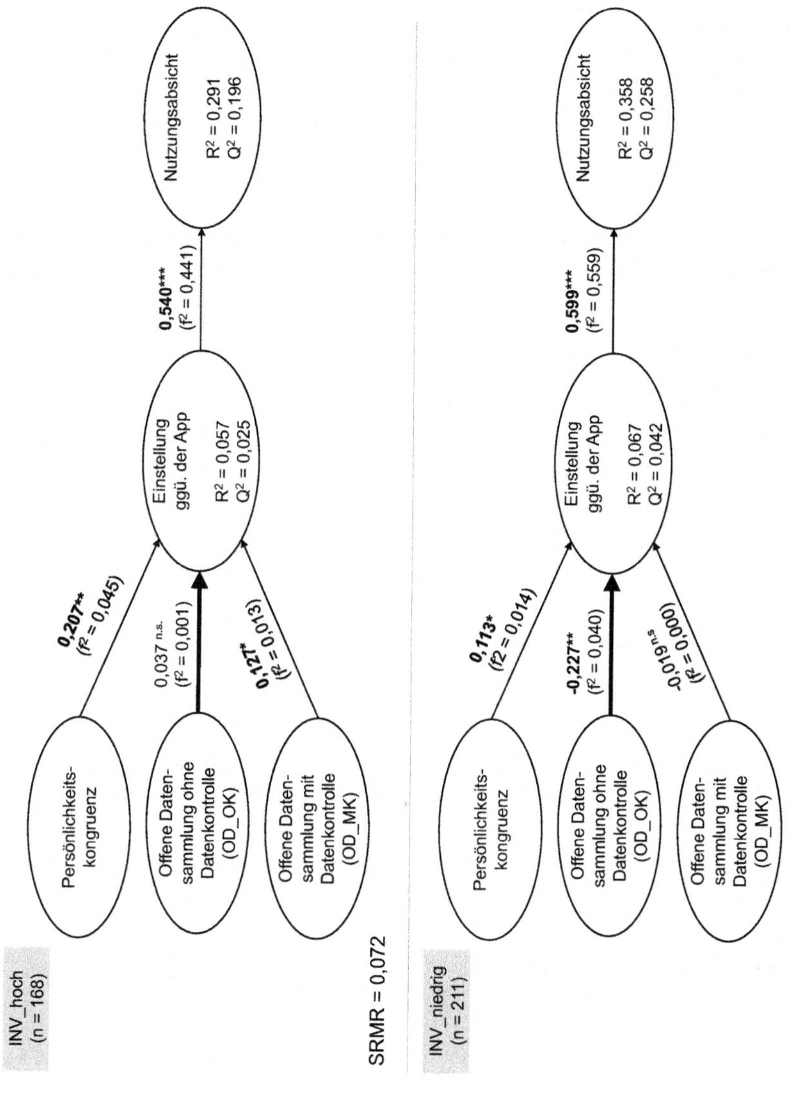

*** $p < 0{,}001$; ** $p < 0{,}01$; * $p < 0{,}05$
n.s. nicht signifikant

Abbildung 4.9 Ergebnisse Mehrgruppen-Kausalanalyse INV_hoch vs. INV_niedrig. (Quelle: eigene Darstellung)

Die Persönlichkeitskongruenz hat in beiden Gruppen einen positiven Einfluss auf die Einstellung gegenüber der App. In der Gruppe INV_hoch ist dieser jedoch höher und eindeutiger signifikant. Zudem kann der Effekt hier als bedeutsam eingestuft werden, während die Effektstärke in der Gruppe INV_niedrig unter 0,02 liegt. Diese Ergebnisse stehen im zwar Einklang mit dem durch H3 postulierten Einfluss des Lebensmittel-Involvements. Allerdings lässt sich durch den modifizierten Mann-Whitney-Wilcoxon-Test wie schon bei der Interaktionsvariable kein signifikanter Unterschied zwischen den Pfadkoeffizienten beider Gruppen nachweisen ($p = 0{,}174$). Auch die Ergebnisse der Mehrgruppen-Kausalanalyse bieten damit keine Bestätigung für H3.

Die Mehrgruppen-Kausalanalyse liefert darüber hinaus einen Hinweis auf einen bei der Hypothesenbildung nicht postulierten Effekt: Bei hoch involvierten Personen hat die offene Datensammlung ohne Datenkontrolle keinen Einfluss auf die Einstellung gegenüber der App, bei gering Involvierten dagegen, führt sie zu einer signifikant negativeren Einstellung. Der Effekt ist dabei bedeutsam und wesentlich stärker als über alle Befragte hinweg. Die Pfadkoeffizienten zwischen den Gruppen INV_hoch und INV_niedrig unterscheiden sich in diesem Fall signifikant. Dieser theoretisch nicht postulierte Zusammenhang könnte damit erklärt werden, dass Personen mit geringem Lebensmittel-Involvement grundsätzlich weniger Interesse an Supermarkt-Apps haben und daher mögliche negative Aspekte entsprechender Apps eine größere Rolle bei der Einstellungsbildung spielen. Hoch-involvierte Personen dagegen stehen Angeboten rund um Lebensmittel positiver gegenüber – hieran kann auch die Sammlung von Daten wenig ändern.

Die Ergebnisse der Mehrgruppen-Kausalanalyse verdeutlichen also, dass das Lebensmittel-Involvement eine wichtige Rolle bei der Einstellungsbildung im Zusammenhang mit persönlichkeitsbasierter Personalisierung spielt. Allerdings ist der Einfluss des Lebensmittel-Involvements weniger – wie durch H3 angenommen – aufgrund einer Verstärkung des positiven Effekts der Persönlichkeitskongruenz relevant. Stattdessen führt ein hohes Lebensmittel-Involvement vor allem dazu, dass potenzielle negative Effekte der Datensammlung abgeschwächt werden.

4.3.4.3.3 Datenschutz-Bedenken

Der Pfadkoeffizient der Interaktionsvariablen „Datenschutz-Bedenken x offene Datensammlung ohne Datenkontrolle“ ist signifikant negativ mit bedeutsamer Effektstärke ($ß = -0{,}168$). Mit steigenden Datenschutz-Bedenken verstärkt sich also wie von H6 postuliert der negative Einfluss der offenen Datensammlung ohne Datenkontrolle auf die Einstellung. H6 kann auf Basis dieser Ergebnisse angenommen werden.

Für eine weitergehende Analyse des Einflusses der Datenschutz-Bedenken wurden die Befragten ebenfalls per Median-Split in eine Gruppe mit hohen Datenschutz-Bedenken (im Folgenden: DB_hoch) und eine Gruppe mit niedrigen Datenschutz-Bedenken (im Folgenden: DB_niedrig) eingeteilt. Auf dieser Basis wurde wieder eine Mehrgruppen-Kausalanalyse unter Anwendung des modifizierten Mann-Whitney-Wilcoxon-Tests durchgeführt. Die Ergebnisse in Abbildung 4.10 unterstreichen die Bedeutung der Datenschutz-Bedenken für den Einfluss der offenen Datensammlung ohne Datenkontrolle (signifikant unterschiedliche Pfade sind fett markiert): In der Gruppe DB_hoch zeigt sich ein hochsignifikanter, negativer Einfluss auf die Einstellung gegenüber der App. Dieser ist sogar stärker als der positive Einfluss der Persönlichkeitskongruenz, sodass für diese Gruppe ein insgesamt negativer Netto-Effekt der persönlichkeitsbasierten Personalisierung festgestellt werden kann. In der DB_niedrig-Gruppe dagegen kann kein signifikanter Einfluss nachgewiesen werden. Die Ergebnisse sind folglich eine weitere Bestätigung für den moderierenden Einfluss der Datenschutz-Bedenken und damit für die Gültigkeit von H6.

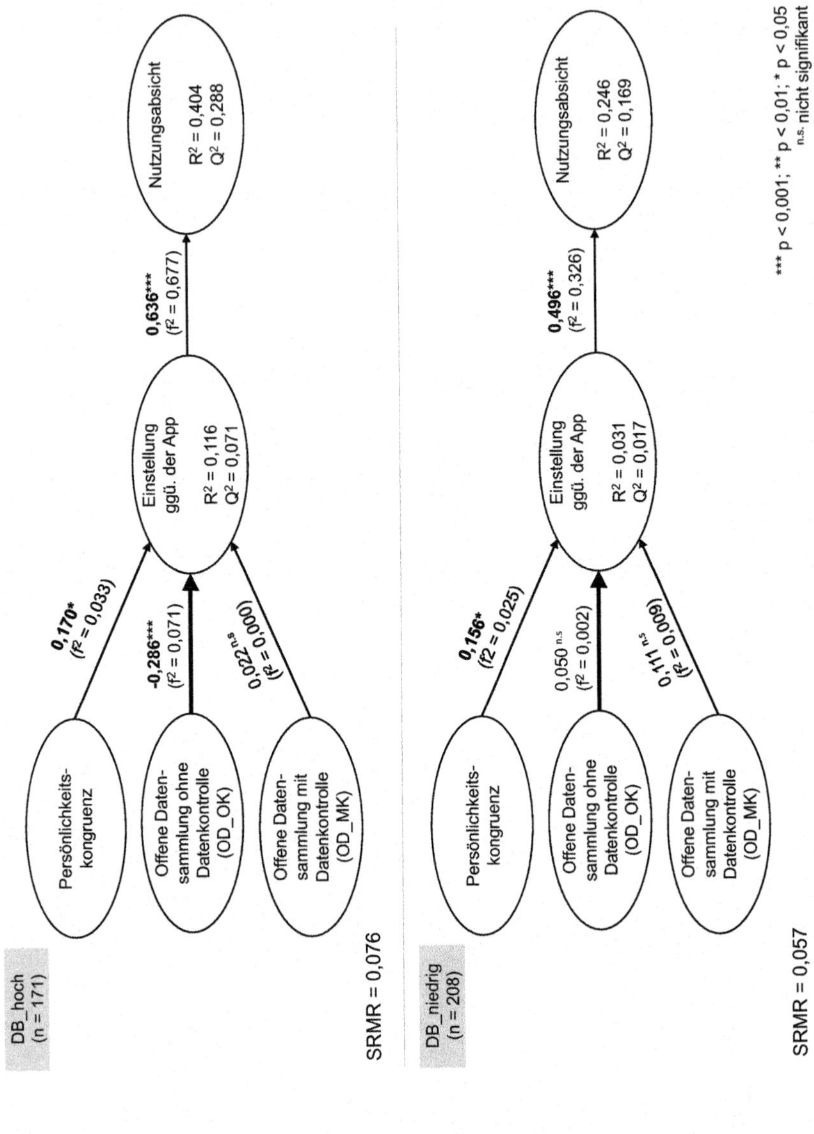

Abbildung 4.10 Ergebnisse Mehrgruppen-Kausalanalyse DB_hoch vs. DB_niedrig. (Quelle: eigene Darstellung)

4.3.4.3.4 Lebensmittel-Involvement und Datenschutz-Bedenken

Die bisherigen Analysen haben gezeigt, dass die beiden nutzerseitigen Moderatorvariablen Lebensmittel-Involvement und Datenschutz-Bedenken die Beziehungen im Strukturmodell beeinflussen. Im Folgenden wird daher untersucht, welche Wirkung die beiden Konstrukte in Kombination entfalten. Hierfür werden die per Median-Split erstellten Gruppen zu den vier Gruppen INV_hoch_DB_hoch, INV_hoch_DB_niedrig, INV_niedrig_DB_hoch und INV_niedrig_DB_niedrig kombiniert. Die Ergebnisse der Strukturmodelle für die vier Gruppen sind in Abbildung 4.11 dargestellt.

Die Gruppe *INV_hoch_DB_niedrig* weist den höchsten positiven Einfluss der Persönlichkeits-kongruenz auf die Einstellung gegenüber der App auf. Von der Datensammlung geht dagegen kein (negativer) Effekt aus – unabhängig davon, ob Möglichkeiten zur Datenkontrolle angeboten werden oder nicht. Die Gruppe ist damit eine sehr attraktive Zielgruppe für die persönlichkeitsbasierte Personalisierung, da positive Effekte zu erwarten sind und keine negativen Folgen befürchtet werden müssen.

In der Gruppe *INV_hoch_DB_hoch* zeigt sich ebenfalls ein positiver, jedoch deutlich geringerer, Einfluss der Persönlichkeitskongruenz. Zusätzlich ist hier ein signifikant positiver Effekt der offenen Datensammlung mit Datenkontrolle erkennbar. Hoch involvierte Personen, die hohe Datenschutz-Bedenken haben, scheinen es also gut zu finden, wenn ihre Daten gesammelt und für eine persönlichkeitsbasierte Personalisierung verwendet werden, solange sie die Sammlung dieser Daten kontrollieren können. Eine Erklärung für dieses Ergebnis könnte sein, dass Personen mit hohen Datenschutz-Bedenken sich intensiv mit dem Thema Datenschutz beschäftigen und entsprechend davon ausgehen, dass ohnehin Daten über sie gesammelt werden. Sie befürworten es daher, wenn diese Sammlung auch aktiv kommuniziert wird und sie zudem die Möglichkeit haben, dieser Sammlung zu widersprechen bzw. sie zu kontrollieren. Insgesamt ist diese Gruppe damit ebenfalls eine attraktive Zielgruppe für die persönlichkeits-basierte Personalisierung, wobei bei der Umsetzung darauf geachtet werden sollte, dass die hierfür notwendige Datensammlung transparent kommuniziert wird und Nutzern Möglichkeiten der Datenkontrolle geboten werden.

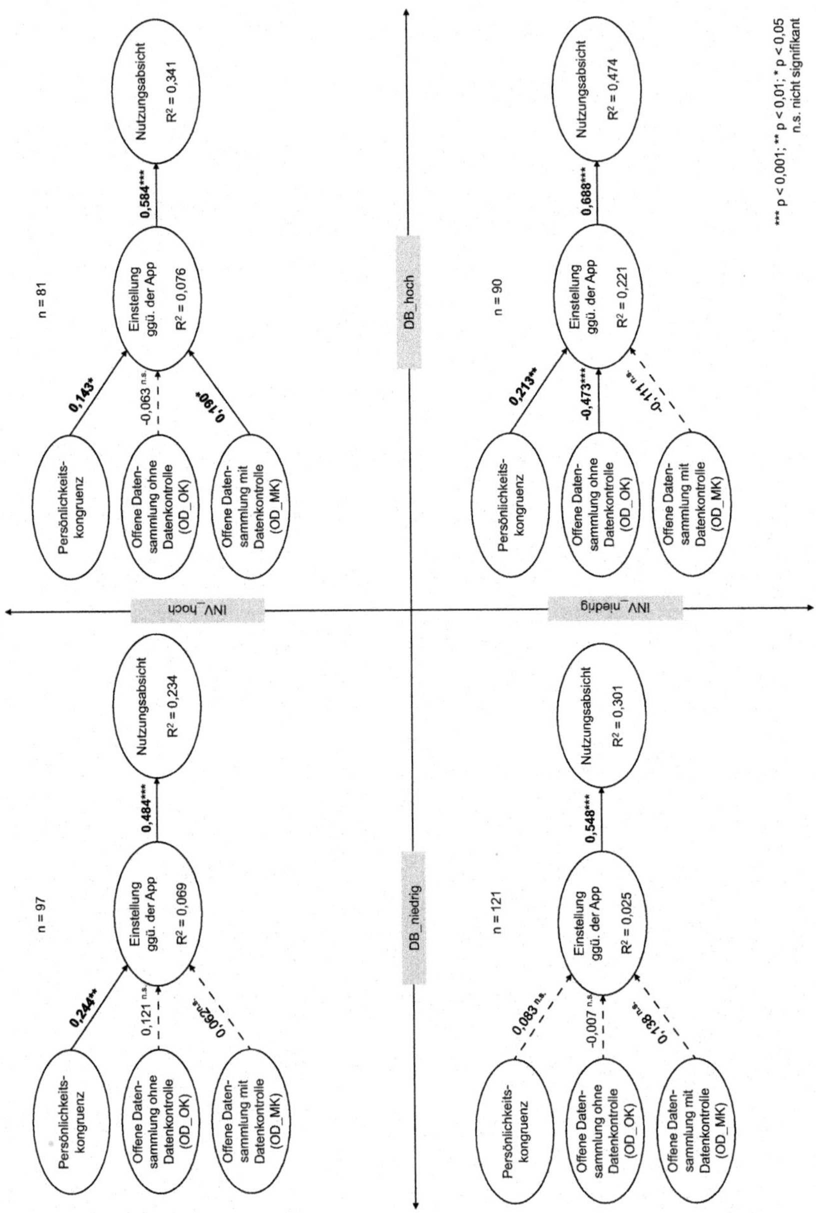

Abbildung 4.11 Ergebnisse der Modell-Schätzung INV x DB. (Quelle: eigene Darstellung)

Auch in der Gruppe *INV_niedrig_DB_hoch* kann ein signifikant positiver Effekt der Persönlichkeitskongruenz festgestellt werden. Gleichzeitig zeigt sich jedoch ein sehr starker negativer Einfluss der offenen Datensammlung ohne Datenkontrolle. Mit einem Pfadkoeffizienten von fast −0,5 übersteigt dieser negative Einfluss den positiven Effekt der Persönlichkeits-kongruenz deutlich und hat damit das Potential die Einstellung wesentlich zu verschlechtern. Möglichkeiten der Datenkontrolle können diesen negativen Effekt jedoch (nahezu) komplett aushebeln. Grundsätzlich kann damit auch für diese Gruppe eine persönlichkeitsbasierte Personalisierung angeboten werden. Den Themen Datensammlung und -kontrolle muss dabei jedoch eine besondere Aufmerksamkeit geschenkt werden. Sobald die Datenkontrolle für Nutzer nicht offensichtlich ist, besteht die Gefahr, dass die Einstellung unter der für die Personalisierung notwendigen Datensammlung leidet. Mit einem Bestimmtheitsmaß von 0,221 ist das Potential für entsprechende Schäden vergleichsweise groß. App-Betreiber sollten daher in Erwägung ziehen Möglichkeiten der Datenkontrolle für diese Gruppe besonders prominent zu platzieren und erweiterte Kontrollfunktionen (z. B. separate Zustimmung zur Sammlung von Daten aus verschiedenen Quellen) anzubieten.

Keine signifikanten Effekte der persönlichkeitsbasierten Personalisierung lassen sich schließlich in der *INV_niedrig_DB_niedrig*-Gruppe beobachten. Weder die Persönlichkeitskongruenz noch die beiden Varianten der Datensammlung und -kontrolle beeinflussen die Einstellung gegenüber der App. Für diese Gruppe ist eine Umsetzung der persönlichkeitsbasierten Personalisierung folglich nicht sinnvoll. Zwar kann hierdurch kein Schaden angerichtet werden, es können jedoch auch keine positiven Effekte erzielt werden, die den Aufwand für die Umsetzung rechtfertigen.

4.4 Zusammenfassung der Hypothesenprüfung

Zusammenfassend zeigen die Ergebnisse über alle Gruppen hinweg einen starken positiven, hochsignifikanten Effekt der Einstellung gegenüber der App auf die Nutzungsabsicht. H1 kann folglich bestätigt werden. Auch der positive Effekt der Persönlichkeitskongruenz auf die Einstellung konnte unabhängig von Lebensmittel-Involvement und Datenschutz-Bedenken nachgewiesen werden, sodass H2 ebenfalls angenommen werden kann. Für den von H3 postulierten Einfluss des Lebensmittel-Involvements findet sich dagegen keine Bestätigung. Zwar stehen die in der Mehrgruppen-Kausalanalyse identifizierten Unterschiede der

Pfadkoeffizienten im Einklang mit der Hypothese, die Effekte sind jedoch nicht signifikant. Stattdessen wurde ein signifikanter, theoretisch nicht postulierter Effekt des Lebensmittel-Involvements auf die Beziehung „Datensammlung ohne Datenkontrolle → Einstellung" identifiziert. Das Lebensmittel-Involvement wirkt sich also positiv auf die Wirkung persönlichkeitsbasierter Personalisierung aus, allerdings nicht – wie angenommen – indem es positive Effekte verstärkt, sondern indem es negative Effekte abschwächt.

H4 kann über alle Befragten hinweg nur mit Einschränkung angenommen werden: Die offene Datensammlung ohne Datenkontrolle wirkt sich zwar negativ auf die Einstellung gegenüber der App aus. Der Effekt ist jedoch sehr schwach und als wenig bedeutsam einzustufen. Der Netto-Effekt der persönlichkeitsbasierten Personalisierung ist entsprechend positiv. Bei Befragten mit hohen Datenschutz-Bedenken oder geringem Lebensmittel-Involvement dagegen, lässt sich der postulierte negative Einfluss eindeutig feststellen. Ein besonders starker negativer Einfluss konnte entsprechend bei Befragten, die sowohl hohe Datenschutz-Bedenken als auch ein geringes Lebensmittel-Involvement aufweisen, beobachtet werden.

Für H5 findet sich wiederum eine Bestätigung in den Untersuchungsergebnissen: In allen untersuchten Gruppen war der Einfluss der offenen Datensammlung mit Datenkontrolle geringer als der Einfluss der offenen Datensammlung ohne Datenkontrolle. In den meisten Fällen hatte die Variante mit Datenkontrolle keinen signifikanten Einfluss auf die Einstellung, unterschied sich also nicht von der verdeckten Datensammlung. Auch der durch H6 postulierte moderierende Einfluss der Datenschutz-Bedenken kann auf Basis von Studie 2 angenommen werden. Hierfür sprechen sowohl die Ergebnisse der Mehrgruppen-Kausalanalyse als auch die Richtung und Signifikanz des Pfadkoeffizienten der Interaktionsvariable.

In Summe können damit fünf der sechs aufgestellten Hypothesen angenommen werden, wobei die Annahme von H4 nur mit Einschränkung erfolgt (Tabelle 4.16).

Tabelle 4.16 Zusammenfassung der Hypothesenprüfung

Hypothese		Ergebnis	
H1	Je positiver die Einstellung gegenüber der Supermarkt-App, desto höher die Nutzungsabsicht für die Supermarkt-App.	✓	Starker Effekt, in allen untersuchten Gruppen nachgewiesen
H2	Eine persönlichkeitskongruente Supermarkt-App führt zu einer positiveren Einstellung gegenüber der Supermarkt-App als eine persönlichkeitsinkongruente Supermarkt-App.	✓	Eher schwacher jedoch bedeutsamer Effekt; wurde unabhängig von Lebensmittel-Involvement und Datenschutz-Bedenken nachgewiesen (einzige Ausnahme: kein signifikanter Einfluss in der Gruppe INV_niedrig_DB_niedrig)
H3	Das Lebensmittel-Involvement moderiert die Beziehung zwischen Persönlichkeits-kongruenz und Einstellung: Je höher das Lebensmittel-Involvement, desto stärker der positive Einfluss der Persönlichkeits-kongruenz auf die Einstellung gegenüber der App.	x	Vorzeichen der Interaktionsvariable und Pfadkoeffizient-Unterschiede in Mehrgruppen-Kausalanalyse stehen zwar im Einklang mit der Hypothese; Effekte sind allerdings nicht signifikant Stattdessen wurde ein theoretisch nicht postulierter Einfluss des Involvements auf die Beziehung „Datensammlung ohne Datenkontrolle → Einstellung" festgestellt
H4	Eine offene Datensammlung führt zu einer negativeren Einstellung gegenüber der Supermarkt-App als eine verdeckte Datensammlung.	(✓)	Effekt über alle Befragten hinweg eher schwach; bei Personen mit hohen Datenschutz-Bedenken oder geringem Lebensmittel-Involvement jedoch stark ausgeprägt
H5	Möglichkeiten der Datenkontrolle moderieren die Beziehung zwischen Datensammlung und Einstellung: Sie mindern den negativen Einfluss der offenen Datensammlung auf die Einstellung gegenüber der Supermarkt-App.	✓	Einfluss der offenen Datensammlung mit Datenkontrolle in alle untersuchten Gruppen weniger negativ (nicht signifikant oder sogar positiv) als Einfluss der offenen Datensammlung ohne Datenkontrolle
H6	Datenschutz-Bedenken moderieren die Beziehung zwischen Datensammlung und Einstellung: Je größer die Datenschutz-Bedenken, desto stärker der negative Einfluss der offenen Datensammlung auf die Einstellung gegenüber der Supermarkt-App.	✓	Signifikanter Einfluss der Interaktionsvariable; Mehrgruppen-Kausalanalyse zeigt signifikant unterschiedliche Beziehungen im Strukturmodell in den Gruppen DB_hoch und DB_niedrig

Schlussbetrachtung 5

5.1 Zusammenfassung der Ergebnisse

In der vorliegenden Arbeit wurde die persönlichkeitsbasierte Personalisierung als eine vielversprechende Möglichkeit zur Steigerung der Nutzungsabsicht von Apps identifiziert. Die Persönlichkeit wurde dabei dem eigenschaftstheoretischen Paradigma folgend als Gesamtheit aller unverwechselbaren Eigenschaften eines Menschen verstanden, die auf fünf Dimensionen – die Big Five – heruntergebrochen werden können. Während die meisten bestehenden Arbeiten den Einsatz persönlichkeitsbasierter Personalisierung zur Optimierung von Recommender Systemen analysieren und einen starken technischen Fokus haben, untersuchte die vorliegende Arbeit mit *personalisierten Interfaces* neuartige Personalisierungsmaßnahmen auf Basis der Big Five. Dabei wurde eine verhaltenswissenschaftliche Perspektive eingekommen und die Wirkung persönlichkeitsbasierter Personalisierung und nicht ihre technische Umsetzung thematisiert. Mit Hilfe von zwei empirischen Untersuchungen konnten die drei eingangs hergeleiteten Forschungsfragen beantwortet werden.

Forschungsfrage 1: Welchen Einfluss hat die Persönlichkeit darauf, welche Inhalte, Darstellungsvarianten und Funktionalitäten einer Supermarkt-App präferiert werden?

Basierend auf biologischen Persönlichkeitstheorien und bisherigen Forschungsergebnissen konnten für alle Big Five Zusammenhänge mit App-Interface-Präferenzen in Bezug auf *Inhalte* (Texte und Bilder), *Darstellungsvarianten* (Farben und Formen) sowie *Funktionalitäten* (Features) identifiziert werden. Insbesondere für die Dimension EXT sowie die Präferenzkategorie

S. Arz, *Persönlichkeitsbasierte Personalisierung im Mobile Commerce*, Forum Marketing, https://doi.org/10.1007/978-3-658-31819-2_5

Inhalte liegen relativ viele empirische Befunde vor. Einige der identifizierten Zusammenhänge konnten auch in Studie 1 in Form einer ACBC für den Kontext Supermarkt-App nachgewiesen werden. Die Ergebnisse zeigen dabei, dass Interface-Präferenzen für Supermarkt-Apps insbesondere von der Dimension VER beeinflusst werden und sich vor allem bezüglich Texten und Bildern unterscheiden. Während VER↓-Personen knappe und effizienzbezogene Texte sowie Bilder, deren Fokus auf Lebensmitteln liegt, präferieren, haben VER↑-Personen eine Vorliebe für emotionale und soziale Bezüge in Texten und Bildern. Neben der Präferenzabhängigkeit von VER eignen sich Texte und Bilder auch aufgrund ihrer vergleichsweise einfachen technischen Umsetzung gut für eine persönlichkeitsbasierte Personalisierung. Die Anpassung von Texten und Bildern birgt darüber hinaus – im Gegensatz zu z. B. einer Anpassung von Farben oder Formen – ein eher geringes Risiko, Irritationen bei Nutzern hervorzurufen oder die Marke zu verwässern. Eine Anpassung von Texten und Bildern an den VER-Grad der Nutzer wurde entsprechend als die für den Kontext Supermarkt-App vielversprechendste persönlichkeitsbasierte Personalisierungsmaßnahme identifiziert.

Forschungsfrage 2: Welche positiven und welche negativen Effekte auf die Nutzungsabsicht von Supermarkt-Apps werden durch persönlichkeitsbasierte Personalisierung ausgelöst?

Bei der theoriegeleiteten Hypothesenbildung wurde herausgearbeitet, dass als Folge von persönlichkeitsbasierter Personalisierung sowohl positive als auch negative Effekte zu erwarten sind und diese daher als „zweischneidiges Schwert" bezeichnet werden kann. Die positiven Effekte werden von der Anpassung der App an die Persönlichkeit eines Nutzers (Persönlichkeitskongruenz) ausgelöst. Diese führt zu einer erhöhten Wahrnehmung von Selbstkongruenz (d. h. einer Übereinstimmung zwischen der App und dem eigenen Selbstkonzept), die sich wiederum positiv auf die Einstellung gegenüber der App und damit indirekt auf die Nutzungsabsicht auswirkt. Negative Effekte auf Einstellung und Nutzungsabsicht entstehen dagegen erst durch die Kommunikation der Datensammlung und lassen sich auf Reaktanz als Folge eines wahrgenommenen Eingriffes in die Privatsphäre sowie eines wahrgenommenen Manipulationsversuchs zurückführen. Diese theoretisch postulierten Haupteffekte konnten in Studie 2, einer experimentellen Online-Befragung, größtenteils empirisch bestätigt werden. Insbesondere der Einfluss der Persönlichkeitskongruenz auf die Einstellung konnte unabhängig von Nutzereigenschaften wie Lebensmittel-Involvement und Datenschutz-Bedenken nachgewiesen werden. Die negativen Effekte der Datensammlung waren über alle Befragte hinweg dagegen sehr gering. Insgesamt kann damit auf einen positiven Gesamt-Effekt der persönlichkeitsbasierten Personalisierung geschlossen werden. Bei der Untersuchung der Einflüsse in Teildatensätzen konnten dagegen auch bedeutsame negative Effekte identifiziert werden. Sowohl bei Befragten mit hohen Datenschutz-Bedenken als auch bei solchen mit einem niedrigen Lebensmittel-Involvement wirkt sich eine offene Datensammlung ohne Datenkontrolle negativ auf die Einstellung gegenüber der App aus. Die identifizierten Wirkungsunterschiede je nach Gruppe unterstreichen die Bedeutung von Forschungsfrage 3.

Forschungsfrage 3: Unter welchen Umständen entfaltet persönlichkeitsbasierte Personalisierung eine besonders positive Wirkung und wie lassen sich mögliche negative Effekte reduzieren?

In der Arbeit wurde theoretisch hergeleitet, dass die Nutzereigenschaften Lebensmittel-Involvement und Datenschutz-Bedenken eine hohe Relevanz für die Erklärung der Wirkung persönlichkeitsbasierter Personalisierung aufweisen. Das Lebensmittel-Involvement sollte als Maß für die Wichtigkeit der beteiligten Kognitionen zu einer besonders intensiven Wahrnehmung von Selbstkongruenz führen und sich daher verstärkend auf die positive Beziehung zwischen Persönlichkeitskongruenz und Einstellung auswirken. Datenschutz-Bedenken dagegen sollten als Indikator für die Wichtigkeit der Freiheit (der eigenen Privatsphäre) zu einer stärkeren wahrgenommenen Freiheitsbedrohung und damit zu intensiveren Reaktanzeffekten im Sinne einer Einstellungsverschlechterung führen.

Die Ergebnisse von Studie 2 stützen die theoretisch angenommenen Effekte für den Moderator Datenschutz-Bedenken. Hinsichtlich der Wirkung des Lebensmittel-Involvements wurde anders als theoretisch postuliert eine den negativen Einfluss der Datensammlung abschwächende Wirkung anstelle einer den positiven Einfluss der Persönlichkeitskongruenz verstärkenden Wirkung festgestellt. Dies führt letztlich zwar ebenfalls zu einem stärkeren positiven Einfluss der persönlichkeitsbasierten Personalisierung auf die Einstellung bei hoch involvierten Nutzern. Der dahinterliegende Mechanismus ist jedoch ein anderer als theoretisch angenommen: Lebensmittel-Involvement führt dazu, dass die Datensammlung, als negative Komponente der persönlichkeitsbasierten Personalisierung, als weniger relevant betrachtet wird (und nicht zu einer verstärkten Wirkung der positiven Komponente Persönlichkeitskongruenz). Um eine möglichst positive Wirkung persönlichkeitsbasierter Personalisierung zu erzielen, sollten daher insbesondere Nutzer mit einem hohen Lebensmittel-Involvement und niedrigen Datenschutz-Bedenken angesprochen werden.

Neben Nutzereigenschaften spielen auch Eigenschaften der App eine Rolle bei der Wirkung persönlichkeitsbasierter Personalisierung. Aus den Erkenntnissen der Reaktanztheorie wurde hergeleitet, dass Möglichkeiten zur Datenkontrolle einer durch die Datensammlung wahrgenommenen Freiheitseinengung entgegenwirken und Reaktanzeffekte entsprechend mindern können. Diese Annahme konnte durch Studie 2 auch empirisch bestätigt werden. Sofern Nutzer die Möglichkeit haben, der Datensammlung zu widersprechen, verschlechtert diese ihre Einstellung gegenüber der App nicht – unabhängig davon, ob die Kontrollmöglichkeiten genutzt werden oder nicht. Das Angebot von Möglichkeiten der Datenkontrolle ist damit ein einfacher Weg potenzielle negative Effekte der persönlichkeitsbasierten Personalisierung unabhängig von Nutzereigenschaften zu reduzieren. Gleichzeitig wird damit auch der aktuellen Rechtsprechung in Europa Rechnung getragen.

5.2 Implikationen für die Forschung

Die Wirkung persönlichkeitsbasierter Personalisierung ist ein in der Konsumentenverhaltens-forschung bisher wenig erforschter Untersuchungsgegenstand. Die Erkenntnisse der vorliegenden Arbeit tragen dazu bei, diese Forschungslücke zu schließen. Anders als bei anderen Arbeiten, die einen sehr technischen Fokus einnehmen, thematisiert die vorliegende Arbeit die Wahrnehmung persönlichkeitsbasierter Personalisierung durch die Nutzer. Ein zentraler Beitrag liegt hierbei in der theoretischen Fundierung der persönlichkeitsbasierten Personalisierung. Sowohl für die Ausbildung unterschiedlicher Präferenzen je nach Persönlichkeit als auch für die Wirkung einer auf die eigene Persönlichkeit abgestimmten App wurden etablierte Theorien als Erklärungsgrundlage herangezogen. Dabei wurde einerseits gezeigt, dass biologische Persönlichkeitstheorien – die eher in den Naturwissenschaften und der Psychologie verbreitet sind – auch in der Marketingwissenschaft und konkret im Kontext des App-Commerce sinnvoll angewendet werden können und interessante Erkenntnisse liefern. Andererseits wurde zur Erklärung der Wirkung persönlichkeitsbasierter Personalisierung ein theoretisches Fundament aus Einstellungs-Konsistenz- und Reaktanztheorien geschaffen. Die beiden durchgeführten Studien konnten empirische Belege für die theoretisch hergeleiteten Effekte liefern und einen Einfluss der Big Five auf App-Interface-Präferenzen sowie einen Einfluss der persönlichkeitsbasierten Personalisierung auf Einstellung und Nutzungsabsicht einer Supermarkt-App nachweisen. Die vorliegende Arbeit unterstreicht damit, dass persönlichkeits-basierte Personalisierung nicht nur technisch möglich, sondern auch aus Anbietersicht sinnvoll ist, da hierdurch wünschenswerte Effekte bei Nutzern ausgelöst werden können.

Neben diesem zentralen Beitrag ergeben sich aus der Arbeit zudem Implikationen, die über den direkten Forschungsbereich der Arbeit hinausgehen. Das konzipierte zweiseitige Wirkungsmodell kann in der Konsumentenverhaltensforschung auch auf andere Personalisierungskontexte übertragen werden. Grundsätzlich gilt für alle der in Abschnitt 2.1.2. aufgeführten Formen der Personalisierung (unabhängig davon, auf Basis welcher Daten sie umgesetzt werden), dass sowohl positive als auch negative Effekte ausgelöst werden können. In der Personalisierungsforschung fokussieren sich die meisten Untersuchungen jedoch entweder auf positive (z. B. Kaptein & Parvinen, 2015; Urban et al., 2014) oder auf negative (z. B. Chau et al. 2013; White et al. 2008) Effekte. Wird dagegen ein zweiseitiges Wirkungsmodell zugrunde gelegt, kann explizit das Spannungsfeld aus beiden potentiellen Wirkungsrichtungen analysiert werden. Dabei ist die Frage, unter welchen Umständen die eine oder die andere Wirkungsrichtung überwiegt, essenziell. Die Ergebnisse der vorliegenden Arbeit unterstreichen entsprechend die Relevanz von Moderatoren. Dabei wurde gezeigt, dass insbesondere die Variablen (Lebensmittel-)Involvement, Datenschutz-Bedenken und Möglichkeiten der Datenkontrolle darüber entscheiden, wie persönlichkeitsbasierte Personalisierung von Nutzern wahrgenommen und bewertet wird.

Darüber hinaus leistet die vorliegende Arbeit einen Beitrag für die Konsumentenverhaltens-forschung, die sich mit der Bedeutung der Persönlichkeit von Konsumenten beschäftigt. Auch außerhalb der Personalisierungsforschung, gibt es zahlreiche Studien, die den Einfluss der Persönlichkeit auf verschiedene Größen des Konsumentenverhaltens (z. B. Produktbewertung oder Markenwahrnehmung) untersuchen. Dabei kann ein sehr starker Fokus auf die Dimension EXT festgestellt werden (z. B. Nass & Lee, 2001; Hong & Zinkhan, 1995; Wheeler et al. 2005), der häufig sogar mit der Popularität von EXT und den vielen bereits vorhandenen Forschungsergebnissen begründet wird. In Studie 1 wurde jedoch gezeigt, dass für den Kontext der vorliegenden Arbeit die Dimension VER eine viel höhrer Relevanz als EXT aufweist. Dieses Ergebnis unterstreicht einerseits den Wert von Studie 1 und deutet andererseits darauf hin, dass die Relevanz der Big Five je nach Kontext variieren kann. Eine zentrale Implikation der vorliegenden Arbeit ist entsprechend, dass die in der Marketingforschung häufig vernachlässigten vier anderen Dimensionen VER, GEW, NEU und OFF künftig stärker beachtet werden sollten, wobei insbesondere auch die kontextabhängige Bedeutung der Big Five zu berücksichtigen ist. Biologische Persönlichkeitstheorien können dabei Hinweise liefern, welche Dimension in einem bestimmten Kontext besonders relevant ist und welcher Einfluss von der entsprechenden Dimension zu erwarten ist.

Persönlichkeitsbasierte Personalisierung kann grundsätzlich aus vielen verschiedenen Perspektiven erforscht werden. Das Thema ist neben der in der Arbeit eingenommenen konsumentenverhaltensorientierten Perspektive beispielsweise auch aus ökonomischer, technischer, rechtlicher und ethischer Sicht interessant. Der Beitrag der vorliegenden Arbeit für entsprechende Forschungsbereiche liegt in der Erweiterung des Konzeptes der persönlichkeitsbasierten Personalisierung. Während die meisten bestehenden Arbeiten Persönlichkeitseigenschaften lediglich zur Optimierung von Recommender Systemen nutzen (z. B. Braunhofer et al., 2014; Hafshejani et al., 2018), wurden in der vorliegenden Arbeit verschiedene Formen der Personalisierung auf ihre Anwendbarkeit im Zusammenhang mit persönlichkeitsbasierter Personalisierung überprüft und die Personalisierungsform personalisiertes Interface als besonders geeignet identifiziert. Dabei wird nicht personalisiert *was* einem Nutzer angezeigt wird (z. B. welches Produkt), sondern *wie* ein Inhalt dargestellt ist (z. B. mit welchen Texten und Bildern). Bei der Umsetzung dieser Form der persönlichkeitsbasierten Personalisierung sind grundsätzlich alle Elemente einer App personalisierbar anstelle von lediglich Empfehlungen wie im Falle von Recommender Systemen. Die Berücksichtigung entsprechender Personalisierungsformen erhöht folglich die Anwendungsmöglichkeiten der persönlichkeitsbasierten Personalisierung. Hieraus ergeben sich dann wiederum neue Einsatzpotentiale für die derzeit in der Informatikforschung entwickelten Algorithmen zur Persönlichkeitsermittlung. Durch die Notwendigkeit der Erstellung verschiedener Varianten eines App-Elements entstehen zudem neue ökonomische Fragestellungen (z. B. der „richtige“ Personalisierungsgrad basierend auf Kosten-Nutzen-Abwägungen). Außerdem ist eine persönlichkeitsbasierte Personalisierung im Sinne von personalisierten Interface aus rechtlicher und ethischer Perspektive interessant, da es sich um eine vergleichsweise subtile Form der Personalisierung handelt und Themen wie Datenschutz und die Einhaltung ethischer Grundsätze folglich von besonderer Bedeutung sind (siehe auch *Implikation 6* in Abschnitt 5.3).

Neben den genannten theoretisch-konzeptionellen Implikationen leistet die Arbeit auch auf methodischer Ebene einen Forschungsbeitrag. In Studie 1 wurde mit der ACBC eine vergleichsweise neue Form der Conjoint Analyse angewendet. Dabei wurde gezeigt, dass nicht alle Phasen der ACBC durchlaufen werden müssen, um reliable und valide Ergebnisse zu erzielen. Als eine der ersten Studien verzichtete Studie 1 auf die in ACBCs eigentlich übliche Screening-Phase, um eine Irritation der Nutzer zu vermeiden und die Befragung zu verkürzen. Trotz der Eliminierung einer der fünf ACBC-Phasen wurden alle

Anforderungen an Gütemaße einer ACBC eingehalten. Der methodische Beitrag von Studie 2 liegt in der Anwendung des SEM als Verfahren der Datenanalyse für experimentell erhobene Daten. Experimente werden in der Marketingforschung noch zu einem großen Teil mittels der Varianz- oder Kovarianzanalyse ausgewertet, wobei einige Autoren davon ausgehen, dass eine Auswertung mittels SEM nicht möglich sei. In der vorliegenden Arbeit konnte jedoch gezeigt werden, dass insbesondere die Anwendung des varianzanalytischen Ansatzes aufgrund der weniger restriktiven Annahmen unproblematisch ist und zu validen Ergebnissen führt. Durch die Verwendung des SEM konnte das Hypothesensystem als Ganzes untersucht und die Schätzung der Parameter direkt auf Ebene der latenten Variablen durchgeführt werden.

5.3 Implikationen für die Praxis

Die Ergebnisse der vorliegenden Arbeit haben gezeigt, dass persönlichkeitsbasierte Personalisierung das Potential hat, die Nutzungsabsicht von (Supermarkt-)Apps zu steigern. Der vermehrte Einsatz dieser Art der Personalisierung in der Unternehmenspraxis kann daher grundsätzlich empfohlen werden. Dabei lassen sich folgende konkrete Handlungsempfehlungen für die Praxis ableiten:

1. Die Personalisierung von Apps sollte sich nicht nur auf den Einsatz von Recommender Systemen beschränken.

Personalisierung wird wie in der Wissenschaft auch in der Praxis aktuell vor allem im Sinne von personalisierten Empfehlungen (Recommender Systemen) verstanden. Als „Best Practices" werden immer wieder personalisierte Produktempfehlungen von Amazon, personalisierte Filmempfehlungen von Netflix oder personalisierte Songempfehlungen von Spotify („Dein Mix der Woche") genannt (z. B. Gentsch, 2017, S. 14; Salonen & Karjaluoto, 2016, S. 1095 f.). Die vorliegende Arbeit hat jedoch gezeigt, dass es daneben andere Formen der Personalisierung gibt, die ebenfalls einen positiven Einfluss auf die Nutzungsabsicht von Apps haben können. Dabei wurde insbesondere die Personalisierungsform personalisiertes Interface, also die Erstellung und Ausspielung *mehrerer* Varianten *eines* App-Elements bzw. -Inhaltes je nach Nutzerpräferenzen, untersucht. Entsprechende Personalisierungsmaßnahmen werden in der Praxis oft gemieden, da hohe Kosten und ein hoher Aufwand für die Produktion der Varianten sowie für die technische Umsetzung befürchtet werden

(Chandrashekar et al. 2017). Die Ergebnisse von Studie 2 konnten jedoch zeigen, dass schon durch die Ansprache von zwei Nutzergruppen (hier: VER↑ vs. VER↓) und entsprechend durch die Erstellung von lediglich zwei Varianten einzelner App-Elemente positive Effekte auf Einstellung und Nutzungsabsicht erzielt werden können. Zudem wurden in Studie 1 Texte und Bilder als jene App-Elemente mit dem größten Potential für eine persönlichkeitsbasierte Personalisierung identifiziert. Das Hinterlegen verschiedener Text- und Bildvarianten ist in vielen Content Management Systemen möglich, sodass auch die technische Umsetzung als wenig problematisch einzustufen ist.
App-Betreiber sollten daher zunehmend auch personalisierte Interfaces implementieren. Für die Bildung der hierfür notwendigen Nutzergruppen eignen sich laut den Ergebnissen dieser Arbeit Informationen über die Persönlichkeit der Nutzer. Grundsätzlich können personalisierte Interfaces aber auch auf Basis anderer Daten, die teilweise noch leichter zugänglich sind, umgesetzt werden. Beispielsweise könnten neue und wiederkehrende Nutzer auf der Startseite der App unterschiedliche begrüßt werden. Entsprechende Maßnahmen können technisch relativ einfach und ohne viel Aufwand implementiert werden, da hierfür – anders als bei Recommender Systemen – keine Algorithmen oder ein „Vertaggen“ (d. h. Auszeichnung mit Metadaten) aller App-Inhalte notwendig ist.

Das Ausspielen einer einzigen Personalisierungsmaßnahme – wie die Anpassung von Texten und Bildern an den VER-Grad der Nutzer oder auch die Anzeige von personalisierten Produktempfehlungen mit Hilfe von Recommender Systemen – führt jedoch noch nicht zu einer wirklich persönlichen User Experience. Erst durch die Kombination verschiedener Maßnahmen wird eine App individuell. So können Nutzer mit den Namen begrüßt werden, ihnen können zudem Produkte, die sie regelmäßig kaufen und Features, die sie häufig nutzen, vorgeschlagen werden. Die Tonalität der Texte und Bilder kann dabei an die Persönlichkeit angepasst werden. Schließlich kann die Geolocation genutzt werden, um Produkte, die zur derzeitigen Wetterlage passen, oder Angebote in stationären Geschäften in der Nähe zu empfehlen. Personalisierung sollte also immer durch einen Mix verschiedener Maßnahmen umgesetzt werden. Die vorliegende Arbeit hat gezeigt, dass personalisierte Interfaces (insbesondere auf Basis der Persönlichkeit) zunehmend in diesen Mix aufgenommen werden sollten.

2. Bei der Gestaltung von Apps sollten psychografische Kriterien stärker berücksichtigt werden.

Die vorliegende Arbeit hat gezeigt, dass die Persönlichkeit eine zentrale Rolle bei der Präferenz- und Einstellungsbildung im Kontext von Supermarkt-Apps spielt.

In Studie 1 wurden die Präferenzen für App-Interfaces sogar stärker durch die Persönlichkeit (insbesondere die Dimension VER) beeinflusst als durch soziodemografische und verhaltensbezogene Kriterien, die aktuell jedoch noch deutlich häufiger als Basis für eine Personalisierung herangezogen werden (siehe Abschnitt 1.2.2). In Tabelle 5.1 sind für die in Studie 1 abgefragten Probandeneigenschaften (Big Five und Kontrollvariablen) einmal die Anzahl an signifikanten Regressionskoeffizienten der HB-Schätzung dargestellt. Außerdem ist für jede Eigenschaft angegeben, bei wie vielen Ausprägungen (d. h. App-Interface Elementen) die Koeffizienten hoch genug waren, um zu einer geänderten Präferenzreihenfolge zu führen. In der Tabelle wird deutlich, dass für die Big Five mehr signifikante Koeffizienten festgestellt wurden als für die soziodemografischen und verhaltensbezogenen Kontrollvariablen. Zudem führten diese häufiger auch tatsächlich zu einer geänderten Präferenzreihenfolge.

Tabelle 5.1 Präferenzänderungen durch verschiedene Eigenschaften in Studie 1

Kategorie	Untersuchte Eigenschaften	Anzahl signifikante Koeffizienten ($p < 0{,}05$)	Anzahl Koeffizienten mit Änderung Präferenzreihenfolge
Psychografie (Persönlichkeit)	EXT	4	0
	VER	5	5
	GEW	1	0
	NEU	4	1
	OFF	5	3
Verhalten	Anzahl installierte Apps	0	0
	Nutzungsfrequenz Smartphone	0	0
Soziodemografie	Alter	4	0
	Geschlecht	6	1
	Bildung	0	0
	Beruf	0	0

Diese Ergebnisse verdeutlichen die Bedeutung von psychografischen Eigenschaften bei der Gestaltung und Personalisierung von Apps. App-Betreiber sollten sich also mit der Frage beschäftigen, welches psychografische Profil (z. B. Persönlichkeitseigenschaften) ihre Nutzer aufweisen. Sofern dieses eher heterogen ist, insbesondere in Branchen mit breiten Zielgruppen wie dem Lebensmittel-Handel, ist eine Personalisierung auf Basis entsprechender Eigenschaften sinnvoll. Ist die Zielgruppe einer App dagegen sehr homogen hinsichtlich ihrer Psychografie, sollten psychografische Eigenschaften bei der grundsätzlichen Gestaltung der App berücksichtigt werden (z. B. bei der Auswahl der Bilder und der Tonalität der Texte). Neben der Persönlichkeit können dabei je nach Branche auch andere psychografische Kriterien verwendet werden, beispielsweise die Risikoneigung bei Finanzdienstleistungen oder der Lebensstil im Bereich Mode und Einrichtung.

Eine wesentliche Voraussetzung für die Berücksichtigung der Persönlichkeit oder anderer psychografischer Kriterien ist die Bestimmung dieser Eigenschaften. Die einfachste Möglichkeit ist hier die direkte Abfrage beim Nutzer (z. B. anhand bestehender Big Five Skalen), beispielsweise im Rahmen des Registrierungsprozesses (Braunhofer et al., 2015). Allerdings besteht dabei die Gefahr, dass Nutzer nicht bereit sind entsprechende Informationen preiszugeben und schlimmstenfalls sogar den Registrierungsprozess abbrechen. Die bessere Alternative sind daher die in Abschnitt 1.3 beschriebenen algorithmenbasierten Ansätze. Mittlerweise gibt es verschiedene kommerzielle Anbieter, die Lösungen für die algorithmen-basierte Ermittlung psychografischer Kriterien anbieten (z. B. *DOTAKI, datasine, IBM Watson*). Entsprechende Anbieter ermöglichen eine relativ einfache Bestimmung der Nutzerpsychografie, ohne dass App-Betreiber eigene Algorithmen entwickeln müssen. Die auf diese Weise ermittelten Informationen können nicht nur zur Personalisierung genutzt werden, sondern liefern zudem wertvolle Erkenntnisse für eine psychografische Charakterisierung der Nutzerschaft. Entsprechende Erkenntnisse können dann auch in anderen Bereichen wie der Produkt-entwicklung hilfreich sein.

3. App-Betreiber sollten nicht auf persönlichkeitsbasierte Personalisierung verzichten, weil sie negative Reaktionen ihrer Nutzer befürchten

Insbesondere in Deutschland wird Nutzern häufig eine hohe Sensibilität in Bezug auf Datenschutz und Privatsphäre nachgesagt wird (z. B. PwC, 2019, S. 21 ff.). Dies wird auch durch Studie 2 bestätigt, in der hinsichtlich der Variable „Datenschutz-Bedenken" der Großteil der Befragten (über 70 Prozent) einen Wert von mindestens der Skalenmitte (=4) aufweist (siehe Tabelle 5.2). Die meisten Befragten stimmten den Aussagen zur Erfassung von Datenschutz-Bedenken also (zumindest tendenziell) zu und bezeichneten sich damit als durchaus besorgt hinsichtlich ihrer Privatsphäre im Internet.

Tabelle 5.2 Häufigkeitstabelle der Variable Datenschutz-Bedenken (DB) in Studie 2

DB-Werte	Absolute Häufigkeit	Prozent	Kumulierte Prozente
DB < 2	3	0.79 %	0.79 %
2 <= DB < 3	33	8.71 %	9.50 %
3 <= DB < 4	70	18.47 %	27.97 %
4 <= DB < 5	108	28.50 %	56.46 %
5 <= DB < 6	109	28.76 %	85.22 %
6 <= DB	56	14.78 %	100.00 %

Aufgrund der besonderen Bedeutung der Themen Datenschutz und Privatsphäre in Deutschland wird häufig davon ausgegangen, dass Personalisierung gerade hierzulande von vielen Nutzern kritisch gesehen wird (Comarch, 2017, S. 9). Da Informationen über die Persönlichkeit von Nutzern besonders sensibel sind, sollte also die persönlichkeitsbasierte Personalisierung gerade bei den „datenschutz-besorgten" Deutschen Skepsis auslösen. Für diese Annahme spricht auch die intensive Berichterstattung zum Skandal um das Datenanalyse-Unternehmen *Cambridge Analytica*, das insbesondere während der amerikanischen Präsidentschaftswahlen 2016 persönlichkeitsbasierte Personalisierung eingesetzt haben soll. Im Frühjahr 2018 wurde der Skandal in den deutschen Medien kontrovers und ausführlich diskutiert (z. B. Brühl et al., 2018; Decker & Bernau, 2018; siehe hierfür auch *Handlungsempfehlung 6*). Dies könnte deutsche Nutzer noch stärker für das Thema sensibilisiert haben.

In der vorliegenden Arbeit wurde entsprechend herausgearbeitet, dass persönlichkeitsbasierte Personalisierung sowohl positive als auch negative Effekte auf die Einstellung und Nutzungsabsicht von Apps haben kann. Laut den Ergebnissen von Studie 2 überwiegen die positiven Effekte jedoch. Negative Effekte sind dagegen eher gering ausgeprägt und nur bei ausgewählten Nutzergruppen erkennbar. Sie können zudem durch Möglichkeiten der Datenkontrolle vollständig abgewendet werden. Trotz der großen Bedeutung des Datenschutzes in Deutschland, müssen App-Betreiber also nur wenige negative Reaktionen auf eine persönlichkeitsbasierte Personalisierung befürchten. Zwar haben deutsche Nutzer nach eigenen Angaben hohe Datenschutz-Bedenken, sie verhalten sich im Umgang mit ihren Daten dennoch relativ bedenkenlos. Diese Erkenntnis steht im Einklang mit den Ergebnissen anderer Studien, die ebenfalls zeigen, dass Nutzer im Zusammenhang mit Datenschutz häufig Aussagen tätigen, die im Widerspruch zu ihren Verhalten im Internet stehen (siehe Kokolakis, 2017 für einen Literaturüberblick). In Summe deuten die Ergebnisse der vorliegenden Arbeit also darauf hin, dass deutsche App-Nutzer aufgeschlossen gegenüber persönlichkeitsbasierter Personalisierung sind. App-Betreiber können daher ermutigt werden mit dieser neuartigen Form der Personalisierung zu experimentieren ohne Angst vor negativen Konsequenzen haben zu müssen.

4. Hoch-involvierte Nutzer mit geringen Datenschutz-Bedenken sind eine besonders attraktive Zielgruppe für die persönlichkeitsbasierte Personalisierung.

Die Ergebnisse von Studie 2 haben gezeigt, dass sowohl ein hohes Lebensmittel-Involvement als auch niedrige Datenschutz-Bedenken mögliche negative Effekte der persönlichkeitsbasierten Personalisierung abschwächen.

Entsprechend ergibt sich der insgesamt größte positive Einfluss der persönlichkeitsbasierten Personalisierung auf die Einstellung bei Nutzern mit einem hohen Lebensmittel-Involvement und niedrigen Datenschutz-Bedenken. Die Ansprache dieser Nutzer mit persönlichkeitsbasierten Personalisierungsmaßnahmen ist daher besonders empfehlenswert. App-Betreiber stehen dabei vor der Herausforderung, wie entsprechende Nutzer identifiziert werden können.
Da die notwendige Installation einer App eine Barriere für deren Nutzung darstellt und diese Barriere in der Regel nur überwunden wird, wenn das Thema der App ein Mindestmaß an Relevanz für einen Nutzer hat, kann davon ausgegangen werden, dass App-Nutzer per se überdurchschnittlich involviert sind (Höffken & Streich, 2013, S. 215). Auch im Kontext von Supermarkt-Apps kann also angenommen werden, dass Nutzer einer App einen gewissen Grad an Lebensmittel-Involvement aufweisen und damit grundsätzlich eine attraktive Zielgruppe der persönlichkeitsbasierten Personalisierung sind.

Darüber hinaus können App-Betreiber auch von ihrer tendenziell hoch involvierten Nutzerschaft den Involvement-Grad bestimmen, um einzelne gering involvierte Nutzer von persönlichkeits-basierten Personalisierungsmaßnahmen auszuschließen. Eine einfache Möglichkeit ist dabei die Abfrage des Involvements im Kundenprofil (z. B. während des Registrierungsprozesses). Nutzer könnten dabei beispielsweise gefragt werden, wie gerne und häufig sie einkaufen und wie intensiv sie sich mit dem Lebensmittel-Einkauf beschäftigen. Entsprechende Fragen sind weitaus weniger sensibel als Fragen zur Persönlichkeit und stehen zudem in einem direkten Zusammenhang mit dem Thema der App. Es kann daher angenommen werden, dass Nutzer eher bereit sind, diese zu beantworten (im Gegensatz zu direkten Fragen zu z. B. den Big Five). Dennoch sollten Antworten auf entsprechende Fragen optional und keine Voraussetzung für eine Registrierung sein, um Abbrüche im Registrierungsprozess zu vermeiden. Neben der direkten Abfrage könnte das Lebensmittel-Involvement zudem aus dem App-Nutzungsverhalten abgeleitet werden. Beispielsweise kann angenommen werden, dass hoch involvierte Nutzer eine App besonders häufig nutzen und Interaktionsmöglichkeiten aktiv verwenden (z. B. Produktbewertungen verfassen, Produkte vergleichen). Entsprechende Verhaltensmuster könnten daher als Indikatoren für ein hohes Involvement herangezogen werden.

Zur Identifikation von Nutzern mit geringen Datenschutz-Bedenken ist das Angebot von Möglichkeiten der Datenkontrolle notwendig. Wenn Nutzern ermöglicht wird, der Speicherung und Verwendung ihrer Daten zuzustimmen bzw. diese zu widerrufen, kann festgestellt werden, ob die Preisgabe ihrer Daten von Ihnen als Verlust empfunden wird oder nicht. Sofern ein Nutzer der Datensammlung und -verwendung im Rahmen persönlichkeitsbasierter

Personalisierung zustimmt, kann angenommen werden, dass diese für ihn keinen Verlust darstellt oder er sich schlicht nicht für die Privatsphäre-Praktiken der App interessiert (und die Datenschutz-Bestimmungen gegebenenfalls gar nicht gelesen hat). Bei Nutzern, die von den Datenkontrollmöglichkeiten keinen Gebrauch machen (z. B. der Datensammlung nicht widersprechen), kann daher von geringen Datenschutz-Bedenken ausgegangen und die persönlichkeitsbasierte Personalisierung eingesetzt werden. Bei Nutzern, die der Datensammlung widersprechen, sollten dagegen eher hohe Datenschutz-Bedenken angenommen werden. Der Einsatz persönlichkeitsbasierter Personalisierung wäre bei ihnen aufgrund der fehlenden Datengrundlage jedoch ohnehin nicht möglich.

5. App-Betreiber sollten die Sammlung der Daten und das Anlegen von Persönlichkeitsprofilen transparent kommunizieren und Nutzern Möglichkeiten der Datenkontrolle anbieten.

Neben der Möglichkeit zur Identifizierung von Nutzern mit hohen bzw. geringen Datenschutz-Bedenken sowie einer rechtlichen Absicherung bieten Datenkontrollfunktionen auch das Potential, die Wirkung persönlichkeitsbasierter Personalisierung zu verbessern. Die Ergebnisse von Studie 2 haben gezeigt, dass Möglichkeiten der Datenkontrolle nicht nur den negativen Effekt der offenen Datensammlung abschwächen, sondern sich unter gewissen Umständen sogar positiv auf die Einstellung gegenüber einer App auswirken können. Insbesondere bei Nutzern mit einem hohen Lebensmittel-Involvement und hohen Datenschutz-Bedenken verbessert die Datenkontrolle die Einstellung gegenüber der App. Das Angebot einer Datenkontrolle ist für diese Nutzer offensichtlich ein Zeichen dafür, dass ein App-Betreiber transparent mit dem Thema Datenschutz umgeht und dies wird entsprechend honoriert.
Die Möglichkeiten der Datenkontrolle müssen für die Nutzer leicht auffindbar und zugänglich sein. Auch nachdem sich ein Nutzer bewusst für oder gegen die Datensammlung und -nutzung entschieden hat, muss er die Datenkontrollfunktionen wieder aufrufen und anpassen können. Dabei muss verständlich erklärt werden, welche Daten gesammelt werden, wofür sie verwendet werden und welche Vorteile hieraus für den Nutzer entstehen (z. B. Angebot von Services/Argumenten/Produkten, die für ihn besonders wichtig sind). Aufgrund der hohen Relevanz der Datenkontrolle, kann es zudem sinnvoll sein, nicht nur eine pauschale Zustimmung oder Ablehnung beim Nutzer einzuholen. Stattdessen kann Nutzern auch die Möglichkeit gegeben werden, die Sammlung einzelner Daten (z. B. Kaufhistorie, Geolokalisierung, Social Media Daten) sowie verschiedene Nutzungsmöglichkeiten (z. B. Personalisierung der App

selbst, Versenden von Push-Nachrichten) separat zu genehmigen. Je mehr „Entscheidungsgewalt“ Nutzern hier übertragen wird, desto besser können diese sich auf Personalisierungsmaßnahmen einstellen.

6. Bei der Umsetzung persönlichkeitsbasierter Personalisierung müssen ethische Grundsätze beachtet werden.

Die Ergebnisse der vorliegenden Arbeit deuten darauf hin, dass Nutzer die Verwendung von Informationen über ihre Persönlichkeit zur persönlichkeitsbasierten Personalisierung nicht nur dulden, sondern in vielen Fällen sogar gutheißen (insbesondere, wenn ihnen eine Möglichkeit zur Datenkontrolle angeboten wird). Dennoch sollten App-Betreiber bei jedem Eingriff in die Privatsphäre ihrer Nutzer – der durch eine persönlichkeitsbasierte Personalisierung per se gegeben ist – nicht nur abwägen, ob dieser von den Nutzern geduldet, technisch möglich und rechtlich erlaubt ist. Zusätzlich muss bewertet werden, ob er auch ethisch vertretbar ist. Insbesondere im Skandal um *Cambridge Analytica* wurde deutlich, welche Missbrauchs-möglichkeiten von der algorithmenbasierten Persönlichkeitsermittlung sowie der persönlichkeits-basierten Personalisierung ausgehen können. Das Unternehmen soll bei verschiedenen politischen Ereignissen – vor allem bei der Brexit-Abstimmung und den amerikanischen Präsidentschaftswahlen 2016 – persönlichkeitsbasierte Facebook-Anzeigen eingesetzt haben und damit massiv am Wahlausgang beteiligt gewesen sein. Insbesondere bei den Präsidentschaftswahlen soll Cambridge Analytica im Auftrag von Donald Trump gezielt Anhänger von Hilary Clinton mit personalisierten Facebook-Anzeigen angesprochen haben, deren Ziel es war, die Anhänger von der Wahl abzuhalten (z. B. Grassegger & Krogerus, 2018; Stark, 2018). Persönlichkeitsbasierte Personalisierung wurde in diesem Fall also dazu eingesetzt politische Meinungen gezielt zu manipulieren und Nutzer zu einem antidemokratischen Verhalten (der Nichtwahl) zu bewegen (Matz et al., 2017, S. 12717). Der ehemalige Cambridge Analytica Mitarbeiter Christopher Wylie fasst die Praktiken des Unternehmens folgendermaßen zusammen: “We exploited Facebook to harvest millions of people’s profiles [..] and built models to exploit what we knew about them and target their inner demons” (Chen & Potenza, 2018).

Zwar sind entsprechende Einflussnahmen bei politischen Entscheidungen sicher als noch gravierender einzustufen als bei Kauf- und Konsumentscheidungen. Dennoch ergeben sich auch bei gesellschaftlich vermeintlich wenig bedeutsamen Themen wie dem Lebensmittel-Onlineeinkauf Möglichkeiten „innere Dämonen“ der Nutzer anzusprechen und Schwächen gezielt auszunutzen. Beispielsweise könnten Nutzern, deren Ausprägungen der Big Five mit einem erhöhten

Suchtpotential korrelieren, vermehrt alkoholische Getränke in Supermarkt-Apps vorgeschlagen werden (Matz & Netzer, 2017, S. 10). Entsprechende Personalisierungs-maßnahmen sollten unter Berücksichtigung ethischer Grundsätze nicht umgesetzt werden. Stattdessen sollten App-Betreiber persönlichkeitsbasierte Personalisierung mit dem Ziel einsetzen, die App für jeden Nutzer möglichst ansprechend zu gestalten, beispielsweise indem Argumente hervorgehoben werden, die einem Nutzer besonders wichtig sind oder Bilder präsentiert werden, die als attraktiv wahrgenommen werden. Hieraus ergeben sich nach den Ergebnissen dieser Arbeit dann auch wünschenswerte Effekte für den App-Betreiber selbst, insbesondere eine durch eine verbesserte Einstellung ausgelöste höhere Nutzungsabsicht für die App.

In der Arbeit konnte weiterhin gezeigt werden, dass diese wünschenswerten Effekte der persönlichkeitsbasierten Personalisierung bereits bei einer groben Segmentierung (hohe vs. niedrige Ausprägung *einer* Dimension) und dem Angebot von lediglich zwei App-Varianten auftreten. Persönlichkeitsbasierte Personalisierung funktioniert also auch ohne, dass Nutzer zum „gläsernen Kunden" (Muhle, 2018, S. 148) werden und sämtliche Schwächen offenbaren. App-Betreiber sollten daher eher grobe Persönlichkeitssegmente, die Aussagen über Persönlichkeits*tendenzen* zulassen, als Basis für Personalisierungsmaßnahmen verwenden. Dies ist aus ethischen Gesichtspunkten wünschenswert und führt gleichzeitig zu einem geringeren Aufwand bei der Umsetzung entsprechender Maßnahmen. Von einer zielgerichteten Ansprache auf (nahezu) Individualebene wie sie beispielsweise im Trump-Wahlkampf erfolgt sein soll – angeblich wurden bis zu 175.000 Anzeigen-Varianten *pro Tag* eingesetzt (Grassegger & Krogerus, 2018) – muss aus ethischen Gründen abgeraten werden.

5.4 Limitationen und zukünftiger Forschungsbedarf

Zugunsten einer inhaltlichen Fokussierung und aufgrund methodischer Einschränkungen konnten in der vorliegenden Arbeit nicht alle Aspekte der Wirkung persönlichkeitsbasierter Personalisierung umfänglich untersucht werden. Weitere Untersuchungen sind daher notwendig, um die gewonnenen Erkenntnisse zu bestätigen und zu vertiefen.

Eine Limitation der vorliegenden Arbeit ist die Repräsentativität der Stichproben. Bei der Bewertung der Ergebnisse muss berücksichtigt werden, dass beide Untersuchungen auf Basis von Convenience Samples durchgeführt wurden. Zwar war das Ziel der Untersuchungen nicht die möglichst genaue Beschreibung der Grundgesamtheit, sondern das Feststellen von Kausalzusammenhängen, sodass Convenience Samples aufgrund der schnellen Verfügbarkeit der Auskunftspersonen sowie dem geringen Zeitaufwand als akzeptabel gelten. Es ist dennoch möglich, dass bei anderen Personengruppen abweichende Wirkungseffekte auftreten können. Eine Generalisierbarkeit der Ergebnisse ist daher nicht uneingeschränkt möglich. Aus diesem Grund sollten künftige Untersuchungen überprüfen, ob sich die Erkenntnisse der vorliegenden Arbeit auch mit anderen Stichproben replizieren lassen.

Da persönlichkeitsbasierte Personalisierung in der Praxis bisher kaum umgesetzt wird, wurde eigens für die Arbeit ein App-Prototyp konzipiert und im Rahmen eines Laborexperiments untersucht. Die Persönlichkeit der Befragten wurde durch Abfrage ermittelt. Durch das Laborexperiment konnten externe Störgrößen weitestehend kontrolliert werden, Einbußen hinsichtlich der externen Validität wurden dabei bewusst in Kauf genommen. Künftig sollte jedoch durch Feldexperimente erforscht werden, ob sich die Ergebnisse der vorliegenden Arbeit auch bei realen Apps replizieren lassen. Dabei kann dann auch geprüft werden, ob persönlichkeitsbasierte Personalisierung nicht nur die Nutzungsabsicht, sondern auch das tatsächliche Verhalten (z. B. Nutzungsfrequenz und -dauer) beeinflusst. Entsprechende Studien sollten zudem anstelle einer direkten Persönlichkeitsabfrage algorithmenbasierte Ansätze zur Persönlichkeitsermittlung verwenden, um das volle Potential von Big Data auszunutzen. Es sollte darüber hinaus untersucht werden, ob sich Effekte der persönlichkeitsbasierten Personalisierung unterscheiden, je nachdem ob die Personalisierung auf der durch Selbstauskunft bestimmten oder der durch Algorithmen prognostizierten Persönlichkeit basiert.

In der vorliegenden Arbeit wurden lediglich grobe Persönlichkeitsunterschiede anhand einer Dimension (VER) mit zwei Ausprägungen (hoch vs. niedrig) betrachtet. Schon durch diese grobe Unterteilung konnten positive Effekte auf die Nutzungsabsicht erzielt werden. Weiterführende Studien sollten erforschen, ob diese Effekte durch eine detailliertere Erfassung der Persönlichkeit noch verstärkt werden können. Hierzu könnten einerseits neben VER andere Big Five, eine Kombination der Dimensionen sowie eine größere Anzahl an Ausprägungen betrachtet werden. Andererseits könnten auch die jeweils sechs Facetten (Subdimensionen) der Big Five berücksichtigt werden. Dabei muss beachtet werden, dass durch entsprechend detaillierte Persönlichkeitsprofile als Grundlage der Personalisierung nicht nur das Potential für größere positive Effekte, sondern auch die Gefahr für Reaktanzeffekte steigt. Die Frage nach der richtigen Gratwanderung zwischen Personalisierung und Privatsphäre bleibt daher ein wichtiger Forschungsbereich. Künftige Studien sollte sich mit dem idealen „Maß" an

Persönlichkeit beschäftigen: Wie genau muss die Persönlichkeit eines Nutzers erfasst werden, um eine möglichst ansprechende App zu gestalten? Wann aber geht die Persönlichkeitsermittlung und -ansprache zu weit? Bei der Beantwortung dieser Fragen sollten neben der Maximierung positiver Effekte immer auch ethische Gesichtspunkte berücksichtigt werden.

Die in dieser Arbeit untersuchte persönlichkeitsbasierte Personalisierung von Texten und Bildern ist nur eine von vielfältigen Möglichkeiten der Personalisierung. Der Vergleich mit anderen Personalisierungsmaßnahmen stellt daher einen weiteren Ansatzpunkt für künftige Forschungsaktivitäten dar. Die Ergebnisse von Studie 1 haben gezeigt, dass die untersuchten App-Interface-Präferenzen stärker von der Persönlichkeit als von soziodemografischen und verhaltensbezogenen Eigenschaften abhängen. Es gilt daher zu untersuchen, ob im Umkehrschluss auch die persönlichkeitsbasierte Personalisierung wirkungsvoller ist als etabliertere Formen der soziodemografischen und verhaltensbezogenen Personalisierung. Zudem könnten weitere Untersuchungen sich mit der Frage beschäftigen, welchen Effekt die persönlichkeitsbasierte Personalisierung in Kombination mit anderen Personalisierungsmaßnahmen entfaltet und mit welchen Maßnahmen sie dabei besonders gut harmoniert.

In der vorliegenden Arbeit wurde ein direkter Effekt der persönlichkeitsbasierten Personalisierung auf die Einstellung gegenüber einer App untersucht, da die Einstellung in der Konsumenten-verhaltensforschung als *die* wesentliche Determinante der Nutzungsabsicht gilt. In der empirischen Untersuchung konnte bestätigt werden, dass die – sowohl affektiv als auch kognitiv geprägte – Einstellung den Einfluss der persönlichkeitsbasierten Personalisierung auf die Nutzungsabsicht mediiert. Es ist jedoch denkbar, dass eine persönlichkeitsbasierte Personalisierung darüber hinaus noch weitere Größen beeinflusst, die sich dann wiederum ebenfalls auf das Verhalten (z. B. die Nutzungsabsicht oder -frequenz) auswirken. Dabei wäre es einerseits interessant zu erforschen, ob auch rein kognitive Konstrukte wie die Gedächtnis-leistung oder Aufmerksamkeit (positiv) beeinflusst werden können. Andererseits ist denkbar, dass durch eine persönlichkeitsbasierte Personalisierung positive Emotionen wie Freude oder Faszination ausgelöst werden. Auch die Untersuchung rein affektiver Reaktionen ist damit ein spannender Ansatzpunk für künftige Forschungsarbeiten.

Weitere Studien können den Forschungsbereich zudem inhaltlich erweitern und andere Branchen und Kommunikationskanäle in den Fokus rücken. Persönlichkeitsbasierte Personalisierung ist dabei grundsätzlich auf alle Branchen anwendbar, da sie auf den Big Five und damit auf universellen Eigenschaften, die bei allen Menschen in bestimmter Ausprägung vorliegen, basiert. Besonders geeignet ist sie jedoch für Branchen mit eher breiten Zielgruppen sowie einem gewissen digitalen Reifegrad. Hierzu gehören neben dem Lebensmittelhandel beispielsweise auch die Branchen Mode oder Unterhaltungselektronik. Darüber hinaus ist die Untersuchung der persönlichkeitsbasierten Personalisierung im Dienstleistungskontext ein interessanter Ansatz-punkt für künftige Arbeiten, da sie helfen kann digitalen Services einen „persönlichen Touch" zu verleihen. Bei der Erforschung der persönlichkeitsbasierten Personalisierung in verschiedenen Branchen sollte auch die kontextabhängige Bedeutung der Big Five untersucht werden, d. h. welche der Dimensionen (oder auch welche anderen psychografischen Kriterien) die Präferenzen der Nutzer bei welchen Branchen oder Themen besonders stark beeinflussen und entsprechend eine sinnvolle Basis der Personalisierung darstellen.

Daneben sollte untersucht werden, welche Einsatzmöglichkeiten der persönlichkeitsbasierten Personalisierung es außerhalb von Apps gibt. Hierbei können einerseits „klassische" digitale Kanäle wie Newsletter, Online-Shops und Websites betrachtet werden. Andererseits ist gerade die Verwendung persönlichkeitsbasierter Personalisierung bei neueren digitalen Anwendungen wie Chatbots und Sprachassistenten interessant. Bei Amazon gibt es mit dem *Alexa Personality Team* beispielsweise eine separate Abteilung, die sich nur mit der Entwicklung der Persönlichkeit des Sprachassistenten Alexa beschäftigt (Hartmans, 2019). Die Persönlichkeit kann bei entsprechenden Assistenten z. B. über die geäußerten Meinungen, den Humor aber auch über prosodische Merkmale wie Stimmlage und -melodie, Rhythmus und Betonung vermittelt werden. Eine spannende Frage für künftige Forschungsaktivitäten ist dabei, wie diese Merkmale genutzt werden können, um digitalen Assistenten nicht nur eine universelle Persönlichkeit zu verleihen, sondern um diese an die Persönlichkeit des Nutzers, der gerade mit ihnen interagiert, anzupassen. Dabei sollte insbesondere untersucht werden wie diese Anpassung sich auf die Wahrnehmung und Bewertung der Anwendung auswirkt.

Neben Sprachassistenten bieten auch andere technologische Entwicklungen Anknüpfpunkte für neue Forschungsbemühungen. Insbesondere die zunehmende Digitalisierung der „realen Welt" durch z. B. Smart Home Sensoren, Wearables und vernetzte Autos stellt einen spannenden Kontext für die persönlichkeitsbasierte Personalisierung dar. Zum einen entstehen hier neue Kanäle zur Anwendung entsprechender Personalisierungsmaßnahmen. Zum anderen liefern diese Kanäle neue Daten, die einen genauen Einblick in den Alltag eines Nutzers geben, indem sie beispielsweise Rückschlüsse darauf zulassen, zu welcher Uhrzeit er morgens aufsteht, wie aktiv er sich bewegt oder wie häufig er einkaufen geht. Es kann davon ausgegangen werden, dass die Berücksichtigung entsprechender Daten Algorithmen zur Persönlichkeitsprognose optimieren und damit auch die persönlichkeitsbasierte Personalisierung verbessern kann.

Darüber hinaus ermöglicht die zunehmende Datenvielfalt neben der Prognose von stabilen Persönlichkeitseigenschaften auch sich verändernde psychische Zustände („states") vorherzusagen. Es existieren bereits Ansätze, die mit Hilfe von künstlicher Intelligenz Zustände wie Emotionen, Aufmerksamkeit und Stimmung auf Basis von z. B. Smartphone- oder Wearable-Daten in Echtzeit ermitteln (siehe Matz & Netzer, 2017, S. 9 für einen Überblick). Neue Personalisierungsansätze könnten die persönlichkeitsbasierte Personalisierung um diese situativen Zustände erweitern. Beispielsweise kann es sinnvoll sein, bei einem eigentlich verträglichen Nutzer, der gerade unter Stress steht, auf soziale und emotionale Elemente zu verzichten und stattdessen eine eher knappe, faktenorientierte Ansprache zu wählen. Künftige Forschungsarbeiten sollten sich also mit der Frage beschäftigen, wie Persönlichkeit und Zustände sinnvoll kombiniert werden können, um Nutzerbedürfnisse bestmöglich zu antizipieren. Dabei sollte auch untersucht werden unter welchen Umständen eine Personalisierung stärker auf die Persönlichkeit und wann eher auf Zustände wie Emotionen abgestimmt sein sollte.

Sowohl die Persönlichkeitsprognose anhand von Daten aus der digitalisierten, realen Welt als auch eine Personalisierung auf Basis von psychischen Zuständen stellt jedoch einen zusätzlichen Eingriff in die Privatsphäre eines Nutzers dar. Eine Personalisierung muss in den skizzierten Kontexten daher unter besonderer Berücksichtigung rechtlicher und ethischer Grundsätze erforscht und umgesetzt werden.

Literaturverzeichnis

Aaker, J. L. (1997). Dimensions of brand personality. *Journal of Marketing Research, 34,* S. 347–356.

Aaker, J. (1999). The malleable self. The role of self-expression in persuasion. *Journal of Marketing Research, 36,* S. 45–57.

Aaker, D. A., Kumar, V., Day, G. S. & Leone, R. P. (2010). *Marketing research.* Chichester: Wiley (10. Auflage).

Adali, S., & Golbeck, J. (2014). Predicting personality with social behavior. A comparative study. *Social Network Analysis and Mining, 4(1),* S. 1–20.

Adjust (2018). Mobile Benchmarks 2018. Zugriff am 10.05.2019 unter: https://www.adjust.com/resources/ebooks/mobile-benchmarks-report-2018/.

Adobe (2018). Marketing Cloud. Adobe Target. Zugriff am 28.11.2018 unter: https://www.adobe.com/de/marketing-cloud/target.html.

Aguirre, E., Mahr, D., Grewal, D., de Ruyter, K., & Wetzels, M. (2015). Unraveling the personalization paradox. The effect of information collection and trust-building strategies on online advertisement effectiveness. *Journal of Retailing, 91(1),* S. 34–49.

Aguirre-Rodriguez, A., Bosnjak, M. & Sirgy, M. J. (2012). Moderators of the self-congruity effect on consumer decision-making. A meta-analysis. *Journal of Business Research, 65,* S. 1179–1188.

Ahn, S., & Bailenson, J. (2011). Self-endorsing versus other-endorsing in virtual environments. *Journal of Advertising, 40(2),* S. 93–106.

Ahn, S. J., Phua, J., & Shan, Y. (2017). Self-endorsing in digital advertisements. Using virtual selves to persuade physical selves. *Computers in Human Behavior, 71,* S. 110–121.

Ajzen, I. (1991). The theory of planned behavior. *Organizational Behavior and Human Decision Processes, 50(2),* S. 179–211.

Ajzen, I. (1985). From intentions to actions. A theory of planned behavior. In: Kuhl, J. & Beckmann, J. (Hrsg.). *Action control. From cognition to behavior.* Berlin u. a.: Springer, S. 11–39.

Ajzen, I. & Fishbein, M. (1977). Attitude-behavior relations. A theoretical analysis and review of empirical research. *Psychological Bulletin, 84(5),* S. 888–918.

S. Arz, *Persönlichkeitsbasierte Personalisierung im Mobile Commerce,* Forum Marketing, https://doi.org/10.1007/978-3-658-31819-2

Ajzen, I., & Fishbein, M. (1980). *Understanding attitudes and predicting social behavior.* Englewood-Cliffs: Prentice-Hall.

Alkis, N., & Temizel, T. (2015). The impact of individual differences on influence strategies. *Personality and Individual Differences, 87,* S. 147–152.

Allenby, G. M. & Rossi, P. E. (1999). Marketing models of consumer heterogeneity. *Journal of Econometrics, 89,* S. 57–78.

Allenby, G. M., Arora, N. & Ginter, J. L. (1995). Incorporating prior knowledge into the analysis of conjoint studies. *Journal of Marketing Research, 32(2),* S. 152–162.

Allport, G., & Odbert, H. (1936). Trait names. A psycho-lexical study. Psychological Monographs, 47, S. 1–171.

Allport, G. W. (1935). Attitudes. In: Murchison, C. (Hrsg.). *A handbook of social psychology*. Worcester: Clark University Press, S. 798–844.

Amazon Mobile LLC (2018). Amazon Prime Now (Version 4.9.1). Zugriff am 20.05.2018 unter: https://play.google.com/store/apps/details?id=com.amazon.now.

Amichai-Hamburger, Y., & Vinitzky, G. (2010). Social network use and personality. *Computers in Human Behavior, 26,* S. 1289–1295.

Andresen, B. (2002). *HPI Hamburger Persönlichkeitsinventar. Das NEOCAR Basisfaktor-System*. Göttingen: Hogrefe.

Angleitner, A., Ostendorf, E, & John, O. R (1990). Towards a taxonomy of personality descriptors in German. A psycho-lexical study. *European Journal of Personality, 4,* S. 89–118.

App Annie (2019). The state of mobile 2019. Zugriff am 10.05.2019 unter: https://www.appannie.com/en/go/state-of-mobile-2019/.

ARAG SE (2018). ARAG Trend 2018. Deutsche sind begeisterte App-Nutzer. Zugriff am 23.09.2018 unter: https://www.arag.com/medien/grafik/presse/pi_appnutzung_20180523.pdf.

Armitage, C. J. & Conner, M. (2001). Efficacy of the theory of planned behavior. A meta-analytic review. *British Journal of Social Psychology, 40(4),* S. 471–499.

Armstrong, E. (1991). The limbic system and culture. An allometric analysis of the neocortex and limbic nuclei. *Human Nature, 2(2),* S. 117–136.

Arnold, C. (2015). *Ubiquitärer E-Service für Konsumenten. Die Perspektive der Theorie Psychologischer Reaktanz.* Wiesbaden: Springer.

Arnoux, P.-H., Xu, A., Boyette, N., Mahmud, J., Akkiraju, R. & Sinha, V. (2017). 25 tweets to know you. A new model to predict personality with social media. *Proceedings of the Eleventh International AAAI Conference on Web and Social Media, Montreal,* S. 472–475.

Aronson, E. (1960). The cognitive and behavioral consequences of the confirmation and disconfirmation of expectancies. Grant proposal submitted to the National Science Foundation, Harvard University.

Aronson, E. (1968). Dissonance theory. Progress and problems. In: Abelson, R. P., Aronson, E., McGuire, W.J., Newcomb, T. M., Rosenberg, M. J. & Tannenbaum P. H. (Hrsg.). *Theories of cognitive consistency. A sourcebook.* Chicago: Rand McNally, S. 5–27.

Aronson, E. (1992). The return of the repressed. Dissonance theory makes a comeback. *Psychological Inquiry, 3(4),* S. 303–311.

Aronson, E., Ellsworth, P. C., Carlsmith, J. M. & Gonzalez, M. H. (1990). *Methods of research in social psychology.* New York: McGraw-Hill (2. Auflage).

Arora, N., Dreze, X., Ghose, A., Hess, J. D., Iyengar, R., Jing, B., Joshi, Y., Kumar, V., Lurie, N., Neslin, S., Sajeesh, S., Su, M., Syam, N., Thomas, J. & Zhang, Z. J. (2008). Putting one-to-one marketing to work. Personalization, customization, and choice. *Marketing Letters, 19(3–4),* S. 305–321.

Asendorpf, J. B. (2015). *Persönlichkeitspsychologie für Bachelor.* Berlin: Springer (3. Auflage).

Ashton, M. C., & Lee, K. (2007). Empirical, theoretical, and practical advantages of the HEXACO model of personality structure. *Personality and Social Psychology Review, 11,* S. 150–166.

Auty, S. (1995). Using conjoint analysis in industrial marketing. The role of judgement. Industrial *Marketing Management, 24,* S. 191–206.

Back, M. D., Schmukle, S. C. & Egloff, B. (2006). Who is late and who is early? Big Five personality factors and punctuality in attending psychological experiments. *Journal of Research in Personality, 40,* S. 841–848.

Backhaus, K., Erichson, B. & Weiber, R. (2015). *Fortgeschrittene Multivariate Analysemethoden. Eine anwendungsorientierte Einführung*. Berlin, Heidelberg: Springer-Gabler (3. Auflage).

Backhaus, K., Erichson, B., Plinke, W. & Weiber, R. (2016). *Multivariate Analysemethoden. Eine anwendungsorientierte Einführung*. Berlin, Heidelberg: Springer-Gabler (14. Auflage).

Badrinarayanan, V., Becerra, E. P. & Madhavaramb, S. (2014). Influence of congruity in store-attribute dimensions and self-image on purchase intentions in online stores of multi channel retailers. *Journal of Retailing and Consumer Services, 21,* S. 1013–1020.

Baek, T. H. & Morimoto, M. (2012). Stay away from me. Examining the determinants of consumer avoidance of personalized advertising. *Journal of Advertising, 41(1),* S. 59–76.

Bagozzi, R. P., & Baumgartner, H. (1994). The evaluation of structural equation models and hypotheses testing. In: Bagozzi, R. P. (Hrsg.). *Principles of marketing research.* Cambridge: Blackwell, S. 386–422.

Bagozzi, R. P. & Yi, Y. (1988). On the evaluation of structural equation models. *Journal of the Academy of Marketing Science, 16(1),* S. 74–94.

Bagozzi, R. P. & Yi, Y. (1989). On the use of structural equation models in experimental designs. *Journal of Marketing Research, 26(3),* S. 271–284.

Bagozzi, R. P., Yi, Y. & Singh, S. (1991). On the use of structural equation models in experimental designs. Two extensions. *International Journal of Research in Marketing, 8(2),* S. 125–140.

Baier, D. & Brusch, M. (2009). Erfassung von Kundenpräferenzen für Produkte und Dienstleistungen. In: Baier, D. & Brusch, M. (Hrsg.). *Conjointanalyse. Methoden–Anwendungen–Praxisbeispiele*. Berlin, Heidelberg: Springer, S. 3–18.

Baik, J., Lee, K., Lee, S., Kim, Y. & Choi, J. (2016) Predicting personality traits related to consumer behavior using SNS analysis. *New Review of Hypermedia and Multimedia, 22(3),* S. 189–206.

Balderjahn, I., Hedergott, D. & Peyer, M. (2009). Choice-Based Conjointanalyse. In: Baier, D. & Brusch, M. (Hrsg.). *Conjointanalyse. Methoden–Anwendungen–Praxisbeispiele.* Berlin, Heidelberg: Springer, S. 129–146.

Bang, H., & Wojdynski, B. W. (2016). Tracking user' visual attention and responses to personalized advertising based on task cognitive demand. *Computers in Human Behavior, 55,* S. 867–876.

Barkhi, R. & Wallace, L. (2007). The impact of personality type on purchasing decisions in virtual stores. *Information Technology and Management, 8(4),* S. 313–330.

Barrett, D. M. & Eaton, E. B. (1947). Preference for color or tint and some related personality data. *Journal of Personality, 15(3),* S. 222–232.

Barrick, M. & Mount, M (1991). The Big Five personality dimensions and job performance. A meta-analysis. *Personnel Psychology, 44(1),* S. 1–26.

Batrinca, L. M., Mana, N., Lepri, B., Pianesi, F., & Sebe, N. (2011). Please, tell me about yourself. Automatic personality assessment using short self-presentations. *Proceedings of the International Conference on Multimodal Interfaces*, Alicante, S. 255–262.

Bauer, R. J. (2015). *Präferenzmessung für Automobile mit alternativen Antriebssystemen. Eine Anwendung adaptiver hybrider Verfahren der Choice-based-Conjoint-Analyse.* Dissertation, Technischen Universität München.

Bauer H. H., Mäder R., Huber F. (2002). Markenpersönlichkeit als Determinante von Markenloyalität. *Zeitschrift für betriebswirtschaftliche Forschung, 54,* S. 687–709.

Bauer, H. H., Mader, R. & Wagner, S.-N. (2006). Übereinstimmung von Marken- und Konsumentenpersönlichkeit als Determinante des Kaufverhaltens. Eine Metaanalyse der Selbstkongruenzforschung. *Schmalenbachs Zeitschrift für betriebswirtschaftliche Forschung, 58,* S. 838–863.

Baum, A., Fleming, R., & Reddy, D. M. (1986). Unemployment stress. Loss of control, reactance and learned helplessness. *Social Science & Medicine, 22,* S. 509–516.

Bélanger, F. & Crossler, R. E. (2011). Privacy in the digital age. A review of information privacy research in information systems. *MIS Quarterly, 35(4),* S. 1017–1041.

BfDI (2018). Die Reform des Europäischen Datenschutzrechts. Zugriff am 15.08.2018 unter: https://www.bfdi.bund.de/DE/Datenschutz/DatenschutzGVO/Reform/Reform-EUDatenschutzrechtArtikel/ReformEUDatenschutzRecht.html.

Bichler, A. & Trommsdorff, V. (2009). Präferenzmodelle bei der Conjointanalyse. In: Baier, D. & Brusch, M. (Hrsg.). *Conjointanalyse. Methoden–Anwendungen–Praxisbeispiele.* Berlin, Heidelberg: Springer, S. 59–72.

Biel, J.-I., & Gatica-Perez, D. (2013). The YouTube lens. Crowdsourced personality impressions and audiovisual analysis of vlogs. *IEEE Transactions on Multimedia, 15(1),* S. 41–55.

Bitkom (2018a). Deutscher App-Markt knackt 1,5-Milliarden-Marke. Zugriff am 10.05.2019 unter: https://www.bitkom.org/Presse/Presseinformation/Deutscher-App-Markt-knackt-15-Milliarden-Marke.html.

Bitkom (2018b). Smartphone-Markt. Konjunktur und Trends. Zugriff am 10.05.2019 unter: https://www.bitkom.org/sites/default/files/file/import/Bitkom-Pressekonferenz-Smartphone-Markt-22-02-2018-Praesentation-final.pdf.

Bitkom e.V. (2017). Online-Shopping. Preis und Auswahl schlagen persönlichen Kontakt. Zugriff am 28.11.2018 unter: https://www.bitkom.org/Presse/Presseinformation/Online-Shopping-Preis-und-Auswahl-schlagen-persoenlichen-Kontakt.html.

Blalock, H. M. (1985). *Causal models in experimental designs.* London, New York: Routledge.

Bleier, A. & Eisenbeiss, M. (2015a). Personalized online advertising effectiveness. The interplay of what, when, and where. *Marketing Science, 34(5)*, S. 669–688.

Bleier, A. & Eisenbeiss, M. (2015b). The importance of trust for personalized online advertising. *Journal of Retailing, 91(3)*, S. 390–409.

Block, J (2010). The Five-Factor framing of personality and beyond. Some ruminations. *Psychological Inquiry, 21(1)*, S. 2–25.

Bodoff, D. & Ho, S. Y. (2016). Effectiveness of website personalization. Does the presence of personalized recommendations cannibalize sampling of other items? *International Journal of Electronic Commerce, 20(2)*, S. 208–235.

Bol, N., Dienlin, T., Kruikemeier, S., Sax, M., Boerman, S. C., Strycharz, J., Helberger, N. & de Vreese, C. H. (2018). Understanding the effects of personalization as a privacy calculus: Analyzing self-disclosure across health, news, and commerce contexts. *Journal of Computer-Mediated Communication, 23(6)*, S. 370–388.

Bollen, K. A. & Pearl, J. (2013). Eight myths about causality and structural equation models. In: Morgan, M. (Hrsg.). *Handbook of causal analysis for social research*. Dordrecht u.a.: Springer, S. 301–328.

Bortz, J. & Döring, N. (2006). *Forschungsmethoden und Evaluation für Human- und Sozialwissenschaftler*. Heidelberg: Springer Medizin Verlag (4. Auflage).

Böttger, T., Emrich, O., Lee, L. & Rudolph, T. (2015). Individualized lifestyle marketing. A field-experiment. In: Böttger, T. (Hrsg.). *Inspiration in Marketing. Foundations, process, and application*. Dissertation, Universität St. Gallen, S. 98–103.

Bouchard Jr., T. J. & Loehlin, J. C. (2001). Genes, evolution, and personality. *Behavior Genetics, 31(3)*, S. 243–273.

Brasser, M. (2002). In der Rolle des Individuums. Die Bedeutung von 'Person' und die Etymologie von 'persona'. In: Gloy, K. (Hrsg.). *Kollektiv- und Individualbewusstsein*. Würzburg: Königshausen und Neumann, S. 53–60.

Braunhofer, M., Elahi, M. Ge, M. & Ricci, F. (2014). Context dependent preference acquisition with personality-based active learning in mobile recommender systems. *Lecture Notes in Computer Science, 8524(2)*, S. 105–116.

Braunhofer, M., Elahi, M. & Ricci, F. (2015). User personality and the new user problem in a context-aware points of interest recommender system. *Proceedings of the International Conference on Information and Communication Technologies in Tourism 2015*, Lugano, S. 537–549.

Brehm, J. W. & Brehm, S. S. (1981). *Psychological reactance. A theory of freedom and control.* San Diego: Academic Press.

Brehm, J. W. 1966. *A theory of psychological reactance*. New York: Academic Press.

Brehm, J. W., Stires, L. K., Sensenig, J. & Shaban, J. (1966). The attractiveness of an eliminated choice alternative. *Journal of Experimental Social Psychology, 2*, S. 301–313.

Brettschneider, F. & Vollbracht, M. (2010). Personalisierung der Unternehmensberichterstattung. In: Eisenegger, M. & Wehmeier, S. (Hrsg.). *Personalisierung der Organisationskommunikation*. Wiesbaden: Springer, S. 133–158.

Brinkmann, W.-L. & Fine, N. (2005). Towards customized emotional design. An explorative study of user personality and user interface skin preferences. *Proceedings of the 2005 annual conference on European association of cognitive ergonomics*, S. 107–114.

Brosius, H.-B., Haas, A. & Koschel, F. (2016). *Methoden der empirischen Kommunikationsforschung*. Wiesbaden: Springer (7. Auflage).

Brudzynski, S. M. (2014). The ascending mesolimbic cholinergic system. A specific division of the reticular activating system involved in the initiation of negative emotional states. *Journal of Molecular Neuroscience, 53(3)*, S. 436–445.

Brühl, J., Hauck, M. & Hurtz, S. (2018). Was ist eigentlich bei Facebook los? Zugriff am 14.08.2019 unter: https://www.sueddeutsche.de/digital/datenmissbrauch-was-ist-eigentlich-gerade-bei-facebook-los-1.3932349.

Brusch, M. (2009). Präsentation der Stimuli bei der Conjointanalyse. In: Baier, D. & Brusch, M. (Hrsg.). *Conjointanalyse. Methoden–Anwendungen–Praxisbeispiele*. Berlin, Heidelberg: Springer, S. 83–98.

Buckley, P. & Doyle, E. (2017). Individualising gamification. An investigation of the impact of learning styles and personality traits on the efficacy of gamification using a prediction market. *Computers & Education, 106*, S. 43–55.

Bühler, P., Schlaich, P. & Sinner, D. (2017). *Digitales Bild. Bildgestaltung - Bildbearbeitung - Bildtechnik*. Wiesbaden: Springer Vieweg.

Bünting E-Commerce GmbH & Co. KG (2018). myTime.de (Version 8.5). Zugriff am 20.05.2018 unter: https://play.google.com/store/apps/details?id=de.mytime.

Buss, D. M. (1991). Evolutionary personality psychology. *Annual Review of Psychology, 42*, S. 459–491.

Buss, D. M. (2009). How can evolutionary psychology successfully explain personality and individual differences? *Perspectives on Psychological Science, 4(4)*, S. 359–366.

Büttner, M. (2012). *Marke mit System. Die Relevanz des Regulatorischen Fokus für die Markenwahl*. Wiesbaden: Gabler.

Büttner, R. (2016). Innovative personality-based digital services. *Proceedings of the 20th Pacific Asia Conference on Information Systems (PACIS)*, Chiay, S. 1–13.

Büttner, R. (2017). Predicting user behavior in electronic markets based on personality-mining in large online social networks. A personality-based product recommender framework. *Electronic Markets, 27*, S. 247–265.

BVDW (2018). Digital Trends. Umfrage zum Online-Lebensmitteleinkauf. Zugriff am 19.06.2018 unter: https://www.bvdw.org/fileadmin/bvdw/upload/publikationen/digital-commerce/BVDW_ Digital_Trends_Lebensmittelkauf_v2.pdf.

Byrne, D. & Griffit, W. (1969). Similarity and awareness of similarity of personality characteristic determinants of attraction. *Journal of Experimental Research in Personality, 3*, S. 179–186.

Byrne, D. (1971). The Attraction Paradigm. New York: Academic Press.

Byrne, D., Baskett, G. D., & Hodges, L. (1971). Behavioral indicators of interpersonal attraction. *Journal of Applied Social Psychology, 1(2)*, S. 137–149.

Campbell, J. B. (1992). Extraversion and noise sensitivity. A replication of Dornic and Ekehammar's study. *Personality and Individual Differences, 13(8)*, S. 953–955.

Caprara, G. V., Barbaranelli, C. & Zimbardo, P. (1996). Understanding the complexity of human aggression. Affective, cognitive and social dimensions of individual differences. *European Journal of Personality, 10(2)*, S. 133–155.

Carli, L. L., Ganley, R., & Pierce-Otay, A. (1991). Similarity and satisfaction in roommate relationships. *Personality and Social Psychology Bulletin, 17*, S. 419–426.

Cantador, I., Fernández-Tobías, I. & Bellogín, R. (2013). Relating personality types with user preferences in multiple entertainment domains. *Proceedings of the 21st Conference on User Modeling, Adaptation, and Personalization*, Rome, S. 13–28.

Cattell, R. B. (1943). The description of personality. Basic traits resolved into clusters. *The Journal of Abnormal and Social Psychology, 38(4),* S. 476–506.

Cattell, R. B. (1945). The description of personality. Principles and findings in a factor analysis. *The American Journal of Psychology, 58,* S. 69–90.

Cattell, R. B. (1947). Confirmation and clarification of primary personality factors. *Psychometrika, 12,* S. 197–220.

Cattell, R. B. (1965). *The scientific analysis of personality.* Baltimore: Penguin Books.

Celli, F., Bruni, E., & Lepri, B. (2014). Automatic personality and interaction style recognition from Facebook profile pictures. *Proceedings of the 2014 ACM Conference on Multimedia*, Orlando, S. 1101–1104.

Chammout, A. (2010). *Kongruenz zwischen Konsumenten- und Markenpersönlichkeit. Theoretischer Hintergrund, Entwicklung eines Modellvorschlags, empirische Befunde.* Hamburg: Dr. Kovač.

Chandrashekar, A., Amat, F., Basilico, J. & Jebara, T. (2017). Artwork personalization at Netflix. Zugriff am 12.05.2019 unter: https://medium.com/netflix-techblog/artwork-personalization-c589f074ad76.

Chang, C. (2001). The impacts of personality differences on product evaluations. *Advances in Consumer Research, 28,* S. 26–33.

Chang, C. (2002). Self congruency as a cue in different advertising processing contexts. *Communication Research, 29(5),* S. 503–536.

Chang, C. (2005). Ad-self congruency effects. Self-enhancing cognitive and affective mechanisms. *Psychology and Marketing, 22(11),* S. 887–910.

Chang, C. (2012). Is that website for me? Website-self-congruency effects triggered by visual designs. *International Journal of Advertising, 31(4),* S. 835–860.

Chapman, C.N., Alford J.L., Johnson C, Weidemann, R. & Lahav, M. (2009). CBC vs. ACBC: Comparing results with real product selection. Sawtooth Software Research Paper Series. Zugriff am 06.06.2017 unter: https://www.sawtoothsoftware.com/support/technical-papers/adaptive-cbc-papers/cbc-vs-acbc-comparing-results-with-real-product-selection-2009.

Chapsky, D. (2011). Leveraging online social networks and external data sources to predict personality. *Proceedings of International Conference on Advances in Social Networks Analysis and Mining,* Kaohsiung, S. 428–433.

Chau, P. Y. K., Ho, S. Y., Ho, K. K. W., & Yao, Y. (2013). Examining the effects of malfunctioning personalized services on online users' distrust and behaviors. *Decision Support Systems*, 56, S. 180–191.

Chellappa, R. K., & Sin, R. G. (2005). Personalization versus privacy. An empirical examination of the online consumer's dilemma. *Information Technology and Management, 6(2–3),* S. 181–202.

Chen, A. & Potenza, A. (2018). Cambridge Analytica's Facebook data abuse shouldn't get credit for Trump. Zugriff am 13.09.2019 unter: https://www.theverge.com/2018/3/20/17138854/cambridge-analytica-facebook-data-trump-campaign-psychographic-microtargeting.

Chin, W. W. (1998). The partial least squares approach to structural equation modeling. In: Marcoulides, G. A. (Hrsg.). *Modern methods for business research*. London: Lawrence Erlbaum Associates, S. 295–336.

Chin, W. W., Marcolin, B. & Newsted, P. R. (2003). A partial least squares latent variable modeling approach for measuring interaction effects. Results from a Monte Carlo simulation study and an electronic-mail emotion/adoption study. *Information Systems Research, 14(2),* S. 189–217.

Chittaranjan, G., Blom, J., & Gatica-Perez, D. (2013). Mining large-scale smartphone data for personality studies. *Personal and Ubiquitous Computing, 17(3),* S. 433–450.

Chmielewicz, K. (1994). *Forschungskonzeptionen der Wirtschaftswissenschaft*. Stuttgart: Schäffer-Poeschel (3. Auflage).

Chung, T., Wedel, M., & Rust, R. (2016). Adaptive personalization using social networks. *Journal of the Academy of Marketing Science, 44(1),* S. 66–87.

Ciesielski, C. (2009). *Internetapotheke versus stationäre Apotheke. Veränderungen des Apothekenmarktes im Internet-Zeitalter*. Wiesbaden: Gabler.

Clee, M. A. & Wicklund, R. A. (1980). Consumer behavior and psychological reactance. *Journal of Consumer Research, 6(4),* S. 389–405.

Cohen, J. (1988). *Statistical power analysis for the behavioral sciences*. Hoboken: Taylor and Francis.

Cohen, J. (1992). A power primer. *Psychological Bulletin, 112(1),* S. 155–159.

Comarch (2017). Die Zukunft des Einkaufens. Die Wichtigsten Trends im Einzelhandel heute und 2030. Zugriff am 03.09.2017 unter: https://www.comarch.de/files-de/file_53/Comarch_TNS _Studie_Zukunft_des_Einkaufens.pdf.

Cook, T. D. & Campbell, D. T. (1979). *Quasi-experimentation. Design and analysis issues for field settings*. Boston: Cengage Learning.

Costa, P. T. Jr., & McCrae, R. R. (1985). *The NEO Personality Inventory manual*. Odessa: Psychological Assessment Resources.

Costa, P. T. Jr., & McCrae, R. R. (1992). *Revised NEO Personality Inventory and NEO Five Factor Inventory professional manual*. Odessa: Psychological Assessment Resources.

Criteo (2018). Global Commerce Review 2018. Zugriff am 10.05.2019 unter: https://www.criteo.com/de/wp-content/uploads/sites/3/2018/05/18_GCR_Q1_Report_Germany_DE-1.pdf.

Cunningham, D. Thach, L. & Thompson, K. (2007). Innovative e-commerce site design. A conceptual model to match consumer MBTI dimensions to website design. *Journal of Internet Commerce, 6(3),* S. 1–27.

Cunningham, C. E., Deal, K. & Chen, Y. (2010). Adaptive choice-based conjoint analysis. A new patient-centered approach to the assessment of health service preferences. *Patient, 3(4),* S. 257–273.

Dahan, E., Hauser, J. R., Simester, D. & Toubia, O. (2002). *Application and test of web-based adaptive polyhedral conjoint analysis*. Working paper Sloan School of Management, MIT, Cambridge.

Daniel, I. 2014. *Lebensstilsegmentierung aufgrund einer inhaltsbasierten Auswertung digitaler Bilder*. Wiesbaden: Springer.

Davenport T.H., Harris J.G. & Kohli A.K. (2001). How do they know their customers so well? *MIT Sloan Management Review, 42(2),* S. 63–73.

Decker, H. & Bernau, P. (2018). Die wichtigsten Antworten zum Facebook-Skandal. Zugriff am 14.08.2019 unter: https://www.faz.net/aktuell/wirtschaft/diginomics/fragen-und-antworten-zu-facebook-und-cambridge-analytica-15505321.html.

Dehne, M. & Schupp, J. (2007). Persönlichkeitsmerkmale im Sozio-oekonomischen Panel (SOEP). Konzept, Umsetzung und empirische Eigenschaften. DIW Research Notes 26. Zugriff am 18.10.2018 unter: https://www.diw.de/documents/publikationen/73/diw_01.c.76533.de/ rn26.pdf.

Detatis (2018). Wirtschaftsrechnungen. Private Haushalte in der Informationsgesellschaft. Nutzung von Informations- und Kommunikationstechnologien. Zugriff am 24.02.2019 unter: https://www.destatis.de/DE/Publikationen/Thematisch/EinkommenKonsumLebensbedingungen/PrivateHaushalte/PrivateHaushalteIKT2150400187004.pdf?__blob=publicationFile.

DeVries, R., Truong, K., Zaga, C., Li, J., & Evers, V. (2017). A word of advice. How to tailor motivational text messages based on behavior change theory to personality and gender. *Personal and Ubiquitous Computing, 21,* S. 675–687.

DeYoung, C. G; Hirsh, J.B., Shane, M. S., Papademetris, X., Rajeevan, N. & R. Gray, J. R. (2010). Testing predictions from personality neuroscience. Brain structure and the big five. *Psychological Science, 21*(6), S. 820–828.

Digman, J. M., & Takemoto-Chock, N. K. (1981). Factors in the natural language of personality. Re-analysis, comparison, and interpretation of six major studies. *Multivariate Behavioral Research, 16(2),* S. 149–170.

Digman, J. M. (1990). Personality structure. Emergence of the five-factor model. *Annual Review of Psychology, 41,* S. 41–440.

Dijkstra, T. K. & Henseler, J. (2015). Consistent and asymptotically normal PLS estimators for linear structural equations. *Computational Statistics and Data Analysis, 81,* S. 10–23.

Dillard, J. P. & Shen, L. (2005). On the nature of reactance and its role in persuasive health communication. *Communication Monographs, 72(2),* S. 144–168.

Dillman, D. A., & Frey, J. H. (1974). Contribution of personalization to mail questionnaire response as an element of a previously tested method. *Journal of Applied Psychology, 59(3)*, S. 297–301.

DIW (2018). Die Survey-Gruppe SOEP. Zugriff am 23.09.2018 unter: https://www.diw.de/de/diw_02.c.221178.de/ueber_uns.html.

Doorn, J. v., & Hoekstra, J. C. (2013). Customization of online advertising. *Marketing Letters, 24(4),* S. 339–351.

Dornic, S. & Ekehammar, B. (1990). Extraversion, neuroticism, and noise sensitivity. *Personality and Individual Differences, 11(9),* S. 989–992.

Duck, S. W., & Craig, G. (1978). Personality similarity and the development of friendship. A longitudinal study. *British Journal of Social and Clinical Psychology, 17*, S. 237–242.

DWDS / Digitales Wörterbuch der deutschen Sprache (2019a). Person, die. Zugriff am 12.05.2019 unter: https://www.dwds.de/wb/Person.

DWDS / Digitales Wörterbuch der deutschen Sprache (2019b). Individuum, das. Zugriff am 12.05.2019 unter: https://www.dwds.de/wb/Individuum.

Eagly, A. H. & Chaiken, S. (2007). The Advantages of an inclusive definition of attitude. *Social Cognition, 25,* S. 582–602.

Edwards, S. M., Li, H. & Lee, J. H. (2002). Forced exposure and psychological reactance. Antecedents and consequences of the perceived intrusiveness of pop-up ads. *Journal of Advertising, 31(3),* S. 83–95.

Eftekhar, A., Fullwood, C., & Morris, N. (2014). Capturing personality from Facebook photos and photo-related activities. How much exposure do you need. *Computers in Human Behavior, 37,* S. 162–170.

Ehrenbrink, P., Hillmann, S., Weiss, B. & Möller, S. (2016). Psychological reactance in HCI. A method towards improving acceptance of devices and services. *Proceedings of the 28th Australian Conference on Computer–Human Interaction,* S. 478–482.

Eschweiler, M., Evanschitzky, H. & Woisetschläger, D. (2007). Ein Leitfaden zur Anwendung varianzanalytisch ausgerichteter Laborexperimente. *Zeitschrift für Ausbildung und Hochschulkontakt, 36(12),* S. 546–554.

Eslami, M., Firoozabadi, M. & Homayounvala, E. (2017). User preferences for adaptive user interfaces in health information systems. *Universal Access in the Information Society, 17(4),* S. 875–883.

Evans, F. B. (1963). Selling as a dyadic relationship. A new approach. *American Behavioral Scientist, 6(9),* S. 276–79.

Eysenck H. J. (1941). A critical and experimental study of color preferences. *American Journal of Psychology, 54,* 383–394.

Eysenck, H. J. (1947). *Dimensions of personality.* London: Paul, Trench, Trubner & Co.

Eysenck, H.J. (1953). *The structure of human personality.* London: Methuen.

Eysenck, H. J. (1967). *The biological basis of personality.* Springfield: Thomas.

Eysenck, H. J. (1992). Four ways five factors are not basic. *Personality and Individual Differences,13(6),* S. 667–673.

Eysenck H. J. & Eysenck S. B. G. (1976). *Psychoticism as a dimension of personality.* London: Hodder & Stoughton.

Eysenck, H.J. & Eysenck, M.W. (1985). *Personality and individual differences.* New York: Plenum Press.

Eysenck, H. J., Wilson, G. D., & Jackson, C. J. (1998). *Eysenck-Personality-Profiler-V6.* Mödling: Schuhfried.

Facebook (2019). Berechtigungen bei Facebook Login. Zugriff am 21.06.2019 unter: https://developers.facebook.com/docs/facebook-login/permissions/overview.

Fan, H. & Poole, M. S. (2006). What is personalization? Perspectives on the design and implementation of personalization in information systems. *Journal of Organizational Computing and Electronic Commerce, 16(3–4),* S. 179–202.

Farnadi, G., Sitaraman, G., Sushmita, S., Celli, F., Kosinski, M., Stillwell, D., Davalos, S., Moens, M.-F., De Cock, M. (2016). Computational personality recognition in social media. *User Modeling and User-Adapted Interaction, 26(2–3),* S. 109–142.

Faullant, R. (2008). *Psychologische Determinanten der Kundenzufriedenheit. Der Einfluss von Emotionen und Persönlichkeit.* Wiesbaden: Deutscher Universitäts-Verlag.

Fernández-Tobías, I., Braunhofer, M., Elahi, M., Ricci, F. & Cantador, I. (2016). Alleviating the new user problem in collaborative filtering by exploiting personality information. *User Modeling and User-Adapted Interaction, 26(2-3),* S. 221–255.

Ferwerda, B., Yang, E., Schedl, M. & Tkalcic, M. (2015). Personality traits predict music taxonomy preferences. *Proceedings of the 33rd Annual ACM Conference Extended Abstracts on Human Factors in Computing Systems,* S. 2241–2246.

Ferwerda, B., Schedl, M., & Tkalcic, M. (2016). Using Instagram picture features to predict users' personality. *Proceedings of the 22nd International Conference on Multi-Media Modeling,* S. 850–861.

Festinger, L. (1957). *A theory of cognitive dissonance*. Stanford: Stanford University Press.

Feyerabend, P. (1965). Problems of empiricism. In: Colodny, R. (Hrsg.). *Beyond the edge of certainty. Essays in contemporary science and philosophy*. Pittsburgh: University of Pittsburgh Press, S. 145–260.

Figueredo, A. J., Sefcek, J. A., Vasquez, G., Brumbach, B. H., King, J. E. & Jacobs, W. J. (2005). Evolutionary personality psychology. In: Buss, D. M. (Hrsg.). *Handbook of evolutionary psychology*. Hoboken: Wiley, S. 851–877.

Findlater, L. & McGrenere, J. (2010). Beyond performance. Feature awareness in personalized interfaces. *International Journal of Human-Computer Studies, 68,* S. 121–137.

Fine, N. (2008). *Personalising interaction using user interface skins*. Dissertation, Brunel University.

Finn, E. (2017). The corrupt personalization of Netflix. Zugriff am 11.05.2019 unter: https://slate.com/technology/2017/03/how-netflix-embodies-a-seductive-myth-of-the-algorithmic-age.html.

Fischer, J. (2001). *Individualisierte Präferenzanalyse. Entwicklung und empirische Prüfung einer vollkommen individualisierten Conjoint Analyse*. Wiesbaden: Gabler.

Fishbein, M.& Ajzen, I. (1975). *Belief, attitude, intention, and behavior. An introduction to theory and research*. Massachusetts: Addison-Wesley.

Fisseni, H.-J. (1998). *Persönlichkeitspsychologie. Ein Theorienüberblick*. Göttingen: Hogrefe (4. Auflage).

Fitzsimons, G. J. & Lehmann, D. R. (2004). Reactance to recommendations. When unsolicited advice yields contrary responses. *Marketing Science, 23(1),* S. 82–94.

Floyd, F. J., Widaman, K. F. (1995). Factor analysis in the development and refinement of clinical assessment instruments. *Psychological Assessment, 7(3),* S. 286–299

Fornell, C., & Larcker, D. F. (1981). Evaluation structural equation models with unobservable variables and measurement error. *Journal of Marketing Research, 18(1),* S. 39–50.

Fornell, C. & Westbrook, F. A. (1979). An Exploratory study of assertiveness, aggressiveness, and consumer complaining behavior. *Advances in Consumer Research, 6,* S. 105–110.

Freud, S. (1923). *Das Ich und das Es*. Leipzig: Internationaler Psychoanalytischer Verlag.

Frey, R. M., Xu, R., Ammendola, C., Moling, O., Giglio, G. & Ilic, A. (2017). Mobile recommendations based on interest prediction from consumer's installed apps–insights from a large-scale field study. *Information Systems, 71,* S. 152–163.

Fromm, S. (2012). *Datenanalyse mit SPSS für Fortgeschrittene 2. Multivariate Verfahren für Querschnittsdaten*. Wiesbaden: Springer (2. Auflage).

Gagne, P. & Hancock, G. R. (2006). Measurement model quality, sample size, and solution propriety in confirmatory factor models. *Multivariate Behavioral Research, 41(1),* S. 65–83.

Garnefeld, I. (2008). *Kundenbindung durch Weiterempfehlung. Eine experimentelle Untersuchung der Wirkung positiver Kundenempfehlungen auf die Bindung des Empfehlenden*. Wiesbaden: Gabler.

Garnefeld, I., Helm, S. & Eggert, A. (2011). Walk your talk. An experimental investigation of the relationship between word of mouth and communicators' loyalty. *Journal of Service Research, 14(1),* S. 93–107.

Gbadamosi, A. (2009). Cognitive dissonance. The implicit explication in low-income consumers' shopping behaviour for "low-involvement" grocery products. *International Journal of Retail and Distribution Management, 37(12),* S. 1077–1095.

Geisser, S. (1975). A predictive approach to the random effect model. *Biometrika, 61(1),* S. 101–107.

Gentsch, P. (2017). *Künstliche Intelligenz für Sales, Marketing und Service. Mit AI und Bots zu einem Algorithmic Business – Konzepte, Technologien und Best Practices.* Wiesbaden: Springer.

Gerke, W. (2014). *Technische Assistenzsysteme. Vom Industrieroboter zum Roboterassistenten.* München: De Gruyter Oldenbourg.

Gerlitz J.Y., & Schupp, J. (2005). Zur Erhebung der Big-Five-basierten Persönlichkeitsmerkmale im SOEP. Dokumentation der Instrumentenentwicklung BFI-S auf Basis des SOEP-Pretests 2005. DIW Research Notes 4. Zugriff am 01.07.2018 unter: https://www.diw.de/documents/publikationen/73/diw_01.c.43490.de/rn4.pdf.

Gierl, H., Helm, R., Gansser, O. & Silberberger, H. (2000). Auswirkungen eines Tempolimits auf die Einstellung gegenüber deutschen Pkw im Ausland. *Jahrbuch der Absatz- und Verbrauchsforschung, 46(1),* S. 19–35.

Gierl, H., Helm, R. & Stumpp, S. (2001). Wertfunktion der Prospect-Theorie, Produktpräferenzen und Folgerungen für das Marketing. *Schmalenbachs Zeitschrift für betriebswirtschaftliche Forschung, 53(6),* S. 559–588.

Godfrey, A., Seiders, K. & Voss, G. B. (2011). Enough is enough! The fine line in executing multichannel relational communication. *Journal of Marketing, 75(4),* S. 94–109.

Gofman, A., Moskowitz, H. R. & Mets, T. (2009). Integrating science into web design. Consumer-driven web site optimization. *Journal of Consumer Marketing, 26(4),* S. 286–298.

Golbeck J. & Norris, E. (2013). Personality, movie preferences, and recommendations. *International Conference on Advances in Social Networks Analysis and Mining,* S. 1414–1415.

Golbeck, J., Robles, C. & Turner, K. (2011a). Predicting personality with social media. *Proceedings of the CHI'11 Conference on Human Factors in Computing Systems,* S. 253–262.

Golbeck, J., Robles, C., Edmondson, M. & Turner, K. (2011b). Predicting personality from Twitter. *Proceedings of the third International Conference on Social Computing,* S. 149–156.

Goldberg, L. R. (1981). Language and individual differences: The search for universals in personality lexicons. In: Wheeler, L. (Hrsg.). *Review of personality and social psychology.* Beverly Hills: Sage, S. 141–165.

Goldberg, L. R. (1990). An alternative "description of personality". The Big-Five factor structure. *Journal of Personality and Social Psychology, 59,* S. 1216–1229.

Goldberg, L. R. (1992). The development of markers for the Big Five factor Structure. *Psychological Assessment, 4(1),* S. 26–42.

Goldberg, L.R. (1993). The structure of phenotypic personality traits. *American Psychologist, 48(1),* S. 26–34.

Goldfarb, A. & Tucker, C. E. (2011). Privacy regulation and online advertising. *Management Science 57(1),* S. 57–71.

Gosling, S. D., Rentfrow, P. J. & Swann Jr., W. B. (2003). A very brief measure of the Big-Five personality domains. *Journal of Research in Personality, 37,* S. 504–528.

Gosling, S., Sandy, C. & Potter, J. (2010). Personalities of self-identified dog people and cat people. *Anthrozoos: A Multidisciplinary Journal of The Interactions of People & Animals, 23(10),* S. 213–222.

Gosling, S. D., Augustine, A. A., Vazire, S., Holtzman, N., & Gaddis, S. (2011). Manifestations of personality in online social networks. Self-reported Facebook-related behaviors and observable profile information. *Cyberpsychology, Behavior, and Social Networking, 14(9),* S. 483–488.

Grassegger, H. & Krogerus, M. (2018). The Data That Turned the World Upside Down. Zugriff am 13.08.2019 unter: https://www.vice.com/en_us/article/mg9vvn/how-our-likes-helped-trump-win.

Graupmann, V., Kayser, D. N. & Frey, D. (2016). Psychologische Reaktanz. In: Bierhoff, H.-W. & Frey, D. (Hrsg.). *Sozialpsychologie: Soziale Motive und soziale Einstellungen.* Göttingen: Hofgrefe, S. 31–53.

Gray, J. A. (1970). The psychophysiological basis of introversion-extraversion. *Behavior Research and Therapy, 8(3),* S. 249–266.

Gray, J.A. (1981). A critique of Eysenck's theory of personality. In: Eysenck, H.J. (Hrsg.). *A Model for Personality.* Berlin: Springer, S. 246–276.

Green, P. E. & Rao, V. (1971). Conjoint measurement for quantifying judgemental data. *Journal of Marketing Research, 8(3),* S. 355–363.

Green, P. E. & Srinivasan, V. S. (1978). Conjoint analysis in consumer research. Issues and outlook. *Journal of Consumer Research, 5(2),* S. 103–123.

Green, P. E. & Srinivasan, V. S. (1990). Conjoint analysis in marketing. New developments with implications for research and practice. *Journal of Marketing, 54(4),* S. 3–19.

Green, P. E., Krieger, A. M. & Agrawal, M. K. (1993). A cross validation test of four models for quantifying multiattribute preferences. *Marketing Letters, 4(4),* S. 369–380.

Guntuku, S. C., Lin, W. & Carpenter, J. (2017). Studying personality through the content of posted and liked images on Twitter. *Proceedings of the 2017 ACM on Web Science Conference*, S. 223–227.

Gupta, S. & Shukla, A. P. (1989). Verbal operant conditioning as a function of extraversion and reinforcement. *British Journal of Psychology, 80(1),* S. 39–44.

Güttler, P. O. (2003). *Sozialpsychologie. Soziale Einstellungen, Vorurteile, Einstellungs-änderungen.* München: De Gruyter Oldenbourg (4. Auflage).

Hafshejani, Z. H., Kaedi, M. & Fatemi, A. (2018). Improving sparsity and new user problems in collaborative filtering by clustering the personality factors. *Electronic Commerce Research, 18(4),* S. 813–836.

Hahn, E., Gottschling, J. & Spinath, F. M. (2012). Short measurements of personality. Validity and reliability of the GSOEP Big Five Inventory (BFI-S). *Journal of Research in Personality, 46(3),* S. 355–359.

Hair, J. F., Sarstedt, M., Ringle, C. M., & Mena, J. A. (2012). An Assessment of the use of partial least squares structural equation modeling in marketing research. *Journal of the Academy of Marketing Science, 40(3),* S. 414–433.

Hair, J. F., Hult, G. T. M., Ringle, C. M., Sarstedt, M., Richter, N. F. & Hauff, S. (2017). *Partial Least Squares Strukturgleichungsmodellierung. Eine anwendungsorientierte Einführung.* München: Vahlen.

Hamburg, M. A., & Collins, F. S. (2010). The path to personalized medicine. *New England Journal of Medicine, 363(4),* S. 301–304.

Hanefeld, S. (2015). *Übertragungsmechanismen von Reputation zwischen mehreren Bezugsgruppen. Empirische Untersuchung im Krankenhaus bei Einweisern und Patienten.* Wiesbaden: Springer.

Harmon-Jones, E. (2000). An update on dissonance theory, with a focus on the self. In: A. Tesser, A., Felson, R. & Suls, J. (Hrsg). *Psychological perspectives on self and identity.* Washington: American Psychological Association, S. 119–144.

Hart, J.W., Stasson, M. F., Mahoney, J. M. & Story, P. (2007). The Big Five and achievement motivation. Exploring the relationship between personality and a two-factor model of motivation. *Individual Differences Research, 5(4),* S. 267–274.

Hartmann, A. & Sattler, H. (2004). Wie robust sind Methoden zur Präferenzmessung? *Schmalenbachs Zeitschrift für betriebswirtschaftliche Forschung, 56(1),* S. 3–22.

Hartmans, A. (2019). Amazon has 10,000 employees dedicated to Alexa – here are some of the areas they're working on. Zugriff am 16.08.2019 unter: https://www.business-insider.de/what-amazons-10000-employees-working-on-alexa-are-doing-2019-1?r=US&IR=T.

Hauser, J. R., Urban, G. L., Liberali, G., & Braun, M. (2009). Website morphing. *Marketing Science, 28(2),* S. 202–223.

Hauser, J. R., Liberali, G. & Urban, G. L. (2014). Website morphing 2.0. Switching costs, partial exposure, random exit, and when to morph. *Management Science, 60(6),* S. 1594–1616.

Hazrati-Viari, A., Rada, A. T. & Torabi, S. S. (2012). The effect of personality traits on academic performance. The mediating role of academic motivation. *Social and Behavioral Sciences, 32,* S. 367–371.

Heidbrink, M. (2006). *Reliabilität und Validität von Verfahren der Präferenzmessung. Ein meta-analytischer Vergleich verschiedener Verfahren der Conjoint-Analyse.* Dissertation, Westfälische Wilhelms-Universität Münster.

Heinemann, G. (2018). *Die Neuausrichtung des App- und Smartphone-Shopping. Mobile Commerce, Mobile Payment, LBS, Social Apps und Chatbots im Handel.* Wiesbaden: Springer.

Hennig-Thurau, T., Groth, M., Paul, M. & Gremler, D. D. (2006). Are all smiles created equal? How emotional contagion and emotional labor affect service relationships. *Journal of Marketing, 70(3),* S. 58–73.

Henseler, J. Ringle, C. M. & Sinkovics, R. R. (2009). The use of partial least squares path modeling in international marketing. *Advances in International Marketing, 20,* S. 277–319.

Henseler, J. & Fassott, G. (2010). Testing moderating effects in PLS path models. An illustration of available procedures. In: Esposito Vinzi, V., Chin, W. W., Henseler, J. & Wang, H. (Hrsg.). *Handbook of partial least squares.* Berlin: Springer, S. 713–735.

Henseler, J., Dijkstra, T. K., Sarstedt, M., Ringle, C. M., Diamantopoulos, A., Straub, D. W., Ketchen, D. J., Hair, J. F., Hult, G. T. M. & Calantone, R. J. (2014). Common beliefs and reality about PLS. Comments on Rönkkö and Evermann (2013). *Organizational Research Methods, 17(2),* S. 182–209.

Henseler, J., Hubona, G. & Ray. P. (2016). Using PLS path modeling in new technology research. Updated guidelines. *Industrial Management & Data Systems, 116(1),* S. 2–20.

Herrmann, A., Huber, F. & Kressmann, F. (2006). Varianz- und kovarianzbasierte Strukturgleichungsmodelle. Ein Leitfaden zu deren Spezifikation, Schätzung und Beurteilung. *Zeitschrift für betriebswirtschaftliche Forschung, 58(1),* S. 34–66.

Herrmann, A., Huber, F. & Regier, S. (2009). Adaptive Conjointanalyse. In: Baier, D. & Brusch, M. (Hrsg.). *Conjointanalyse. Methoden–Anwendungen–Praxisbeispiele.* Berlin, Heidelberg: Springer, S. 113–128.

Herzberg, P. Y. & Roth M. (2014). *Persönlichkeitspsychologie.* Wiesbaden: Springer.

Higgins, E. T. (1987). Self-discrepancy. A theory relating self and affect. *Psychological Review, 94(3),* S. 319–340.

Hille, S. L., Curtius, H. C., Wüstenhagen, R. (2018). Red is the new blue. The role of color, building integration and country-of-origin in homeowners' preferences for residential photovoltaics. *Energy and Buildings, 162,* S. 21–31.

Hillebrand, R.-T. (2018). *Online-Kommunikation für Verbände. Wie Ihre Botschaften die Zielgruppen sicher erreichen und überzeugen.* Wiesbaden: Springer Gabler.

Hillig, T. (2006). *Verfahrensvarianten der Conjoint-Analyse zur Prognose von Kaufentscheidungen.* Wiesbaden: Deutscher Universitäts-Verlag.

Hirsh, J. B., & Peterson, J. B. (2009). Personality and language use in self-narratives. *Journal of Research in Personality,* 43(3), S. 524–527.

Hirsh, J. B., Kang, S. K. & Bodenhausen G.V. (2012). Personalized persuasion. Tailoring persuasive appeals to recipients' personality traits. *Psychological Science, 23(6),* S. 578–581.

Ho, S. Y. & Chau, P. Y. K. (2013). The effects of location personalization on integrity trust and integrity distrust in mobile merchants. *International Journal of Electronic Commerce, 17(4),* S. 39–72.

Ho, S. Y. & Lim, K. H. (2018). Nudging Moods to induce unplanned purchases in imperfect mobile personalization contexts. *MIS Quarterly, 42(3),* S. 757–778.

Ho, S. Y., & Tam, K. Y. (2005). An empirical examination of the effects of web personalization at different stages of decision making. *International Journal of Human-Computer Interaction, 19(1),* S. 95–112.

Hofer, F. (2009). *Management der Filiallogistik im Lebensmitteleinzelhandel: Gestaltungsempfehlungen zur Vermeidung von Out-of-Stocks.* Wiesbaden: Gabler.

Höffken, S. & Streich, B. (2013). Mobile participation. Citizen engagement in urban planning via smartphones. In: Silva, C. N. (Hrsg.). *Citizen e-participation in urban government. Crowdsourcing and collaborative creativity.* Pennsylvania: IGI Global, S. 199–225.

Hollenbaugh, E. E. & Ferris, A. L. (2014). Facebook self-disclosure. Examining the role of traits, social cohesion, and motives. *Computers in Human Behavior, 30,* S. 50–58.

Holtgraves, T. (2011). Text messaging, personality, and the social context. *Journal of Research in Personality, 45,* S. 92–99.

Homburg, C. & Klarmann, M. (2006). *Die Kausalanalyse in der empirischen betriebswirtschaftlichen Forschung. Problemfelder und Anwendungsempfehlungen.* Wissenschaftliche Arbeitspapiere Nr. W103, Institut für Marktorientierte Unternehmensführung, Universität Mannheim.

Homburg, C. (2017). *Marketingmanagement. Strategie–Instrumente–Umsetzung–Unternehmensführung.* Wiesbaden: Springer Gabler (6. Auflage).

Hong, J. W. & Zinkhan, G. M. (1995). Self-concept and advertising effectiveness. The influence of congruency, conspicuousness, and response mode. *Psychology & Marketing, 12(1),* S. 53–77.

Hoogerbrugge, M. & Wagt, K. v.d. (2006). How many choice tasks should we ask? *Proceedings of the Sawtooth Software Conference,* S. 97–109.

Hoogerbrugge, M., Hardon, J. & Fotenos, C. (2013). ACBC revisted. *Proceedings of the Sawtooth Software Conference*, S. 165–180.

Houston, M. & Rothschild, M. (1977). *A paradigm for research on consumer involvement.* Working Paper, University of Wisconsin-Madison.

Howell, J. (2009). CBC/HB for beginners. Sawtooth Software Research Paper Series. Zugriff am 30.06.2017 unter: https://www.sawtoothsoftware.com/download/techpap/CBCHBbeginners.pdf.

Hu, L.-T., & Bentler, P. M. (1999). Cutoff criteria for fit indexes in covariance structure analysis. Conventional criteria versus new alternatives. *Structural Equation Modeling, 6(1),* S. 1–55.

Hu, R. & Pu, P. (2010). A study on user perception of personality-based recommender systems. *Proceedings of the 18th International Conference on User Modeling, Adaptation, and Personalization*, S. 291–302.

Hu, R., & Pu, P. (2011). Enhancing collaborative filtering systems with personality information. *Proceedings of the fifth ACM conference on Recommender systems,* S. 197–204.

Huber, O. (2009). *Das psychologische Experiment. Eine Einführung*. Bern: Hans Huber Verlag (5. Auflage).

Huber, F. & Meyer, F. (2008). *Der Fußballstar als Marke Determinanten der Markenbildung am Beispiel von Lukas Podolski.* Wiesbaden: Gabler.

Huber, F., Herrmann, A., Meyer, F., Vogel, J. & Vollhardt, K. (2007). *Kausalmodellierung mit Partial Least Squares. Eine anwendungsorientierte Einführung.* Wiesbaden: Gabler.

Huber, F., Vogel, J., Meyer, F. & Binar, B. (2009). *Marken mit In-Game Advertising emotionalisieren. Eine empirische Analyse des Shootingstars der Werbebranche.* Köln: Josef Eul Verlag.

Iacobelli, F., Gill, A. J., Nowson, S., & Oberlander, J. (2011). Large scale personality classification of bloggers. *Proceedings of the 4th international conference on affective computing and intelligent interaction,* S. 568–577.

IBM (2019). Anomalieerkennungsknoten. Zugriff am 14.07.2019 unter: https://www.ibm.com/support/knowledgecenter/de/SS3RA7_15.0.0/com.ibm.spss.modeler.help/anomalydetectionnode_general.html.

Isbister, K. & Nass, C. (2000). Consistency of personality in interactive characters. Verbal cues, non-verbal cues, and user characteristics. *International Journal of Human-Computer Studies, 53(2),* S. 251–267.

Islam, J. U., Rahman, Z. & Hollebeek, L. D. (2017) Personality factors as predictors of online consumer engagement: An empirical investigation. *Marketing Intelligence & Planning, 35(4),* S. 510–528.

Iyengar, S.S. & Lepper, M.R. (2000). When choice is demotivating. Can one desire too much of a good thing? *Journal of Personality and Social Psychology, 79(6),* S. 995–1006.

Jackson, D. N., Ashton, M. C. & Tomes, J. L. (1996). The six-factor model of personality. Facets from the big five. *Personality and Individual Differences, 21*(3), S. 391–402.

James, W. (1892). *Psychology. Briefer course*. New York: Holt.

James, W. (2003). *Psychology. The briefer course*. Mineola: Dover Publications.

Janssen, J. & Laatz, W. (2017). *Statistische Datenanalyse mit SPSS. Eine anwendungsorientierte Einführung in das Basissystem und das Modul Exakte Tests*. Berlin: Springer Gabler (9. Auflage).

Jaritz, S. (2008). *Kundenbindung und Involvement. Eine empirische Analyse unter besonderer Berücksichtigung von Low Involvement*. Wiesbaden: Gabler.

Jarvis, C. B., MacKenzie, S. B. & Podsakoff, P. M. (2003). A critical review of construct indicators and measurement model misspecification in marketing and consumer research. *Journal of Consumer Research, 30(2)*, S. 199-218.

Jayawardhena, C., Kuckertz, A., Karjaluoto, H. & Kautonen, T. (2009). Antecedents to permission based mobile marketing. An initial examination. *European Journal of Marketing, 43(3/4)*, S. 473–499.

Jervis, S. M., Ennis, J. M. & Drake, M. A. (2012). Comparison of adaptive choice-based conjoint and choice-based conjoint to determine key choice attributes of sour cream with limited sample size. *Journal of Sensory Studies, 27*, S. 451–462.

Jia, J. Xu, B., Karanam, Y. & Voida, S. (2016). Personality-targeted gamification. A survey study on personality traits and motivational affordances. *Proceedings of the 2016 CHI Conference on Human Factors in Computing Systems*, S. 2001–2013.

John, O. P., Angleitner, A., & Ostendorf, F. (1988). The lexical approach to personality. A historical review of trait taxonomic research. *European Journal of Personality, 2(3)*, S. 171–203.

John, O. P., Donahue, E. M. & Kentle, R. L. (1991). *The Big Five Inventory – versions 4a and 5*. Berkeley: University of California, Institute of Personality and Social Research.

Johnson, R. M. & Orme, B. K. (1996). How many questions should you ask in choice-based conjoint studies? Sawtooth Software Research Paper Series. Zugriff am 06.06.2017 unter: https://www.sawtoothsoftware.com/support/technical-papers/cbc-related-papers/how-many-questions-should-you-ask-in-choice-based-conjoint-studies-1996.

Johnson, R. M. & Orme, B. K. (2007). A new approach to adaptive CBC. Sawtooth Software Research Paper Series. Zugriff am 06.06.2017 unter: https://www.sawtoothsoftware.com/support/technical-papers/adaptive-cbc-papers/a-new-approach-to-adaptive-cbc-2007.

Johnson, R. M. (2001). History of ACA. Sawtooth Software Research Paper Series. Zugriff am 06.06.2017 unter: https://www.sawtoothsoftware.com/support/technical-papers/aca-related-papers/history-of-aca-2001.

Johnson, R.M. (2009). Understanding HB. An intuitive approach. Sawtooth Software Research Paper Series. Zugriff am 30.06.2017 unter: https://www.sawtoothsoftware.com/ download/techpap/undhb.pdf.

Johnson, R. M. (1987). Adaptive conjoint analysis. *Sawtooth Software Conference Proceedings on Perceptual Mapping, Conjoint Analysis and Computer Interviewing*, S. 253–265.

Jöreskog, K. G. (1970). A General method for analysis of covariance structures. *Biometrika, 57(2)*, S. 239–251.

Jöreskog, K. G. (1973). A general method for estimating a linear structural equation system. In: Goldberg, A. S. & Duncan, O. D. (Hrsg.). *Structural equation models in the social sciences*. New York: Academic Press, S. 85–112.

Jost, J., West, T. & Gosling, S. (2009). Personality and ideology as determinants of candidate preferences and Obama conversion in the 2008 US presidential election. *Du Bois Review: Social Science Research on Race, 6(1),* S. 103–124.

Jung, Carl G. (1971). *Psychological types.* Princeton: Princeton University Press.

Juric, J., Lindenmeier, J., Fritsch, T. & Kerssenfischer, F. (2015). Kundenseitige Akzeptanz internetbasierter Self-Service-Technologien in der Versicherungswirtschaft. Eine kausalanalytische Studie zur Wirkung von Aspekten der Technologienutzung und internetbezogener Privatheitsbedenken. *Zeitschrift für die gesamte Versicherungswissenschaft, 104(2),* S. 131–149.

Kaltenborn, T., Fielder, H., Lanwehr, R. & Melles, T. (2013). *Conjoint-Analyse.* München: Rainer Hampp Verlag (2. Auflage).

Kang, J.-W. & Namkung, Y. (2019). The role of personalization on continuance intention in food service mobile apps. A privacy calculus perspective. *International Journal of Contemporary Hospitality Management, 31(2),* S. 734–752.

Kaplan, H. S. & Gangestad, S. W. (2005). Life history theory and evolutionary psychology. In: Buss, D. M. (Hrsg.). *The handbook of evolutionary psychology.* Hoboken: John Wiley & Sons, S. 68–95.

Kaptain, M. & Parvinen, P. (2015). Advancing e-commerce personalization. Process framework and case study. *International Journal of Electronic Commerce, 19(3),* S. 7–33.

Karger, M. (2012). *Zahlungsbereitschaftsmessung für industrielle Hybride Leistungsbündel. Methodik und empirische Validierung.* Wiesbaden: Gabler.

Karsvall, A. (2002). Personality preferences in graphical interface design. *Proceedings of the second Nordic conference on Human-computer interaction,* S. 217–218.

Kern, M. L., Eichstaedt, J. C., Schwartz, H. A., Dziurzynski, L., Ungar, L. H., Stillwell, D. J., Kosinski, M., Ramones, S. M. & Seligman, M. E. P. (2014). The online social self. An open vocabulary approach to personality. *Assessment, 21(2),* S. 158–169.

Khwaja, M., Ferrer, M., Iglesias, J. O., Faisal, A. A. & Matic, A. (2019). Aligning Daily Activities with Personality. Towards a Recommender System for Improving Wellbeing. *Proceedings of the Thirteenth ACM Conference on Recommender Systems*, S. 368–372.

Kluge, F. (2012). *Etymologisches Wörterbuch der deutschen Sprache.* Berlin: De Gruyter (25. aktualisierte und erweiterte Auflage).

Kokolakis, S. (2017). Privacy attitudes and privacy behavior. A review of current research on the privacy paradox phenomenon. *Computers and Security, 64*, S. 122–134.

Koo, W., Cho, E. & Kim, Y.-K. (2014). Actual and ideal self-congruity affecting consumers' emotional and behavioral responses toward an online store. *Computers in Human Behavior, 36,* S. 147–153.

Kosinski, M., Stillwell, D. & Graepel, T. (2013). Private traits and attributes are predictable from digital records of human behavior. *Proceedings of the National Academy of Sciences of the United States of America,* S. 5802–5805.

Kosinski, M., Bachrach, Y., Kohli, P., Stillwell, D., & Graepel, T. (2014). Manifestations of user personality in website choice and behaviour on online social networks. *Machine Learning, 95(3),* S. 357–380.

Kosinski, M., Matz, S. C., Gosling, S. D., Popov, V., & Stillwell, D. (2015). Facebook as a research tool for the social sciences. Opportunities, challenges, ethical considerations, and practical guidelines. *American Psychologist, 70(6),* S. 543–556.

Kramer, R. (2017). *Vergleichende Werbung für die Positionierung neuer Marken. Untersuchung der Werbewirkung mittels Strukturgleichungsanalyse*. Wiesbaden: Springer Gabler.

Kroeber-Riel, W., Weinberg, P. & Gröppel-Klein, A. (2011). *Konsumentenverhalten*. München: Verlag Franz Vahlen (9. Auflage).

Kubbe, I. (2016). *Experimente in der Politikwissenschaft. Eine methodische Einführung*. Wiesbaden: Springer.

Kwon, K., & Kim, C. (2012). How to design personalization in a context of customer retention: Who personalizes what and to what extent? *Electronic Commerce Research and Applications, 11(2)*, S. 101–116.

Lambrecht, S. (2018). E-Food ist auch Mobile Commerce. Zugriff am 10.05.2019 unter: https://etailment.de/news/stories/Lebensmittelhandel-E-Food-hat-die-Branche-geweckt-21383#.

Lang, F. R. (2005). *Erfassung des kognitiven Leistungspotenzials und der „Big Five" mit Computer-Assisted-Personal-Interviewing (CAPI). Zur Reliabilität und Validität zweier ultrakurzer Tests und des BFI-S*. DIW Research Notes 9.

Lang, D. (2008). *Soziale Kompetenz und Persönlichkeit. Zusammenhänge zwischen sozialer Kompetenz und der Big Five der Persönlichkeit bei jungen Erwachsenen*. Dissertation, Universität Koblenz-Landau.

Lang, F. R., & Lüdtke, O. (2005). Der Big Five-Ansatz der Persönlichkeitsforschung. Instrumente und Vorgehen. In: Schumann, S. (Hrsg.). *Persönlichkeit. Eine vergessene Größe der empirischen Sozialforschung*. Wiesbaden: VS Verlag, S. 29–39.

Lang, F. R., Lüdtke, O. & Asendorpf, J. B. (2001). Testgüte und psychometrische Äquivalenz der deutschen Version des Big Five Inventory (BFI) bei jungen, mittelalten und alten Erwachsenen. *Diagnostica, 47*, S. 111–121.

Lang, F. R., John, D., Lüdtke, O., Schupp, J. & Wagner, G. G. (2011). Short assessment of the Big Five. Robust across survey methods except telephone interviewing. *Behavior Research Methods, 43(2)*, S. 548–567.

Lapiere, R. T. (1934). Attitudes vs. actions. *Social Forces, 13(2)*, S. 230–237.

Larsen, R. J., & Ketelaar, T. (1991). Personality and susceptibility to positive and negative emotional states. *Journal of Personality and Social Psychology, 61(1)*, S. 132–140.

Lastovicka, J. & Gardner, D. (1979). Components of involvement. In: Maloney, J. & Silverman, B. (Hrsg.). *Attitude research plays for high stakes*. Chicago: American Marketing Association, S. 53–73.

Laurent, G., & Kapferer, J. (1985). Measuring consumer involvement profiles. *Journal of Marketing Research, 22(1)*, S. 41–53.

Leadbeater, C. (2005). The Shape of Things to Come. Personalised learning through collaboration. Zugriff am 12.05.2019 unter: https://charlesleadbeater.net/wp-content/uploads/ 2005/01/The-shape-of-things-to-come.pdf.

Lee, G., & Lee, W. J. (2009). Psychological reactance to online recommendation services. *Information and Management, 46(8)*, S. 448–452.

Lee, K. M. & Nass, C. (2003). Designing Social Presence of Social Actors in Human Computer Interaction. *Proceedings of the SIGCHI Conference on Human Factors in Computing Systems*, S. 289–296.

Lee, J., & Rha, J. (2016). Personalization-privacy paradox and consumer conflict with the use of location-based mobile commerce. *Computers in Human Behavior, 63,* S. 453–462.

Lee, G., Lee, J. & Sanford, C. (2010). The roles of self-concept clarity and psychological reactance in compliance with product and service recommendations. *Computers in Human Behavior, 26(6),* S. 1481–1487.

Lee, K.-W., Tsai, M.-T. & Lanting, M.C. (2011). From marketplace to marketspace: Investigating the consumer switch to online banking. *Electronic Commerce Research and Applications, 10(1),* S. 115–125.

Lenk, P. J., DeSarbo, W. S., Green P. E. & Young, M. R. (1996). Hierarchical Bayes conjoint analysis. Recovery of partworth heterogeneity from reduced experimental designs. *Marketing Science, 15(2),* S. 173–191.

Leung, R., Rong, J., Gang, L. & Law, R. (2013). Personality differences and hotel web design study using targeted positive and negative association rule mining. *Journal of Hospitality Marketing & Management, 22(7),* S. 701–727.

Levy, S. J. (1959). Symbols for sale. *Harvard Business Review, 37,* S. 117–124.

Li, C. (2016). When does web-based personalization really work? The distinction between actual personalization and perceived personalization. *Computers in Human Behavior, 54,* S. 25–33.

Li, C. & Liu, J. (2017). A name alone is not enough. A reexamination of web-based personalization effect. *Computers in Human Behavior, 72,* S. 132–139.

Li, L., Zheng, L., Yang, F. & Li, T. (2014). Modeling and broadening temporal user interest in personalized news recommendation. *Expert Systems with Applications, 41(7),* S. 3168–3177.

Li, C., Liu, J. & Hong, C. (2019). The effect of preference stability and extremity on personalized advertising. *Journalism & Mass Communication Quarterly 2019, 96(2),* S. 406–427.

Liang, T., Lai, H. & Ku, Y. I. (2006). Personalized content recommendation and user satisfaction: Theoretical synthesis and empirical findings. *Journal of Management Information Systems, 23(3),* S. 45–70.

Liberatore, A. & Tscheulin, D. K. (2011). Persönlichkeitsübereinstimmungen zwischen Marke und Konsument. Stand der empirischen Selbstkongruenzforschung und verbleibende Investigationsdirektiven. *Zeitschrift für Betriebswirtschaft, 81,* S. 587–618.

LinkedIn (2016). How to finally connect with passive candidates. Employer Brand Marketing Series. Zugriff am 24.05.2019 unter: https://www.linkedin.com/pulse/how-finally-connect-passive-candidates-employer-brand-joel-ballezza.

Loevenich, P. (2002). *Substitutionskonkurrenz durch E-Commerce. Messung–Determinanten–Auswirkungen.* Wiesbaden: Deutsche Universitäts-Verlag.

Lohmöller, J. B. (1989). *Latent variable path modeling with partial least squares.* Heidelberg: Physica.

Lorr, M. (1986). *Interpersonal Style Inventory Manual.* Los Angeles: Western Psychological Services.

Losch, N. & Schulz, S. (2010). Akzeptanz und Reaktanz von mobilen Diensten. Eine empirische Studie am Beispiel von Deutschland und den USA. *Marketing ZFP–Journal of Research and Management, 32(4),* S. 235–258.

Lucas, R. E., Diener, E., Grob, A., Suh, E. M. & Shao, L. (2000). Cross-cultural evidence for the fundamental features of extraversion. *Journal of Personality and Social Psychology, 79(3),* S. 452–468.

Luce, R.D. & Tukey, J. W. (1964). Simultaneous conjoint measurement. A new type of fundamental measurement. *Journal of Mathematical Psychology, 1,* S. 1–17.

MacCallum, R. C. & Austin, J. T. (2000). Applications of structural equation modeling in psychological research. *Annual Review of Psychology, 51,* S. 201–226.

MacKenzie, S. B. & Lutz, R. J. (1989). An empirical examination of the structural antecedents of attitude toward the ad in an advertising pretesting context. *Journal of Marketing, 53(2),* S. 48–65.

Mairesse, F. & Walker, M. A. (2010). Towards personality-based user adaptation. Psychologically informed stylistic language generation. *User Modeling and User-Adapted Interaction, 20(3),* S. 227–278.

Mairesse, F., Walker, M. A., Mehl, M. R. & Moore, R. K. (2007). Using linguistic cues for the automatic recognition of personality in conversation and text. *Journal of Artificial Intelligence Research, 30,* S. 457–500.

Malhotra, N. K. (1988). Self concept and product choice. An integrated perspective. *Journal of Economic Psychology, 9(1),* S. 1–28.

Malhotra, N. K., Kim, S. S. & Agarwal, J. (2004). Internet users' information privacy concerns (IUIPC). The construct, the scale, and a causal model. *Information Systems Research, 15(4),* S. 336–355.

Mann, A. (2004). *Dialogmarketing. Konzeption und empirische Befunde.* Wiesbaden: Deutscher Universitäts-Verlag.

Marbach, J., Lages, C. R. & Nunan, D. (2016). Who are you and what do you value? Investigating the role of personality traits and customer-perceived value in online customer engagement. *Journal of Marketing Management, 32(5–6),* S. 502–525.

Markey, P. M. & Markey, C. N. (2007). Romantic ideals, romantic obtainment, and relationship experiences. The complementarity of interpersonal traits among romantic partners. *Journal of Social and Personal Relationships, 24(4),* S. 517–533.

Markus, H. & Wurf, E. (1987). The dynamic self-concept. A social psychological perspective. *Annual Review of Psychology, 38,* S. 299–337.

Marsh, H. W., Hau, K.-T., Balla , J. R. & Grayson, D. (1998). Is more ever too much? The number of indicators per factor in confirmatory factor analysis. *Multivariate Behavioral Research, 33(2),* S. 181–220.

Matthes, I. (2009.) *Soziales Engagement von Unternehmen. Wirkungsprozesse, Erfolgsdeterminanten und Konsequenzen für den Markenwer*t. Wiesbaden: Gabler.

Matthews, G., & Gilliland, K. (1999). The personality theories of H. J. Eysenck and J. A. Gray. A comparative review. *Personality and Individual Differences, 26(4),* S. 583–626.

Matz, S. C. & Netzer, O. (2017). Using big data as a window into consumers' psychology. *Current Opinion in Behavioral Sciences, 18,* S. 7–12.

Matz, S., Chan, Y.W.F. & Kosinski, M. (2016). Models of Personality. In: Tkalčič, M., De Carolis, B., de Gemmis, M., Odić, A. & Košir, A. (Hrsg.). *Emotions and personality in personalized services. Human-computer interaction series.* Basel: Springer International Publishing, S. 35–54.

Matz, S.C., Kosinski, M., Nave, G. & Stillwell, D. J. (2017). Psychological targeting as an effective approach to digital mass persuasion. *PNAS, 114(48),* S. 12714–12719.

Matzler, K. (1997). *Kundenzufriedenheit und Involvement.* Wiesbaden: Deutscher Universitäts-Verlag.

Mayerl, J. (2009). *Kognitive Grundlagen sozialen Verhaltens. Framing, Einstellungen und Rationalität.* Wiesbaden: VS Verlag.

McAdams, D. P. (1992). The five-factor model in personality. A critical appraisal. *Journal of Personality, 60(2),* S. 329–361.

McCrae, R. R. & Costa, P. T. (1983). Joint factors in self-reports and ratings. Neuroticism, extraversion and openness to experience. *Personality and Individual Differences, 4(3),* S. 245–255.

McCrae, R. R. & Costa, P. T. (1987). Validation of the five-factor model of personality across instruments and observers. *Journal of Personality and Social Psychology, 52(1),* S. 81–90.

McCrae, R. R. & Costa, P. T. (1996). Toward a new generation of personality theories: theoretical contexts for the Five-Factor Model. In: Wiggins, J. S. (Hrsg.). *The five-factor model of personality. Theoretical perspectives.* New York: Guilford Press, S. 51–87.

McCrae, R. R. & Costa, P. T. (2004). A contemplated revision of the NEO Five-Factor Inventory. *Personality and Individual Differences, 36(3),* S. 587–596.

McCrae, R. R., & Costa, P. T., Jr. (2008). The five-factor theory of personality. In: John, O. P., Robins, R. W. & Pervin, L. A. (Hrsg.). *Handbook of personality. Theory and research.* New York: Guilford Press, S. 159–181.

McCrae, R. R. & Sutin, A. R. (2009). Openness to experience. In: Leary, M. R. & Hoyle, R. H. (Hrsg.). *Handbook of individual differences in social behavior.* New York: Guilford, S. 257–273.

McLean, K. G., Hanson, D. J., Jervis, S. M. & Drake, M. A. (2017). Consumer perception of retail pork bacon attributes using adaptive choice-based conjoint analysis and maximum differential scaling. *Journal of Food Science, 82(11),* S. 2659–2668.

Meffert, H., Burmann, C. & Kirchgeorg, M. (2015). *Marketing. Grundlagen marktorientierter Unternehmensführung. Konzepte – Instrumente – Praxisbeispiele.* Wiesbaden: Springer (12. Auflage).

Mehl, M.R., Gosling, S.D. & Pennebaker, J.W. (2006). Personality in its natural habitat. Manifestations and implicit folk theories of personality in daily life. *Journal of Personality and Social Psychology, 90(5),* S. 862–877.

Melles, T. (2001). *Framing-Effekte in der Conjoint-Analyse. Ein Beispiel für Probleme der Merkmalsdefinition.* Aachen: Shaker Verlag.

Miller, N. & Dollard, J. (1941). *Social learning and imitation.* New Haven: Yale University Press.

Miller, C. H., Lane, L. T., Deatrick, L. M, Young, A. M. & Potts, K. A. (2007). Psychological reactance and promotional health messages. The effects of controlling language, lexical concreteness, and the restoration of freedom. *Human Communication Research, 33(2),* S. 219–240.

Miron, A. M. & Brehm, J. W. (2006). Reactance theory. 40 years later. *Zeitschrift für Sozialpsychologie, 37(1),* S. 9–18.

Mitchell, A. A. (1979). Involvement. A potentially important mediator of consumer behavior. *Advances in Consumer Research, 6,* S. 191–196.

Mittal, B. & Lassar, W. M. (1996). The role of personalization in service encounters. *Journal of Retailing, 72(1),* S. 95–109.

Mittal, B. & Lee, M.-S. (1989). A causal model of consumer involvement. *Journal of Economic Psychology, 10(3),* S. 363–389.

Möhring, W. & Schlütz, D. (2010). *Die Befragung in der Medien- und Kommunikationswissenschaft. Eine praxisorientierte Einführung*. Wiesbaden: VS Verlag (2. Auflage).

Mønsted, B., Mollgaard, A. & Mathiesen, J. (2018). Phone-based metric as a predictor for basic personality traits. *Journal of Research in Personality, 74,* S. 16–22.

Montjoye, Y.A., Quoidbach, J., Robic, F. & Pentland, A.S. (2013). Predicting personality using novel mobile phone-based metrics. In: Greenberg, A.M., Kennedy, W.G. & Bos, N.D. (Hrsg.). *Social computing, behavioral-cultural modeling and prediction.* Berlin: Springer-Verlag, S. 48–55.

Montoya, R. M. & Horton, R. S. (2012). A meta-analytic investigation of the processes underlying the similarity-attraction effect. *Journal of Social and Personal Relationships, 30(1),* S. 64–94.

Montoya, R. M., Horton, R. S. & Kirchner, J. (2008). Is actual similarity necessary for attraction? A meta-analysis of actual and perceived similarity. *Journal of Social and Personal Relationships, 25(6),* S. 889–922.

Moon, Y. (2002). Personalization and personality. Some effects of customizing message style based on consumer personality. *Journal of Consumer Psychology, 12(4),* S. 313–326.

Moore, W. L. (2004). A cross-validity comparison of rating-based and choice-based conjoint analysis models. *International Journal of Research in Marketing, 21(3),* S. 299–312.

Moutafi J., Furnham A. & Crump J. (2006). What facets of openness and conscientiousness predict fluid intelligence score? *Learning and Individual Differences, 16(1),* S. 31–42.

Muhle, F. (2018). Stochastically Modelling the User. Systemtheoretische Überlegungen zur Personalisierung der Werbekommunikation durch Algorithmen. In: Mämecke, T., Passoth, J.-H. & Wehner, J. (Hrsg.). *Bedeutende Daten. Modelle, Verfahren und Praxis der Vermessung und Verdatung im Netz.* Wiesbaden: Springer Fachmedien, S. 143–170.

Mummendey, H. D. (1987). *Die Fragebogen-Methode. Grundlagen und Anwendung in Persönlichkeits-, Einstellungs- und Selbstkonzeptforschung*. Göttingen: Hogrefe.

Mummendey, H. D. (2006). *Psychologie des 'Selbst'. Theorien, Methoden und Ergebnisse der Selbstkonzeptforschung*. Göttingen: Hogrefe.

Myszkowski, N. Storme, M. & Tavani, J.-L. (2019). Are reflective models appropriate for very short scales? Proofs of concept of formative models using the Ten-Item Personality Inventory. *Journal of Personality, 87(2)*, S. 363–372.

Nass, C. & Lee, K. (2001). Does computer-synthesized speech manifest personality? Experimental tests of recognition, similarity-attraction, and consistency-attraction. *Journal of Experimental Psychology, 7(3),* S. 171–181.

Nass, C., Moon, Y., Fogg, B. J., Reeves, B. & Dryer, D. C. (1995). Can computer personalities be human personalities? *International Journal of Human Computer Studies, 43(2),* S. 223–239.

Neibecker, B. & Kohler, T. (2009). Produktdesign auf Basis von Conjointdaten. In: Baier, D. & Brusch, M. (Hrsg.). *Conjointanalyse. Methoden–Anwendungen–Praxisbeispiele.* Berlin, Heidelberg: Springer, S. 215–232.

Nettle, D. (2006). The evolution of personality variation in humans and other animals. *American Psychologist, 61(6),* S. 622–631.

Neyer, F. J. & Asendorpf, J. B. (2018). *Psychologie der Persönlichkeit.* Wiesbaden: Springer (6. Auflage).

Nielsen (2016). Grillen ist das neue Kochen. Zugriff am 24.05.2018 unter: https://www.nielsen.com/de/de/insights/news/2016/grill-studie.html.

Norman, W T. (1967). *2800 personality trait descriptors. Normative operating characteristics for a university population.* Ann Arbor: Department of Psychology, University of Michigan.

Oberlander, J. & Gill, A.J. (2004). Individual differences and implicit language: personality, parts of speech and pervasiveness. *Proceedings of the 26th annual conference of the cognitive science society*, S. 1035–1040.

Oberlander, J. & Gill, A. J. (2006). Language with character. A stratified corpus comparison of individual differences in e-mail communication. *Discourse Processes, 42(3),* S. 239–270.

Oltman, A. E., Lopetcharat, K., Bastian, E. & Drake, M.A. (2014). Identifying key attributes for protein beverages. *Journal of Food Science, 80(6),* S. 1383–1390.

Orji, R., Nacke, L. E. & Di Marco, C. (2017). Towards personality-driven persuasive health games and gamified systems. *Proceedings of the 2017 CHI Conference on Human Factors in Computing Systems,* S. 1015–1027.

Orme, B. K. (2010). *Getting started with conjoint analysis. Strategies for product design and pricing research.* Madison: Research Publishers LLC (2. Auflage).

Orme, B. K. (2013). Which conjoint method should I use? Sawtooth Software Research Paper Series. Zugriff am 06.06.2017 unter: https://www.sawtoothsoftware.com/support/technical-papers/general-conjoint-analysis/168-support/technical-papers/general-conjoint-analysis/1077-which-conjoint-method-should-i-use-2013.

Orme, B. (2014). Including holdout choice tasks in conjoint studies. Sawtooth Software Research Paper Series. Zugriff am 06.06.2017 unter: https://www.sawtoothsoftware.com/ download/techpap/inclhold.pdf.

Orme, B. & Chrzan, K. (2017). Becoming an expert in conjoint analysis. Choice modeling for pros. Chapter 12. Zugriff am 18.08.2019 unter: https://www.sawtoothsoftware.com/169-support/technical-papers/cbc-related-papers/2033-statistical-testing.

Orme, B. & Howell, J. (2009). Application of covariates within Sawtooth Software's CBC/HB program. Theory and practical example. Sawtooth Software Research Paper Series. Zugriff am 30.06.2017 unter: https://www.sawtoothsoftware.com/download/techpap/HBCovariates.pdf.

Orme, B. K. & Johnson, R. M. (2008). Testing adaptive CBC. Shorter questionnaires and BYO vs. "Most likelies" (2008). Sawtooth Software Research Paper Series. Zugriff am 06.06.2017 unter: https://www.sawtoothsoftware.com/support/technical-papers/adaptive-cbc-papers/testing-adaptive-cbc-shorter-questionnaires-and-byo-vs-most-likelies-2008.

Orme, B.K., Alpert, M.I. & Christensen, E. (1997). Assessing the validity of conjoint analysis – continued. Sawtooth Software Research Paper Series. Zugriff am 06.06.2017 unter: https://www.sawtoothsoftware.com/download/techpap/assess2.pdf.

Ortigosa, A., Carro, R. M. & Quiroga, J. I. (2014). Predicting user personality by mining social interactions in Facebook. *Journal of Computer and System Sciences, 80(1),* S. 57–71.

Ostendorf, F. (1990). *Sprache und Persönlichkeitsstruktur. Zur Validität des Fünf-Faktoren-Modells der Persönlichkeit*. Regensburg: Roderer.

Ostendorf, F. & Angleitner, A. (2004). *NEO-Persönlichkeitsinventar (revidierte Form, NEO-PI-R) nach Costa und McCrae*. Göttingen: Hogrefe.

Oyibo, K., Orji, R. & Vassileva, J. (2017). Investigation of the influence of personality traits on Cialdini's persuasive strategies. *Proceedings of the Personalization in Persuasive Technology Workshop, Persuasive Technology 2017*, S. 8–20.

Ozer, D. J. & Benet-Martínez, V. (2006). Personality and the prediction of consequential outcomes. *Annual Review of Psychology, 57*, S.401–21.

Pappas, I. O., Pateli, A.G., Iannakos, M. N. & Chrissikopoulos, V. (2014). Moderating effects of online shopping experience on customer satisfaction and repurchase intentions. *International Journal of Retail & Distribution Management, 42(3)*, S. 187–204.

Parasuraman, A., Zeithaml, V. & Berry, L (1985). A conceptual model of service quality and its implications for future research. *Journal of Marketing, 49(4)*, S. 41–50.

Park, G., Schwartz, H.A., Eichstaedt, J. C., Kern, M. L., Kosinski, M., Stillwell, D. J, Ungar, L.H. & Seligman, M. E. P. (2015). Automatic personality assessment through social media language. *Journal of Personality and Social Psychology, 108(6)*, S. 934–952.

Pavlou, P.A. & Fygenson, M. (2006). Understanding and predicting electronic commerce adoption. An extension of the theory of planned behavior. *MIS Quarterly, 30(1)*, S. 115–143.

Pazda, A.D. & Thorstenson, C. A. (2018). Extraversion predicts a preference for high-chroma colors. *Personality and Individual Differences, 127*, S. 133–138.

Pelz, J. R. (2012). *Aussagefähigkeit und Aussagewilligkeit von Probanden bei der Conjoint-Analyse*. Wiesbaden: Gabler.

Penke, L., Denissen, J. J. A. & Miller, G. (2008). Die Evolutionsgenetik der Persönlichkeit. In: Neyer, F. J. & Spinath, F. M. (Hrsg.). *Anlage und Umwelt*. Stuttgart: Lucius & Lucius, S. 27–60.

Pennebaker, L. W. & King, L. A. (1999). Linguistic styles. Language use as an individual difference. *Journal of Personality and Social Psychology, 77(6)*, S. 1296–1312.

Petty, R. E. & Wegener, D. T. (1998). Matching versus mismatching attitude functions. Implications for scrutiny of persuasive messages. *Personality and Social Psychology Bulletin, 24(3)*, S. 227–240.

Piller, T. F. (2006). *Mass Customization. Bin wettbewerbsstrategisches Konzept im Informationszeitalter*. Wiesbaden: Deutscher Universitätsverlag (4. Auflage).

Platt, R. (2017). *Selbstkongruenz im Multichannel-Retailing. Determinanten und Auswirkungen der absatzkanalspezifischen Selbstähnlichkeit*. Wiesbaden: Springer Gabler.

PwC (2018). Onlinelebensmittelhandel vor dem Durchbruch in Deutschland. Zugriff am 05.10.2018 unter: https://www.pwc.de/de/handel-und-konsumguter/pwc-studie-online-lebensmittelhandel-2018.pdf.

PwC (2019). Bevölkerungsbefragung zu personalisierter Werbung. Zugriff am 14.08.2019 unter: https://www.pwc.de/de/technologie-medien-und-telekommunikation/ bevoelkerungsbefragung-personalisierte-werbung.pdf.

Qiu, L., Lin, H., Ramsay, J., & Yang, F. (2012). You are what you tweet. Personality expression and perception on twitter. *Journal of Research in Personality, 46(6),* S. 710–718.

Quevedo-Silva, F., Freire, O., de Oliveira Lima-Filho, D., Brandão, M. M., Isabella, G. & Moreira, L. B. (2015). Intentions to purchase food through the internet: developing and testing a model. *British Food Journal, 118(3),* S. 572–587.

Raab, G., Unger, A. & Unger, F. (2010). *Marktpsychologie. Grundlagen und Anwendung.* Wiesbaden: Gabler Verlage (3. Auflage).

Radder, L. & Huang, W. (2008). High-involvement and low-involvement products. A comparison of brand awareness among students at a South African university. *Journal of Fashion Marketing and Management, 12(2),* S. 232–243.

Raithel, J. (2008). *Quantitative Forschung. Ein Praxiskurs.* Wiesbaden: VS Verlag (2. Auflage).

Rammstedt, B. & Danner, D. (2016). Die Facettenstruktur des Big Five Inventory (BFI). Validierung für die deutsche Adaptation des BFI. *Diagnostica, 63(1),* S. 70–84.

Rammstedt, B. & John, O. P. (2007). Measuring personality in one minute or less. A 10-item short version of the Big Five Inventory in English and German. *Journal of Research in Personality, 41(1),* S. 203–212.

Rammstedt, B., Koch, K., Borg, I. & Reitz, T. (2004). Entwicklung und Validierung einer Kurzskala für die Messung der Big-Five-Persönlichkeitsdimensionen in Umfragen. *ZUMA Nachrichten, 28(55),* S. 5–28.

Rauthmann, J. F. (2017). *Persönlichkeitspsychologie. Paradigmen, Strömungen, Theorien.* Wiesbaden: Springer.

Rawlings, D., Twomey, F., Burns, E. & Morris, S. (1998). Personality, creativity and aesthetic preference. Comparing psychoticism, sensation seeking, schizotypy and openness to experience. *Empirical Studies of the Arts, 16(2),* S. 153–178.

Reiners, W. (1996). *Multiattributive Präferenzstrukturmodellierung durch die Conjoint-Analyse. Diskussion der Verfahrensmöglichkeiten und Optimierung von Paarvergleichsaufgaben bei der adaptiven Conjoint Analyse.* Münster: Lit Verlag.

Rentfrow, P. & Gosling, S. (2003). The do re mi's of everyday life: The structure and personality correlates of music preferences. *Journal of Personality and Social Psychology, 84(6),* S.1236–1256.

Rentfrow P.J., Goldberg L.R. & Zilca R. (2011). Listening, watching, and reading. The structure and correlates of entertainment preferences. *Journal of Personality, 79(2),* S. 223–58.

REWE Markt GmbH (2018). REWE (Version 3.0.1-27). Zugriff am 20.05.2018 unter: https://play.google.com/store/apps/details?id=com.rewedigital.shop.

Richard, L. S., Wakefield, J. A. & Lewark, R. (1990). Similarity of personality variables as predictors of marital satisfaction. A Minnesota Multiphasic Personality Inventory (MMPI) item analysis. *Personality and Individual Differences, 11,* S. 39–43.

Roberts, B. W., Chernyshenko, O. S., Stark, S. & Goldberg, L. R. (2005). The structure of conscientiousness. An empirical investigation based on seven major personality questionnaires. *Personnel Psychology, 58(1),* S. 103–139.

Roberts, B. W., Kuncel, N. R., Shiner, R., Caspi, A. & Goldberg, L. R. (2007). The power of personality. The comparative validity of personality traits, socioeconomic status, and cognitive ability for predicting important life outcomes. *Perspectives on Psychological Science, 2(4),* S. 313–345.

Robertson, T. S. & Rossiter, J. R. (1974). Children and commercial persuasion. An attribution theory analysis. *Journal of Consumer Research, 1(1),* S. 13–20.

Rosenberg, M.J. & Hovland, C.I. (1960). Cognitive, affective and behavioral components of attitudes. In: Rosenberg, M.J. & Hovland, C.I. (Hrsg.). *Attitude organization and change. An analysis of consistency among attitude components.* New Haven: Yale University Press, S. 1–14.

Rosenberg, M. (1979). *Conceiving the self.* New York: Basic Books.

Ross, C., Orr, E. S., Sisic, M., Arseneault, J. M., Simmering, M. G. & Orr, R. R. (2009). Personality and motivations associated with Facebook use. *Computers in Human Behavior, 25(2),* S. 578–586.

Russell, D. W. (2002). In Search of underlying dimensions. The use (and abuse) of factor analysis. *Personality and Social Psychological Bulletin, 28(12),* S. 1629–1646.

Russell, D. W., Kahn, J. H., Spoth, R. & Altmaier, E. M. (1998). Analyzing data from experimental studies. A latent variable structural equation modeling approach. *Journal of Counseling Psychology, 45(1),* S. 18–29.

Saati, B., Salem, M. & Brinkman, W.-P. (2005). Towards customized user interface skins. Investigating user personality and skin colour. *Proceedings of HCI 2005,* S. 89–93.

Sahni, N. S., Wheeler, S. C., & Chintagunta, P. (2018). Personalization in email marketing. The role of non-informative advertising content. *Marketing Science, 37(2),* S. 236–258.

Salm, S., Hille, S. L. & Wüstenhagen, R. (2016). What are retail investors' risk-return preferences towards renewable energy projects? A choice experiment in Germany. *Energy Policy, 97,* S. 310–320.

Salonen, V. & Karjaluoto, H. (2016). Web personalization. The state of the art and future avenues for research and practice. *Telematics and Informatics, 33(4),* S. 1088–1104.

Sarsam, A. M. & Al-Samarraie, H. (2018). Towards incorporating personality into the design of an interface. A method for facilitating users' interaction with the display. *User Modeling and User-Adapted Interaction, 28(1),* S. 75–96.

Sattler, H. (2006). Methoden zur Messung von Präferenzen für Innovationen. *Schmalenbachs Zeitschrift für betriebswirtschaftliche Forschung, Sonderheft 54/06,* S. 154–176.

Sawtooth Software (1999). Scaling conjoint part worths. Points vs. zero-centered diffs. Zugriff am 02.10.2018 unter: https://www.sawtoothsoftware.com/about-us/news-and-events/sawtooth-solutions/ss10-cb/1201-scaling-conjoint-part-worths-points-vs-zero-centered-diffs.

Sawtooth Software (2007). ACA technical paper. Sawtooth Software Research Paper Series. Zugriff am 06.06.2017 unter: https://www.sawtoothsoftware.com/support/technical-papers/aca-related-papers/aca-technical-paper-2007.

Sawtooth Software (2009). The CBC/HB system for Hierarchical Bayes estimation version 5.0 Technical paper. Sawtooth Software Research Paper Series. Zugriff am 30.06.2017 unter: https://www.sawtoothsoftware.com/download/techpap/hbtech.pdf.

Sawtooth Software (2014). ACBC technical paper. Sawtooth Software Research Paper Series. Zugriff am 06.06.2017 unter: https://www.sawtoothsoftware.com/support/technical-papers/adaptive-cbc-papers/acbc-technical-paper-2009.

Sawtooth Software (2018a). Lighthouse Studio manual. Skipping sections in ACBC. Zugriff am 05.06.2018 unter: https://www.sawtoothsoftware.com/help/lighthouse-studio/manual/skipping_sections_in_acbc.html.

Sawtooth Software (2018b). Lighthouse Studio manual. Design tab (ACBC). Zugriff am 16.10.2018 unter: https://www.sawtoothsoftware.com/help/lighthouse-studio/manual/hid_web_ designtab.html.

Sawtooth Software (2018c). Lighthouse Studio manual. Design tab, test design (ACBC). Zugriff am 16.10.2018 unter: https://www.sawtoothsoftware.com/help/lighthouse-studio/manual/hid_ web_designtab_2.html.

Sawtooth Software (2018d). Interaction search tool. Zugriff am 16.10.2018 unter: https://www.sawtoothsoftware.com/help/lighthouse-studio/manual/interaction_search_tool.html.

Schendera, C. (2007). *Datenqualität mit SPSS*. München: Oldenbourg.

Schlagentweith, D. (2008). *Der Zusammenhang zwischen Marken- und Konsumentenpersönlichkeit. Kausalanalytische Untersuchung am Beispiel von Jugendlichen*. Wiesbaden: Gabler.

Scholderer, J. & Balderjahn, I. (2006). Was unterscheidet harte und weiche Strukturgleichungsmodelle nun wirklich? Ein Klärungsversuch zur LISREL-PLS-Frage. Marketing ZFP, 28(1), S. 57–70.

Schloderer, M. P., Ringele, C. M. & Sarstedt, M. (2009). Einführung in varianzbasierte Strukturgleichungsmodellierung. Grundlagen, Modellevaluation und Interaktionseffekte am Beispiel von SmartPLS. In: Meyer, A. & Schwaiger, M. (Hrsg.). *Theorien und Methoden der Betriebswirtschaft.* München: Vahlen, S. 564–592.

Schneider, D. (1981). *Geschichte betriebswirtschaftlicher Theorie. Allgemeine Betriebswirtschaftslehre für das Hauptstudium. München:* Oldenbourg.

Schneider, F. (2010). Teaser 2.0 – was die neue Teaser-Generation ausmacht. Zugriff am 24.05.2018 unter: https://www.ecommerce-lounge.de/die-neue-teaser-generation/.

Schreiber, S. & Baier, D. (2015). Integrating science into web design. Consumer-driven web site optimization. *Studies in Classification, Data Analysis, and Knowledge Organization, 48,* S. 465–474.

Schühle, F. (2014). *Die Marktdurchdringung der Elektromobilität in Deutschland. Eine Akzeptanz- und Absatzprognose*. München: Rainer Hampp Verlag.

Schulz, F. & Hamm, U. (1997). Der Beitrag des Involvementkonstrukts zur Erklärung des Konsumentenverhaltens beim Kauf von Rindfleisch. In: Bauer, S., Herrmann, R. & Kuhlman, F. (Hrsg.). *Märkte der Agrar- und Ernährungswirtschaft. Analyse, einzelwirtschaftliche Strategien, staatliche Einflußnahme.* Münster: Landwirtschaftsverlag Münster, S. 313–324.

Schupp, J., & Gerlitz, J.-Y. (2014). Big Five Inventory-SOEP (BFI-S). Zusammenstellung sozialwissenschaftlicher Items und Skalen. Zugriff am 19.06.2018 unter: https://zis.gesis.org/skala/Schupp-Gerlitz-Big-Five-Inventory-SOEP-(BFI-S).

Schwartz, H.A., Eichstaedt, J.C., Kern, M.L., Dziurzynski, L., Ramones, S.M., Agrawal, M., Shah, A., Kosinski, M., Stillwell, D., Seligman, M.E., et al. (2013). Personality, gender, and age in the language of social media: the open-vocabulary approach. *PLoS One, 8(9),* S. 1–16.

Segalin, C., Cheng, D. S. & Cristani, M. (2017a). Social profiling through image understanding: Personality inference using convolutional neural networks. *Computer Vision and Image Understanding, 156,* S. 34–50.

Segalin, C., Celli, F., Polonio, L., Kosinski, M., Stillwell, D., Sebe, N., Cristiani, M. & Lepri, B. (2017b). What your Facebook profile picture reveals about your personality. *Proceedings of the 25th ACM International Conference on Multimedia,* S. 460–468.

Shen, A. & Ball, A. D. (2009). Is personalization of services always a good thing? Exploring the role of technology-mediated personalization (TMP) in service relationships. *Journal of Services Marketing, 23(2),* S. 80–92.

Sheppard, B. H., Hartwick, J. & Warshaw, P. R. (1988). The theory of reasoned action. A meta-analysis of past research with recommendations for modifications and future research. *Journal of Consumer Research, 15(3),* S. 325–343.

Shih, H.-P., Lai, K.-H. & Cheng, T.C.E. (2013). Informational and relational influences on electronic word of mouth. An empirical study of an online consumer discussion forum. *International Journal of Electronic Commerce, 17(4),* S. 137–165.

Siegfried, N., Koch, O. & Benlian, A. (2015). Drivers of app installation likelihood. A conjoint analysis of quality signals in mobile ecosystems. *Proceedings of the International Conference on Information Systems (ICIS 2015),* S. 1–18.

Sirgy, M. J. (1982). Self-concept and consumer behavior. A critical review. *Journal of Consumer Research, 9(3),* S. 287–300.

Sirgy, M. J. (1985). Using self-congruity and ideal congruity to predict purchase motivation. *Journal of Business Research, 13(3),* S. 195–206.

Sirgy, M. J. (1986). *Self-congruity. Toward a theory of personality and cybernetics.* New York: Praeger.

Sittenthaler, S., Steindl, C. & Jonas, E. (2015). Legitimate vs. Illegitimate restrictions. A motivational and physiological approach investigating reactance processes. *Frontiers in Psychology, 6 (Artikel 632),* S. 1–11.

Six, B. & Eckes, T. (1996). Metaanalysen in der Einstellungs-Verhaltens-Forschung. *Zeitschrift für Sozialpsychologie, 27(1),* S. 7–17.

Skinner, B. F. (1971). *Beyond freedom and dignity.* New York: Knopf.

Smith, H. J., Milberg, S. J. & Burke, S. J. (1996). Information privacy. Measuring individuals' concerns about organizational practices. *MIS Quarterly, 20(2),* S. 167–196.

Smith, H., J., Dinev, T. & Xu, H. (2011). Information privacy research. An interdisciplinary review. *MIS Quarterly, 35(4),* S. 989–1015.

Song, J., Kim, H., Kim, S., Lee, S. & Lee, J. (2016). Effects of personalized e-mail messages on privacy risk. Moderating roles of control and intimacy. *Marketing Letters, 27(1),* S. 89–101.

Stahlberg, D. & Frey, D. (1987). Konsistenztheorien. In: Frey, D. & Greif, S. (Hrsg.). *Sozialpsychologie. Ein Handbuch in Schlüsselbegriffen.* München: Psychologie Verlags Union.

Staiano, J., Lepri, B., Aharony, N., Pianesi, F., Sebe, N., & Pentland, A. (2012). Friends don't lie. Inferring personality traits from social network structure. *Proceedings of the 2012 ACM Conference on Ubiquitous Computing,* S. 321–330.

Stark, L. (2018). Algorithmic psychometrics and the scalable subject. *Social Studies of Science, 48(2),* S. 204–231.

Steiner, M. (2007). *Nachfragerorientierte Präferenzmessung. Bestimmung zielgruppenspezifischer Eigenschaftssets auf Basis von Kundenbedürfnissen.* Wiesbaden: Deutscher Universitäts-Verlag.

Stemmler, G., Hagemann, D., Amelang, M. & Bartussek, D. (2011). *Differentielle Psychologie und Persönlichkeitsforschung.* Stuttgart: Kohlhammer (7. Auflage).

Stevens, G., Owens, D., & Schaefer, E. C. (1990). Education and attractiveness in marriage choices. *Social Psychology Quarterly, 53(1),* S. 62–70.

Stocchi, L., Michaelidou, N. & Micevski, M. (2019). Drivers and outcomes of branded mobile app usage intention. *Journal of Product and Brand Management, 28(1),* S. 28–49.

Stone, M. (1974). Cross-validatory choice and assessment of statistical predictions. *Journal of the Royal Statistical Society, 36(2),* S. 111–147.

Stone, J. & Cooper, J. (2001). A self-standards model of cognitive dissonance. *Journal of Experimental Social Psychology, 37(3),* S. 228–243.

Street, D.J., Burgess, L. & Louviere, J. J. (2005). Quick and easy choice sets. Constructing optimal and nearly optimal stated choice experiments. *International Journal of Research in Marketing, 22(4),* S. 459–470.

Streukens, S., Wetzels, M., Daryanto, A. & Ruyter, K. (2010). Analyzing factorial data using PLS. Application in an online complaining context. In: Esposito Vinzi, V., Chin, W. W., Henseler, J. & Wang, H. (Hrsg.). *Handbook of Partial Least Squares.* Berlin: Springer, S. 567–587.

Stüber, E. (2013). *Personalisierung im Internethandel. Die Akzeptanz von Kaufempfehlungen in der Bekleidungsbranche.* Wiesbaden: Gabler Verlag (2. Auflage).

Suls, J., Martin, R. & David, J. P. (1998). Person-environment fit and its limits. Agreeableness, neuroticism, and emotional reactivity to interpersonal conflicts. *Personality and Social Psychology Bulletin, 24(1),* S. 88–98.

Sumner, C., Byers, A., Boochever, R. & Park, G. (2012). Predicting dark triad personality traits from Twitter and a linguistic analysis of tweets. *Proceedings of the 11th International Conference on Machine Learning and Applications,* S. 386–393.

Surprenant, C. F. & Solomon, M. R. (1987). Predictability and personalization in the service encounter. *Journal of Marketing, 51(2),* S. 86–96.

Sutanto, J., Palme, E., Tan, C.-H. & Phang, C. P. (2013). Addressing the personalization-privacy paradox. An empirical assessment from a field experiment on smartphone users. *MIS Quarterly, 37(4),* S. 1141–1164.

Swilley, E. & Goldsmith, R. E. (2007). The role of involvement and experience with electronic commerce in shaping attitudes and intentions toward mobile commerce. *International Journal of Electronic Marketing and Retailing, 1(4),* S. 370–384.

Szuppa, S. (2009). Marktforschung für das „Intelligente Haus". In: Baier, D. & Brusch, M. (Hrsg.). *Conjointanalyse. Methoden - Anwendungen - Praxisbeispiele.* Berlin, Heidelberg: Springer, S. 265–284.

Tam, K. Y. & Ho, S. Y. (2006). Understanding the impact of web personalization on user information processing and decision outcomes. *MIS Quarterly, 30(4),* S. 865–890.

Tan, W.-K. & Yang, C.-Y. (2014). Internet applications use and personality. *Telematics and Informatics, 31(1),* S. 27–38.

Tausczik, Y. & Pennebaker, J. W. (2010). The psychological meaning of words. LIWC and computerized text analysis methods. *Journal of Language and Social Psychology, 29(1)*, S. 24–54.

Thibodeau, R. & Aronson, E. (1992). Taking a closer look. Reasserting the role of the self-concept in dissonance theory. *Personality and Social Psychology Bulletin, 18(5)*, S. 591–602.

Thielmann, I. & Hilbig, B. E. (2018). Nomological consistency. A comprehensive test of the equivalence of different trait indicators for the same constructs. *Journal of Personality, 87*, S. 1–16.

Tkalčič, M. & Chen, L. (2015). Personality and recommender systems. In: Ricco, F., Rokach, L. & Shapira, B. (Hrsg.). *Recommender systems handbook*. New York: Springer US, S. 715–739.

Tkalčič, M., Kunaver, M., Kosir, A. & Tasic, J. F. (2011). Addressing the new user problem with a personality based user similarity measure. *Proceedings of the 1st International Workshop on Decision Making and Recommendation Acceptance Issues in Recommender Systems*, S. 106–112.

Tooby, J. & Cosmides, L. (1990). On the universality of human nature and the uniqueness of the individual. The role of genetics and adaptation. *Journal of Personality, 58(1)*, S. 17–67.

Trommsdorff, V. (2009). *Konsumentenverhalten*. Stuttgart: Kohlhammer.

Tucker, C. E. (2014). Social networks, personalized advertising, and privacy controls. *Journal of Marketing Research, 51(5)*, S. 546–562.

Tupes, E. C, & Christal, R. E. (1961). *Recurrent personality factors based on trait ratings* (Technical Report No. ASD-TR-61-97). Lackland Air Force Base: US Air Force.

Ullrich, S. (2012). *Markenbindung durch personalisierte Internetauftritte*. Wiesbaden: Springer-Verlag.

Urban, G., Liberali, G., MacDonald, E., Bordley, R., & Hauser, J. (2014). Morphing banner advertising. *Marketing Science, 33(1)*, S. 27–46.

Verbeke, W. & Vackier, I. (2003). Profile and effects of consumer involvement in fresh meat. *Meat Science, 67(1)*, S. 159–168.

Vinciarelli, A. & Mohammadi, G. (2014). A survey of personality computing. *IEEE Transactions on Affective Computing, 5(3)*, S. 273–291.

Wagner, T., Hennig-Thurau, T. & Rudolph, T. (2009). Does customer demotion jeopardize loyalty? *Journal of Marketing, 73(3)*, S. 69–85.

Walorska, A. (2014). Hamburger-Menü – Ja oder Nein? Zugriff am 24.05.2018 unter: https://www.creativeconstruction.de/blog/hamburger-menue-ja-oder-nein/.

Wang, E. S.-T. & Lin, R.-L. (2017) Perceived quality factors of location-based apps on trust, perceived privacy risk, and continuous usage intention. *Behaviour & Information Technology, 36(1)*, S. 2–10.

Warwitz, C. (2016). *Location-based Advertising im Kontext von Big Data. Determinanten der Konsumentenakzeptanz*. Wiesbaden: Springer.

Waßmann, J. (2013). *Corporate Social Responsibility und Konsumentenverhalten. Theoretische Ansätze und empirische Befunde*. Wiesbaden: Springer Gabler.

Watson, D. & Clark, L. A (1992). On traits and temperament. General and specific factors of emotional experience and their relation to the five-factor model. *Journal of Personality, 60(2)*, S. 441–476.

Wedekind, C., Seebeck, T., Bettens, F. & Paepke, A. J. (1995). MHC-dependent mate preferences in humans. *Proceedings: Biological Sciences, 260(1359),* S. 245–249.

Weiber, R. & Mühlhaus, D. (2009). Auswahl von Eigenschaften und Ausprägungen bei der Conjointanalyse. In: Baier, D. & Brusch, M. (Hrsg.). *Conjointanalyse. Methoden–Anwendungen–Praxisbeispiele.* Berlin, Heidelberg: Springer, S. 43–58.

Weiber, R. & Mühlhaus, D. (2014). *Strukturgleichungsmodellierung. Eine anwendungsorientierte Einführung in die Kausalananlyse mit Hilfe von AMOS, SmartPLS und SPSS.* Berlin, Heidelberg: Springer (2. Auflage).

Weigel, F. K. & Hazen, B. T., Cegielski, C. G. & Hall, D. J. (2014). Diffusion of innovations and the theory of planned behavior in information systems research. A metaanalysis. *Communications of the Association for Information Systems, 34(1),* S. 619–636.

Weiner, J. & Brehm, J. W. (1966). Buying behavior as a function of verbal and monetary inducements. A theory of psychological reactance. In: Brehm, J. W. (Hrsg.). *A theory of psychological reactance.* New York: Academic Press, S. 82–90.

Werner, C., & Parmelee, P. (1979). Similarity of activity preferences among friends. Those who play together stay together. *Social Psychology Quarterly, 42(1),* S. 62–66.

Weyer, F. (2005). *Verbraucherverhalten und -einstellungen gegenüber Theken- und Selbstbedienungsware unter besonderer Berücksichtigung des Involvements und der Informationsnutzung: Eine theoriegeleitete, empirische Analyse am Beispiel der Lebensmittel Wurst und Käse.* Frankfurt am Main u.a.: Lang.

Wheeler, S.C., Petty, R. E. & Bizer, G. Y. (2005). Self-Schema Matching and Attitude Change: Situational and Dispositional Determinants of Message Elaboration. *Journal of Consumer Research, 31(4),* S. 787–797.

Whelan, S. & Davies, G. (2006). Profiling consumers of own brands and national brands using human personality. *Journal of Retailing and Consumer Services, 13(6),* S. 393–402.

White, T. D., Zahay, D. L., Thorbjornsen, H. & Shavitt, S. (2008). Getting too personal. Reactance to highly personalized email solicitations. *Marketing Letters, 19(1),* S. 39–50.

Wicker, A. W. (1969). Attitudes versus actions. The relationship of verbal and overt behavioral responses to attitude objects. *Journal of Social Issues, 25(4),* S. 41–78.

Wicklund, R. A., Slattum, V. & Solomon, E. (1970). Effects of implied pressure toward commitment on ratings of choice alternatives. *Journal of Experimental Social Psychology, 6(4),* S. 449–457.

Wissmann, J. (2013). *Einwilligungen im Permission Marketing. Empirische Analysen von Determinanten aus der Sicht von Konsumenten.* Wiesbaden: Springer.

Wold, H. (1966). Nonlinear estimation by partial least squares procedures. In: David, F. N. (Hrsg.). *Research papers in statistics.* New York: Wiley, S. 411–444.

Wold, H. (1975). Path models with latent variables. The NIPALS approach. In: Blalock, H. M. (Hrsg.). *Quantitative sociology. International perspectives on mathematical and statistical model building.* New York: Academic Press, S. 307–357.

Worchel, S. (1974). The effect of three types of arbitrary thwarting on the instigation to aggression. *Journal of Personality, 42(2),* S. 300–318.

Wu, W. & Chen, L. (2015). Implicit acquisition of user personality for augmenting movie recommendations. *Proceedings of the 23rd International Conference on User Modeling, Adaptation and Personalization*, S. 302–314.

Wu, T., Lu, Y., Gong, X. & Gupta, S. (2017). A study of active usage of mobile instant messaging application. An attachment theory perspective. *Information Development, 33(2),* S.153–168.

Xu, H., Luo, X., Carroll, J. M. & Rosson, M. B. (2011). The personalization privacy paradox. An exploratory study of decision making process for location-aware marketing. *Decision Support Systems, 51(1),* S. 42–52.

Yarkoni, T (2010). Personality in 100,000 words. A large-scale analysis of personality and word use among bloggers. *Journal of Research in Personality, 44(3),* S. 363–373.

Yeo, V. C. S., Goh, S.-K. & Rezaei, S. (2017). Consumer experiences, attitude and behavioral intention toward online food delivery (OFD) services. *Journal of Retailing and Consumer Services, 35*, S. 150–162.

Youyou, W., Kosinski, M. & Stillwell, D. (2015). Computer-based personality judgments are more accurate than those made by humans. *Proceedings of the National Academy of Sciences of the United States of America, 112(4),* S. 1036–1040.

Zanker, M. Rook, L. & Jannach, D. (2019). Measuring the impact of online personalisation: Past, present and future. *International Journal of Human-Computer Studies, 131*, S. 160–168.

Zaichkowsky, J. (1985). Measuring the involvement construct. *Journal of Consumer Research, 12(3),* S. 341–352.

Zimmermann, E. (1972). *Das Experiment in den Sozialwissenschaften*. Stuttgart: Teubner.

Zuckerman, M. (1991). *Psychobiology of personality*. Cambridge: Cambridge University Press.

Printed by Printforce, United Kingdom